KB268099

남북한 어문 규범과 그 통일 방안

우리어문학회

국학자료원

국립중앙도서관 출판시도서목록(CIP)

남북한 어문 규정과 그 통일방안 / 우리어문학회 지음.
서울 : 국학자료원, 2003
p. ;   cm

ISBN 89-541-0064-3 93710 : \21000

710.02-KDC4
495.7-DDC21
CIP2003000679

차례

남북한 어문 규범과 그 통일 방안

남북의 언어통합과 공용어

김민수*

1. 緒論 : 민족어의 통합

남북의 언어가 통일될 것은 분명한 사실이라고 할 것이다. 우선 남북의 정부나 단체가 다 하나같이 능동적이고, 역사적으로도 분열된 적이 없는 하나의 민족어로 전승되어 왔기 때문이다. 그러나, 이미 반 세기가 지난 남북분단의 상태가 장기간 지속된다면 결국 분리되고 통일을 기대하지 못하게 될지도 모른다. 그러면, 그것은 종극적으로 민족의 분열, 국토의 분단을 고정화하기 때문에 오늘날 우리 민족어의 통일은 중차대하고 촌각이라도 늦추지 못할 민족 최대의 지상과제임에 틀림이 없다.

이러한 민족어 통일의 추진에서 중요한 사실은 남북통일의 대원칙인 평화통일이 하나의 전제조건이라는 점이다. 흡수통일이 아니라는 점에서 합의에 의하여 모든 사항의 통일안이 결정된다는 뜻이다. 이런 관점에서, 남북 언어통일의 원칙은 다음과 같이 이미 지적한 대로 첫째 남북의 이견을 절충하여 통일안으로 이끌고, 둘째 절충되지 않을 것은 남북의

---

* 고려대 명예교수

제안을 복수로 수용하며, 셋째 절충이나 복수가 불편한 것은 제3의 기준이나 방안을 채택한다 등과 같은 세 기준이 적합하다고 생각된다.

1) 言語統一의 方案

첫째로 남북의 규범이 다른 것은 우열을 논하여 승부를 가리려 하지 말고, 상호주의에 입각하여 승패가 없는 절충으로 이끌어야 할 것이다. 가령, 국제표준화기구(ISO)의 요청으로 1992년에 합의된 로마자 표기법 남북단일안이 남측 모음 표기안과 북측 자음 표기안의 절충이었다는 것을 말한다.

둘째로 남북의 절충을 하지 못하거나 안될 것은 사활을 걸고 싸우지 말고 남북의 제안을 복수로 수용하는 방안을 널리 활용하여야 할 것이다. 이 복수채용은 남측에서 이미 1988년 표준어 규정에서 쇠고기/소고기, 옥수수/강냉이, 외[외/왜] 등의 복수표준어가 각기 규범으로 인정되고 있는 상황이다.

셋째로 남북의 절충이 불가능할 경우에는 제3의 기준이나 방안을 채택하는 것도 하나의 타개책이 될 것이다. 가령, 한글의 가나다순은 별 이론도 없으면서 통일이 안되기로 알려진 골칫거리다. 맞선 긴장의 돌파구는 제3의 기준, 가령 일제하 공통시대에 행하던 가나다순을 새로운 통일안으로 삼자는 것이다.

김민수 편, 「남북의 언어, 어떻게 통일할 것인가」
(2002.5. 서울 : 국학자료원), pp.10 ~ 13 초록.

2) 言語統一을 향한 對備策

언어통일의 대비책으로 혹은 그 분위기를 조성하는 방안으로 피차 교환으로 상대측의 언어를 교육하고 보급토록 힘써야 할 것이다. 남측에서는 북측의 언어를, 북측에서는 남측의 언어를, 중국 조선족에서는 북측과 남측의 언어를 함께 각각 교육하여 제도적으로 미리 이해시키자는 방안이다. 그러면, 장차 통일국어의 이해와 시행의 기반이 될 것이며, 결과적으로 풍부한 어휘를 구사하는 효과를 거두게도 될 것이다.

위 책, pp.12∼13.

그런데, 이러한 원칙의 통일은 통일이라기보다는 통합이라는 용어의 개념이 더 적합하다. 양립된 남북의 언어를 하나의 체계로 합쳤다는 뜻이기 때문이다. 그리고, 이 통합은 다른 분야와 달라서 빠르면 빠를수록 좋고 실제로 빨리 통합해도 될 성질이다. 따라서 언어는 남북통일 이전이라도 추진하고 그 통일안을 미리 가르쳐서 보급을 촉진시킬 필요가 있다. 이러한 언어통합이 이루어지면, 사후에 그 통일국가의 공용어에 관한 문제를 검토하기에 어렵지 않고 합리적으로 강구케 되겠기 때문이다.

또한, 남북의 통일안은 언제 어디서 어떻게 합의되었든지 재론하기 전에는 서로 일호의 차착도 일방적 가공이 가해져서는 안된다. 남북이 합의한 통일안의 하나는 위에 예시한 국제표준화기구 주관으로 1992년 5월에 작성된 한글의 로마자 표기법인데, 문화관광부에서는 2000년 7월 7일 종전의 음성표기를 다시 음운표기로 크게 개정하여 「국어의 로마자 표기법」을 고시했다. 이것은 1940년 제정 이후 번복을 거듭하기 네번째 개정이며, 문제는 그 체계가 1940년 표기법과 거의 같다는 논란이다.[1]

2. 민족어와 공용어의 문제

현재 남북의 공용어나 통일 후의 공용어가 우리말일 것은 의심의 여지

---

[1] 간단히 예를 들면, ㄱ: 1940. g/1948. k/1959. g/1984. k/2000. g, ㅈ: 1940. j/1948. ts/1959. j/1984. ch/2000. j 등과 같이 다람쥐 쳇바퀴 돌듯 왔다갔다 반복하는 개정이 왜 필요한가? 그동안 써온 인명 표기를 그대로 쓸 수 있다고 했어도 혼란을 피하기 어렵고, 1992년 남북합의안과의 뢰리를 어떻게 설명할는지 의문이다.

가 없다고 하겠다. 그런데, 오늘날 21세기의 지구촌이요, 세계화요, 국제
화요 이슈화하면서 세계어, 국제어를 공용어로 해야 한다는 논의가 이미
위험수위에 근접한 심증을 느낀다.[2] 이 문제는 1) 민족어만을 공용어로
한 民族語型, 2) 민족어를 제1, 국제어를 제2 공용어로 한 民＋國型, 3)
국제어를 제1, 민족어를 제2 공용어로 한 國＋民型, 4) 국제어만을 공용어
로 한 國際語型 등 논리적으로 가능한 4유형으로 종합될 것이다.

우리가 이웃한 아시아의 실정은 제2차 세계대전 이후에 많은 변동을
가져왔다. 그래도, 전통과 주체를 견지한 中國, 泰國, 日本은 여전히 1)
민족어형이요, 전통이 유구한 우리 남북, 베트남 등도 이 유형에 속한다.
반면에, 2) 민＋국형 지향의 말레이시아, 인도네시아, 파키스탄, 스리랑
카, 미얀마 등은 지난 식민지의 때를 벗지 못하여 다소간 3) 국＋민형이
지속되고 있다.[3] 더욱 심하여 아직도 국＋민형이 견지된 인도, 필리핀,
싱가포르 등이 있고, 거기에는 4) 국제어형도 실존해 있는 상황이다.

이러한 오늘의 실태는 과거에 구미 열강이 아시아 도처에서 노략질하
고 침략한 배경에 연유한 현상이다. 일방적 무력침공으로 종속시킨 결과
인 만큼, 그 주체적 회복이 뜻같이 쉽지 않다고 여겨진다. 특히 말레이시

---

2) 포스트모더니즘(postmodernism)의 영향으로 근대의 중추인 민족국가와 민족주의에
   비판이 일어나기 시작했지만, 맥루어니즘(McLuhanism)의 지구시대를 인식한 사학계
   에서는 버려야 할 것으로 보는 견해가 높아지고 있다. 특히 식민지에 대한 근대사
   인식 항일과 친일 이분법은 잘못이고, 회색지대라는 제3의 길을 모색한다는 의견
   도 나오고 있다. 「중앙일보」 2003. 2. 21. 30면 기사. 따로 영어공용어화, 영어모어화
   론까지 있어, 장차 지국제국의 국제어 영어를 채용하면, 결국 그 제국에 동화되어
   소멸하고 마는 길 밖에 없을 것이다. 각주 9) 참조.
3) 특히 2002년 5월에 독립한 인도네시아의 동티모르는 1524년 포르투갈 식민지화 이
   후 중남미와 같이 종주국 지배층이 부린 씨에 의하여 주도되고, 공식어로 포르투갈
   어(10%)와 인도네시아 방언 테툼어(60%)를 채택했다. 말하자면, 유일신교 이스람교
   와 카톨릭교와의 혈투에서 인도네시아의 살을 깎아낸 셈이다.

아, 파키스탄, 스리랑카, 미얀마, 인도, 필리핀, 싱가포르 등에서는 영어가 공식 혹은 실질적 공용어로 되어 있고, 전통의 정체성이 확보된 중국에서는 1968년 이후 소학교 3학년부터 영어교육을 실시하고, 일본에서는 1999년 8월에 영어 제2 공용어론이 서서히 제기되고 있는 실정이다.

2.1 한반도 공용어의 교체

한반도 공용어는 조선어에서 한국어로 개칭되자, 마침내 일제의 합방에 따라 일본어로 대체되었다. 이윽고 8·15로 일제의 기반에서 벗어나자, 1945년 9월 미군정 통치에 따라 다시 영어로 교체되었다.[4] 1948년 8월 대한민국 건국에 따라 한국어로 회복되고, 북한에서는 1945년 8월 소련군 진주하에 평남인민정치위원회의 일제 행정권 인수에 따라 역시 조선어로 회복되었다. 그래서, 8·15는 남북언어의 분단을 배태했지만, 근대의 한반도 공용어는 종주권의 교체에 따라 자주 변화를 겪었던 것이다.

잘 알려지지 않은 영어 공용어는 태평양미국육군총사령부 포고 제1호 (1945. 9. 7) 제5조에 규정된 지령이며,[5] 재조선미국육군사령부 군정청법령 제4호(1945. 9. 29) 제6조에 학교의 교훈용어는 조선어로 하고 외국어 (일본어)도 무방하다고 지시되었다. 그런데, 이러한 미군정은 8·15 일본

---

4) 1897년 10월에 조선국을 대한제국으로 고쳐 선포. 일본국과 거류지규칙 조인. 국호 변경에 따라서 조선어가 한어 또는 한국어로 바뀌고, 1910년 8월 한일합방으로 일제의 조선총독부가 설치됨에 따라 다시 조선어로 환원되고, 8·15 해방 후에는 1945년 9월 38도 이남에 미군정청 통치와 동시에 영어를 공용어로 한다고 공포했다.

5) 太平洋美軍陸軍總司令部布告(第一号) 第五條, 軍政其間中 英語를 가지고 모-든 目的에 使用하는 公用語로 함. 英語와 朝鮮語 또는 日本語間에 解釋 또는 定義가 不明 또는 不同이 생한 때는 英語를 基本으로 함. (「軍政法令集」 1947. 1면)

의 무조건 항복, 8.28 미군 일본 진주, 9.2 일본의 항복문서 조인과 東京에 연합국군최고사령부(SHAEF) 설치, 9.9 맥아더 사령관의 일본국 간접통치에 관한 성명 등 일련의 대일점령을 위한 사업과 직결되어 있다.

생각컨대, 같은 맥아더 사령관의 직책인 연합국군최고사령관으로서 총괄하며, 다른 직책인 태평양미국육군총사령관으로서 일제의 식민지였던 조선에 미국제8군 제24군단장 육군중장 하지 재조선미국육군사령관에게 접수케 하고, 하지 사령관은 조선총독 阿部信行을 파면, 미군정장관에 아놀드 소장을 임명했던 것이다. 일본본토는 간접통치로 하고, 식민지는 군정장관으로 교체하여 직접통치를 택했는데, 그것은 패전국의 식민지를 그대로 접수하여 통치한다는 이외의 다른 뜻으로 해석되기는 어려울 것이다.

대일본제국은 아시아 지배를 위한 태평양전쟁을 도발하여 원거리 미영국의 종주권을 단절하면 쉽게 대동아공영권을 계획대로 달성한다고 승산을 장담했다.[6] 그러나, 의외로 8.6 廣島, 8.9 長崎 원자탄 폭격의 피해가 매우 심각하여 8.14 두번째 어전회의에서는 멸족이나마 면하려고 7.26 포스담선언을 수락코 무조건항복을 단행하기에 이르렀다. 10.11 맥아더 사령관이 종속국인 일본 총리에게 지시한 5대개혁에 민족감소를 예고한 부인해방, 전통을 단절시킬 교육 민주화가 명백히 천명되어 있었다.[7]

---

6) 당시 일본은 식민지 조선과 괴뢰 만주제국을 기반으로, 필리핀의 종주국 미국, 싱가포르와 말레이시아, 브루나이 등의 종주국 영국을 아시아에서 추방하면, 저 이른바 대동아공영권으로 묶어서 무난히 지배하게 되겠다고 확신한 도발이었다고 생각된다.

7) 1945년 9월 2일 항복문서 조인에 이어, 22일 연합국군총사령부 지시 제3호(초기 대일방침)지시. 10월 11일 맥아더 총사령관이 신임인사 幣原喜重郎 일본 총리에게 지시한 헌법의 자유주의화 및 인권확보 5대개혁. 즉, ①부인해방, ② 노동조합 결성 장려, ③ 학교교육 민주화, ④ 비밀심문 사버제도 철폐, ⑤ 경제기관 민주화.

2차대전 이전이면 식민지 노예가 되었을 일본이 종속국으로서 감지덕지 받든 부인해방은 일으킨 많은 변혁 중에서도 인구급감이 심각하고, 교육 민주화 역시 무국적인을 양산하는 이상이었다.[8] 특히 어문교육에서 로마자 표기의 의무교육과 상용한자 1850자 제한 등은 사령부와의 타협이었다. 이것은 한문에 의한 유교의 충효교육으로 창출되었던 이른바 神風特攻隊의 자살육탄을 예방키 위한 사령부 시책이다. 우리 나라도 그 예하이나, 그런 것조차 즐겨 모방한 것은 식민적 타성이 아니겠는가?

2.2. 영어 공용어의 제기

1998년 7월 2일 朝鮮日報에 영어 公用語化를 주장한 소설가 卜鉅一 저서 「국제어시대의 민족어」 소개가 보도되자, 의외로 식자들의 논쟁이 불붙기 시작했다. 그 논객은 남영신, 복거일, 한영우, 복거일, 이윤기, 정과리 등으로 계속되었으나, 놀라운 것은 인터넷 조선일보에 개설된 특집 페이지의 첫날인 7월 16일 하루 투표에서 무릇 영어공용어 찬성이 45.5%였다. 동아일보 2000년 1월 7~13일 조사 네티즌 찬성은 무릇 63.1%로 더욱 충격적이며, 그 20, 30대의 생각은 차기를 예고하는 뜻으로 해석된다.

초등학교 영어교육을 정부에서 정규과정이 아닌 특활시간이라도 회화중심으로 권장키로 실시한 것은 1982년 3월이었다. 이에 앞서 1972년과 1977년 2번이나 시도하다가 실패하고, 실시한 것은 4학년부터 주 1회

---

8) 부인해방의 여파는 결혼적령기 여성의 결혼기피로 출산율이 급강했고, 교육 민주화의 파문은 승전국 미국을 맹종하다가 연예인, 체육인의 머리여색, 흑인 머리땋기 등의 모방이 인기인, 청소년 등으로 확산되기에 이르렀다. 더 큰 문제는 이런 여파가 우리 나라에 그대로 맹종되어 전파되었다는 점이다.

1시간 선택이었다. 그러다가, 1995년 11월에 교육과정을 개정하여 1997년 3월부터 초등학교 3학년에 주 2시간 필수교과로 과하기 시작했다. 이것은 제6공화국의 세계화추진위원회[9] 결정을 거센 반론에도 채택하여, 그것도 중국어나 독일어 등 유력한 외국어의 선택이 원천적으로 봉쇄되었다.

이러한 초등학교 필수영어를 배경으로 한 영어공용어화 이유는 우선 복거일 7.8 주장에서 국제어인 영어를 모국어로 배우지 않아서 입는 손해가 너무 크기 때문이라고 하여, 경제논리는 사람들이 영어를 모국어로 삼도록 만든다는 것이 내 주장의 바탕이라고 천명했다. 1910년에 가난한 민족이 일제의 식민지가 되어야 그래도 먹고 살게 된다는 경제논리로 일본과의 합병에 앞장섰던 李完用은 자격을 받았고, 종내 씻지 못할 민족 반역자가 되었는데, 이것은 시대를 잘못 타고난 탓이었겠는가?

새 천년에 하나의 지구문화가 창출될 것이라는 미래학을 배경으로 한 다른 이유도 생각된다. 「매일경제」 2000. 3. 14. 42면에서 미국 세계미래협회(WFS)는 새 천년에는 세계 언어의 90%가 사라져, 현재 소수언어의 자리를 영어가 대신할 것이라고 지적했다. 「東亞日報」 2002. 2. 22. A11면에도 유네스코의 「세계 사멸위기 언어지도」에서 6천여 언어의 절반이 타의 억압정책과 유력언어의 흡인력으로 사라질 위기에 처해 있다고 했다. 미래의 전망에 민감하게 반응하여 우위를 확보하려는 극성이다.

---

9) 세계화란 미국의 세계화 아닌 세계의 미국화라고 하는 프랑스의 비판은 널리 알려진 사실이나, 노벨 경제학상 수상자인 미국 컬럼비아대학 조지프 스티글리츠 교수가 세계화를 본격적으로 비판해 주복받고 있는 논점이다. 「경향신문」 2002. 6. 11. 10면 기사. 실제로 국제통화기구(IMF)총회. 세계무역기구(WTO) 회의 등의 행사마다 국제적 반세계화 시위로 격렬히 지탄받는 상황에도 그런 미국화를 굳이 서둘러 채택했어야 했는지 의문이다. 그런데, 주목할 것은 1990년대에 한국의 이념적 지표인 민족주의가 의문과 도전에 직면하기 시작했다는 사실이다. 각주 14) 참조.

일본에서는 이미 1872년 森有禮 文部相의 영어채용론이 있었고, 1947
년에도 미국 종속하에 거듭되었으나, 그 제2공용어안이 대두한 것은
1999년 6월, 2000년 1~3월이었다.[10] 현재 일본과 한국의 이 논란은 복거
일 말대로 현재 미국을 지도국으로 하는 지국제국시대에 이 제국 중심부
에 들어가기 위해서는 영어를 모국어화하는 것이 최선이나, 당장은 민족
주의자의 반대로 영어를 공용어화해 국어와 함께 사용하자는 것이다.
요컨대, 그것은 영어의 제2공용어화나 제1공용어화, 모국어화의 3개 방
안이다.

2.3 공용어 정책의 전망

이제 시각을 바꾸어 태평양전쟁에서 승리한 미국의 관점에서 이 문제
를 검토해 보는 것도 필요하다. 우선 8·15 이후 승자 미국이 식민지를
포함한 패자 대일본제국을 점령하고 통치한 것은 정당하다. 다만, 소련이
점령한 북조선이나 중국의 영토였던 괴뢰정부 만주제국과 대만이 제외
된 것도 당연하다. 2차대전 이전의 시대였다면, 패전국과 그 영토는 가차
없이 미국의 식민지가 되어 누구나 과거의 흑인처럼 노예화된다고 해도
감수했을 것이다. 다음에 가정한 일본의 예화를 들어보기로 한다.

  3) "만약 재팬州였다면"(「朝日新聞」1995. 11. 9. 社說)
  패전후 일본에 진주했던 미국 점령군이 만약 조약을 강요해 일본

---

10) 일본어를 버리고 영어를 사용하려던 森有禮(1847~1889)는 초대 文部大臣으로서
   1887년에 자격을 받고 사망했다. 1947년 6월 미국 종속하에 坪田兵馬는 같은 주장
   을 출판한 것으로 끝났다. 그런데, 영어 제2공용어안은 제1공용어화나 모국어화와
   는 일본어를 살린다는 점에서 구별된다.

을 합병, 재팬주로 만들었다고 치자. 점령 이후 일본에 민주주의를 가르치고, 각종 개혁을 단행한 미국이 일본을 합병했다면 아낌없이 자금과 인재를 투입해 재팬주민의 교육과 산업육성 등을 위해 노력 했을 것이다.

물론 교과서가 영어라면 배우게 되는 역사도 미합중국사다. 성조기에 충성을 맹세하고 미군병사로서 종군도 하게 되었을 것이다. 국가원수가 대통령일 것은 말할 것도 없다. 자, 여러분은 이럴 때 "미국은 좋은 일도 했다"며 세계 제일의 미국에 합병된 것에 감사할 것인가. 더구나 田中(다나카)도 鈴木(스즈키)도 스미스나 존슨으로 개명되고, 독립운동에 대한 사정없는 탄압이 가해졌다면 어떠했을까.

다른 뜻이 아니다. 총무처장관인 江藤隆美(에토 다카미)가 기자 간담회 등에서 내뱉은 발언을 곱씹어 보고 싶은 것이다. 江藤는 일본이 한국을 통치할 때 각 지방에 학교를 만들어 교육했으며 도로 · 항만을 만들고 간척사업을 했다는 점을 들어 "일본은 좋은 일도 했다"는 생각을 밝혔다.(중략)

군사력을 배경으로 합병을 강요하고 강권적 지배를 단행하면서 하나하나의 시책을 들어 "좋은 일도 했다"고 강조하는 논리가 과연 통용될 수 있을까. 재팬주를 상상해보면 알 수 있을 것이다. 일본은 한국합병에 이르는 전단계에 왕비 시해라는 치떨리는 음모를 실행 했다. 일본은 이렇게 한민족의 자존심을 계속 짓밟아왔던 것이다. (하략)

「中央日報」1995. 11.10. 7면 인용 기사 초록.

이런 과거의 탄압은 악랄하고 시대가 변해도 완화되지 않았다. 가령, 민주국가로 자찬하는 프랑스의 남부, 이탈릭계 약 1천2백 인구의 프로방살(Provençal)어는 1539년 프랑소아황제의 측령으로 금지되어 오늘에 이르렀다. 또, 프랑스 서부 켈트(Celt)계 약 90만 인구의 브르톤(Breton)어는 제 아들 이름을 제 민족어로 끈질지게 신고하다가 1803년 나포레온법전

의 금지에 따라 20세가 되어 입학시험, 운전면허, 여권 등 권리마저 거부
되었다고 한다.[11] 그 소수민족어의 눈물겨운 저항은 너무나 애처롭다.

과연 패전국 일본과 식민지는 미군 통치를 받았고, 그 통치는 식민지
못지 않은 장기적 종속화 포석으로 매우 심오했다. 그것은 이미 지적한
대로 맥아더 최고사령관 지시로 일본어 폐기를 지향한 한자제한과 로마
자 채용으로 시작되고, 같은 사령관 예하의 남조선에서는 한자폐지로
이끌었다. 그 한글전용은 1945년 12월 22~28일 미군정청 사회과의 여론
조사에서 무릇 72.5% 찬성의 확인으로 일본에서와 같은 사령부 언어개
혁반 장교의 감독은 필요하지 않았다. 「東亞日報」(1946. 1. 11) 참조.

이 조사는 앞서 조선어학회 주최 국어강습회 수료생이 주동한 장지영
위원장 외 30명의 한자폐지 실행회 발기(「每日新報」 1945. 9. 16)를 본
후 사실의 확인이었을 것이다. 과연 조선교육심의회 한자폐지 결정, 한글
전용에 관한 법률 제정, 상용1천한자표 제정 등 확인한 대로 추진되었
다.[12] 한글전용은 실제로 일본과 같이 과도기적 로마자 채용이나 충효의
전통을 단절하는 가족제도의 붕괴로 지향할 초석이다.[13] 이 초석은 즉
영어공용어화안이 점차로 대두하여 착근할 소지의 구축이기 때문이다.

---

11) 1940년 일제하 식민지 조선에 대한 동화정책의 하나로 일본식 창씨개명을 거의 강
   제했으나, 일본식 이름이 아닌 예외가 있었다. 근대사 속의 시민지에서는 가령 항
   일과 친일, 무저항으로 구분되나, 그 무저항 계층까지 탄압을 받는 상황은 아니었
   다.

12) 미 군정청 학무국 내 조선교육심의회(회원80여명)에서 1945년 12월 8일 초중등 교
   육, 공문서, 사회 일반 등 전반적 한자폐지를 결정했고, 병기용 한자를 제한하기 위
   한 1951년 9월 문교부 제정 常用一千漢字表가 있었다.

13) 한자폐지로는 결국 '국가, 국민, 국어, 국화' 등과 같은 한글 표기를 설명할 길이 없
   고, 약칭에 로마자가 빈번해졌다. 가령, 주공(대한주택공사), 한전(한국전력공사) 등
   과는 달리 KBS(한국방송공사), MBC(문화방송) 등에 최근에는 한국전기통신공사가
   KT, 국민은행이 KB로 공식화된 실정이다.

4) 영어의 세계화는 곧 미국화

한림대 아시아문화연구소 주최로 10일 서울 세종문화화관에서 열린 "동아시아의 세계화와 언어제국주의" 심포지엄에서 덴마크의 로보트 피립슨 교수(코펜하겐 경영대)는 식민시대 언어의 예속은 후기 식민주의시대를 맞고 있는 오늘날에도 지속되고 있는 경향이며, 영어의 세계화란 다국적기업의 이익추구 결과의 미국화를 의미한다고 지적했다.

「東亞日報」 2000. 11. 11. A25면 초록.

김영명(한림대 정치외교학과) 교수는 영미의 대외 팽창정책의 핵심수단이 언어전파였다는 점에서 언어는 단순히 의사소통의 도구가 아니라 권력을 행사하고 지배를 유지하는 수단임을 알아야 한다며 영어팽창의 위험성을 경고하였다.

「高大新聞」 2000. 11. 13. 5면 초록.

5) 英語化로 형성될 장래의 樣相

특히 23세 대학 졸업생이 배출될 2010년대에는 30대를 비롯한 英語世代가 드디어 사회의 중견이 되고, 영어는 통용어 구실을 할 것이다. 학부모의 극성으로 강조된 英語社會에서 世界化와 멀어진 국어는 필요성이 저하되면서 필경 연구의 대상으로서 겨우 잔존할 것이다.

영어를 배우기가 반 세기가 되면, 21세기 중엽에 영어 제1세대는 노년이 된다. 이 세대가 거의 물러나고, 다음 세대가 담당하게 될 것이다. 영어가 일상어로 되어 버린 상황에서 국어는 종당에 소멸하고 말 것은 예상하기 어렵지 않다.

김민수 외, 「초등학교 영어 교육과 민족어의 장래」(안암 신서 8, 1998. 2. 5 서울: 고려대학교 출판부), pp.55~61 초록.

이러한 측면에서 미국 종속하의 영어공용어화는 점진적으로 실현될 전망이다. 한국은 1997년 필수 영어로 인한 영어세대가 30~40대 장년, 사회의 중견이 되는 2020년대에 영어가 공통어 구실을 할 것이다. 어린이 조기유학 극성에 나홀로 아버지, r.l 발음 잘 시키려 혀수술까지 하는 나무라지 못할 학부모의 지나친 열풍이 곁들여 2040년대에는 제 민족어의 상실이 거의 확실하다. 영어를 제2공용어로 채용하려는 일본에서는 민족어를 더 유지할지는 몰라도 종당에는 역시 상실하게 될 것이다.[14]

3. 結論 : 이중공용어의 대책

지금은 과연 미국을 지도국으로 하는 지구제국의 시대이고, 그 제국 중심부에 먼저 들어가기 위하여 이 시대 국제어로 자리잡고 있는 영어를 앞다투어 숙달시키려고 큰 투자를 아끼지 않고 있다. 이미 많은 사람에게 영어는 생존에 결정적인 기술이 되어 있기 때문이라는 것이 그 원인이다. 그러면, 이런 시대가 바뀌지 않는 한, 그 조류는 역류하기 어렵다. 더구나

---

14) 종속국으로서는 제 민족어를 계속 유지하기 어렵기 때문이다. 한반도 통일 이후에도 미군 주둔이 필요하다는 미국측의 천명은 잘 알려진 사실이나,「朝鮮日報」2002. 5. 7. 6면 論壇, 金正源 교수 "駐韓美軍 감축 대응 말자" 논설에서는 자주국방과 관련된 이 문제에 대하여 미군의 철수에 따라 천문학적 액수로 급증할 국방비는 어떻게 충당할 것인가? 감정 폭발로 한반도 평화정책 전체를 그르칠 수는 없다. 일본도 주일미군의 주둔 근거가 되는 주한미군의 철수를 원하지 않는다고 설명했다. 그런데,「중앙일보」2003년 2월 20일 30면 기획시혼, 李正民 교수 "北核 냉정하게 대처하라"에서는 한국 국민이 원하는 한 주한미군은 계속 주둔할 것이며, 만일 한국 국민과 정부가 주한미군의 주둔을 원치 않을 경우 미국은 언제라도 감군 혹은 철수할 준비가 돼 있다는 점이 이미 80년대 말부터 일관되게 유지해온 미국의 기본적인 입장이라고 소개했다. 그렇다면, 1980년대부터 우리는 이미 민족 자결권을 부여받고 있었다고 할 것이다.

영어세대는 이윽고 중학교를 졸업하여 청년후기에 접어드는 16세 청년
으로 성장, 사회에 배출되는 시기를 맞이하기에 이르렀다.

전망되는 이 추세에 임하여 우리는 이제 어떻게 대응해야 하겠는가?
국어와 영어가 공용어로 사용되다가 종당에는 영어가 모어화하고 국어
가 소멸되어도 무방한가? 민족어의 상실은 즉 민족의 정체성 상실로 인
한 그 민족의 소멸을 뜻한다. 지구제국, 지구촌에서 개인의 이익과 편리
를 추구하는 것만으로 만족치 않으려면, 기본적인 자기 민족어를 상실치
말아야 한다. 이런 뜻에서, 민족어 보존은 투철한 민족주의적 각성에 앞
서 보존키 위한 문법적 기술이 필요한데, 그 기술이란 무엇인가?

　6) 우리말의 규범생성문법
　파니니 문법에 대하여 논하는 것은 그 문법에 따라 하면 사라진
그 고전범어를 아직도 원형 그대로 완전히 재현케 된다는 점이다.
이 특징은 한 민족어를 소멸에서 부활케 할 방법이 되기 때문에
주목할 표적이다.
　이러한 파니니문법은 규칙으로 규정한 규범에 따라 누구나 동일
하게 말하고 쓰게 하는 기술이다. 지금까지 정통이라고 심봉한 유럽
식 문법은 도매금식 지식의 적요에 불과하기 때문에, 문법은 이제
서둘러 그러한 규범생성문법으로 대전환해야 할 시기가 되었다.

　　김민수 외, 「우리말의 규범생성문법 연구」(대장경파니니
　　문법연구총서 3)(2002.11.25. 서울: 도서출판 月印), pp.5∼6.

　7) 민족과 민족어의 명칭
　<u>고조선</u>은 요령 지방을 중심으로 성장하여 <u>한반도</u>까지 발전하였는
데, 단군 이야기는 우리 민족의 시조 신화로 널리 알려져 있다.(상
27∼28)
　<u>삼한</u>(한) 한강 이남 지역에는 일찍부터 진(辰)이 성장하고 있었다.
그리하여 <u>마한</u>, <u>진한</u>, 변한의 연맹체들이 나타나게 되었다.(상 34)

　　1392년 새 왕조는 국호를 조선으로 고치고, 수도를 한양으로 옮기
면서 고려 왕조의 구질서를 일신하려 하였다.(상 170)
　　대한 제국 1897년에 고종은 자주 국가임을 내외에 선포하였다.(하
94) 1919년 상하이에 통합 정부인 대한 민국 임시 정부를 수립하였
다.(하 147)
　　조선 총독부를 대신해서 미 군정청이 들어서게 되고,(하 191)
1948년 8월 이승만 대통령은 대한 민국의 수립을 국내외에 선포하
였다. (하 196) 1948년 9월 북조선 인민 위원회는 조선 인민 공화국
수립을 선포하였다.(하 198)

　　교육부, 「고등 학교 국사」(상) 1996.3.1. (하) 1996.9.1. 서울:
　　　　　　　　　　　　　　　　대한 교과서 주식 회사.

　　끝으로 덧붙이고 싶은 것은 통일후 민족과 민족어의 명칭이다. 이 문제
는 항상 그 나라와 밀접한 관계에 있다. 대한, 한국의 '한'은 남부 삼한,
조선은 요령에서 한반도를 포괄하는 개념이나, 현재로서는 남북 정부의
명칭과 직결되어 있고, 아직 통일 헌법도 가늠되지 않는다. 난처해하다가
'韓國朝鮮語'라는 기묘한 방안을 창출한 일본 예도 있지만, 이제 高麗(고
리), 加羅(가라)라고 하면 진부해할 것이다.15) 오히려 '우리말, 우리민족'
에 본래의 정통성, 정체성을 불어넣어 정당화하는 것도 방안이다.
　　또한, 다행히 남북이 다 통일에 적극적이고 평화통일 원칙도 같다. 그
래서, 전쟁이나 흡수통일 같은 불평등은 상상하기 어렵고, 위에 논한 언
어통일의 3원칙도 이를 전제한 방안이다. 종전의 군사정권과 같이 북한
을 적대시하거나 비하해서 안되는 까닭은 바로 이 원칙에 위반되기 때문

---

15) 李命七 編, 「漢日鮮滿 新字典」(1938. 8. 京城:三文社), 690. 麗〔리俗려〕(支)㊀(생략) ㊁
　　東方古國名 高句— 高— (중략) 〔려〕(䴡) ㊀美也 美— 고을(하략). 이로써 근래까지
　　도 고구리, 고리로 발음했음을 안다. 加羅의 異字表記 加耶, 加良, 駕洛 등은 다 '가
　　라'로 발음할 것이다.

이다. 당연히 외교상 대우와 예절이 필요한 만큼, 이른바 조중동 언론은
이 원칙에 더욱 진실하고, 방송매체는 특히 크게 탈바꿈한 신시대 요구에
부응해 성실히 선도하기에 앞장설 것16)을 굳이 기대하는 바이다.

16) 국익에 관한 언론은 우연히 이구동성으로 일치되기도 하겠으나, 가령 어떤 지구제
   국의 주장과 자주 같은 논조일 경우에는 누구나 진솔하게 접수하기 어려울 것이다.
   특히 오늘날의 방송은 옛날과 달리 연예계에 전속된 판이 아니기 때문에, 사회 전
   반에 유익한 정보가 중심을 이루도록 근본적인 개평이 요구되는 부문이다. 이래서,
   유해한 프로를 언제 어디서나 배제해야 하는 이유도 쉽게 판단될 것이다.

朝鮮語學會 1941. 1.「外來語表記法統一案」(1940. 6. 발표) 京城: 朝鮮語學會.
「軍政法令集(在朝鮮美國陸軍司令部軍政廳 法令集(臺本))」1947. 12 京城; 朝鮮
行政學會.
平井昌夫 1948. 9.「國語國字問題の歷史」(思潮文庫Ⅳ) 東京: 昭森社.
東京大學文學部內 財團法人史學會 1952.1.「史料日本史」上下 東京: (株) 山川出
版社. 新訂版 第10版 1965.4.
編集部 1968. 11.「近代日本總合年表」東京: (株)岩波書店.
金敏洙 1973. 11.「國語政策論」서울 : 高麗大學校 出版部.
국사 편찬 위원회 1종 도서 연구 개발 위원회 1996. 3.「고등학교 국사」상,하
서울: 대한교과서주식회사.
김민수 외 1998.2.「초등학교 영어교육과 민족어의 장래」(안암신서8) 서울: 고려
대학교 출판부.
김민수 편 2002. 5.「남북의 언어, 어떻게 통일할 것인가」 서울: 국학자료원.
김민수 외 2002. 11.「우리말의 규범생성문법 연구」(대장경파니니문법연구총서
3) 서울: 도서출판 月印.

「朝鮮日報」1998. 7. 2. 12면, 7. 7. 13면, 7. 8. 17면, 7. 10. 17면, 7. 11. 19면,
7. 13. 19면. 7. 14. 13면, 7. 16면 19면, 7. 17면. 14면, 7. 18. 16면, 7.
20. 13면, 7. 21. 13면, 7. 25. 1면, 7. 31. 1, 13면, 2000. 1. 20. 2면.
「中央日報」1995. 11. 10. 7면, 2000. 2. 29. 6면
「東亞日報」1995. 11. 10. 6면, 2000. 1. 14. A6면, 3. 2. A6면, 11. 11. A25면.
「매일경제」2000. 3. 24. 42면.
「高大新聞」2000. 11. 13. 5면.

남북한 국어사전과 통일방안

―<조선말대사전>과 <표준국어대사전>의 체제와 형식을 중심으로―

서태길*

1. 머리말

남북 분단 이후 남북한에서는 많은 국어 사전들이 발간되었지만 북한에서는 사회체제상 국가를 제외한 어떤 개인이나 특정 단체가 국어 사전을 만들어낸 경우가 거의 없었으며 반대로 남한에서는 특정 단체나 사기업 또는 개인이 만들어낸 사전은 많았지만 국가가 주도해서 만들어낸 사전은 전무했다. 그러던 차에 남한에서는 1999년 50만 어휘에 가까운 <표준국어대사전>이 국가 주도로 만들어짐으로써 남북한 공히 국가 주도의 규범 사전이 발간되게 되었다.

특히 <표준국어대사전>은 북한말 전체는 아니지만 1992년에 발간된 <조선말대사전>의 어휘 중 남한에서 쓰임이 확인되지 않은 단어와 어문 규정의 차이로 달리 표기하는 단어를 편찬 원칙에 따라 선정하여 수록하고, 또 남한에서 쓰는 단어라도 북한에서만 쓰는 용법이 있다면 북한어

―――――――――――――――――

* 한국외대

뜻풀이를 덧붙임으로써 북한어에 대한 이해의 폭을 넓히고 있다. 하지만 앞으로의 통일시대를 생각한다면 서로에게서 쓰이지 않는 새로운 단어의 수록뿐만 아니라 남북한 사람이 공히 사용할 수 있는 통일된 남북한 국어사전의 출현을 한번쯤 생각해 봄직도 하다. 이를 위해서는 먼저 남북한에서 서로 다르게 쓰이는 단어나 표현들의 차이를 캐내고 효과적으로 보여주는 것도 필요하지만 그보다는 먼저 사전의 체제와 형식의 통일이 무엇보다 필요하다고 하겠다.

이를 위해서는 무엇보다도 언어규범의 통일이 선결되어야 하겠지만 평양을 중심으로 한 문화어를 표준어로 삼고 있는 북한은 언어를 의사소통의 수단으로서 뿐만 아니라 정치 사회 체제를 구축시키는 수단, 나아가서는 사회주의 혁명의 도구로 보고 있기 때문에 그 해결이 단순히 학문적인 결과에만 매여 있지 않다. 따라서 이의 해결은 무척이나 요원한 문제이고 우선 사전편찬을 위해 필수적으로 필요한 표제어의 배열 순서, 그리고 표제어 선정에 대한 기준이 필요하다.

아울러 각종 음운, 의미, 문법 정보의 제공 형식, 뜻풀이, 참고 정보 등 사전편찬을 위한 제반 형식들에 대한 일관된 기준이 필요한데 <조선말대사전>의 경우는 전체적으로 사회주의 사상성이 드러낼 수 있는 뜻풀이에는 상당한 관심을 보인 반면 순수한 언어적 정보인 문법 정보나 참고정보 등에 대해서는 다소 소홀히 취급한 감이 없지 않다.

가상적인 남북한 통일사전은 결국 가장 바람직하고 이상적인 일반 사전의 전형과 다를 바가 없을 것이므로 사전편찬의 원론을 검토하는 수준에까지 이르러야 하겠지만 여기서는 <표준국어대사전>과 <조선말대사전>의 특성과 차이점을 중심으로 특히 형식과 체제의 통일이라는 점에 주안점을 두고 살펴보기로 한다.[1)]

2. 표제어

2.1 표제어의 선정과 제시방법

<조선말대사전>은 인민들 속에 널리 쓰이고 있는 고유어와 한자어, 외래어, 사회정치용어와 각 부문의 학술용어들 및 항일혁명투쟁시기의 주요사적들과 세계적으로 널리 알려진 역사적 사변, 사건, 유물, 유적과 관련한 용어들, 포괄적인 고장이름들 그리고 낡은 투의 한자말과 역사어, 고어, 이두, 방언 등을 표제어로 실었다고 하고 있다. 이들은 <표준국어대사전>과 큰 차이가 없으나 이두가 표제어로 실려있다는 점이 다르고 또한 <표준국어대사전>에서는 <조선말대사전>에 실린 북한어의 일부가 실려있다는 점이 다르다.

오늘날 현대 사전들은 컴퓨터를 이용한 광범위한 말뭉치(corpus)를 소재로 하여 사전에 실릴 표제어들을 추출한다. 이러한 방법은 어떤 어휘가 쓰인 빈도를 파악하여 기본어휘를 설정하는 데 도움을 주며, 꼭 들어가야 할 어휘가 빠지는 일이 없도록 도움을 주기도 하고 반대로 안 들어가야 할 어휘를 골라내는 데도 한몫을 한다.

그런데 <조선말대사전>의 경우는 104만 어절 정도의 말뭉치를 구성하고 이들의 어휘빈도를 조사했음에도 불구하고 단순히 2번부터 46,612번까지에 해당되는 어휘의 빈도수만을 숫자로 표시하고 있을 뿐 이들 말뭉치를 통해서 어떻게 어휘를 선정했는지 또는 이 말뭉치가 사전편찬에 어떻게 이용되었는지가 전혀 나타나있지 않다는 것이다.

광범위한 말뭉치에서 어떤 어절들을 선별하여 실은 것인가 하는 것은

---

1) <조선말대사전>(1992)에 대한 전체적인 분석과 조망은 새국어생활 3-4권의 <특집/북한의 국어사전>과 김민수(1997), <김정일시대의 북한언어>(태학사)를 참조할 것.

전적으로 사전집필자의 의도에 달려 있다. 일단 용례가 보이면 무조건 싣는 방식은 기술적(descriptive) 태도가 될 것이며, 어떤 기준을 가지고 표제어를 철저하게 선별하는 방식은 선별적이라고 볼 수 있을 것이다. 하지만 어떤 사전이든 이 두 가지 중 어느 한 가지 방식만을 택할 수는 없다. 빈도가 있으면 표제어로 올려야 하는 것은 당연하지만 빈도가 있다고 해서 무조건 올릴 수도 없다. 예컨대 '텔레비전'이라는 외래어는 '텔레비전', '텔래비전', '텔래비젼', '탤레비전', '탤레비젼', '탤래비전', '탤래비젼', '테레비전', '테레비젼', '테래비전', '테래비젼', '태레비전', '태레비젼', '탤레비', '텔래비', '탤래비', '테레비', '테래비', '태레비' 등 다양한 어형이 출현할 수 있다. 그렇다고 잘못된 표기이거나 비표준어형인 이들을 모두 표제어로 싣고 잘못 쓴 표기라는 것을 알려줄 수도 없다. 반대로 어떤 어형은 출현빈도가 단 한 차례도 없지만 올려야 할 것이 있는데 고어나 사어가 그 대표적인 예이다.

　<조선말대사전>과 <표준국어대사전>은 양자의 성격을 모두 가지고 있지만 엄밀히 따지자면 <조선말대사전>이 <표준국어대사전>에 비해서 훨씬 더 선별적이라고 할 수 있을 것이다. 실제로 <조선말대사전>에는 '김일성동지의 혁명사상'이라는 표제어가 등장하는데 여기에는 두 줄 짜리 김정일 어록이 두 군데나 실려 있고 무려 16줄에 해당하는 상세한 풀이를 하고 있다. 정치사상 용어에 대한 빈도 표시가 없기 때문에 이 표제어가 얼마나 많은 빈도수를 가지는지는 알 수 없지만 표제어 선정에 정치적인 입김이 크게 작용하고 있음을 알 수 있는 부분이다.

　따라서 현재의 체제를 유지하고 있는 상태에서 남북한 통일 사전을 만들려면 이념적 차이로 인해 생기는 정치사상 용어[2)의 선정과 풀이에서

---

2) 일러두기에는 사회정치용어를 풍부하게 실었다고 적고 있으면서 실제로 사전의 전문어 분류에는 무슨 이유에서인지 [정치]를 빼놓고 표시를 하지 않고 있다. [군사]

부터 의견충돌이 일어날 것은 불을 보듯 뻔할 것이다. 그러므로 앞으로의 남북한 단일국어사전에 있어서의 표제어는 우선 정치사상용어는 물론이고 전문어나 고유명사 등을 뺀 순수한 의미의 언어사전이 될 필요가 있다.

표제어의 제시방법은 <조선말대사전>의 경우, 접두사, 접미사, 조사, 어미에 대해서만 '-' 부호를 두고 복합어의 형태소 경계에 대해서 일절 표시를 하지 않았다. 반면 <표준국어대사전>의 경우는 이러한 처리 외에도 복합어 최종 분석 단위의 경계에 '-' 부호를 두었으며, 고유명사가 연이어 결합한 표제어에 '보일·샤를의 법칙'처럼 가운뎃점을 찍었다. 또한 띄어 쓰는 것이 원칙이나 붙여 쓸 수 있는 전문 용어나 고유 명사에는 '성격^묘사'에서의 경우처럼 ^ 부호를 두었다. 이러한 부호는 형태소 경계를 아는데 도움을 주는 것은 사실이지만 표제어 자체에 대한 식별을 흐리게 하는 단점이 있으며, 어원 정보 내에 다시 일정한 경계 표시를 다시 한다는 점에서 잉여적일 수 있다. 따라서 표제어에서는 접두사나 접미사, 조사, 어미 등에 쓰이는 '-' 부호 외에는 일절 부호를 쓰지 않는 것이 바람직해 보인다.

2.2 표제어의 자모 배열

자모 배열에 있어서 <조선말대사전>과 <표준국어대사전>의 차이

도 마찬가지다. 어쨌든 이들 용어에 대해 이러한 전문용어 표시를 일부러 뺐다는 것은 북한 사람들이 이들 어휘들을 일반어로 받아들이고 있다는 것을 반영하거나 아니면 이들을 일반어처럼 인지시키고 싶은 사전 집필자의 의도가 깔려 있다는 것은 분명한 사실이다.

점은 ①초성에서의 'ㅇ'의 위치와 ②겹자음의 위치 ③복모음의 배열이다. 종성의 순서는 초성과 관계되기 때문에 종성의 배열은 초성의 배열을 따르면 된다. 단 <조선말대사전>의 경우는 자모식 배열 방식이 아니라 자모음절식 배열 방식을 취하기 때문에 복자음이 단자음 뒤에 오는 형식을 취하고 있다. 예컨대, '설밥'과 '섧다'의 경우 <표준국어대사전>는 '섧다'가 '설밥' 앞에 배열되지만 <조선말대사전>의 경우는 '섧다'가 '설밥' 뒤에 배열된다.

    <조선말대사전>
    초성 : ㄱ, ㄴ, ㄷ, ㄹ, ㅁ, ㅂ, ㅅ, ㅈ, ㅊ, ㅋ, ㅌ, ㅍ, ㅎ, ㄲ,
         ㄸ, ㅃ, ㅆ, ㅉ, ㅇ
    중성 : ㅏ, ㅑ, ㅓ, ㅕ, ㅗ, ㅛ, ㅜ, ㅠ, ㅡ, ㅣ, ㅐ, ㅒ, ㅔ, ㅖ,
         ㅚ, ㅟ, ㅢ, ㅘ, ㅝ, ㅙ, ㅞ
    종성 : ㄱ, ㄴ, ㄷ, ㄹ, ㅁ, ㅂ, ㅅ, ㅇ, ㅈ, ㅊ, ㅋ, ㅌ, ㅍ, ㅎ,
         ㄲ, ㄳ, ㄵ, ㄶ, ㄺ, ㄻ, ㄼ, ㄽ, ㄾ, ㄿ, ㅀ, ㅄ, ㅆ

    <표준국어대사전>
    초성 : ㄱ, ㄲ, ㄴ, ㄷ, ㄸ, ㄹ, ㅁ, ㅂ, ㅃ, ㅅ, ㅆ, ㅇ, ㅈ, ㅉ,
         ㅊ, ㅋ, ㅌ, ㅍ, ㅎ
    중성 : ㅏ, ㅐ, ㅑ, ㅒ, ㅓ, ㅔ, ㅕ, ㅖ, ㅗ, ㅘ, ㅙ, ㅚ, ㅛ, ㅜ,
         ㅝ, ㅞ, ㅟ, ㅠ, ㅡ, ㅢ, ㅣ
    종성 : ㄱ, ㄲ, ㄳ, ㄴ, ㄵ, ㄶ, ㄷ, ㄹ, ㄺ, ㄻ, ㄼ, ㄽ, ㄾ, ㄿ,
         ㅀ, ㅁ, ㅂ, ㅄ, ㅅ, ㅆ, ㅇ, ㅈ, ㅊ, ㅋ, ㅌ, ㅍ, ㅎ

    자모의 배열은 무엇보다 사전이용자들의 편리성을 최우선으로 고려해야 한다. 편리성의 기준에 대해서는 여러 가지 조건을 들 수 있으나 가장 큰 기준은 관례와 원리가 될 수 있을 것이다. 예컨대 예로부터 내려온 관례가 있어 그것이 몸에 배어 있다면 그냥 그 관례를 따르면 될 것이다.

또 자모의 배열을 쉽게 알 수 있는 어떤 원리가 있어서 그 원리에 따른다면 노력해서 외울 필요도 없이 금방 이해가 되고 저절로 암기가 된다면 그 방식을 따르는 것도 편리할 것이다.

자음의 경우 우선 관례를 따른다는 입장에서 보면 'ㅇ'의 경우, 'ㆁ'이 사라진 이전의 문헌에서 'ㅇ'이 'ㆁ'보다는 뒤에 배열된 경우는 있어도 'ㅇ'이 'ㅎ' 다음에 배열된 경우는 단 한 차례도 보이지 않는다. 또한 'ㆁ'이 사라진 이후의 문헌인 홍계희의 「삼운성휘」(1751)에서는 'ㅇ'이 'ㅅ' 다음에 배열되어 있으며, 근대에 들어와 지석영의 「신정국문」(1905)과 한글 마춤법 통일안(1933) 등에서도 늘 'ㅇ'은 늘 'ㅅ' 다음에 배열되어 있었다. 따라서 'ㅇ'을 'ㅎ' 다음에 그것도 겹자음 'ㄲ', 'ㄸ', 'ㅃ', 'ㅆ', 'ㅉ' 다음에 두는 것은 일단 관례를 따른 배열이라고 볼 수는 없을 것이다.[3]

겹자음의 배열은 그 연원을 따지기가 어렵지만 근대에 만들어진 대부분의 사전들을 보면 <조선말대사전>과 <표준국어대사전>과는 다른 배열 방식을 가지고 있기도 하다. 다시 말해서 <조선말대사전>처럼 겹자음이 아예 따로 제일 뒤에 모여 있거나 <표준국어대사전>처럼 'ㄱ'이 다 끝난 다음에 'ㄲ'이 오는 것이 아니라 ①'가게'->'가다'->'까다'->'갈다'->'깔다'-'갈리다'->'깊다'의 경우에서처럼 받침이 바뀌기 전에 겹자음을 홑자음 다음에 이어서 배열하거나,[4] ②'가게'->'가다'->'갈다'->'갚다'->'까다'->'깔다'-'검다'->'걸다'->'꺼멓다'->'깊다'-'끼다'의

---

3) 최현배(1937)에서는 'ㅇ'을 자음의 맨 마지막에 둔 최초의 시도가 있었으며, 이상춘(1949)그리고 나아가서는 문교부(1956)에서 조사한 '우리말 말수 사용의 잦기'에서도 'ㅇ'이 맨 마지막에 배열된 시도가 있기는 하였다.

4) 조선총독부의 <조선어 사전>(1920), 한글학회의 <큰사전>(1947)이 이러한 방식을 채택하고 있다.

경우처럼 받침의 마지막 순서가 끝나고 모음이 바뀌기 전에 겹자음을 홑자음 다음에 이어서 배열하는 방식이 대부분이었던 것이다.[5] 그러나 이러한 방식은 두 번째 음절까지를 고려하면 상당히 혼란스럽다. 따라서 예삿소리 글자가 다 끝나고 그 다음에 같은 계열의 된소리 글자를 넣는 <표준국어대사전>의 방법이나 아예 된소리 글자를 'ㅎ' 다음에 넣는 <조선말대사전>의 방법이 이들 방식보다 훨씬 더 간명한 것은 분명하다.

그렇다면 예삿소리 글자 다음에 된소리 글자를 잇는 방법과 아예 맨 뒤로 된소리 글자를 넣는 방식 중 어느 한 가지를 택하면 되겠는데 음성학적으로도 그렇고 자형상으로도 그렇고 예삿소리와 된소리는 서로 밀접한 상관성이 있고, '버스'와 '뻐스', '곳감' '꽂감' 등에서 보는 것처럼 예삿소리와 된소리가 서로 혼동을 초래하는 경우가 있는 것으로 보아 이들이 서로 멀리 떨어져 있는 것은 찾아보기에 있어서 불편함을 줄 수 있다. 특히 두 권으로 되어 있는 대사전에서는 'ㄱ', 'ㄷ', 'ㅂ', 'ㅅ'과 상관된 'ㄲ', 'ㄸ', 'ㅃ', 'ㅆ'이 모두 두 번째 책에 있을 것이므로 'ㅈ'과 관련된 'ㅉ'을 제외하고는 대부분의 자형들이 예삿소리 글자는 첫째 권에, 된소리 글자는 두 번째 권에 실려 있게 됨으로써 사전이용자는 두 권의 책을 모두 펼쳐야 하는 불편함이 있다. 따라서 된소리 글자는 예삿소리 글자 다음에 두는 것이 이용상 편리하다고 할 수 있다.

그러나 국어 음운이 예삿소리, 거센소리, 된소리의 삼지적 체계를 이루는 것을 고려한다면 'ㄱ' 다음에 'ㄲ'이 오는 것이 아니라 'ㅋ'이 오고 그 다음에 'ㄲ' 오는 것이 타당할 것이다. 그렇게 원리상의 문제를 따진다면 자음은 'ㄱ', 'ㅋ', 'ㄲ', 'ㄴ', 'ㄷ', 'ㅌ', 'ㄸ', 'ㄹ', 'ㅁ', 'ㅂ', 'ㅍ', 'ㅃ', 'ㅅ', 'ㅆ', 'ㅇ' 'ㅈ', 'ㅊ', 'ㅉ', 'ㅎ'의 순서가 되어야 될 것이다.

---

5) 문세영의 <조선어 사전>(1938)의 배열방식이다.

모음의 경우는 <조선말대사전>은 관용을 <표준국어대사전>은 원리상의 배열 순서를 우선적 기준으로 따르고 있다. 한글의 별칭으로 '가갸글'이라는 말이 있는 것처럼 예로부터 한글을 처음 배우는 어린이들 대부분이 '아, 야, 어, 여……' 순으로 모음을 익혀 왔기 때문에 <조선말대사전>의 배열 방식은 언중들에게 이미 어느 정도 익숙해져 있다. 물론 'ㅣ' 다음의 복모음의 어순에 대해서 조금 헷갈리는 수가 있으나 'ㅏ'부터 'ㅣ'까지의 순서를 틀리거나 모르는 사람은 거의 없다.

<표준국어대사전>의 'ㅏ, ㅐ, ㅑ, ㅒ………' 식의 배열은 원리상의 이치를 깨치고 나면 나름대로 이해가 잘 된다. 하지만 이는 발음상으로도 <조선말대사전>보다 훨씬 불편하다. <조선말대사전>의 방식은 'ㅏ', 'ㅑ', 'ㅓ', 'ㅕ' 순으로 양성모음과 음성모음이 서로 교체되면서 발음되므로 무리가 없으나 <표준국어대사전>은 입모양이 바뀌지 않고 계속 비슷한 소리를 내야 하므로 발음이 매끄럽게 돌아가지 않는다.

실제로 남녀 대학생 153명을 대상으로 <조선말대사전>과 <표준국어대사전>의 모음 배열 순서에 대한 선호도를 조사해 보았더니 <조선말대사전>의 방식이 좋다고 답한 학생이 105명, <표준국어대사전>의 방식이 좋다고 답한 학생이 48명으로 거의 70%가 <조선말대사전>의 방식이 좋다고 응답했으며, 특히 나이가 많은 야간학부의 학생들의 경우는 88%가 <조선말대사전>의 방식이 좋다고 응답했다.

한편 고어의 배열에 있어서도 <조선말대사전>과 <표준국어대사전>은 서로 차이점을 가지고 있는데 일단 <표준국어대사전>은 고어도 현대어 자모순에 따라 같은 계열상에 끼어 넣은 반면, <조선말대사전>은 고어를 부록으로 다루고 있다.[6] 그 배열 방식은 위에서 본 현대의 자모배

---

6) <조선말대사전>에는 이두를 부록으로 싣고 있는데 <표준국어대사전>은 그렇지 않다. 앞으로의 단일어 사전은 이두뿐만 아니라 구결까지도 부록으로 싣는 것이 바

열과 유사하다. 다시 말해서 자음의 경우, <조선말대사전>은 'ㅧ, , ㅾ, ᄻ……' 등은 'ㄴ' 계열에, 'ㅲ, ㅳ, ㅄ, ㅶ….' 등은 'ㅂ' 계열에 넣는 것처럼 합용병서는 그 첫 자음 난에 순서대로 넣고, 각자병서는 제일 뒤로 놓는 방식을 취한 반면, <표준국어대사전>은 'ㅲ, ㅳ, ㅃ, ㅄ……' 처럼 합용병서와 각자병서를 따로 분리하지 않고 있다. 모음의 경우 역시 현대어의 모음배열과 같은 방식이나 'ㆍ'나 'ㆎ'의 경우 <조선말대사전>은 'ㆍ'는 단모음, 'ㆎ'는 복모음으로 보아 서로 분리되어 위치해 있으나, <표준국어대사전>의 경우는 'ㆍ'와 'ㆎ'가 맨 마지막에 서로 붙어있다.

<조선말대사전>

자음: ㄱ(ㄳ), ㄴ(ㅧ, , ㄵ, ㄶ), ㄷ, ㄹ(ㄺ, , ㄻ, ㄼ, ㄽ, , ㄾ, ㄿ, ㅀ,), ᄛ, ㅁ(ᇚ, ㅯ), ㅱ, ㅂ(ㅲ ,ㅳ, ㅄ, ㅴ, ㅵ, ㅶ, ㅶ, ㅷ), ㅸ, ㅅ(ㅺ, ㅻ, ㅼ, ㅽ, ㅾ, ᄸ, ᄹ, ᄺ, ᄻ), ㅿ, ㆁ(ㅇ), ㆆ, ㅈ, ㅊ, ㅋ, ㅌ, ㅍ, ㆄ, ㅎ, ㄲ, ㅥ, ㄸ, ㅃ, ㅹ, ㅆ, ㅉ, ㆅ, ㆀ

모음: ㅏ, ㅑ, ㅓ, ㅕ, ㅗ, ㅛ, ㅜ, ㅠ, ㅡ, ㅣ, ㆍ, ㅐ, ㅒ, ㅔ, ㅖ, ㅚ, ㆉ, ㅟ, ㆌ, ㅢ, ㆎ, ㅘ, ㅝ, ㅙ, ㅞ

<표준국어대사전>

초성: ㄱ, ㄲ, ㄴ, ㅥ, ㅦ, ㄷ, ㄸ, ㄹ, ᄛ, ㅁ, ㅱ, ㅂ, ㅲ, ㅳ, ㅃ, ㅄ, ㅴ, ㅵ, ㅶ, ㅷ, ㅸ, ㅅ, ㅺ, ㅼ, ㅽ, ㅆ, ㅾ, ᄻ, ㅿ, ㅇ, ㆀ, ㆁ, ㅈ, ㅉ, ㅊ, ㅋ, ㅌ, ㅍ, ㆄ, ㅎ, ㆅ, ㆆ

중성: ㅏ, ㅐ, ㅑ, ㅒ, ㅓ, ㅔ, ㅕ, ㅖ, ㅗ, ㅘ, ㅙ, ㅚ, ㅛ, ㆉ, ㅜ, ㅝ, ㅞ, ㅟ, ㅠ, ㆋ, ㆊ, ㆌ, ㅡ, ㅢ, ㅣ, ㆍ, ㆎ

종성: ㄱ, ㄲ, ㄳ, , ㄴ, ᇅ, ㄵ, ㅧ, , ㄵ, ㄶ, ㄷ, ㄹ, ㄺ,

람직하겠다.

ㅪ, ᄙ, ㄻ, , ㄼ, ㄽ, ㄾ, ㄿ, ㅀ, , ᄛ, ㅁ, ᇚ, ㅯ, ㅱ, ㅂ,
ㅄ, ㅶ, ᇥ, ㅸ, ㅅ, ㅺ, ㅼ, ㅆ, ㅿ, ㅇ, ᅁ, ㆀ, ㆁ, ㅈ, ㅊ, ㅋ, ㅌ,
ㅍ, ㆄ, ㅎ

이상의 방식을 살펴보면 자음의 경우는 <표준국어대사전>이 배열 순서가 바람직하고 모음의 경우는 <조선말대사전>의 배열 방식이 압도적으로 우세하다는 것을 알 수 있다. 이들 배열 순서는 원리보다는 관례를 따르는 것이 바람직하다는 것을 알려주는 것 외에 다름 아니다.

2.2 자모가 같은 표제어의 배열

자모가 같은 표제어, 즉 동음이의어의 경우는 <조선말대사전>이나 <표준국어대사전> 모두 각각의 기준에 따른 배열 방식이 다르기 때문에 차이가 있다. 그런데 가장 큰 차이는 각각의 사전이 제 기준을 제스스로 잘 지키지 않거나 기준 자체가 모호하여 배열상의 착오가 있다는 것이다.

<조선말대사전>의 경우는 품사별 차례가 우선인데 그 순서는 '명사, 수사, 대명사, 동사, 형용사, 관형사, 부사, 감탄사, 접두사, 접미사, 어미, 조사'이다. 같은 품사의 경우는 사회 정치적 의의가 크고 '인민의 언어생활에 적극적으로 쓰이는 말'이 먼저이며, '고유어->한자어->외래어'의 순서를 지키도록 하고 있다. 그런데 이 경우 이들 기준들이 중복될 때는 어떤 것을 따라야 하는가에 대한 설명이 없다. 예컨대 어떤 어휘들이 같은 명사이고 고유어이면 어떻게 하겠는가 하는 것이다. 가령 '눈'이라는 표제어는 명사이면서 고유어인 동음이의어를 아래처럼 5개나 가지고 있다.

눈1[명] 감각기관의 하나. (1,715)
눈2[명] 공중에 있는 물기가 얼어서 땅위로 내리는 솜 모양의 결
       정체.(213)
눈3[명] =눈금.(2)
눈4[명] '그물눈'의 준말.
눈5[명] (생물) 꽃 또는 줄기와 잎으로 자랄 식물의 싹.(12)

　이들 어휘들은 어떤 근거에 의해서 어깨번호를 매겨졌는가에 대한 기준이 없다. 이때 '인민의 언어생활에 적극적으로 쓰이는 말'이 그 기준이라고 할 수 있겠으나 그 기준은 범위가 한정되어 있지 않아 모호하다. 한 가지, 풀이말이나 용례 끝에 괄호로 제시한 어휘 빈도수를 그 근거로 들 수 있겠으나 빈도수의 많고 적음이 표제어의 배열과 아무런 관계도 없음이 위의 '눈5'가 말해 주고 있다. 왜냐하면 빈도수가 표제어 배열의 한 기준이 되었다면 '눈5'의 출현 빈도수는 12로 세 번째이므로 어깨번호 3을 받았어야 했을 것이다. 그러나 빈도가 하나도 없거나 겨우 2개 있는 '눈3'이나 '눈4'보다 늦은 번호를 받았다.
　표제어 '소'의 경우도 마찬가지이다. 명사이면서 고유어는 '소1'과 '소2'가 있는데 '소1'은 '만두나 오이소박이김치 등을 만들 때 맛을 내기 위해 그 속에 넣은 여러 가지 재료'를 뜻하며, '소2'는 음매 하는 집짐승을 가리키는 말이다. 이들의 빈도수를 보면 '소1'은 2밖에 되지 않지만 '소2'는 93이나 된다. 그럼에도 불구하고 빈도수가 많은 '소2'가 늦은 어깨번호를 부여 받고 있다. 한자어의 경우도 빈도 25의 '소(所)3'가 빈도 40의 '소(小)5'보다 앞서 있으며 심지어 빈도 0의 '소(沼)4'가 이들 사이에 끼어 있기도 하다.[7]

---

[7] <조선말대사전>은 어휘 빈도수를 표시한 남북한 유일의 대사전이다. 그러나 단순히 빈도수만을 보여줄 뿐 그 빈도가 가지는 언어학적 특성들을 제대로 살리지 못하

<표준국어대사전>은 그 기준의 우선 순위로 ① 현대어→ 옛말, ② 어휘 형태→ 문법 형태, ③ 고유어→ 한자어→ 외래어, ④ 표준어→ 북한어→ 방언→ 비표준어, ⑤ 품사 순을 정해 놓고 어휘 형태의 차례를 자립 명사→의존 명사→대명사(인칭 대명사→지시 대명사)→수사→동사(자동사[일반 자동사→피동사]→타동사→[일반 타동사→사동사])→ 형용사→보조 용언(보조 동사→보조 형용사)→관형사→부사→감탄사→어근 순으로, 문법 형태의 차례를 조사→어미(선어말 어미→연결 어미→종결 어미→전성 어미)→접사(접두사→접미사) 순으로 명쾌하게 서열화 하고 있다. 이러한 기준에도 불구하고 <조선말대사전>이 안고 있는 문제점을 역시 해결하지 못하고 있다.

예컨대 '눈'을 <표준국어대사전>에 맞춰 배열하면 아래와 같다.

> 눈1[명] 감각기관의 하나.
> 눈2[명] =눈금.
> 눈3[명] '그물눈'의 준말.2
> 눈4[명] 공중에 있는 물기가 얼어서 땅위로 내리는 솜 모양의 결정체.
> 눈5[명] (생물) 꽃 또는 줄기와 잎으로 자랄 식물의 싹.

<표준국어대사전>의 경우는 <조선말대사전>의 '눈2'가 '눈4'로 자리 이동해 있다. 그러나 누구나 추측할 수 있듯 상당한 빈도수를 가졌을 것으로 여겨지는 '눈4'가 '눈2'보다 늦은 번호를 부여받은 것을 이해하기 어렵다.

현대의 사전 편찬에서는 컴퓨터의 도움으로 인하여 말뭉치의 구축과 그것의 빈도처리가 용이해졌다. 따라서 '눈'과 같은 동음이의어들은 빈

고 있어 안타깝다.

도수를 통해서 그 순서를 정하는 방안을 고려할 수 있을 것이다.

2.4 원어 및 어원 정보

<조선말대사전>은 원어정보와 어원정보를 따로 분리하여 제시하지 않고 맨 마지막에 [ ] 기호 안에 넣어서 나타내고 <표준국어대사전>의 경우는 원어정보는 표제어 바로 옆에, 어원정보는 맨 마지막에 따로 제시하고 있다. 또한 <조선말대사전>은 고유어에 대해서는 그 어원을 일절 밝히지 않고, 한자어와 서구계 외래어에 대해서만 원어나 어원을 밝히고 있는데 그 특징을 들면 아래와 같다.

A. 한자어
(1) 원어든 어원이든 맨 마지막에 제시.
(2) 발음이 달라진 경우는 한자어를 넣지 않음. 예) 모란
(3) 한자어와 고유어가 합쳐져 이루어진 합성어에서 한자어 부분
    에 한자를 명시하고 고유어는 '—' 기호를 씀. 예)간곡하다
    ………[懇曲—]

B. 외래어
(1) 원어든 어원이든 맨 마지막에 제시.
(2) 슬라브 계통의 언어는 러시아어로, 기타는 로마자로 제시.
(3) 해당 원어와 달라졌을 경우에는 <- 부호를 주어 구분

원어 및 어원 정보를 해당항목의 맨 마지막에 배열하는 방식은 표제어를 한 눈에 들어오게 하여 그 구별을 쉽게 하는 장점이 있으나, 한자어나 외래어가 눈에 잘 띄지 않게 됨으로써 전문가가 아닌 일반 사전이용자는

이를 간과할 수 있는 단점이 있다. 일반적으로는 원어표시는 표제어 옆에 어원 정보는 풀이말이나 용례의 마지막에 두는 게 좋겠다.

고유어의 경우, 어원을 밝혀두는 것은 어학 전공자를 위해서나 일반이용자를 위해서도 필요하다. 언중들은 이 어원을 통해서 그 어휘의 뿌리를 알게 됨으로써 애정을 갖게 되고 또 이를 통해 새로운 단어를 만들어갈 수 있어 우리말을 풍요롭게 할 수 있기 때문이다.

3. 문법정보

3.1 발음표시

발음은 남북한의 어문규정이 약간씩 다르므로 차이가 있을 수 있으나 생각보다 그 차이가 아주 크지는 않다. 예컨대, '같이'를 [가티]로 발음하지 않고 [가치]로 발음하는 구개음화 현상이라든지, '밭일'을 [바딜]로 발음하지 않고 [반닐]로 발음하는 등의 ㄴ 첨가 현상, '국물'을 [꾹물]로 하지 않고 [궁물]로 하는 비음화 현상 등도 모두 마찬가지이다. 단지 이들을 명시하는 방식이 약간씩 차이가 있는데 겹받침에 대한 발음 표시에 있어 우선 그 차이가 보인다.

<조선말대사전>의 경우 '겹받침에서 어느 한 쪽이 발음되지 않는 경우, 그 뒤에 모음이 오는 경우의 발음소리를 (   )에 넣어서 함께 밝혀주었다'고 하고 '흙'이나 '값'에 대해서 '흙[흑(흘기)]', '값[갑(갑시)]' 등으로 나타내고 있다. 그러나 뒤에 모음을 가진 조사가 올 때뿐만 아니라 자음을 가진 조사가 올 때도 그 조사의 음가에 따라서 발음이 크게 달라진다. 예컨대, 조사 '-만'이 오면 '흙만[흥만]'으로 소리나며, '-도'가 오면

'흙도[흑또]'로 발음된다. 따라서 뒤의 모음이 오는 경우만을 나타낸 것
으로는 정보가 부족하다고 하겠다. <표준국어대사전>의 경우는 '흙[흑]
〔흙이[흘기], 흙만[흥-]〕'처럼 모음과 비음이 오는 경우를 보여주고 있
는데 자음이 오는 경우의 발음도 밝혀 주는 것이 바람직해 보인다.

　　용언의 경우도 마찬가지다. 용언이 활용할 때, 그 발음이 달라지는 경
우가 있다. 예컨대, '넓다'의 경우는 '넓어[널버]', '넓고[널꼬]', 발음된다.
따라서 이들 발음의 변화도 보여주는 것이 좋을 텐데, <조선말대사전>
의 경우는 '흙'과 같은 겹받침을 가진 명사에는 [흘기]라는 발음 정보를
주었으면서 형용사 '넓다'에 대해서 어떠한 [넙-]이라는 발음정보 외에는
어떠한 정보도 주지 않고 있어 일관성이 없다. <표준국어대사전> 또한
일관성이 없는 점이 있는데, 일러두기에 연음은 발음 표시를 하지 않는다
고 하고서는 명사 '흙'에 대해서는 [흘기]라는 발음 정보를 주고, 용언
'넓다'의 활용형 '넓어'에는 [널버]라는 발음정보를 주지 않고 있다.

　　발음 표시에 있어서 가장 큰 차이는 음의 높낮이와 장음에 관한 정보이
다. 그 차이를 보이면 아래와 같다.

<조선말대사전>
(1) 네모상자에 1, 2, 3의 번호를 넣은 숫자를 통해서 소리의 높낮
　　이를 표시.
　　예) 마늘모 ②③② [명]
(2) 소리의 높낮이를 표시한 숫자 다음에 쌍점을 찍어 장음을 표
　　시. 첫 음절 이외에도 장음표시를 함.
　　예) 발그레하다 ②③③:②② [형]

<표준국어대사전>
(1) 소리의 높낮이에 대한 정보 없음.
(2) 발음 표시부에 첫 음절만 장음을 표시.

예) 눈보라[눈:--], 첫눈[천-]

성조표시에서 ①은 낮은 소리, ②는 보통 소리, ③은 높은 소리를 나타
낸다. 이러한 성조 표시가 모든 어휘에 걸쳐서 이루어진 것은 아니지만
그 시도가 돋보이며, 우리말은 억양이 단조로와 잠이 온다는 말이 있는데
이러한 성조표시를 통해서 우리말의 특성을 살리고 또 실제적인 언어
생활에서 생동감을 줄 수도 있을 것이다. 특히 함경방언이나 경상방언에
는 이러한 성조가 아직도 남아 있는데 각 방언들에 대해서 이러한 성조
표시를 적극적으로 해주는 것은 바람직할 것이다.
그런데 <조선말대사전>의 성조표시에 한 가지 아쉬운 것은 문법형태소
에 대한 성조표시가 전혀 없다는 것이다. 예컨대, 종결어미 '-아/어', '-지',
'-고'의 경우, 성조에 따라서 그 기능이 달라진다. <조선말대사전>의 방식
을 따르자면 평서형일 때 '-아/어②'로, 의문형일 때는 '-아/어③'으로, 감탄
형일 때는 '-아/어②①'(하강조)의 정보를 준다면 '-아/어'이 기능과 성격을
보다 간명하게 보여 줄 수 있었을 것이다. 그리고 그 표시(숫자)가 나타내는
자리가 너무 커서 표제어의 식별을 어렵게 하는 것 등은 아쉬움으로 남는다.

3.2 활용정보

우리말의 용언은 그 활용이 불규칙인 것이 있고, 또 어떤 것은 극히
제약적으로 일부만 되는 것이 있는데 불규칙 활용의 경우, <조선말대사
전>이나 <표준국어대사전> 모두 '-아/어'와 '-으니/니'이 형태를 제시
하여 그 불규칙 활용의 꼴을 보이고 있으며, 활용이 제약적인 용언은
괄호 등에 그 특수한 꼴을 명시하고 있다.

<조선말대사전>
(1) 불규칙 용언에 '-아/어'와 '-니/-으니' 형태의 활용정보를 제시하
   나 규칙적인 용언에 대해서는 아무런 활용정보도 주지 않음.
(2) 특이한 활용형은 ( ) 안에 따로 밝힘.
   예) 가다 (가거라)
       오다 (오너라)
(3) 불완전한 활용을 하는 용언에는 ( )에 그 특성을 표시.
   예) 데리다: (주로 <<데리고, 데려>>형으로 쓰여)⋯⋯⋯

<표준국어대사전>
(1) 모든 용언에 '-아/어'와 '-니/-으니' 형태의 활용정보를 제시.
(2) 용언에 따라 특이한 활용형이나 발음이 변하는 활용형이 있으
   면 함께 제시함.
   예) 가다 [가, 가니, 가거라]
       그렇다[--타] [그래, 그러니, 그렇소[-러쏘]]
       막다 [-따] [막아, 막으니, 막는[망-]]
(3) 불완전한 활용을 하는 용언에는 일반적인 활용정보를 제시하
   지 않고 (( )) 안에 그 활용의 특수한 꼴을 제시.
   예) 더불다: ((‘더불어’ 꼴로만 쓰여))⋯⋯⋯
(4) 준말이 함께 쓰일 때에는 본말 옆 ( ) 안에 제시하였다
   예) 되다 [되어(돼), 되니]
(3) ‘갖다’나 ‘딛다’처럼 활용에 제약을 갖는 특수한 용언은 불가
   능한 활용형은 제시하지 않음. 예) 갖다 [갖는[간-]]

　　발음 표시를 살펴보면 <조선말대사전>보다는 <표준국어대사전>이
훨씬 더 자세하고 체계적이며, 이용자의 편익을 고려했다는 것을 알 수
있다. 그러나 규칙적인 활용을 하는 용언에 활용정보를 주는 것은 잉여적
이다. 하지만 ‘갖다’와 같이 ‘갖어’로의 활용이 불가능한 용언에 대해
단순히 그 활용형을 제시하지 않는 것은 오히려 정보가 부족하다고 하겠

다. 이 경우에는 '[갖어×]'처럼 ×표를 하는 등의 적극적인 정보제공이
필요하다고 본다.

3.2 문형 및 문법 정보

문형은 동사가 필요로 하는 논항과 격틀을 보이는 것으로, 필수적 논항
과 수의적 논항의 선별 문제가 아직도 명쾌하게 해결되지 않은 부분이
있지만 동사가 가져야 할 가장 중요한 정보이다. 그런데 <조선말대사전
>의 경우는 이 문형에 대해서 이렇다 할 정보를 제공하지 않고 있다.
다만 ( )안에 간혹 문법정보가 적히기도 하지만 일관성이 없으며 때론
의미정보가, 드물게는 문형정보가 묻어 있기도 하여 풀이말에 쓰이는
괄호가 정확하게 무슨 역할을 하는 것인가가 드러나지 않고 있다. '하다'
를 예로 들어 보면,

하다(하여, 해서) [동] I (타)
① (어떤 목적을 위하여) 육체적 정신적 활동을 진행하다. ‖ 일을
    ～. 운동을 ～. 생각을 ～.
② (일부 명사와 함께 쓰이여) 그 명사를 말뿌리로 하는 <<～하다
    >>형 동사의 뜻을 대신 한다. ‖ 노래를 ～. 같이 식사를 ～.
③ (일부 명사와 함께 쓰이여 그것을) 짓거나 만들다. ‖ 옷을 ～.
    밥을 ～.
④ (어떤 목적을 위하여 무엇을) 장만하거나 마련하다. ‖ 나무를 ～.
⑤ (일정한 명사와 함께 쓰이여) 어떤 목적에 리용하다. ‖ 삽주뿌
    리로 약을 ～.
⑥ (일정한 명사와 함께 쓰이여 그것을 용도대로) 쓰다. ‖ 위생복
    에 마스크를 한 의사.

⑦ (통신에 관계되는 일정한 명사와 함께 쓰이여) 그것을 리용하
여 통신하다. ‖ 전화를 ～. 편지를 ～.
⑧ (끼니나 음식 같은것을 나타내는 말과 함께 쓰이여) 먹거나
마시거나 피우다. ‖ 아침을 ～. 국수를 ～.
⑨ (주로 명사와 함께 쓰이여) 모습이나 차림을 가지거나 갖추다.
‖ 남복을 ～. 날아갈 듯한 맵시를 ～. 환한 얼굴을 ～.
⑩ (말에 관계되는 일정한 명사화 함께 쓰이여) 그것을 써서 말하
다. ‖ 한마디 ～. 북도사투리를 하는 아낙네.
⑪ (일부 단위명사와 함께 쓰이여) 무엇을 생산하다. ‖ 공작기계
1만대를 ～.
⑫ (표정이나 태도 등을) 짓거나 나타내다. ‖ 심각한 얼굴을 ～.
⑬ (사회적인 사업이나 활동, 전문분야를 나타내는 일부 명사와
함께 쓰이여) 거기에 종사하다. ‖ 혁명을 ～. 청년사업을 ～.
⑭ (<<길>>이 결합된 일부 명사화 함께 쓰이여) 다니다. ‖ 밤
길을 ～.
⑮ 어떤 일에서 일정하게 값있게 활동하다. ‖ 제 구실을 ～. 형
노릇을 ～.

　먼저 ①을 보면 괄호 안에 든 것은 문형정보도 아니고, 문법정보도
아니며 더군다나 의미정보도 아니다. 어떤 행위는 반드시 그 목적을 결과
로 하기 때문에 ‘어떤 목적을 위하여’라는 풀이를 할 필요가 없으며 한다
해도 괄호를 칠 이유가 전혀 없다. 오히려 목적어 논항에 해당하는 ‘육체
적 정신적 활동을’ 부분이 괄호 안에 들어가야 할 것이다. 그래야 하는
편이 낫다는 증거는 ‘어떤 목적을 위하여 무엇을’이라는 부분을 괄호
안에 넣은 ④에서 잘 드러난다. ‘무엇을’이라는 논항 정보가 괄호 안에
포함되어 있기 때문에 좀더 발전된 형태라고 할 수 있다. ③과 ⑫ 또한
목적어를 괄호 안에 넣음으로써 논항정보를 보여주었다고 할 수 있겠다.
그러나 ⑫에 비한다면 ③은 대단히 잘못되었다. ⑫는 (표정이나 태도

등을)이라고 명시하여 논항인 목적어의 의미정보를 나열하고 있어 바람
직하다. 그러나 ③은 '(일부 명사와 함께 쓰여 그것을) 짓거나 만들다'라
고 해놨는데 여기서의 일부 명사란 옷이나 밥 따위의 목적어를 칭함이
분명하다. 그런데 ⑪을 보면 '(일부 단위 명사와 함께 쓰이여) 무엇을
생산하다'로 풀이해 놓고 있어 목적어가 괄호 밖에 나와 있다. ⑩또한
③과 똑같은 형식으로 풀이했는데 목적어인 '그것을'이 괄호 밖으로 나
와있다. 또 ③이나 ⑪의 풀이를 본다면 ⑮는 '(일부 명사와 함께 쓰이여
무엇을) 맡아 값있게 활동하다'나 '(일부 명사와 함께 쓰이여) 무엇을 맡
아 값있게 활동하다'로 풀이해야 하나 괄호 자체가 없다. 또한 ⑫식으로
풀이한다면 '(어떤 역할을) 맡아 값있게 활동하다'로 풀이하는 것을 좋을
듯하나 아예 '-를' 논항을 가진 목적어 자체가 없다. ⑥의 경우는 '쓰다'
외에 모든 풀이가 괄호 안에 들어있다.

　이것은 <조선말대사전>이 문형이나 문법정보 논항의 의미정보에 대
해서 일관된 기준을 가지고 있지 않거나 중요하게 다루고 있지 않음을
나타내는 것이다.

　그러나 <표준국어대사전>의 경우는 주어를 제외한 용언의 필수적
성분만을 굵은 꺾쇠괄호 속에 제시하고 있고 통사의미론적 제약은 ((
)) 속에 문법 정보로 명확하게 제시하고 있다. 그 특성을 살펴보면

　　A. 문형정보
　　(1) 용언의 문형 정보와 관련된 필수적 성분은 조사로는 '이, 을,
　　　　에, 에게, 에서, 에게서, 으로, 과, 보다(비교격), 고(인용의 격조
　　　　사)'로 한정하고 어미로는 어미는 '-게, -도록, -려고, -음, -기,-
　　　　ㄴ지'로 한정.
　　(2) 보조 용언이나 이에 준하는 용언의 경우는 그 문장 구조에 대한
　　　　정보를 문형 정보에서 제시하지 않고 문법 정보에서 제시.

(3) 용례를 거의 찾을 수 없거나 용례가 있더라도 그것만으로는
    자세한 문형 정보를 제시하기 어려운 경우는 문형 정보를 제
    시하지 않음.
(4) 북한어, 방언, 옛말, 비표준어는 문형 정보를 제시하지 않음.

B. 문법정보
(1) 문형 정보에 제시해 줄 수는 없으나 문형 정보를 이해하기
    위해 필요한 정보
    예) 싸움-하다[동] [(…과)] (('…과'가 나타나지 않을 때는 여럿
        임을 뜻하는 말이 주어로 온다)) ->싸움. ………………
(2) 굳어진 형식으로 쓰일 경우
    예) 간(間)[명][의]……… ③(('-고 -고 간에', '-거나 -거나 간에
        ', '-든지 -든지 간에' 구성으로 쓰여)) 앞에 나열된 말 가운
        데 어느 쪽인지를 가리지 않는다는 뜻을 나타내는 말.
(3) 문장 성분이 가지는 통사의미론적 제약
    예) 오다[와, 오니, 오너라][동]………8[…에/에게 ……
        을][…으로 ……을] ①(('……을' 성분은 주로 서술성이
        있는 명사가 온다)) 어떤 목적 혹은 어떤 일을 하기 위하여
        말하는 이가 있는 곳으로 위치를 옮기다.
(4) 음운이나 형태 결합상의 제약이나 통사 환경
    예) 가[조] ((받침 없는 체언 뒤에 붙어)) ①어떤 상태나 상황에
        놓인 대상, 또는 상태나 상황을 겪거나 일정한 동작을 하
        는 주체를 나타내는 격 조사.
(5) 의미 선택 제한
    예) 가다[가, 가니, 가거라][동] ⑤………5(('손해' 따위의 명사
        와 함께 쓰여)) 그러한 상태가 생기거나 일어나다. 자기에
        게 손해 가는 장사를 누가 하겠어? 9[(…을)] ((기간을
        나타내는 '며칠' 따위와 함께 쓰여)) 어떤 현상이나 상태가
        유지되다.   작심삼일이라고 며칠이나 가겠니?
(6) 활용상의 제약

예) 같다[간따] [같아, 같으니] ①(('같으면' 꼴로 쓰여)) '-
라면' 의 뜻을 나타내는 말. ②(('같은' 꼴로 동일 명사
사이에 쓰여)) '기준이 될 만한' 의 뜻을 나타내는말.
(7) 제한된 환경
예) 사(四)[사:] ·········((일부 단위를 나타내는 말 앞에 쓰
여)) ①그 수량이 넷임을 나타내는 말.

문형정보와 문법정보, 논항의 의미정보 등은 사전이 갖춰야할 더없이 중요한 정보이다. 언중들을 용언이 가지는 이들 정보를 통해서 적격한 문장들을 만들어낼 수 귀중한 근거를 가지게 되는 것이다. 따라서 남북한 단일어 사전은 <표준국어대사전>의 체제를 따라 표제어 옆에 적절한 표시를 준다. 특히 이러한 정보들을 가장 많이 필요로 하는 것이 용언인데, 이 정보들이 너무 길어질 경우, 풀이말과 거리가 멀어져 전체적인 조망이 어려운 점이 있으므로 주의가 필요하다.

4. 뜻풀이와 용례 및 참고정보

4.1 뜻풀이

<조선말대사전>의 경우는 다음과 같은 원칙과 방식으로 내세우고 있다.

(1) 올림말의 풀이는 위대한 수령님과 친애하는 지도자동지의 명
제를 정중히 모시고 그에 기초하여 뜻풀이함.
(2) 주체사상의 원리에 기초.
(3) 사회정치 용어와 일부 과학기술용어들은 그 본질적인 내용

또는 개념 외에 백과사전식 보충설명을 덧붙임.

(4) 오늘날 잘 쓰이지 않는 낡은 뜻도 일정한 전제하에 밝혀 줌.

(5) 한자성어 및 성구, 속담은 고사, 유래와 의미적 근거를 밝혀 주면서 풀이 함.

(6) 명사에 '하다', '되다' 붙어서 된 용언이 어근과 그 뜻이 달라지지 않을 때는 풀이를 하지 않음.

(7) 단어의 뜻을 정확히 알도록 하기 위해서 '원시사회에서', '동의학에서', '<..>을 높여이르는 말' 등의 전제를 풀이의 앞이나 뒤에 붙임.

(8) 다의어의 경우, 언어생활에 널리 쓰이는 적극적인 뜻을 기본으로 하고 의미발전의 과정도 정확히 알 수 있도록 차례로 배열함.

(9) 다의어는 원안의 숫자로 구분하고 아직 그 뜻이 완전히 굳어지지 않은 것은 반달 표시를 함.

위의 기준에서 눈에 띄는 내용은 원칙 (1)과 (2)이다. 이는 특히 정치사상용어의 풀이에 자주 이용되는데 '민주주의'에 대한 <조선말대사전>과 <표준국어대사전>을 비교해보면 좋은 근거를 찾을 수 있을 것이다

<조선말대사전>
민주주의[명] ((법학)) : ≪민주주의란 한마디로 말하여 근로인민대중의 의사를 집대성한 정치입니다. 다시말하면 국가가 로동자, 농민을 비롯한 광범한 근로인민들의 의사에 따라 정책을 세우고 인민대중의 리익에 맞게 그것을 관철하며 근로인민대중에게 참다운 자유와 권리, 행복한 생활을 실질적으로 보장하여 주는것이 바로 민주주의입니다≫(김일성 저작집)

① 근로인민대중의 의사를 집대성한 정치. 국가가 로동자, 농민을 비롯한 근로인민들의 의사에 따라 정책을 세우고 인민대중의 리익에 맞게 그것을 관철하며 근로인민대중에게 참다운

자유와 권리, 행복한 생활을 실질적으로 보장하여주는 것이
다. 민주주의는 계급적성격을 띤다. 참다운 민주주의는 오직
하나 사회주의적 민주주주의이다.
② 조직이나 집단이 성원전체의 의사를 충분히 반영하여 전체의
리익을 보장하는 사업방식.

<표준국어대사전>
민주주의(民主主義)명[정] : 국민이 권력을 가지고 그 권력을 스
스로 행사하는 제도. 또는 그런 정치를 지향하는 사상. 기본적 인권,
자유권, 평등권, 다수결의 원리, 법치주의 따위를 그 기본 원리로
한다

<조선말대사전>의 풀이에서 무엇보다 도드라지는 것은 일반적인 풀
이말 앞에 굳은 글씨로 김정일 저작집에 실린 글이 등장하고 있으며 그
풀이말 ①에 '민주주의는 계급적 성격을 띤다', '참다운 민주주의는 오직
사회주의적 민주주의이다'라고 명시한 점이다. 이는 풀이가 아니라 주장
이며 선전이다.

또 한 가지 관심을 끄는 것은 '민주주의'는 ((법학))이라는 전문어 표시
를 한 반면에 '공산주의' 표제어에는 아무런 전문어 표시를 하고 있지
않다는 점이다. <각주1>에서도 밝혔듯이 <조선말대사전>은 정치사상
용어를 실었다고 하면서도 실제로는 ((정치))라는 정치사상용어의 약물기
호를 넣지 않고 있기 때문에 <조선말대사전>은 '민주주의'와 '공산주
의'는 서로 다른 범주에 속하는 용어로 본다는 점이다. 결국 정치사상
용어에 아무런 전문어표시를 하지 않는 것은 이들은 전문어가 아니라
일반어라는 것을 반영한 것이라면 '공산주의'는 일반어이며 '민주주의'
는 그렇지 않다는 것을 나타내는 것과 같다. '민주주의'는 빈도가 315번
이고 '공산주의'는 702번이다.

빈도와 관련지어 '김일성동지의 혁명사상'이라는 표제어를 살펴보면, 이 표제어는 빈도가 하나도 없으면서 2줄 짜리 김정일 어록이 두 군데나 실려 있고 무려 16줄에 해당하는 상세한 풀이를 하고 있어 무려 20줄에 해당하는 풀이를 해놓고 있다. 이는 언어와 사전을 체제수호와 선전의 도구로 삼는 북한의 언어정책관에 입각한 것이다.

풀이말의 원칙과 관련지어 또 한 가지 살펴볼 부분은 다의어 풀이의 순서에 관한 원칙 (8)이다. (8)의 내용을 보면 어떤 표제어의 의미가 ①, ②, ③…… 등으로 갈릴 때 본뜻보다는 널리 쓰이는 기본뜻을 먼저 풀이하고 그 쓰이는 정도에 따라서 순서를 정한다는 것이다. 그러나 엄밀한 객관적 기준에서 본다면 기본뜻과 본뜻에서 파생된 다의어의 의미에 대한 판별을 무엇으로 하며 또한 개개의 파생적 의미에 대한 쓰임의 정도를 어떤 기준으로 판가름해야 하는가 하는 것이다. 이에 대해서는 어휘 빈도수가 좋은 근거를 제공하게 될 것이다. 그러나 어휘빈도수를 표시한 <조선말대사전>의 경우도 일부 표제어의 전체 빈도수는 있으나 그 세부적인 뜻풀이 부분에 대한 빈도수는 명시되어 있지 않다.

그리고 본뜻에서 갈라진 이러한 파생적 의미가 사회 체제의 차이로 인해 남북한이 각각 다를 수 있을 것이다. 예컨대 '유가족'이라는 말은 남한에서는 단순히 '죽은 사람의 살아 남아 있는 가족'이라는 뜻으로 쓰이지만 북한에서는 이러한 뜻 외에 '조국과 인민을 위해 싸우다 죽은 혁명열사나 애국열사의 부양가족'이라는 뜻이 있는데 이는 '혁명열사 유가족', '애국열사 유가족'이라는 말이 아주 자주 붙어 쓰이다 보니까 그 일부가 전체를 대신하게 되어 의미 전이가 이루어진 경우이다. 이런 경우 남이나 북과 적절한 약물기호를 주어 그 의미가 어느 곳에서 쓰이는 것인지를 알려주어야 될 것이다.

뜻풀이에서 가장 주의해야 할 점은 순환론적인 풀이를 해서는 안 되며,

단순히 유의어로의 1:1 대치가 되어서도 안 된다. 특히 표제어의 품사가 명사이면 그 풀이도 명사나 명사형으로 끝나야 하며, 부사면 부사나 부사형으로 직접적인 풀이가 되어야 바람직하다. 그러나 문법 형태나 의성·의태어들은 직접적인 풀이가 어려우므로 상위언어적 풀이가 가능하다.

　전문어나 고유명사의 풀이는 기본적 내용을 간결하게 먼저 설명하고, 그 뒤에 부가적 설명을 잇는 게 좋으며, 어떤 어휘가 일반어로도 전문어로도 쓰일 경우에는 일반어 풀이를 먼저하고 전문어 풀이를 해야 한다. 또한 뜻풀이에 이용되는 술어는 일반적이고 쉬운 기초어휘로만 이루어지는 것이 바람직하다.

4.2 용례

<조선말대사전>에서의 용례에 대한 지침은 대략 다음과 같다.

> (1) 용례는 예구와 예문으로 나눔.
> (2) 가능하면 예문의 출처를 밝혀 줌. 특히 김일성 교시 등은 철저히 골라서 넣음.
> (3) 예문에 쓰인 말이 표제어와 같은 형태인 경우에는 부호 '～'로 대신 함.

　용례는 예구와 예문으로 나누는 것은 당연하며 그 예문들은 일반적으로 많이 쓰이는 간단한 형태에서부터 완전한 문장구조를 갖춘 형태까지 다양하게 등장하는 것이 좋다. 특히 용언의 경우는 그 문형의 전체가 드러나는 완벽한 주술구조를 갖추는 것이 좋으며 관형형이나 연결형 등도 예시되어야 한다.

그러나 빈도가 219회나 되는 동사 '여기다'는 '마음 속으로 어떠하다고 생각하거나 대하다'는 뜻풀이와 더불어 '고맙게 ~', '당연하게 ~'라는 예구만 달랑 2개 있을 뿐 예문은 전혀 없다. 반면에 빈도는 하나도 없지만 사회주의를 알릴 수 있는 정치사상용어는 다양한 인용문을 넣고 있다.

하지만 '여기다'의 경우 '나는 철수가 범인이라고 여겼다'에서처럼 자동사도 가능하며 타동사 또한 '나는 철수를 범인이라고 여겼다', '나는 철수를 범인으로 여겼다', '너는 그 일을 서운하게 여기지 마라' 등에서처럼 '-라고', '-으로', '-게' 등의 다양한 문형이 가능하다. 따라서 용례는 이러한 다양한 문형을 보여줄 수 있도록 의도적이고 체계적으로 짜여져야 한다.

형식과 관련지어 예문에 표제어와 같은 형으로 등장하는 어형의 표시는 <조선말대사전>의 경우처럼 물결표시(~)하는 경우와 <표준국어대사전>처럼 돋움체로 나타내는 방식을 고려해 볼 수 있는데 이는 예문을 읽을 때 항상 표제어를 상기시키고 그 형태변화의 모습도 지켜볼 수 있다는 점에서 물결표시보다는 어형을 그대로 다시 옮긴 돋움체가 보기도 좋고 바람직하다.

용례는 해당 표제어의 의미가 전형적으로 잘 드러나는 것을 선택해서 다양하게 실어주어야 하며 아울러 의미 선택 제약이나 결합 관계 그리고 기타 문법정보를 포괄적으로 보여줄 수 있어야 한다. 특히 앞서 말했듯 용언의 경우는 그 문형이 잘 드러나도록 완결된 주술구조로 이루어지는 것이 좋다. 또한 그 활용의 꼴이 잘 드러날 수 있도록 관형 구성이나, 연결 구성도 보여주는 것이 좋다. 그러나 접두사나 접미사 관형사 등은 단어에 붙기 때문에 완결된 주술구조의 형식을 가질 필요가 없고 짧막한 구의 형태를 가져도 될 것이다.

4.3 참고정보

　참고정보는 뜻풀이 외에 표제어와 관련된 어휘 정보를 부수적으로 제시하는 것으로 표제어와 유의, 반의 관계 있는 어휘나 주동·사동 관계 어휘, 능동·피동 관계 어휘, 또 원어·약어, 본말·준말, 높임말·낮춤말, 어감이 큰 말 · 작은 말, 거센 말 · 여린 말 그리고 이형태 등의 관계에 있는 것들이 모두 해당된다.

　<표준국어대사전>이나 <조선말대사전>은 어떤 표제어의 사동/피동, 본말/준말, 원어/약어, 높임말/낮춤말에 대해서 관련 지시만 하고 뜻풀이 없이 용례만을 보이고 있다. 그러나 '붙이다'에 대해서 '붙다'의 사동이라 해놓고 풀이가 없다면, '붙다'의 뜻이나 용법을 모르는 사람은 다시 '붙다' 항목을 찾아야 하는 불편이 있을 것이다. 따라서 아예 <찾아가기> 표시만을 주는 것이 아니라면 풀이까지 넣어주는 것이 바람직하다. 또한 사전 전체로 보면 이들 상관어휘들은 그 수가 그렇게 많지 않기 때문에 지면을 많이 차지하는 것도 아니다.

　또한 우리말은 의성·의태어나 색채어의 경우, 모음변화를 통해서 또는 파열·파찰음의 상관속을 통해서 음상의 변화를 주고 이를 통해 미묘한 어감의 차이를 드러내는 말들이 많다. 예로 '철벅철벅'은 '찰박찰박'보다 어감이 작은 말이며, '절벅절벅'보다는 어감이 거센 말이다. 따라서 이러한 정보를 '철벅철벅'이라는 표제어 항목 어디인가에 넣어 이용자들의 편익을 도와야 할 것이다. 그러나 <표준국어대사전>이나 <조선말대사전>은 이러한 미묘한 어감의 차이를 구별할 수 없도록 단순히 <참고>라는 약물기호로 대신하고 있다.

　아래는 <조선말대사전>에서의 '철벅철벅'과 그 상관어휘에 대한 풀이와 참고정보이다.

　　철벅철벅 [북] 잇달아 자꾸 철벅 나는 소리를 나타내는 말. [참고;
　찰박찰박, 절벅절벅]
　　철벅철벅하다[동](자, 타)
　　철벅거리다 [동](자) 자꾸 철벅철벅하다. [참고;찰박거리다, 절
　벅거리다]
　　철벅대다 [동](자) 잇달아 자꾸 철벅철벅하다 [참고; 찰박대다, 절
　벅대다]

　여기서 '철벅거리다/찰박거리다/'절벅거리다'는 '철벅대다/찰박대다/
절벅대다'와 더불어 '철벅철벅/찰박찰박/절벅절벅'과 함께 상관관계를
가지며 미묘한 어감의 차이를 가지는데 이들 또한 그 어감의 차이를 드러
내도록 참고정보를 센/거센/여린 등으로 구분하는 것이 필요할 것이다.

5. 맺음말

　이상에서 우리는 <표준국어대사전>과 <조선말대사전>의 체제와
방식, 경향 등에 대해서 개략적으로 살펴보았다.

　사전편찬에서 대단히 중요한 부분을 차지하는 것이 표제어의 배열인
데 어문 규정상의 차이로 인해 우리는 <표준국어대사전>과 <조선말대
사전>이 각각 다른 표제어의 배열을 가진 점을 확인했다. 이는 아무리
우리가 좋은 내용의 사전을 만든다 하더라도 남북한 어문규정, 특히 자모
의 배열을 통일하지 않고는 남북한 단일 사전이 결코 이루어질 수 없다는
것을 뜻한다. 결국 남북한 단일 사전이 나오기 위해서는 먼저 어문규정이
통일되어야 하는데 어문규정 전체를 통일할 필요는 없고 우선 당장 자모
의 배열만이라도 합일점을 가진다면 일단 사전편찬에 있어서 가장 문제

는 해결된다고 볼 수 있을 것이다.

자모의 배열 순서는 이용자의 편리성 가장 우선적으로 고려되어야 한다. 이 편리성은 관례와 원리라는 두 가지 측면을 고려해 볼 수 있는데 전체적으로 보아 원리보다는 관례가 우선함을 알 수 있었다.

이것은 자음의 경우는 음가를 고려해 'ㅇ'을 제일 뒤로 배치한 북한식의 자음 배열 방식보다는 'ㅇ'이 'ㅅ'과 'ㅈ' 사이에 오는 남한의 배열 방식이 바람직하다는 것을 뜻하고, 모음의 경우는 단모음의 배열 순서에 철저하게 입각한 남한식의 원리적 배열방식보다는 관례를 따른 'ㅏ', 'ㅑ', 'ㅓ', 'ㅕ' 식의 북한식 배열방식이 바람직하다는 것을 뜻한다. 이는 또한 설문조사의 결과가 증명하였다.

두 번째로 남북한 통일사전은 먼저 순수한 언어사전이 되어야지 백과사전식이 되어서는 곤란하다. 이는 정치사회적 용어가 서로에게 이질감을 주고 실제로 정치사회적으로도 체제상 문제가 될 수 있기 때문이다. 이는 이 부분의 용어가 적절하게 조절만 된다면 백과사전식 통일 사전도 가능할 것임을 시사하는 것이다.

세부적 항목으로 가서,

(1) 동음이의어나 다의어의 풀이 순서를 정하기 위해서는 코퍼스에 의해 구축된 어휘빈도수가 고려되어야 하고 표제어의 선정에서부터 용례에 이르기까지 남북한 단일 사전을 만드는데 가장 기초적인 자료가 되어야 한다.

(2) 음의 높낮이나 장단과 같은 덧음소는 <조선말대사전>에서 시도된 바를 적절하게 조정하여 우리말의 운치를 살리도록 고안되는 게 좋다.

(3) 용언의 활용 정보는 규칙적인 활용의 경우는 그 정보를 주지 않고 불규칙일 경우와 불완전한 활용을 하는 경우만 보이며 활용할 때

발음이 달라지는 꼴도 제시한다. 또한 활용이 불가능한 꼴은 적절한 표시를 통해서 그 활용이 불가능함을 알리는 적극적인 방법이 마련되어야 한다.

(4) 적절한 문형 정보와 문법 정보, 의미정보 원어 및 어원 표시가 이루어져야 하는데 문형과 문법정보, 의미정보 및 원어 표시는 표제어 곁에 어원은 풀이말인 용례의 마지막에 두는 것이 좋다.

(5) 남북한에서 분단시기에 따로 만들어진 단어나 파생된 의미를 적절한 기호를 표시해서 그 쓰이는 곳을 나타내고 풀이해 준다.

(6) 용례에 표제어에 쓰인 어휘 같이 나타나면 '돋움체로 나타내고, 표제어의 의미, 문법정보, 결합관계 등이 잘 드러나는 것을 선정하는데 예구와 예문을 풍부하게 한다.

(7) 주/사동, 높임/낮춤말, 본/준말 등은 각각의 표제어에 그 풀이를 해 준다. 아울러 의성/의태어는 음상의 차이가 드러나도록 체계적인 관련정보를 준다.

참고문헌

국어연구소 편(1989). 남북한 언어차이 조사. 국어연구소.

김광해(1993). 올림말의 관련 어휘 처리. 새국어생활 3-4. 국립국어연구원.

김민수(1985). 북한의 국어연구. 고려대학교출판부.

김민수 편(1991). 북한의 조선어 연구사2(실용분야). 녹진.

김민수(1997). 김정일시대의 북한언어. 태학사.

김영안·강신권 역(2002). 사전편찬론. 한국문화사.

남기심(1988). "국어 사전의 현황과 그 편찬 방식에 대하여." 사전편찬학 1.

남기심(1993). '조선말대사전'(1992)과 문법정보. 새국어생활 3-4. 국립국어연구원.

남성우·정재영(1990). 북한의 언어생활. 고려원.

문교부(1956). 우리말 말수사용의 잦기. 문교부.

박금자(1989). "북한의 국어사전 평설." 북한의 말과 글. 고영근 편. 을유문화사.

서태길(1989). "북한의 언어정책 고찰." 북한의 어학혁명. 김민수 편. 도서출판
    백의.

송천식(1993). '조선말대사전'(1992)의 성격. 새국어생활 3-4. 국립국어연구원.

송철의(1993). 북한 사전의 발음. 새국어생활 3-4. 국립국어연구원.

와다 다카히로(1989). "북한의 국어 사전." 북한의 어학혁명. 김민수 편. 도서출판
    백의.

이병근(1990). "북한의 국어사전과 사전학". 북한의 국어국문학 연구. 국어국문
    학회 편. 지식산업사.

이병근(1990). "사전 및 사전학." 국어연구 어디까지 왔나. 동아출판사.

이상복(1993). 북한사전의 올림말. 새국어생활 3-4. 국립국어연구원.

이상섭(1990). 현대 사전편찬학의 이론과 실제. 사전편찬학 3.

이상춘(1949). 조선옛말사전. 을유문화사.

임홍빈(1993). '북한 사전의 뜻풀이. 새국어생활 3-4. 국립국어연구원.

전수태·최호철(1989). 남북한 언어비교. 도서출판 녹진.

정순기·리기원(1984). 사전편찬리론 연구. 북한 사회과학원.

정인승(1936). "사전편찬에 관한 전반적 문제." 한글 4-7.

조재수(1984). 국어 사전 편찬론. 과학사.

조재수(1987). "북한의 국어사전 편찬에 대하여." 동양학간보 6.

조재수(1988). "북한의 국어사전 편찬에 대한 고찰." 국어생활 15.
최현배(1937). 우리말본 찾아내기. 정음사.

남북 표준 발음의 통일 방안

이봉원*

1. 도입

분단 이후 남북은 서로 다른 언어 정책을 선택하였고, 그 이후의 교류 단절로 말미암아 언어 생활에서도 상이한 변화 과정을 경험하게 되었다. 남북 모두 1933년에 제정된 「한글맞춤법통일안」[1](이후 「통일안」으로 약칭)을 언어 규정의 근간으로 하고 있음은 주지의 사실이다. 그러나 1988년에 와서야 「표준어 규정」을 제정하고 보완해 온 남한과는 달리, 북한은 1950년대부터 지금까지 몇 차례의 규정 개정을 거쳐 독자적 규범 체계를 수립하고 있다.

본고에서는 남북 표준 발음 규정의 변천 과정을 살펴보고, 남북의 현행 발음 규정인 '표준 발음법'과 '문화어발음법'의 차이를 실제 발음 양상의 검토를 통해 비교하여 향후 발음법의 통일 방향을 제시하고자 한다. 아울러 발음 규정만으로는 포착하지 못하는 표준 발음의 문제와 그 해결 방안

---

* 중앙대

1) 원제는 「한글마춤법통일안」임.

을 찾아 볼 것이다.

2. 남북 표준 발음 규정의 변천

표준어는 국가가 제정한 이상적 언어이며, 발음·형태·어휘·표기 등에 대한 여러 어문 규범은 이런 이상적 언어의 사용을 위한 구체적 명문 규약이라고 할 수 있을 것이다. 남북 분단에 따라 양측은 독자적 언어 규범을 제정하고 이용해 왔으며, 언어 정책의 차이는 필연적으로 언어 사용 양상도 변화시키게 되었다. 따라서 남북 언어의 통일을 위한 선결 과제는 남북 언어 규범의 통일이라는 인식이 확산되어 왔으며, 남북의 어문 규정에 대한 대비 연구도 활발히 이루어지고 있다. 최호철(1999)에 제시된 남북 언어 통일을 위한 과제는 다음과 같다.

    (1) 남북 언어 통일을 위한 과제(최호철 1999:37)
       1. 언어 정책 기관
       2. 어휘 부문 1) 표준 어휘 2) 표준 발음
       3. 표기 부문 1) 맞춤법 2) 띄어쓰기 3) 문장 부호 4) 표기 문자

남북의 표준 발음 규정에 대한 대비와 검토는 이미 김무림(1989), 권인한(1993), 이봉원(1997), 최호철(2002) 등에서 구체적으로 이루어졌다. 선행 연구는 양측의 표준 발음 규정 사이에는 큰 차이가 존재하지 않음을 보여 준다.「표준발음법」은 7장 30항으로,「문화어발음법」은 10장 31항으로 구성되어 있는데, 두 규정은 내용에 약간의 차이는 있으나 상당한 공통점을 갖고 있으며, 심지어는 그 분량도 거의 비슷하다. 사실 양측의 발음 규정은 한국어의 형태음소적 표기법에 따른 표기와 발음의 괴리를

해결하는 데 초점을 두고 있으며, 어휘 형태의 문제는 일부 예에서만 언급하고 있다.

이 장에서는 남북 발음 규정의 변천 과정과 내용을 간략히 살펴보도록 한다. 남북 분단 이전에 제정된 표준 발음 규정은 존재하지 않으나, 「한글 맞춤법 통일안」(1933년에 제정하고, 1937, 1940, 1946년에 개정)에는 표준 발음법과 관련되는 내용이 일부 수록되어 있다(최호철 2002). 독립적인 표준 발음 규정이 명문화된 것은 1966년 북한의 「조선말규범집」에 와서였고, 남한은 1988년의 「표준어 규정」을 통해 처음으로 명문 규정을 갖게 되었다.

2.1 남한 표준 발음 규정의 변천

남한의 어문 규정은 1933년의 「한글 마춤법 통일안」과 1936년의 「사정한 조선어 표준말 모음」, 그리고 이에 바탕을 둔 「조선말 큰 사전」 등의 각종 사전에 의존하고 있었다. 그러나 언어 변화에 따른 사전과 실제 언어 생활의 괴리는 새로운 표준어 사정의 필요성을 제기하게 하였고, 1970년부터 비로소 정부가 주관한 표준어 재사정 사업이 시작되었다. 이후 문교부, 학술원, 국어연구소 등의 기관에서 연구와 검토 과정을 거쳤고, 1988년 1월 19일에 「표준어 규정」이 공표되었다(최호철 2002). 표준어 규정은 「표준어 사정 원칙」과 「표준 발음법」으로 구성되어 있으며, 이중 「표준 발음법」의 내용은 (2)와 같다.

(2) 표준 발음법의 목차
제1장 총칙

제2장 자음과 모음
제3장 음의 길이
제4장 받침의 발음
제5장 음의 동화
제6장 경음화
제7장 음의 첨가

표준 발음법의 규정이 비교적 간명한데 비해, 개별 어휘의 발음 정보를 수록한 발음 사전의 편찬이 활발히 이루어져 왔다. 발음 사전은 표제어의 발음을 장단을 포함하여 제시하고 있으며, 최근에는 발음, 장단은 물론 강세와 리듬까지 표시한 사전이 편찬되기도 하였다.[2]

2.2 북한 표준 발음 규정의 변천

「통일안」에는 마련되지 않은 표준 발음 규정을 북한은 남한에 비해 일찍부터 정비, 수정하여 왔다. 1954년 「조선어 철자법」에 최초로 제시된 표준 발음 규정은 이후 세 차례의 명시적 개편을 겪게 되는데, 이 장에서는 이들 규정의 변천 과정을 그 내용이 실린 문헌을 중심으로 살펴보도록 하겠다.

2.2.1 「조선어 철자법」(1954년)

전문 8장 56항의 이 책은, 철자법이 형태주의 원칙을 근간으로 함을

---

2) 이현복 서울대 명예교수가 펴낸 「한국어 표준발음사전-발음· 강세·리듬」(2002) 에서는 약 6만 개의 표제어의 발음은 물론 강세와 리듬 유형도 표시하고 있다.

밝히고 있어서, 통일안을 그대로 계승하고 있음을 알게 해 주는데, 제6장
'표준 발음법 및 표준어와 관련된 철자법'의 일부 항목에서 언급된 발음
규정은, 남북한 최초의 표준 발음 규정으로 매우 중요한 의의를 갖는다.
다음은 이 규정의 내용을 정리한 것이다.(권인한 1993)

    (3) 「조선어 철자법」(1954)의 목차
    총칙
    제1장 자모의 순서와 그 이름
    제2장 어간과 토의 표기
    제3장 합성어의 표기
    제4장 접두사와 어근의 표기
    제5장 어근과 접미사의 표기
    제6장 표준 발음법 및 표준어와 관련된 철자법
    제7장 띄여 쓰기
    제8장 문장 부호

    (4) 「조선어 철자법」(1954)의 주요 내용
      ○ 동화 현상의 발음과 표기
    1) 구개음화 현상의 발음과 표기(32항) (굳이[구지])
    2) ㅣ모음 역행동화(33항) 현상의 표기(고기/X괴기)
    3) 유음동화 표기(39항) (곤난/X골란, 론리/X롤리, 말년/X말련)

      ○ 한자음의 발음과 표기
    1) [스,즈,츠]와 [시,지,치]의 발음과 표기(34항) (슬하,즉시,측
       량/금실,편집,법칙)
    2) '不'의 발음과 표기(35항) (부단, 부자연)
    3) 때에 따라 달리 발음되는 한자음(36항) (노기(怒氣)/대로
       (大怒))
    4) 모음 사이의 한자음 'ㄴ', 'ㄹ'의 표기(37·38항) (회령/X회

녕, 의논/X의론 · 기념/X기렴, 기능/X기릉)
  6) 발음상 주의를 요하는 한자어(40항) (句讀點: 구두점/X구
     독점)
  7) 두음법칙의 부정(5,6항)[3] 한자음은 어느 위치에서나 본음
     대로 적음(락원, 량심)
  ○ 사이소리의 표기
  1) 사이표(’)를 쓰고 사이ㅅ을 버림(19, 24항) (기’발, 리’과
     (理科), 짓’이기다)

위와 같이 「철자법」의 발음 규정은 그 대상이 주로 한자어에 제한되었
으며 표기에 중점을 두었다는 약점을 지니고 있지만, 최초의 발음 규정이
며 이후의 표준 발음 규범의 초석이 되었다는 점에서 그 중요성을 간과할
수 없다.

2.2.2 「조선어 문법 1」(1960년)

‘어음론’ 제13절 ‘표준 발음법’에서 ‘표준 발음법의 개념과 그 실천적
의의’, ‘조선어 표준 발음의 양식’, ‘조선어 표준 발음을 위반하는 원인’,
‘조선어 표준 발음의 규범’을 언급하고 있다. 이는 1958년 김두봉의 숙청
이후 언어 정책 변화의 과도기적 단계를 드러내는 것으로, 다음은 이
규정의 내용을 정리한 것이다.

  (5) 「조선어 문법 1」(1960년)의 주요 내용
  ○ 모음의 발음
  1) ㅣ모음 역행동화는 인정하지 않는다. (잡히다: [자피다]/X

---

3 이는 엄밀히 말하면 발음 규정이 아니지만, 발음 규정을 간접적으로 반영하므로 함께
  언급했다.

[재피다])

○ 자음의 발음

   1) 다음의 동화는 인정하지 않는다.

     ㄱ) 밥그릇 : [밥끄릍]/X[박끄릍]

     ㄴ) 돋보기 : [돋뽀기]/X[돕뽀기]

     ㄷ) 신문 : [신문]/X[심문]

     ㄹ) 감기 : [감기]/X[강기]

     ㅁ) 맏며느리 : [만며느리]/X[맘며느리]

   2) ㄷ,ㅌ로 끝나는 음절 뒤에 토 '이,히'가 올때는 구개음화를 적용한다.

     (밭이 : [바치]/X[바티])

   3) 모음과 모음 사이, 유향 자음과 모음 사이의 ㅎ은 묵음화된다.

     (좋으니 : [조으니]/X[조흐니])

     단, 한자어는 제외한다. (구호: [구호]/X[구오])

   4) 유기음화 (입학 : [이팍]/X[이박])

   5) 된소리화 (먹고[먹꼬], 안다(抱)[안따], 볼것[볼껃], 발달(發達)[발딸])

   6) 합성어의 발음

     ㄱ) 불'길 : [불낄]/X[불길]

     ㄴ) 코'날 : [콘날]/X[코날]

     ㄷ) 낮'일 : [난닐]/X[나질], 물'약 : [물략]/X[무략]

     ㄹ) 베개'잇 : [베갠닏]/X[베개읻]

     ㅁ) 넋없다 : [너겁따]/X[넉섭따]

   7) 두음법칙을 인정한다.

     ㄱ) 량심(良心) : [양심]/X[량심]

     ㄴ) 랑비(浪費) : [낭비]/X[랑비]

'조선어 문법' 안에서 가장 주목되는 것은, 발음에서 두음법칙을 인정하고 있다는 점이다. '문법' 안에서는 [락원], [로동] 등의 발음을 철자식

발음이라고 분명히 지적하면서, 표준 발음을 위반한 것이라고 하였다. 이는 1954년의 「표기법」이 암시적으로, 1966년의 「규범집」이 명시적으로 두음법칙을 불인정한 것과는 큰 대조를 이룬다. 그러나, 이 '문법' 안은 공식적인 규범으로 인정되지는 못하고, 이후의 「규범집」에 어느 정도 영향을 준 것으로 보인다.

2.2.3 「조선말규범집」(1966년)

1964년에 발표된 김일성 교시[4]는 언어 정책의 전반적 전환을 암시하는 것이며, 1966년의 「조선말규범집」은 그 전환의 성과가 반영된 것으로 볼 수 있다. 특히, 표준 발음 규정의 경우, '표준발음법'이라는 독립된 규정으로 그 내용이 대폭적으로 확대되었으며, 규범적 성격도 강화되었다고 할 수 있다. '표준발음법'은 총칙과, 11장 43항으로 되어 있는데, 그 내용 중 중요한 것을 정리하면 다음과 같다.

> (6) 「조선말규범집」(1966년)의 항목과 주요 내용
> 맞춤법
> 띄여쓰기
> 문장부호법
> 표준발음법
>
> ○ 총칙
> '현대조선말의 여러가지 발음들가운데서 조선말발달에 맞는 것

---

4) "조선어를 발전시키기 위한 몇가지 문제"(1964.1.3) 이 교시는 문자 개혁 문제, 한자어 정리의 필요성, 외래어 정리의 필요성, 단어 형태 표시 문제, 어휘 정리 사업의 필요성, 언어 생활 기풍의 문제, 조선어 교육 문제를 내용으로 하였다.(전수태·최호철 1989)

을 가려잡음'을 기본원칙으로 하며, '조선말발달에 맞는것'이란
'우리 말의 주체적발전에 맞는 문화어의 발음'을 말한다.
  ○ 모음의 발음
  1) 'ㅢ'는 항상 이중모음으로 발음한다.
  2) 'ㅟ'는 어떤 자리에서나 홑모음으로 발음하는 것을 원칙으
     로 한다.
  3) 한자어의 '계,례,혜'는 '게,레,헤'로 발음한다. (계속[게속],
     의례[의레], 혜택[헤택])
  ○ 자음의 발음
  1) 두음법칙의 부정 : 두음 'ㄹ, ㄴ'는 제대로 발음하는 것을
     원칙으로 한다.(5,6항) (녀자, 락원)[5]
  2) 받침의 발음
     ㄱ) 받침 'ㄺ'이 어말이나 자음 앞에서는 [ㄱ]으로 발음되
        는 것이 원칙이고, 용언의 어간일 경우에는 그 뒤에
        'ㄱ'으로 시작하는 토나 접사가 올 때 [ㄹ]로 발음하
        는 것도 인정한다. (밝고 : [박꼬]/[발꼬], 읽기 : [익
        끼]/[일끼])
     ㄴ) 받침 'ㄼ'은 어말이나 자음 앞에서는 [ㅂ]으로 발음함
        이 원칙이고, 그 뒤에 'ㄱ'으로 시작하는 토나 접사가
        오면 [ㄹ]로 발음함을 인정한다. (밟다 : [밥따], 밟고
        : [밥꼬]/[발꼬], 넓기 : [넙끼]/[널끼])
     ㄷ) '여덟'은 항상 [여덜]로 발음한다.
     ㄹ) 받침 소리의 연음화 : '맛있다', '멋있다'는 현실음을
        따라 [마신따], [머신따]로 발음한다.
  3) 자음동화
     ㄱ) 'ㄹ'의 변화는 인정하지 않는다. (격려[경려], 식료품

---

5 다음의 몇 예는 한자음 자체가 변한 것으로 인정하고 있다.(「조선말규범집」'맞춤법'
   제7장 26항)
      나팔, 나사, 남색, 노, 유리

　　　　[싱료품])
　　ㄴ) [ㄹ] 첫소리를 가진 한자어앞에 [ㄴ]을 끝소리로 하는
　　　　접두사가 올때에는 그 [ㄹ]을 [ㄹ]로 발음하고, (전력
　　　　량[전령량]) 끝소리가 [ㄴ]으로 끝나는 한자어뒤에
　　　　[ㄹ]첫소리를 가지는 접미사가 붙어서 다른 한 단어로
　　　　되었을 때는 그 [ㄹ]첫소리를 [ㄹ]로 발음한다. (생산
　　　　력[생산력], 의견란[의견란])
　4) 음의 첨가
　　ㄱ) 사이소리를 나타내는 사이표는 없앴다.(맞춤법 제18
　　　　항)
　　ㄴ) 밭일[반닐], 대잎[댄닢], 내과[내꽈]

　1966년 「규범집」 규정은, 몇 가지의 중요한 규범을 언급하고 있는데,
우선, 두음법칙을 인정하지 않으며, 'ㅓ'의 단모음과 'ㅟ'의 이중모음을
허용하지 않고, 'ㄹ'의 변화를 허용하지 않는 것 등이다. 이 규정들은
남한의 발음과는 큰 차이를 보이고 있으며, 이후 수정된 규정에서 일부
예외를 둔 것으로 보아 현실 발음의 직접적 반영으로 보기에는 무리가
있다.

2.2.4 「조선말규범집」(1987년) : 문화어발음법

　1966년의 규범을 전면적으로 재검토하고 일부 조항과 내용을 수정 보
충한 「조선말규범집」은 1987년 5월에 발표되었다. 이 규범집에서 표준
발음 규정은 '표준발음법'에서 '문화어발음법'으로 개칭되었으며, 총 10
장 31항으로 이전의 규정에 비해 통합화된 양상을 보인다. 1966년 규정
과 달라진 부분을 중심으로 그 내용을 정리하면 다음과 같다.

(7) 「조선말규범집」(1987년)의 항목과 문화어발음법의 목차
맞춤법
띄여쓰기
문장부호법
문화어발음법
내려쓰기

문화어발음법
총칙
제1장 모음의 발음
제2장 첫 소리 자음의 발음
제3장 받침자모와 관련한 발음
제4장 받침의 이어내기현상과 관련한 발음
제5장 받침의 끊어내기현상과 관련한 발음
제6장 된소리현상과 관련한 발음
제7장 ≪ㅎ≫과 어울린 거센소리되기현상과 관련한 발음
제8장 닮기현상이 일어날 때의 발음
제9장 사이소리현상과 관련한 발음
제10장 약화 또는 빠지기 현상과 관련한 발음

(9) 「조선말규범집」(1987년)의 주요 내용
○ 총칙
조선말발음법은 혁명의 수도 평양을 중심지로 하고 평양말을 토
대로 하여 이룩된 문화어의 발음에 기준한다.
○ 모음의 발음
1) '늬'는 겹모음으로 발음하는것을 원칙으로 한다.
(붙임) ① 된소리 자음과 결합될 때와 단어의 가운데나 끝
에 있는 '늬'는 [ㅣ]와 비슷하게 발음함을 허용한다. (띄우
다[띠우다], 결의문[겨리문])
② 속격토로 쓰인 경우 일부 [ㅔ]와 비슷하게 발음함을

허용한다. (혁명의 북소리[혁명에 북소리])

  2) ‘ㅚ’, ‘ㅟ’는 어떤 자리에서나 홑모음으로 발음한다. (외국, 위대하다)

○ 자음의 발음

  1) 겹받침의 발음

    ㄱ) 받침 ‘ㄺ’은 그 뒤에 ‘ㄱ’으로 시작하는 토나 뒤붙이가 올 때에는 [ㄹ]로 발음하는 것을 원칙으로 한다. (밝고[발꼬], 밝기[발끼], 읽기[일끼])

    ㄴ) 받침 ‘ㄼ’은 그 뒤에 ‘ㄱ’으로 시작하는 토나 뒤붙이가 올 때에는 [ㄹ]로 발음하는 것을 원칙으로 한다. (넓고넓은[널꼬널븐], 얇게[얄께])

  2) 음의 첨가

    ㄱ) 합친말(또는 앞붙이와 말뿌리가 어울린 단어)의 첫 형태부가 모음으로 끝나고 둘째 형태부가 ‘이,야,여,요,유’로 시작될 때에는 적은대로 발음하는 것을 원칙으로 하면서 일부 경우에 ‘ㄴㄴ’을 끼워서 발음하는 것을 허용한다. (나라일[나라일], 베개잇[베개잇], 수여우[순녀우])

개정된 문화어발음법은 종전의 표준발음법의 여러 조항을 통합하고 일목요연하게 조정하였다. 아울러, 일부 조항에 대해 예외를 인정하거나 수정하였지만, 그 골격은 1966년의 규정을 잇고 있다고 할 수 있다.

3. 남북 표준 발음 규정의 비교와 통일 방안

이 장에서는 남북 표준 발음법의 차이를 각 세부 규정별로 살펴보도록 한다. 최호철(2002)는 남측의 표준 발음법(1988)과 북측의 문화어발음법

(1987), 이 두 가지 발음 규정을 대상으로 하여 다음과 같은 차이점을
제시하였다.

(10) 남북한 표준 발음 규정의 차이(최호철 2002)
① ㅚ/ㅟ   (남)   이중 모음 허용
          (북)   단모음만 인정
② ㅢ   (남)   띄어쓰기, 씌어 등 (ㅣ 원칙)
                      주의, 협의 등 (ㅢ 원칙 ㅣ 허용)
                      우리의, 강의의 (ㅢ 원칙 ㅔ 허용)
          (북)   띄우다, 씌우다 등 (ㅢ 원칙 ㅣ 허용)
                      결의문, 회의실 등 (ㅢ 원칙 ㅣ 허용)
                      우리의, 혁명의 (ㅢ 원칙 ㅔ 허용)
③ ㅖ   (남)   한자음 초성 'ㄱ, ㅁ, ㅍ, ㅎ' 다음 (ㅖ
                      원칙 ㅔ 허용)
          (북)   한자음 초성 'ㄱ, ㄹ, ㅎ' 다음 (ㅔ 원칙)
④ ㅕ   (남)   용언의 활용형 '져, 쪄, 쳐' (저, 쩌, 처 원칙)
          (북)   용언의 활용형 '져, 쪄, 쳐' (져, 쪄, 쳐 원칙)
⑤ ㄼ 받침 (남)   ㄹ 원칙, 단 '밟-'과 '넓-'의 복합어는 ㅂ
                      원칙
          (북)   ㅂ 원칙, 단 '여덟'과 ㄱ으로 시작되는 어
                      미 앞 ㄹ 원칙
⑥ 맛있다/멋있다(남)   [마딛따/머딛따] 원칙, [마싣따/머싣따] 허
                      용
          (북)   [마싣따/머싣따] 원칙

  위의 각 규정별 차이를 대비하여 살펴보면 다음과 같다. 이후 '표준
발음법'(1988)은 '표준'으로, '문화어발음법'(1987)은 '문화'로 약칭하도
록 하겠다.

3.1 총칙

> 남 : 표준 발음법은 표준어의 실제 발음을 따르되, 국어의 전통성
> 과 합리성을 고려하여 정함을 원칙으로 한다.(제1항) (표준)
> 북 : 조선말발음법은 혁명의 수도 평양을 중심지로 하고 평양말을
> 토대로 하여 이룩된 문화어의 발음에 기준한다.(문화)
> ※ 표준발음법은 현대조선말의 여러가지 발음들가운데서 조선
> 말발달에 맞는것을 가려잡음을 원칙으로 한다.(표준발음법
> (1966))

총칙은 표준 발음 규정의 기본 원칙을 밝힌 것이다. '표준어', '문화어'로 지칭되는 국가 표준어의 기준 문제가 선결되어야 함은 물론이다. 다만, 현재의 표준 발음 규정은 대개 표기에 대한 음성적 해석의 측면에 초점이 맞추어져 있으므로, 현실 발음에 대한 지속적인 반영을 가능하게 하는 몇 가지 보완점이 마련되어야 할 것이다.

3.2 자음과 모음의 발음

'표준'은 19개의 자음(제2항)과 21개의 모음(제3항) 목록을 제시하고 있지만, '문화'에는 별도의 자모음 목록이 존재하지 않는다. 이는 글자로서의 자모와 소리인 음운의 대응이 일치하지 않는 남한의 규정과는 달리, 북한의 규정에서는 자모와 음운이 일치하므로, 별도의 목록이 필요하지 않기 때문이다. 이 문제는 자모의 규정과 관련된 것이며, 남한의 24자모가 훈민정음 창제 당시의 문자 체제를 중시하는 입장이라면, 북한은 현용 양상을 중시하는 입장이라고 하겠다(이관규 1997). 24자모가 단위 글자

라는 측면에서는 적합한 처리이지만, 표준 발음법의 견지에서는 다소 혼란의 여지가 있는 규정이다.

자음과 모음의 발음은 몇 가지 예외 규정을 제외하면, 남북의 차이가 두드러지지는 않는다.

3.2.1 'ㅚ, ㅟ'의 발음

남 : 'ㅚ', 'ㅟ'는 단모음(單母音)으로 발음하는 것이 원칙이나, 이
　　　중 모음으로 발음할 수 있다.(제4항)
북 : 'ㅚ', 'ㅟ'는 어떤 자리에서나 홑모음으로 발음한다. (외국,
　　　위대하다)(제3항)

'ㅚ. ㅟ'의 발음은 예외 규정을 허용하고 있는 남측 규정과, 예외 규정을 허용하지 않는 북측 규정이 대비된다. 북한의 표준 발음 규정은 이들 음을 어느 환경에서나 단모음으로 발음하도록 정하고 있다. 이는 일부 이중모음 발음을 인정하고 있는 남한의 발음 규정과는 차이를 보이는 것으로서, 서울말에서는 이미 단모음 실현이 드물게 된 해당음의 음가가 문화어에서 유지되고 있다는 추측을 가능하게 한다.

그러나 실제 방송 음가의 측정에서는 이들 음이 이중모음으로 발음되는 경우를 쉽게 확인할 수 있다(이봉원 1997). 특히 'ㅟ'는 강세가 주어지는 어두, 음절초 위치에서는 거의 이중모음으로 발음되며, 'ㅚ'의 경우, 단모음 실현이 'ㅟ'에 비해 많은 편이었다. 따라서 'ㅚ, ㅟ'의 단모음 원칙 규정은 남북 모두 재고되어야 할 것이다. 현대국어의 실제 음성 자료에서는 이들이 더이상 단모음으로 실현되지 않는다는 사실이 발견되었기 때문이다.(신지영 2000)

3.2.2. 'ㅢ'의 발음

남 : 'ㅢ'는 이중 모음으로 발음한다. 자음을 첫소리로 가지고 있
　　는 음절의 'ㅢ'는 [ㅣ]로 발음한다. (닐리리, 무늬. 띄어쓰기,
　　틔어, 희어. 희망, 유희) 단어의 첫음절 이외의 '의'는 [ㅣ]로,
　　조사 '의'는 [ㅔ]로 발음함도 허용한다. (주의[주의/주이], 우
　　리의[우리의/우리에], 강의의[강:의의/강:이에]) (제5항)
북 : 'ㅢ'는 겹모음으로 발음하는것을 원칙으로 한다. (붙임) ①
　　된소리 자음과 결합될 때와 단어의 가운데나 끝에 있는 'ㅢ'
　　는 [ㅣ]와 비슷하게 발음함을 허용한다. (띄우다[띠우다], 결
　　의문[겨리문]) ② 속격토로 쓰인 경우 일부 [ㅔ]와 비슷하게
　　발음함을 허용한다. (혁명의 북소리[혁명에 북소리]) (제2항)

'ㅢ'의 발음은 이중모음 발음을 원칙으로 하는 것이 공통점이며, 허용
되는 예외 규정에서 일부 차이를 보인다. 된소리 자음 뒤로 허용 조건을
제한한 북측의 규정이 더 제한적인데, 실제 발음 양상을 고려한다면 단어
의 첫음절 자음 뒤의 'ㅢ'는 된소리 여부에 관계없이 단모음 발음을 허용
하는 것이 좋다고 본다.

3.2.3 기타 모음 발음

'문화'의 경우 한자음 음절 첫음이 'ㄱ,ㄹ,ㅎ'인 경우 후행 모음 'ㅖ'는
단모음으로 발음하도록 규정하고 있다. (계속[게속], 계시다[게시다], 의
례[의레], 혜택[혜택])(제4항) '표준'은 'ㄱ, ㅁ, ㅍ, ㅎ' 다음에 오는 모음
을 단모음으로 발음할 수 있도록 허용한다. (계시다[계:시다/게:시다], 개
폐[개폐/개페])(제5항) 용언의 활용형 '져, 쪄, 쳐'에 대해서도 서로 규정이
다르다. 남한은 '저, 쩌, 처'와 같이 단모음으로 발음하는 것을 원칙으로
하고 있다(제5항). 북한은 이에 대한 예외 규정을 두지 않고 있어서, 음가

를 그대로 발음하도록 규정하고 있음을 짐작하게 한다.

이들은 모두 동일 음절 내에서 자음에 후행하는 활음을 살릴 것인지에 대한 규정이다. 자음에 후행하는 활음은 전이음으로서 실제 발음에서는 실현되지 않는 경우가 많으므로, 표준 규정에는 그 예외성을 반드시 언급해야 할 것이다. 다만, 이들 발음은 발화 상황에 따라 실현 가능한 경우가 있으므로 이중모음의 발음은 원칙으로 남겨두어야 할 것이다.

한편, '표준'에서는 'ㄱ, ㅁ, ㅍ, ㅎ'로 허용 규정의 환경을 제한했고, '문화'는 'ㄱ,ㄹ,ㅎ'가 음절 첫음에 올 때 단모음 발음을 허용하고 있다. 그런데, 이런 제약에 대해서도 실제 자료를 통한 검증이 이루어져야 한다. 정명숙(2002)은 1950년대부터 2000년대까지의 음성 자료를 대상으로 자음 뒤에 오는 'ㅖ' 모음의 실현 양상을 살펴보았는데, 'ㄹ' 뒤에서 이중모음으로 실현된 예는 찾아볼 수 없으며, 'ㄱ' 뒤에서 이중모음으로 실현된 비율이 가장 높다는 결과를 제시하였다. 더 자세한 자료의 검토와 규정의 개정이 요구된다.

3.2.4 두음법칙

> 남 : 외래어의 경우 두음법칙의 적용을 받지 않음
> 북 : 'ㄹ, ㄴ'는 모든 모음앞에서 제대로 발음하는것을 원칙으로
>   한다. (녀자, 락원) (제5항, 제6항)

어두 'ㄹ'음의 허용 여부는 남북 언어의 대표적 차이이다. 그런데, 한국어의 두음법칙, 즉 어두음제약 현상은 특별한 음성적 동기를 갖지 않는다. ㄹ두음제약의 경우, 어두에서 탄설음을 발음하기가 더 부담스럽기 때문이라는 추정도 있으나, 구체적인 증거가 제시되지는 못했다. 두음법칙과 같은 한국어 특유의 음소배열적 제약은 언어 사용 지식의 문제일

가능성이 높다. 즉, 이런 지식은 결정적인 것이 아니고, 언어 사용 양상에서 특정 음의 분포가 보이는 편재에 의한 것이며 수용가능성의 문제이다. 북한의 경우 어두 유음의 발음과 표기를 인정한다는 사실은 'ㄹ' 두음제약이 한국어에서 갖는 위상이 절대적인 것은 아님을 보여준다. 어두에서의 유음은 실제 발음에서도 잘 실현된다.6)

어두의 'ㄹ'음에 대한 발음 제한 규정은 '표준'에 존재하지 않는다. 「한글 맞춤법」이 두음법칙에 대한 조항을 두고 있지만 이 역시 실제로 사용되는 어휘 형태를 그대로 반영한 것이다. 따라서 두음법칙의 적용 문제는 어휘적 문제와 관련될 수밖에 없다. 장은하(2002)는 원 형태를 밝혀 적는 표기를 따르되, 발음은 두음법칙의 적용을 받는 것을 표준으로 하는 안을 제시하기도 했다. 이 경우 단어의 표기 형태를 고정할 수 있어서 언어 검색과 응용에 유리한 면이 있지만, 북한의 현실 발음이 어두 유음을 허용하고 있으므로 발음의 통일에는 상당한 어려움이 있을 것으로 예상된다. 또한 발음과 표기의 괴리가 두드러져 표기법의 조정도 쉽지는 않은 문제일 것이다. 우선은 표기를 조정해 나가고, 복수 발음은 인정하여 사전에 두 가지 발음을 모두 등재하는 방법으로 해결의 실마리를 풀 수 있을 것이다.

3.3 받침의 발음

3.3.1 겹받침

남 : 겹받침 'ㄺ, ㄻ, ㄿ'은 어말 또는 자음 앞에서 [ㄱ, ㅁ, ㅂ]으

---

6) '로동자, 리익, 록화' 등 실제 발화에서 어두 'ㄹ'의 발음이 확인된다(이봉원 1997:70).

로 발음한다. 다만, 용언의 어간 말음 '甜'은 'ㄱ'앞에서 [ㄹ]
로 발음한다. (맑다[막따], 맑게[말께], 늙지[늑찌], 읊고[읍
꼬], 밝고[발꼬])(제11항)
겹받침 '밟'은 어말 또는 자음 앞에서 [ㄹ]로 발음한다. 다만,
'밟-'은 자음 앞에서 [밥]으로 발음하고, '넓-'은 다음과 같은
경우 [넙]으로 발음한다. (여덟[여덜], 넓다[널따], 넓지[널찌],
밟다[밥:따], 밟지[밥:찌], 밟고[밥:꼬], 넓-죽하다 · 넓-둥글다
[넙-](제10항)
북 : 받침 '甜'은 무성자음앞에서와 발음이 끝날 때는 [ㄱ]으로
발음한다. 그러나 그 뒤에 'ㄱ'으로 시작하는 토나 뒤붙이가
올 때에는 [ㄹ]로 발음하는 것을 원칙으로 한다. (밝고[발꼬],
밝기[발끼], 읽기[일끼])(제9항)
받침 '밟'은 무성자음앞에서와 발음이 끝날 때는 [ㅂ]으로
발음한다. 그러나 그 뒤에 'ㄱ'으로 시작하는 토나 뒤붙이가
올 때에는 [ㄹ]로 발음하는 것을 원칙으로 하며 '여덟'은 항상
[여덜]로 발음한다. (넓지[넙찌], 넓고넓은[널꼬널븐], 얇게[얄
께])(제9항)

겹받침의 발음은 방언과도 관계되는 것으로, '밟'의 발음이 문제가 된
다. 남한은 'ㄹ'을 원칙으로 하고, '밟-'에 대해서는 예외로 처리하고 있
는 반면에, 북한은 'ㅂ'을 원칙으로 하고 있다. '甜'의 발음에는 큰 차이가
없다. 역시 현실 발음 양상을 바탕으로 하여 원칙과 허용 대상을 결정하
여야 한다. 다만, 남측의 현실 발음에서는 'ㄹ' 발음이 점차 우위를 점하
고 있는데, '밟다'도 [발따, 발꼬]로 정규화되고 있는 것으로 보인다.

3.3.2 받침의 절음

남 : 받침 뒤에 모음으로 시작하는 실질 형태소가 연결되는 경우,

대표음으로 바꾸어서 뒤 음절 첫소리로 옮겨 발음한다. 다만,
‘맛있다’, ‘멋있다’는 [마싣따], [머싣따]로도 발음할 수 있다.
(제15항)
북 : ‘맛있다’, ‘멋있다’는 현실음을 따라 [마싣따], [머싣따]로 발
음한다.(제12항)

역시 남북의 규정에 큰 차이는 없다. 다만, ‘맛있다, 멋있다’의 경우 남측은 절음을 원칙으로 하고 연음을 허용하고 있으나, 북측은 현실음인 [마싣따], [머싣따]를 규정에 포함하고 있어서 대비를 이룬다. 역시 현실 발음을 반영할 수 있는 방법을 찾아야 할 것이다. ‘맛있다’, ‘멋있다’의 경우는 남북 모두 연음 발음이 매우 우세한 것으로 보이는데, 이런 편재를 보이는 발음을 허용 규정으로 처리하는 방식을 고수할 필요가 있을지는 의문이다.

3.4 음의 동화, 첨가

3.4.1 ㄹ-ㄴ/ㄴ-ㄹ음의 동화

남 : ‘ㄴ’은 ‘ㄹ’의 앞이나 뒤에서 [ㄹ]로 발음한다. (난로[날:로].
칼날[칼랄], 대관령[대:괄령])
다만, 다음과 같은 단어들은 ‘ㄹ’을 [ㄴ]으로 발음한다. (의견
란[의:견난], 생산량[생산냥], 공권력[공꿘녁], 동원령[동원
녕], 이원론[이:원논], 입원료[이붠뇨], 횡단로[횡단노] 등(제
20항)
북 : 받침 ‘ㄹ’뒤에 ‘ㄴ’이 왔거나 받침 ‘ㄴ’뒤에 ‘ㄹ’이 올적에는
‘ㄴ’을 [ㄹ]로 발음하는것을 원칙으로 한다. (들놀이[들로리],
근로자[글로자], 천리마[철리마])

　　　일부 굳어진 단어는 적은대로 발음한다. (선렬, 순렬, 순리익)
　　　(제23항)

　　이들은 비음화와 역행 유음화가 선택적으로 실현되는 예이다. ㄹ-ㄴ,
ㄴ-ㄹ의 연쇄를 [ㄹ-ㄹ]로 발음하는 것은 남북 모두의 공통점이지만,
허용 조항의 구체적인 내용은 조금 다르다. '표준'의 경우 일부 단어의
[ㄴ-ㄴ] 발음을 허용하고 있지만, '문화'는 '선렬'과 같은 단어를 적은대
로 발음하도록 하고 있다. 그러나 비음과 유음의 연쇄가 한국어에서 가능
한 발음인지는 의문이다.

　　한편, 이 항목의 규정 역시 현실 발음의 양상을 반영할 수 있어야 할
것이다. 실제로, '선릉, 음운론'과 같은 일부 어휘는 역행 유음화 현상과
비음화가 수의적으로 적용된다.[7] 동화 현상의 적용이 이처럼 단어 특정
적이라는 것은, 이들이 전체 단어의 형식으로 어휘부에 저장되어 있다는
것을 의미한다. 따라서 이들의 양상은 규정만으로 포착하기는 어렵고,
사전에 발음 정보의 형식으로 명시되어야 한다. 표준 발음 규정의 통일보

---

7) 역행 유음화 현상의 예(김경아 1996)
　　① 신림/실림~*신님/ 난로/날로~*난노/ 인력/일력~*인녁/
　　　신라/실라~*신나/ 천리/철리~*천니/ 민란/밀란~*민난/
　　　대관령/대괄령~*대관녕/ 산신령/산실령~*산신녕/
　　② 선릉/설릉~선능/ 견인력/견일력~견인녁/ 일단락/일달락~일단낙/
　　　보관료/보괄료~보관뇨/ 상견례/상결례~상견녜/
　　　비관론/비괄론~비관논/ 음운론/음울론~음운논/
　　　보편론/보펼론~보편논/ 후천론/후철론~후천논/
　　　전라(全裸)/절라~전나/
　　③ 시인론/시인논/ 개연론/개연논/ 범신론/범신논/
　　　민권론/민권논/ 개헌론자/개헌논자/
　　　처분령/처분녕/ 수년내/수년내/ 온랭/온냉
　　　임진란/임진난/ 생산량/생산냥/ 결단력/결딴녁/ 구근류/구근뉴/

다는 발음 사전에 의존해야 할 문제이다.

3.4.2 'ㄴ'음의 삽입

> 남 : 합성어 및 파생어에서, 앞 단어나 접두사의 끝이 자음이고
> 뒤 단어나 접미사의 첫 음절이 '이, 야, 여, 요, 유'인 경우에는,
> 'ㄴ'소리를 첨가하여 [니, 냐, 녀, 뇨, 뉴]로 발음한다. (솜-이불
> [솜:니불]) 사이시옷 뒤에 '이'음이 결합되는 경우에는 [ㄴㄴ]
> 으로 발음한다. (베갯잇[베갠닏], 나뭇잎[나문닙]) 일부 단어
> 는 'ㄴ'소리를 첨가하여 발음하되, 표기대로 발음할 수 있다.
> (검열[검녈, 거멸], 금융[금늉, 그뮹])(제29항)
> 북 : 합친말(또는 앞붙이와 말뿌리가 어울린 단어)의 첫 형태부가
> 모음으로 끝나고 둘째 형태부가 '이, 야, 여, 요, 유'로 시작될
> 때에는 적은대로 발음하는 것을 원칙으로 하면서 일부 경우
> 에 'ㄴㄴ'을 끼워서 발음하는 것을 허용한다. (나라일[나라
> 일], 베개잇[베개일], 수여우[순녀우])(제27항)

김유범 외(2002)에 제시된 것과 같이 북한의 'ㄴ' 삽입 현상에 대한 설명과 규정은 우리의 그것과 크게 다르지 않다. 그러나 일부 어휘의 경우 삽입 적용의 차이를 보인다. 사잇소리와 같은 음의 첨가는 어휘 개별적 양상을 보이므로, 적용형과 비적용형 모두를 인정하는 방향으로 해결하되, 어휘별 발음을 사전에 수록하여야 한다.

4. 과제와 전망

남북의 표준 발음 규정은 몇 가지 차이를 제외하면 상충되는 부분이 그리 많지 않음을 알 수 있다. 남북의 표준 발음 규정은 비록 언어음에

대한 규정이기는 하지만, 사실 표기의 발음 방법에 주안점을 둔 것이다. 따라서 어휘적 문제를 배제한 '읽기 규칙'으로서의 규정의 내용과 범위는 상당히 제한될 수밖에 없다. 남북 표준 발음 규정의 차이가 크게 두드러지지 않는다는 것은, 남북 언어의 이질화가 심화되지 않았다는 측면이 반영된 것이기도 하지만, 규정 자체가 포괄할 수 있는 발음 양상이 매우 제한적이라는 것을 보여준다고 할 수 있다.

언중들이 남북의 발음 차이로 인식하는 것은 음가의 차이와, 개별 어휘의 형태 차이다. 'ㅓ'의 원순성과 같은 개별 음의 음성적 차이와, 억양과 같은 운율적 차이는 남북 언어를 구분하는 지표가 된다. 표준 발음법이 공통어로서의 표준어의 음성적 실현에 관계된 규정이라면, 이런 음성적 특성에 대한 고려가 간과되어서는 안 된다. 음성적 특성은 명문화된 규정으로만 밝힐 수 있는 문제는 아니므로, 표준어 음성 데이터베이스와 같은 음성 매체 자료의 구축과 활용이 필요하다. 남북의 음성적 특성에 대한 기초 지식의 축적과 공유는 어문 규범의 개정에도 필수적인 자료가 될 것이다. 3.2.3에서 확인하였듯이, 실제 자료의 검증을 통해 표준 발음 규정의 정당성과 객관성을 확보해 나가야 할 필요가 있다.[8]

음성적인 자료의 구축은 어문 규범의 통일과 통일 발음 사전의 편찬을 염두에 두고 기획되어야 할 것이다. 표준 발음 규정의 차이는 극히 일부에 불과하므로 이를 적절히 통합하는 일은 어렵지만은 않을 것이다. 한 형태의 단어에 대해서 원칙 발음과 허용 발음의 복수 발음을 인정한다면 (최호철 2002) 표준 발음 규정의 통일은 큰 문제없이 이룰 수 있을 것이다.[9] 그러나 남북 언어 규정에서 차이를 보이는 겹받침의 발음, 음의

---

8) 표준 음성 자료의 구축은 발음 교육에도 긴요하다. 표준 발음법에 대한 이론과 실제적 교육은 그 중요성에도 불구하고, 현실적으로는 실제 발음 교육을 위한 체계적 프로그램도 갖추어지지 않고 있는 것이 현실이다.(채영희 · 채영숙 2001)

동화, 첨가 등은 사실 어휘 선택의 문제로 볼 수 있다. 표준 규정의 정비와 함께, 이들 어휘의 실제 발음을 사용자들이 참고할 수 있는 발음 사전의 필요성이 제기되는 것이다. 최근에 이르기까지의 여러 사전은 실제 발음 양상의 반영보다는 편찬 주체의 발음 규범의 반영에 치우친 면이 적지 않다. 통일 표준 발음 규정의 제정과, 실제 발음 양상을 폭넓게 조사·반영한 통일 발음 사전의 편찬은 통일시대의 언어 생활에 필수적 기반이 될 것이다.

---

9) 최호철(2002)에서 제시한 표준 발음 조정안은 다음과 같다.

　① ㅚ/ㅟ : 원칙(단모음), 허용(이중 모음)

　②~④ ㅢ/ㅖ/ㅕ : 원칙(이중 모음), 허용(단모음)

　⑤ ㄼ 받침 : 원칙(ㅂ 발음), 허용(ㄹ 발음)

　⑥ 맛있다/멋있다 : 원칙(마딛따/머딛따), 허용(마싣따/머싣따)

참고문헌

권인한. 1993. "'표준 발음법'과 '문화어발음법' 규정.'「새국어생활」3-1.

김경아. 1996.「국어의 음운표시와 음운과정」서울대학교 박사학위논문.

김무림. 1989. "남북한의 표준 발음법."「북한의 어학혁명」(북한언어연구회).

金敏洙. 1985.「北韓의 國語硏究」서울: 高麗大 出版部.

김민수. 2002. "民族語의 統一問題."「남북의 언어 어떻게 통일할 것인가」서울: 국학자료원.

김유범·박선우·안병섭·이봉원. 2002. "'ㄴ'삽입 현상의 연구사적 검토."「어문논집」(민족어문학회) 4.

박선우. 2002. "남북한 맞춤법의 변천과정과 통일방안."「남북의 언어 어떻게 통일할 것인가」서울: 국학자료원.

송나리. 1991. "북한의 표준어사."「북한의 조선어 연구사: 2. 실용분야」서울: 녹진.

신지영. 2000.「말소리의 이해」서울: 한국문화사.

이관규. 1997. "남북한의 규범 문법에 대한 연구."「수련어문논집」23.

이동석. 2002.「국어 음운 현상의 소멸과 변화에 대한 연구」고려대학교 박사학위논문.

이봉원. 1997. "북한 표준 발음의 실태."「김정일 시대의 북한언어」서울: 태학사.

장은하. 2002. "남북한 맞춤법의 분화와 통일."「남북의 언어 어떻게 통일할 것인가」서울: 국학자료원.

전수태·최호철. 1989.「남북한 언어비교」서울: 도서출판 녹진.

정명숙. 2002. "음성 자료에 나타난 국어의 사적 변천."「음성 언어와 자료 연구」서울: 고려대 민연 국어연구소.

채영희·채영숙. "표준발음이 수록된 초등학교용 전자사전 모형개발."「국어교육」(한국국어교육연구회) 105.

최호철. 1999. "남북한 언어 통일을 위한 과제."「국제고려학회 논문집」(국제고려학회) 창간호.

최호철. 2002. "남북한 통일 표준 발음법 시안."「남북의 언어 어떻게 통일할 것인가」서울: 국학자료원.

한국방송공사. 1993.「표준 한국어 발음 대사전」서울: 어문각.

홍미랑. 1989. "남·북의 한자음 표기법 비교." 「북한의 어학혁명」(북한 언어연구회).

남북한 맞춤법 통일 방안
― 형태 규범(표기법)을 중심으로

김양진*

1. 들어가며

분단된 지 50여년이 흘렀다. 분단을 주도한 사람들이 역사의 뒤안길로 물러나면서, 한편으로 분단과 전쟁에 따른 민족구성원간의 미움이 희석되고 다른 한편으로 통일의 당위성이 부각되고 있다. 정부와 민간의 도처에서 남북간의 교류가 활발해지고 그 어느때보다 남북 통일의 실질적인 논의가 왕성한 때이다. 이즈음에 와서는 남북의 통일은 막연한 주장이라기보다는 구체적이고 실현가능한 방안을 중심으로 논의되고 있는 것으로 보인다. 본고는 이러한 분위기에 입각하여 남북한의 맞춤법에 대한 통일 방안을 제시할 목적으로 쓰여졌다.

한글맞춤법은 크게 보아 표기법과 띄어쓰기, 문장부호로 나눌 수 있다. 이 가운데 표기법은 결국 한글을 통해 우리말(서울말 중심의 표준어)의 형태를 바르게 적는 형태 규범이라 할 수 있다.[1] 남한과 북한의 맞춤법은

---

* 고려대 민족문화연구원

≪한글마춤법통일안≫(1933)을 근간으로 하고 있다는 점에서 대부분 비슷한 내용을 담고 있으나 분단 이후 각각의 현재 남북 언어 상황을 반영하여 한두 차례 개정을 하는 과정에서 서로 조금씩 상이한 규범안을 가지게 되었다.[2] 이 글에서는 달라진 남북한 맞춤법의 내용을 특히 띄어쓰기를 제외한 형태 규범(표기법)을 중심으로 비교해 보고 그 문제점을 짚어 본 뒤 통일 방안을 제시해 보고자 한다.

최근 김민수(2002)에서는 남북의 언어 통일이 정부차원이 아닌 민간차원의 예비 협의를 거쳐 흡수통일이 아닌 평화통일의 정신에 따라 호혜원칙을 준수한다는 대원칙 아래 다음과 같은 세 가지 원칙에 따라 이루어져야 함을 천명한 바 있다.

(1) 남북 언어 통일의 3원칙(김민수, 2002)
첫째, 남북의 규범이 다른 것은 우열을 논하여 승부를 가리려 하지
말고, 상호주의에 입각하여 승패가 없는 절충으로 이끌어야 할 것이다.

---

1) 북한의 '조선어 규범' 역시 서울 방언을 바탕으로 구성된 ≪한글마춤법통일안≫ (1933)을 근간으로 하고 있다는 점에서 북한의 문화어 표기법도 엄밀한 의미에서는 서울말 중심의 표준어를 염두에 둔 표기체계라 할 수 있다. 다만 북한 지역에서의 현실 발음을 고려하는 과정에서 구개음화나 두음법칙과 같이 남한과는 필연적으로 표기법이 달라질 수밖에 없는 부분이 있을 뿐이다. 따라서 본고에서 우리말이라고 하면 남한과 북한이 분단되기 이전의 단일한 상태에서의 대표성을 염두에 두고, 서울을 중심으로 한 중부지방의 언어라는 의미로 사용한다. 이미 남북으로 무게 중심이 갈라진 상태에서 이러한 선택이 일방적이라는 지적이 있을 수 있으나 이는 남북의 표기 규범이 모두 분단 이전의 ≪한글마춤법통일안≫(1933)에 근거를 두고 있다는 판단에서 나온 현실적 대안으로 이해할 수 있다.
2) 맞춤법의 전개 양상에 대한 체계적인 소개로는 홍종선·최호철(1998), 장은하(2002), 박선우(2002) 등이 있다. 본고에서는 주로 남한의 공식적인 규범인 ≪한글맞춤법≫ (1988)과 북한의 공식적 규범인 ≪조선어 규범집≫(1987)의 내용을 대상으로 하여 비교 검토하였다.

둘째, 남북의 절충을 하지 못하거나 안될 것은 사활을 걸고 싸우지
말고 남북의 제안을 복수로 수용하는 방안을 널리 활용하여야 할
것이다.
셋째, 남북의 절충이 불가능할 경우 제3의 기준이나 방안을 채택
할 수 있다.

첫째 원칙의 예로는 국제표준기구(ISO)의 요청으로 1992년 합의된 로
마자 표기법 남북단일안이 남측 모음 표기안과 북측 자음 표기안의 절충
으로 이루어진 일이나 표기와 발음을 이원화함으로써 해결할 수 있는
락원(樂園)[낙원], 선렬(先烈)[선열], 곤난(困難)[곤란], 되어[되여], (바)이
오[이요], 누더기[누데기], 넓다랗다[널따랗다], 지게군[지게꾼], 때갈[때
깔], 할가[할까], 할고[할꼬] 등의 예를 들 수 있다. 후자의 경우는 표기는
남북한 통일 표기를 지향하고 발음에서 각각의 실제에 맞게 하자는 것으
로 발음과 상관없이 표기를 통일하자는 정신으로 이해할 수 있다.

둘째 원칙의 예로는 남측에서 이미 '쇠고기/소고기, 멍게/우렁쉥이, 옥
수수/강냉이, 외[외/웨], 냇가[낻가/내까]'를 복수 표준어 혹은 복수 표준
발음으로 정하고 있다든지, 북측에서 '상호간/호상간, 나이프/밥상칼/칼,
볼펜/원주필, 그치다/멎다, 이내/인차, 감기/고뿔, 계란/달걀/닭알, 옥수수/
강냉이, 채소/남새' 등을 복수로 인정하고 있다든지 하던 것을 들 수 있다.

이 두 가지 원칙으로도 합의에 이르지 못할 때 세 번째 원칙을 제시할
수 있는데 그 예로는 한글의 가나다순의 경우 일제하 공통시대에 행하던
가나다순을 새로운 통일안으로 삼는 등의 방법이 있다는 것이다.

김민수(2002)에서 제시된 이러한 남북 언어 통일의 3원칙은 그동안
특별한 중심없이 이루어져 오던 남북 언어 통일 논의에 중요한 축을 제시
해 준 것이라 할 수 있다. 본고에서는 김민수(2002)에서의 남북 언어 통일

의 3원칙을 수용하고 표기법을 중심으로 이에 대한 좀더 구체적인 논의를 진행하고자 한다. 즉 남북의 표기 차이 중에서 차이가 나는 부분에 대해 어떤 부분을 절충하고 어떤 부분을 복수 인정하여 통일할 것인지 혹은 어떠한 제3의 대안이 가능한지 등에 대해서 맞춤법 형태 규범의 체제, 용어, 내용에 따라 구체적으로 논의해 보고자 한다.[3]

2. 남북한 표기 규범의 총칙 및 체제상의 통일 방안

총칙은 남북한의 형태 규범을 총괄하는 것이어서 내용을 하나하나 따지기에 앞서 우선적으로 통일해야 한다. 그런데 남북한의 형태 규범의 총칙은 다음과 같이 정반대로 이루어져 있어서 문제가 된다.

(2) ≪한글맞춤법≫(1988)(이하 ≪맞(1988)≫)
제1장 총칙 : 표준어를 소리대로 적되 어법에 따라 적는 것을 원칙으로 한다.

(3) ≪조선어규범집≫(1987)(이하 ≪조(1987)≫)
제1장 총칙 : 단어에서 뜻을 가지는 매개 부분을 언제나 같게 적는 원칙을 기본으로 하면서 일부 경우 소리나는대로 적거나 관습을 따르는것을 허용한다.

---

3) 맞춤법 형태 규범의 체제, 용어, 내용에 따라 남북한의 언어 통일 문제를 언급한 논문으로는 장은하(2002)를 들 수 있다. 본고에서는 이 논문에서 언급한 내용의 일부는 발전적으로 받아들이고 다른 일부의 내용에 대해서는 새로운 견해를 제시하고자 하였다.

≪맞(1988)≫은 총칙에서, 표준어를 '소리 대로' 적되 '어법에 따라' 적는 것을 원칙으로 하고 있다. 이는 음소주의에 따라 적는 것을 기본으로 하고 형태를 밝혀 적는 것을 유표적으로 인정하여 형태를 소리와 달리 적는 것을 규범을 통하여 보인다는 의미이다. 따라서 총칙은 기본적으로 음소주의 원칙을 따르는 것으로 되어 있으나 실제 규범에서는 구체적으로 소리와 달라지는 형태를 어법에 따라 보이는 형태주의 원칙의 기술이 되게 된 것이다.

≪조(1987)≫에서는 '단어에서 뜻을 가지는 매개 부분을 언제나 같게 적는 원칙'(형태표기)을 기본으로 하면서 일부의 경우 '소리나는대로 적거나 관습을 따르는 것'을 허용하고 있다. 이는 ≪조(1987)≫의 총칙이 기본적으로 형태주의 원칙을 따르지만 실제 규범에서는 소리나는 대로 적는 부분을 유표적으로 보이려 한다는 의미이다. 따라서 실제 규범에서는 형태를 밝혀 적지 않고 소리나는 대로 적는 표기에 대한 규범이 강조되어 있다는 점이 ≪조(1987)≫이 ≪맞(1988)≫과 대립되는 점이라 할 수 있다.4)

이러한 남북한간 규범의 통일은 총칙에서의 근본적인 문제를 극복하지 않는다면 비록 세세한 항목 단위의 통일이 이루어질 수 있다 하더라도 일관된 양상으로 통일되기는 어렵다. 진정한 의미에서의 남북한간 규범의 통일은 총칙의 내용상 상반성이 극복되어야 가능한 것으로 여겨진다. 그렇다면 남북한 규범의 총칙은 어떻게 통일할 수 있을까?

이 문제는 그리 간단하지 않아 보인다. 남북한 모두 이미 20여 년 가까이 유지해 온 규범을 통일을 위해 한꺼번에 수정하는 것도 쉽지 않은 일이거니와 그것이 특히 어느 한쪽의 일방적 양보라면 양보하는 쪽의

---

4) 이에 대해서는 권인한(1994), 이경희(1997), 홍종선·최호철(1998) 등에서 자세히 언급한 바 있다.

입장이 무척 난처해질 것이기 때문이다. 맞춤법 규정의 총칙의 대립적 양상은 단순한 절충이나 복수 인정으로 해결될 성격이 아니기 때문에 더욱 그러하다.

이 문제를 해결하기 위해서는 우리말의 특성으로 다시 돌아와야 할 것 같다. 두 규범 중 어느 쪽이 우리말의 특성을 보이는 데 더 유리한가를 논리적으로 살피고 그러한 논리적 틀을 가지고 다른 한쪽을 설득하는 것이 제3의 방안으로 고려될 수 있다.

우리말은 교착적 성격을 가지고 있다. 따라서 의미를 담는 실사와 문법 기능을 나타내는 허사의 구별이 뚜렷한 것이다. 또 우리말은 어말의 받침이 발달하여 CVC 구조를 기본으로 하는 음절 구성을 가지고 있다.

우리말의 이러한 교착적 성격이나 CVC의 음절 구조 등을 고려할 때, 받침까지를 포함한 단어의 형태를 밝히는 것을 원칙으로 하고 그러한 원칙에서 어긋나는 발음상의 차이가 나타나거나 관습적 차이가 존재하는 경우 이를 붙임이나 단서 조항으로 밝히는 방향으로 표기법이 통일되어야 할 것이다.5)

(4) 통일 방안
제1장 총칙 : 우리말은 뜻을 가지는 부분을 언제나 같게 적되 일부
소리나는 대로 적거나 관습을 따르는 것을 허용한다.

띄어쓰기를 제외한 ≪맞(1988)≫의 형태 표기 규범은 크게 총칙(1장),

---

5) 발음상의 차이는 단서나 해설을 덧붙임으로서 보충할 성격의 것이고 관습상의 차이는 경우에 따라 복수 표기의 인정과 같은 방식으로 반영하여야 할 것이다. 홍종선·최호철(1998)에서도 이미 이러한 방향으로의 총칙 통일 문제를 언급한 바 있으나 그에 합당한 언어학적 근거를 제시하지는 못했다.

소리에 관한 것(3장), 형태에 관한 것(4장), 그밖의 것(6장)의 네 부분으로 나누어진다고 할 수 있다.[6] '그밖의 것'이 3장과 4장에서 설명이 미진한 부분에 대한 보충 설명의 성격이라고 한다면 다시 세 부분으로 조정될 수도 있을 것이다. 이에 대해 ≪조(1987)≫에서는 총칙(1장)과 형태부 적기(2장)의 두 부분으로만 나누어 다루고 있다.

그런데 ≪맞(1988)≫ 3장(소리에 관한 것)이 실제로는 소리와 다르게 적는 형태 표기의 예를 든 것이라면 결국 ≪조(1987)≫에서처럼 통합하여 다루는 것도 무방할 것이다. 실제로 다음에서 보는 것과 같이 ≪맞(1988)≫의 3장에서 다루고 있는 된소리나 두음법칙, ㄷ받침, 모음 'ㅖ, ㅢ'의 경우는 ≪조(1987)≫의 2장에서 다루어지고 있다. 또 ≪맞(1988)≫의 4장 형태에 관한 것에서도 '이오[이요]'의 경우에서와 같이 소리와 다르게 적는 형태 표기의 예를 보이고 있다는 점에서도 ≪맞(1988)≫의 3장과 4장의 구별은 큰 의미가 있다고 보기 어렵다.

    (5) ≪맞(1988)≫
    3장 소리에 관한 것 : 된소리, 구개음화, ㄷ받침, 모음 'ㅖ, ㅢ'의
    표기, 두음법칙, 첩어
    4장 형태에 관한 것 : 체언-조사, 어간-어미(모음조화, ㅣ-모음동
    화, 불규칙활용), 어근-접미사, 접두사와 합성어, 준말, 그밖의 것

    (6) ≪조(1987)≫
    2장 형태부의 적기 : ㅅ받침, 받침(모음사이, 설측음, 된소리, 준
    말), 말줄기-토(불규칙, 모음조화, ㅣ-모음동화, 준말), 합친말, 앞붙

---

6) 자모의 문제(명칭, 수효, 배열순서 등)는 본고에서 논의하고자 하는 형태 표기의 규
  범과 직접적인 관계가 없다고 보고 논의에서 제외하였다. 자모의 문제에 대해서는
  박선우(2002)에서 자세히 언급된 바 있다.

이-말뿌리, 말뿌리-뒤붙이, 한자말

≪맞(1988)≫의 3, 4장과 ≪조(1987)≫의 2장의 내용은 대부분 통합될 수 있는 것이지만 두음법칙과 같이 주로 한자어에서만 문제되고 고유어에서는 거의 문제가 없는 경우나 ≪맞(1988)≫의 사이시옷 규정에서처럼 고유어와 한자어의 규범이 다르게 나타나는 경우를 고려하여 맞춤법의 규정을 '고유어 적기'와 '한자어 적기'로 나누어 볼 수 있다. 이러한 구별은 실제로 음운현상에서 고유어와 한자어가 서로 다르게 나타나는 'ㅖ'의 발음과 표기의 문제나 'ㄹ'탈락이라든지, 'ㄹ' 뒤에서의 경음화 등 다양한 현상을 고려하면 매우 유의미한 구별이라고 볼 수 있다.
　이러한 방안에 따라 남북한 맞춤법 통일 규범의 체제와 총칙을 보이면 다음과 같다.

　　(7) 통일 방안 :
　　제1장 총칙 : 우리말은 뜻을 가지는 부분을 언제나 같게 적되 일부 소리나는 대로 적거나 관습을 따르는 것을 허용한다.
　　제2장 고유어의 형태 표기 :
　　　① 단일형 : 받침(모음사이, 설측음, ㅅ받침), 된소리, 준말
　　　② 굴절형 : 체언-조사, 어간-어미(모음조화, 불규칙활용)
　　　③ 합성형 : 합성어, 접두사, 접미사
　　제3장 한자어 형태표기 :
　　　① 단일형 : 두음법칙, 한자음과 표기의 불일치
　　　② 합성형 : 합성어, 접두사, 접미사

　이하에서는 (1)의 대원칙에 따르되 특히 (4)에서 제시한 총칙의 특성에 맞게 일관된 방식으로 남북한의 형태 규범을 통일할 수 있는 방안에 대해서 논의하기로 한다.

3. 남북한 표기법의 용어상의 통일 방안

세부 내용의 검토에 앞서 살펴볼 것은 남북한 표기 규범상의 용어 문제
이다. 어휘 표기의 규범이라는 특성상 남북한의 표기규범에는 언어학의
전문용어로 볼 수 있는 몇 가지 어휘들이 사용되고 있다. 이러한 전문용
어들은 일상적인 언중들의 언어 생활에서 나타나는 단어라기보다는 필
요한 개념을 설명하기 위해 전문가들에 의해 제시된 약정적 단어들이다.
≪맞(1988)≫ 제5항의 "한 단어 안에서 뚜렷한 까닭 없이 나는 된소리
는 다음 음절의 첫소리를 된소리로 적는다"의 '한 단어'와 ≪조(1987)≫
제4항의 "한 형태부안에서 받침 <ㄴ, ㄹ, ㅁ, ㅇ> 다음의 소리가 된소리
로 나는 경우에는 그것을 된소리로 적는다"의 '한 형태부'는 된소리를
표기에 반영하는 범위에 대한 기술이다. 그러나 ≪맞(1988)≫ 제5항에서
의 '한 단어 안에서 뚜렷한 까닭 없이 나는 된소리'는 모두 표기에 반영되
는 것은 아니다. 예를 들어 '성실성[성실썽]'이나 '안다[안따]'에서의 된
소리에 대한 뚜렷한 까닭을 설명하기란 쉬운 일이 아니다. 이러한 어려움
을 고려한다면 된소리를 표기에 반영하는 범위는 단어보다는 형태소 혹
은 형태부로 이해하는 것이 바람직하다. 그러므로 ≪맞(1988)≫ 제5항의
된소리 범위는 '단일한 형태소' 혹은 '단일 형태'로 수정될 필요가 있다.

> (8) 용어상의 차이 1
> (가) ≪맞(1988)≫ 제5항 : 한 단어 안에서 뚜렷한 까닭 없이 나는
>   된소리는 다음 음절의 첫소리를 된소리로 적는다.
> (나) ≪조(1987)≫ 제4항 : 한 형태부안에서 받침 <ㄴ, ㄹ, ㅁ,
>   ㅇ> 다음의 소리가 된소리로 나는 경우에는 그것을 된소리
>   로 적는다.
> (다) 통일 방안 : 단일 형태 안에서 뚜렷한 까닭 없이 된소리가

나는 경우, 된소리가 나는 음절의 첫소리를 된소리로 적는
다.(단일 형태 안에서 된소리가 나는 뚜렷한 까닭으로는 앞음
절 받침이 '[ㄱ], [ㄷ], [ㅂ]'로 소리나는 경우이다)

≪맞(1988)≫ 제14항에서는 '체언'과 '조사'를 구별하여 적어야 함을
밝히고 있고 제15항에서는 '어간'과 '어미'를 구별하여 적을 것을 밝히고
있다. 이에 대해서 ≪조(1987)≫ 제8항에서는 '말줄기'와 '토'를 구별하여
적을 것을 제시하고 ≪맞(1988)≫ 제14항과 제15항의 내용을 통합하여
다루고 있다. 하지만 '밤-과[밤과], 안-고[안꼬]'나 '서울-서(서울서), 불-
세요(부세요)' 등에서와 같이 실제 언어 사실을 놓고 볼 때, '체언-조사'의
결합과 '용언어간-어미'의 결합은 그 양상을 동일하게 처리하기 어렵다.
그렇다면 결과적으로 ≪조(1987)≫ 제8항의 내용은 다시 ≪맞(1988)≫ 제
14항, 제15항에서처럼 나누어 설명되어야 할 것이다. 이를 위해서는 ≪
조(1987)≫에서의 '말줄기'를 다시 '체언말줄기'와 '용언말줄기'로, '토'
를 다시 '체언토'와 '용언토'로 나누어야 할 것이다.
  이러한 상태에서 남북한의 규범에서 발생하는 용어상의 차이는 각각
의 문화적, 학문적 차이에 불과하므로 (1)의 정신에 따라 복수로 인정하면
될 것이다.

    (9) 용어상의 차이 2(수정후 둘 다 인정)
    (가) ≪맞(1988)≫ : 체언-조사(14항), 어간-어미(15항)
    (나) ≪조(1987)≫ : 말줄기-토(8항)
    (다) 통일방안 : 체언/체언말줄기-조사/체언토, 어간/용언말줄기-
        어미/용언토

  그밖의 용어상 차이는 다음과 같이 대부분 한자어 계통(≪맞(1988)≫)

을 쓰느냐 고유어 계통(≪조(1987)≫)을 쓰느냐에 따른 차이 정도이므로
둘을 모두 인정하되 다만 같은 계통의 것으로 통일하도록 하는 내규를
둠으로써 극복될 수 있는 성격의 것이다.

> (10) 용어상의 차이 3(둘 다 인정)
> (가) ≪맞(1988)≫: 합성어,   어근, 접두사, 접미사, 한자어,
>   음절, 본음, 원형, 겹받침
> (나) ≪조(1987)≫: 합친말, 말뿌리, 앞붙이, 뒤붙이, 한자말, 소리
>   마디, 본래소리, 본래형태, 둘받침[7]

'본딴말'과 같이 ≪조(1987)≫에만 있는 용어나 '고유명사'와 같이 ≪
맞(1988)≫에만 있는 용어의 경우는 '본딴말/의성의태어', '고유명사/고
유한 명칭'과 같이 각각에 해당하는 남북의 용어를 보이되 복수로 인정하
면 될 것이고 '두음법칙'과 같이 주로 어느 한쪽에만 나타나는 용어는
있는 그대로 사용하면 될 것이다.

4. 남북한 표기법 규정상의 차이 및 통일 방안

4.1 같은 언어 사실을 다르게 규정한 것

≪맞(1988)≫제16항과 ≪조(1987)≫11항에서는 용언의 어간에 어미

---

7) 장은하(2002)에서도 '한글/조선말, 합성어/합친말, 접두사/앞붙이, 접미사/뒤붙이, 어
   간/말줄기, 한자어/한자말, 조사/토, 어근/말뿌리'를 병기하여 사용할 것을 제시한
   바 있다. 여기서 '한글'과 '조선말'은 동일한 대상이 아니므로 삭제되어야 하며 '어
   간/말줄기'와 '조사/토'의 경우는 (9)의 논의에서처럼 인식되어야 할 것이다. 본고에
   서는 이밖에 '음절/소리마디, 본음/본래소리, 원형/본래형태, 겹받침/둘받침' 등의
   예를 추가하였다.

'-아/-어'가 결합하는 환경에서 나타나는 모음조화와 ㅣ모음동화 현상에 대해서 다음과 같이 다르게 규정하고 있다.

> (11) 모음조화 및 ㅣ모음동화
> (가) ≪맞(1988)≫제16항 : 어간의 끝음절 모음이 'ㅏ, ㅗ'일 때에
>   는 어미를 '-아'로 적고, 그 밖의 모음(ㅐ, ㅕ, ㅚ, ㅔ, ㅟ,
>   ㅓ, ㅜ, ㅣ, ㅢ)일 때에는 '-어'로 적는다.
> (나) ≪조(1987)≫11항 : 1) 말줄기의 모음이 ≪ㅏ, ㅑ, ㅗ, ㅏ
>   ㅡ, ㅗㅡ≫인 경우에는 '아, 았'으로 적는다.
>   2) 말줄기의 모음이 'ㅓ, ㅕ, ㅜ, ㅡ, ㅓㅡ, ㅜㅡ, ㅡㅡ,
>   ㅣㅡ'인 경우에는 '어, 었'으로 적는다.
>   3) 말줄기의 모음이 'ㅣ, ㅐ, ㅔ, ㅚ, ㅟ, ㅢ'인 경우와 줄기
>   가 '하'인 경우에는 '여, 였'으로 적는다.

모음조화 항목에서는 큰 차이는 없지만 어간(용언말줄기)의 모음이 'ㅏㅡ, ㅗㅡ', 'ㅓㅡ, ㅜㅡ, ㅡㅡ, ㅣㅡ'인 경우 ≪맞(1988)≫에서는 제18항 4의 'ㅡ'탈락의 하나로 암묵적으로 처리하고 있을 뿐이고 ≪조(1987)≫에서는 이들 연속모음의 경우에도 각각 어미 '-아/-어'를 선택하는 데 참여하는 것으로 기술하고 있다. 언중들의 입장에서는 ≪조(1987)≫의 내용이 좀더 친절한 설명이라고 할 수 있다.

ㅣ모음동화 항목에서는, 어간(말줄기)의 모음이 'ㅣ, ㅐ, ㅔ, ㅚ, ㅟ, ㅢ'인 경우, ≪맞(1988)≫에서는 "형태를 밝혀 적고 소리를 인정"하여 '생기어, 사귀어...'로 쓰고 '[생기여], [사귀여]...'로 발음하도록 하였고 ≪조(1987)≫에서는 "소리나는 대로 적"어서 '생기여, 사귀여...'와 같이 쓰도록 하였다. 앞의 (4)에서 제시한 총칙의 '형태주의 원칙'에 따르면 ≪맞(1988)≫과 같이 형태를 밝혀 적되, 발음상의 차이를 설명하는 쪽으로 통일하여 수정하는 것이 바람직하다.

(11) (다) 통일방안 : 어간(말줄기)의 끝음절 모음이 'ㅏ, ㅗ'일 때
에는 어미를 '-아'로 적고, 그 밖의 모음(ㅐ, ㅓ, ㅔ, ㅕ, ㅚ,
ㅜ, ㅟ, ㅢ, ㅣ)일 때에는 '-어'로 적는다. 다만, 어미 '어'가
어간의 모음 'ㅐ, ㅔ, ㅚ, ㅟ, ㅢ, ㅣ'의 뒤에서 [ㅕ]로 소리
나는 일이 있더라도 어미의 형태를 밝혀 '어'로 적는다. [붙
임] 어간이 'ㅡ'로 끝나는 경우는 'ㅡ'를 탈락시키고 남은
끝음절의 모음에 따라 각각 어미 '-아'와 '-어'로 적고, 어간
'하'의 경우는 어미 '-여'를 쓴다."8)

4.2 남북한간 규정은 같으나 적용 범위가 다른 것

파생어의 겹받침 처리, 명사 파생 접미사 '-이', 어근에 붙어서 부사를
파생하는 접미사 '이'와 '히', 'ㅂ, ㅎ'이 덧나는 합성어, 한자음에서의
'계, 례, 메, 폐, 혜' 등에 대해서는 남북 모두 동일한 규정을 가지고 있으
나 규정이 적용되는 범위나 구체적인 사례에서는 일정한 차이를 보이고
있다.

겹받침을 가진 단어는 남북한 모두 표준발음법에서도 문제가 되지만
(밟다[밥따], 늙지[늘찌], 닭과[닥꽈]..) 접미사와 결합하여 파생어를 이룰

---

8) 계사 '이다'의 어간 '이' 뒤에 어미 '-오'가 올 때, [이요]로 소리나는 경우도, ≪맞
(1988)≫ 15항 [붙임 2]에서는 형태를 밝혀 적고 발음을 인정하는 태도를 취하는 데
대해서, 북한에서는 소리나는 대로 적는 태도를 취하고 있다. 여기서 제시한 제시
안에 포함하여 함께 처리할 수 있다. "어간(말줄기)의 끝음절 모음이 'ㅏ, ㅗ'일 때에
는 어미를 '-아'로 적고, 그 밖의 모음(ㅐ, ㅓ, ㅔ, ㅕ, ㅚ, ㅜ, ㅟ, ㅢ, ㅣ)일 때에는 '-어'
로 적는다. 다만, 어미 '어'가 어간의 모음 'ㅐ, ㅔ, ㅚ, ㅟ, ㅢ, ㅣ'의 뒤에서 [ㅕ]로
소리나는 일이 있더라도 어미의 형태를 밝혀 '어'로 적으며 어미 '오'가 어간 '이-,
아니-'의 뒤에서 [ㅛ]로 소리나는 일이 있더라도 어미의 형태를 밝혀 '오'로 적는
다...."

때도 일관된 처리가 어려운 대표적인 예이다. (12)는 남북한에서 파생어의 겹받침에 대하여 규정한 내용이다.

  (12) 파생어의 겹받침 처리
  (가) ≪맞(1988)≫ : 제21항. 명사나 혹은 용언의 어간 뒤에 자음으로 시작된 접미사가 붙어서 된 말은 그 명사나 어간의 원형을 밝히어 적는다. … 다만, 다음과 같은 말은 소리대로 적는다.
    (1) 겹받침의 끝소리가 드러나지 아니하는 것(할짝거리다, <u>널따랗다</u>, 널찍하다, 말끔하다, 말쑥하다, 말짱하다, 실쭉하다, 실큼하다, <u>얄따랗다</u>, 얄팍하다, <u>짤따랗다</u>, 짤막하다, 실컷)
  (나) ≪조(1987)≫ : 제21항 'ㄺ, ㄻ, , ㅀ' 등의 둘받침으로 끝난 말뿌리에 뒤붙이가 어울릴적에 그 둘받침중의 한 소리가 따로 나지 않는 것은 안나는대로 적는다.(말끔하다, 말쑥하다, 실쭉하다, 할짝할짝하다, 얄팍하다)

  (12 가, 나)에서 보는 것처럼 겹받침/둘받침 'ㄺ, ㄻ, , ㅀ' 등의 뒤에 접미사 '-작, -금, -숙, -장, -죽' 등이 붙어서 된소리가 나타나거나 '-금, 것' 등이 결합하여 거센소리가 나타날 때 겹받침 중의 소리가 따로 드러나지 않을 경우는 소리나는 대로 적는다는 것이다. 하지만 ≪맞(1988)≫에서 접미사 '-다랗다'와 '-직하다'를 이 예에 포함시킨 데 대해서 ≪조(1987)≫에서는 이들 접미사의 예를 규정에서 제외시키고 있다.

  ≪조선말대사전≫(1992)(이후 ≪조사전(1992)≫)에서는 이에 대해 다음과 같이 등재하고 있다.

  (12) (다) ≪조선말대사전≫(1992) : 널다랗다, 짤다랗다, 널직하다, 얄직하다 ; 얇다랗다

"말끔하다, 말쑥하다, 실쭉하다, 할짝할짝하다,"의 예를 고려한다면 "널다랗다, 짤다랗다, 널직하다, 얄직하다, 얄다랗다"도 모두 '널따랗다, 짤따랗다, 얄따랗다, 널찍하다, 얄찍하다'로 통일되어야 할 것이다.[9] 하지만 이와 같이 겹받침(둘받침)이 있는 단어에 결합하는 접미사로는 '-정이(늙정이), -수그레(늙수그레), ..' 등이 더 있으며 '덮개, 깊숙하다, 높다랗다' 등을 '덥깨, 깁쑥하다, 놉따랗다'로 반영하지 않는 것을 고려한다면 어간 형태를 온전히 밝혀 표기하는 것이 바람직하다. 이를 반영하여 통일 방안을 제시하면 다음과 같다.

> (12) (라) 통일 방안 : 명사나 용언어간 뒤에 자음으로 시작된 접미사가 붙어서 된 말은 그 명사나 용언어간의 원형을 밝히어 적는다. ... 2. 어간 뒤에 자음으로 시작된 접미사가 붙어서 된 것(낚시, 덮개, 뜯게질, 뜯적거리다, 깊숙하다, 높다랗다...) [붙임] 겹받침(둘받침)의 경우, 두 번째 받침의 특성이 나타나는 것(늙정이, 늙수그레하다, 굵다랗다, 넓적하다, 실컷) 다만, 첫 번째 받침의 특성만 나타나는 경우는 소리나는 대로 적는다.(갈짝거리다, 얄찍하다, 널따랗다, 말끔하다, 얄팍하다, 짤막하다...)

명사 파생 접미사 '-이'의 결합에서도 이러한 남북한 규범간의 차이는 나타난다.

> (13) 명사 파생 접미사 '-이'
> (가) ≪맞(1988)≫ 제23항 '-하다'나 '-거리다'가 붙는 어근에 '-이'
>   가 붙어서 명사가 된 것은 그 원형을 밝히어 적는다.(깔쭉이,

---

9) 여기서 '얇다랗다'는 ≪조선말대사전≫(1992)이 ≪조(1987)≫의 규정을 바르게 따르지 않은 예이다. ≪조(1987)≫의 규범을 따른다면 '얄다랗다'로 등재되었어야 한다.

꿀꿀이, 눈깜짝이, 더펄이, 배불뚝이, 삐죽이, 살살이, 쌕쌕이, 오뚝이, 코납작이, 푸석이, 홀쭉이)10) [붙임] '-하다'나 '-거리다'가 붙을 수 없는 어근에 '-이'나 또는 다른 모음으로 시작되는 접미사가 붙어서 명사가 된 것은 그 원형을 밝히어 적지 아니한다.(개구리, 기러기, 뻐꾸기, 매미, 부스러기, 날라리, 누더기, 깍두기, 칼싹두기 ; 귀뚜라미, 꽹과리, 동그라미, 두드러기, 딱따구리)

(나) ≪조(1987)≫ 제23항 1) 말뿌리와 뒤붙이를 밝혀 적는 경우.
(1) 명사나 부사를 만드는 뒤붙이 '이'.(길이, 깊이, 높이, 미닫이, 벼훑이, 살림살이, 손잡이, 해돋이, 네눈이, 삼발이, 같이, 굳이, 깊이, 많이, 좋이, 곳곳이, 낱낱이, 샅샅이, 집집) 그러나 본딴말에 붙어서 명사를 이루는 것은 밝혀 적지 않는다.(누더기, 더퍼리, 두드러기, 무더기, 매미, 깍두기, 딱따기)

(13 가, 나)의 규범 중에서 문제가 되는 내용은 울음소리와 관련되는 동물 이름과 일부 의태어와 관련한 파생명사들에서의 일관성 문제이다. 즉 남한의 ≪맞(1988)≫에서는 의성어인 울음소리와 관련되는 동물 이름에 접미사 '-이'가 결합하여 파생명사를 이룬 경우는 '개구리, 기러기, 뻐꾸기, 매미, 딱따기..'와 같이 어근을 밝혀 적지 않지만 일부 의태어에 접미사 '-이'가 결합하여 파생명사를 이룬 경우, '-하다'나 '-거리다'가 붙을 수 있는가의 여부에 따라 원형을 밝히도록 하고 있다. 이에 대해서 북한의 ≪조(1987)≫에서는 본딴말(의성의태어)에 붙어서 명사를 이루는 것은 모두 원형을 밝혀 적지 않는다.

단순히 일관성을 고려한다면 두 규범의 우열을 가리기는 쉽지 않다. 어근-접미사 결합에서 원형을 밝혀 적는다는 대원칙을 고려한다면, 의성

---

10) 표(1999)에는 '딱딱거리다'가 있지만 '딱딱이'는 등재되어 있지 않고 '딱따기'만 등재되어 있다.

어의 경우도 ≪맞(1988)≫에 준하여 수정하여 '개굴이, 기럭이, 뻐꾹이...'
와 같이 반영하는 것이 바람직하다고 볼 수도 있고 이때 '-하다'나'-거리
다'에 붙는 어근이 대부분 음성상징어(본딴말)인 것을 고려하면 ≪조
(1987)≫로 통일하는 것도 고려할 만하다. 더욱이 ≪맞(1988)≫의 규정
이 같은 음성상징어(본딴말)임에도 불구하고 '-하다', '-거리다'와 같은
접미사의 결합 여부에 따라 다시 두 가지 유형으로 나뉜 규정의 복잡함을
고려하면 '≪조(1987)≫ 23항 ... 그러나...'에서와 같이 ≪맞(1988)≫의
23항 규정을 수정하는 것도 규범에 대한 언중들의 혼란을 줄여 주는 한
방안이 될 것이다. 본고에서는 이러한 쪽으로 통일 방안을 제시하고자
한다. 다만 이렇게 통일될 경우 (13 다)에서와 같이 ≪조선말대사전≫
(1992)에서 보이는 비일관성은 체계적으로 수정되어야 할 것이다.

> (13) (다) 조사전(1992) : 꿀꿀이, 눈깜작이, 배불뚝이 ; 더퍼리,
>   살사리, 쌕쌔기, 오또기/오뚜기, 푸서기[11]
> (13) (라) 통일 방안 : 의성의태어(본딴말)에 접미사 '-이'가 붙어
>   서 명사를 이루는 것은 원형을 밝혀 적지 않는다.(개구
>   리, 기러기, 뻐꾸기, 꿀꾸리, 딱따기, 매미, 누더기, 더퍼
>   리, 오또기/오뚜기, 두드러기, 무더기, 깍두기)

  어근에 붙어서 부사를 만드는 접미사 '-이', '-히'의 경우에서도 이러한
문제가 드러난다.

> (14) 어근에 붙어서 부사를 파생하는 접미사 '이'와 '히'
> (가) ≪맞(1988)≫ 제51항 : 부사의 끝음절이 분명히 '이'로만 나

---

11) 명사 파생 접미사의 경우, '깔쭈기, 삐주기'는 조사전(1992)에 등재되어 있지 않으
    며, 부사 파생 접미사의 경우는 '오똑이, 오뚝이, 홀쭉이'로 등재되어 있다.

는 것은 '-이'로 적고, '히'로만 나거나 '이'나 '히'로 나는 것은 '-히'로 적는다. 1. '이'로만 나는 것(가붓이, 깨끗이, 나붓이, 느긋이, 둥긋이, 따뜻이, 반듯이, 버젓이, 산뜻이, 의젓이, 가까이, 고이, 날카로이, 대수로이, 번거로이, 많이, 적이, 헛되이, 겹겹이, 번번이, 일일이, 집집이, 틈틈이) 2. '히'로만 나는 것(극히, 급히, 딱히, 속히, 작히, 족히, 특히, 엄격히, 정확히) 3. '이, 히'로 나는 것(<u>솔직히</u>, 가만히, 간편히, 나른히, 무단히, 각별히, 소홀히, 쓸쓸히, 정결히, 과감히, 꼼꼼히, 심히, 열심히, <u>급급히, 답답히, 섭섭히</u>, 공평히, 능히, 당당히, 분명히, 상당히, 조용히, 간소히, 고요히, 도저히)

(나) ≪조(1987)≫ 제19항 : 자음으로 시작한 뒤붙이가 말뿌리와 어울릴적에는 각각 그 형태를 밝혀적는 것을 원칙으로 한다. … 5) '하다'가 붙어서 형용사로 될 수 있는 말뿌리와 어울려 부사를 만드는 뒤붙이 '히'(넉넉히, 답답히, 미끈히, 꾸준히, 똑똑히, 빤히, 시원히)

제23항 : 모음으로 된 뒤붙이가 말뿌리와 어울릴적에는 다음과 같이 갈라 적는다. 1) 말뿌리와 뒤붙이를 밝혀 적는 경우. … (4) '하다'가 붙어서 형용사로 될 수 있는 'ㅅ'받침으로 끝난 말뿌리와 어울려서 부사를 만드는 뒤붙이 '이'(반듯이, 꼿꼿이, 깨끗이, 따뜻이, 뚜렷이, 빵긋이, 뿌듯이, 어렴풋이)

제24항 : 부사에서 뒤붙이 '이'나 '히'가 그 어느 하나로만 소리나는 것은 그 소리대로 적는다.
  (1) '히'로 적는 것(주로 '하다'를 붙일수 있는 것 - 고요히, 덤덤히, 마땅히, 빈번히, 지극히, 뻔히)
  (2) '이'로 적는 것(주로 '하다'를 붙일수 없는 것 - 간간이, 고이, 기어이, 객쩍이, 뿔뿔이, 짬짬이)
  (3) 말뿌리에 직접 '하다'를 붙일수 없으나 '히'로만 소리나는 것은 '히'로 적으며 말뿌리에 직접 '하다'를 붙일수 있으나 '이'

로만 소리나는 것은 '이'로 적는다.(거연히, 도저히, 자연히,
작히, 큼직이, 뚜렷이)

≪맞(1988)≫ 51항의 3의 임의 규정이나 ≪조(1987)≫24항의 (3)과 같
은 예외 규정을 놓고 볼 때, 문제가 있기는 하나, 둘다 어근에 부사파생의
접미사 '-이'가 결합할 경우, 형태를 밝히는 원칙에 따라 어근-접미사를
구별하고 접미사의 소리를 반영하는 형태를 취한다는 점에서 남북한의
규정은 상당히 근접해 있다. 특히 ≪맞(1988)≫ 51항의 3과 같은 임의
규정이 ≪조(1987)≫에는 없으나 ≪조(1987)≫의 19항, 23항, 24항의 내
용을 통합해 보면 거의 흡사한 결과가 나온다. 그러므로 ≪맞(1988)≫의
내용을 통일방안으로 제시된 총칙 (4)의 범위 안에서 ≪조(1987)≫과 같
이 세분할 필요가 있다.

합성어에서 'ㅂ, ㅎ'이 덧나는 경우에도 남북한간의 적용범위에 다음
과 같이 차이가 있다.

(15) 'ㅂ, ㅎ'이 덧나는 합성어
(가) ≪맞(1988)≫ 31항 제31항 두 말이 어울릴 적에 'ㅂ' 소리나
    'ㅎ' 소리가 덧나는 것은 소리대로 적는다. … 2. 'ㅎ' 소리가
    덧나는 것(머리카락, 살코기, 안팎, 수캐, 수컷, 수탉, 암캐,
    암컷, 암탉)
(나) ≪조(1987)≫ 제15항 합친말을 이룰적에 'ㅂ'이 덧나거나
    순한 소리가 거센소리로 바뀌여나는 것은 덧나고 바뀌여나
    는대로 적는다.(마파람, 살코기, 수캐, 수태지, 좁쌀, 휘파람,
    안팎)12)

---

12) '마파람, 휘파람'은 역사적으로는 다른 단어들과 같은 과정을 거친 것이지만 공시
    적으로는 '마, 휘'가 독립된 명사를 이루지 못하므로 이 규정에 적합한 예가 아니
    다.

≪맞(1988)≫의 경우, '암, 수'의 결합에서 '강아지, 개, 것, 기와, 닭, 당나귀, 돌쩌귀, 돼지, 병아리'에서만 'ㅎ'이 살아남으로서 다른 명사들 '강냉이, 거미, 고양이, 글, 구렁이, 게, 괭이, 닭, 돼지, 벌, 범, 비둘기' 등에서 'ㅎ'이 나타날 경우 이를 표기에 반영하지 못하는 문제가 있다. ≪조(1987)≫에서는 이러한 차이를 두지 않았다. 다음은 ≪조선말대사전≫(1992)에서 ≪조(1987)≫의 내용을 반영한 결과이다.

(15) (다) ≪조선말대사전≫(1992) : 암캉아지, 암커미, 암코양이, 암클, 암쿠렝이, 암키와, 암캐, 암케, 암쾡이, 암큉, 암탉, 암퇘지, 암펄, 암펌, 암평아리, 암피둘기, 수캉냉이, 수캉아지, 수커미, 수코양이, 수키와, 수캐, 수케, 수큉, 수탉, <u>수탕나귀</u>, 수퇘지, 수펄, 수펌, 수평아리, 수피둘기, (휘파람, 마파람)

이 경우는 ≪조(1987)≫의 기준에 따라 통일하는 것이 언중들의 혼동을 줄이는 길이다. 다만, '꿩'의 경우, 다른 단어들과 달리 합성에 참여하는 단어가 이미 '경음'을 첫소리에 가지고 있으므로 남북 모두 '수꿩, 암꿩'으로 반영하는 것이 규정을 일관성 있게 조정하는 길이라 하겠다. 남한의 '햅쌀, 볍쌀'에 대해서 북한에서는 '햇쌀, 벼씨' 등으로 다르게 쓰는 것에 대해서는 복수 표기를 인정하는 방식으로 단서를 달아둘 수 있다.

한자음 '메, 폐'의 표기에서도 남북한간의 차이를 볼 수 있다.

(16) 한자음에서의 '계, 례, 메, 폐, 혜'
(가) ≪맞(1988)≫ 제8항 '계, 례, 메, 폐, 혜'의 'ㅖ'으로 소리나는 경우가 있더라도 'ㅖ'으로 적는다.(계수(桂樹)[게수], 사례(謝禮)[사레], 혜택(惠澤)[혜택], 연메(連袂)[연메], 폐품(廢品)[페품], 계집[게집], 핑계[핑게], 계시다[게시다]

(나) ≪조(1987)≫ 제26항 한자말에서 모음 'ㅖ'가 들어있는 소
리마디로는 '계', '례', '혜', '예'만을 인정한다.(계산, 계획,
례절, 례의, 실례, 세계, 혜택, 연예대, 은혜, 예술, 예지, 예약)

그런데 남한에서만 인정하는 한자음 '메'가 단어 형성에 참여하는 경우
는 '메(袂)' 하나뿐이며 이로부터 나온 ≪표준국어대사전≫(1999)에는
'메구, 메별, 메별하다, 메분, 메분하다, 단메, 분메, 양메, 연메, 유메, 의
메'의 12단어가 존재한다. 이들 단어들은 이미 대부분 현재적 쓰임을
잃어버린 것이므로 ≪조(1987)≫에 따라 '메'의 한자음은 굳이 고집할
필요가 없다. 하지만 '폐'의 경우는 남한의 경우, '폐(廢)하다, 폐(閉)하다,
폐(肺), 폐(弊)를 끼치다…' 등 많은 단어가 존재하므로 한자음을 유지할
필요가 있다. 따라서 한자음은 '계, 례, 폐, 혜, 예'를 인정할 수 있다.
하지만 같은 차원에서 볼 때, 한자음 중에서 'ㅔ' 모음을 가진 한자음에
는 '게, 세, 에, 제, 체'만 존재하며, 'ㅙ' 모음을 가진 한자음에는 '쾌,
쇄, 왜, 쵀, 쾌, 홰'만이 존재하고, 'ㅞ' 모음을 가진 한자음에는 '궤, 췌,
훼'만, 'ㅟ' 모음을 가진 한자음에는 '귀, 뤼, 쉬, 위, 취, 휘'만, 'ㅢ'모음을
가진 한자음에는 '의, 희'만 있음을 고려한다면 이러한 한자음의 제약을
굳이 표기법에서 고려할 필요가 있을지는 의문이다. 만약 넣는다면 이들
은 한자음 혹은 한자어에 대한 발음과 표기의 관계를 독립시킨 자리에서
언급할 수 있을 것이다.

4.3 남북한간 표기 규정이 다른 것

남북한간의 표기 규정이 명백히 다른 것으로는 'ㅂ'불규칙 용언의 일

부 활용, 사이시옷 규정, '이(蚤, 齒)'의 합성어, 관형사형 '-ㄹ' 뒤에서의
된소리 등을 들 수 있다.

> (17) ㅂ불규칙의 일부 단어에서
> (가) ≪맞(1988)≫ 18항 6. 어간의 끝 'ㅂ'이 'ㅜ'로 바뀔 적, '-어'
> 　　가 결합하면 '워'로 적는다. 다만, '돕-, 곱-'과 같은 단음절
> 　　어간에 어미 '-아'가 결합되어 '와'로 소리나는 것은 '와'로 적
> 　　는다. (고와-고왔다, 도와-도왔다, <u>가까워-가까웠다</u>, <u>괴로워-</u>
> 　　<u>괴로웠다</u>, 매워-매웠다, 무거워-무거웠다, 미워-미웠다)
> (나) ≪조(1987)≫ 제10항 일부 형용사, 동사에서 말줄기와 토가
> 　　어울릴적에 말줄기의 끝소리가 일정하게 바뀌여지는 것은
> 　　바뀐대로 적는다. (5) 말줄기의 끝 'ㅂ'을 '오(우)'로 적는 경
> 　　우(고마와, 고와, 추워)

　이와 같이 남북한 표기의 차이가 명백하게 나타나는 경우는 대부분
이미 남북한간의 표기 방식이 굳어진 경우가 많다. 이런 경우는 두 표기
를 복수로 인정하고 각각의 입장에 맞게 일관되게 사용하도록 하도록
하여 장기적으로 사용된 이후에 어느 한쪽으로 통일되도록 유도하는 것
이 좋다. 그러므로 이러한 예의 통일 방안은 다음과 같이 제시될 수 있다.

> (17) (다) 통일방안 : 어간의 끝 'ㅂ'이 'ㅜ'로 바뀔 적, 어미가 바뀌
> 는 것은 바뀐 대로 적는다. 다만, '-아'가 나타날 자리에 '-어'가 나타
> 나는 경우, '-어'로 쓸 수 있다.(고와, 도와, 더워, 추워, 쉬워, 고마와/
> 고마워, 아름다와/아름다워, 가까와/가까워, 괴로와/괴로워...)

　합성어 사이의 된소리나 'ㄴ'첨가에 대한 사이시옷의 표기에서도 남북
한간의 현저한 차이를 찾아볼 수 있다.

(18) 사이시옷

(가) ≪맞(1988)≫ 제30항 사이시옷은 다음과 같은 경우에 받치
어 적는다. 1. 순우리말(고랫재, 귓밥, … 멧나물, 잇몸, … 뒷
윷, 베갯잇…) 2. 순 우리말과 한자어(귓병, 샛강, … 곗날, 제
삿날, … 가욋일, 예삿일…) 3. 두 음절 한자어(곳간, 셋방, 숫
자, 찻간, 툇간, 횟수)

(나) ≪조(1987)≫ 제14항 합친말은 매개 말뿌리의 본래형태를
각각 밝혀 적는 것을 원칙으로 한다. 제15항… [붙임] 소리같
은 말인 다음의 고유어들은 혼동을 피하기 위하여 아래와
같이 적는다. (샛별-새 별, 빗바람-비바람)

통일방안의 총칙 (4)에 따라 형태를 밝히는 것을 대원칙으로 하고 ≪맞
(1988)≫제30항의 입장을 확장하여 고유어든 한자어든 된소리나 'ㄴ'첨
가와 같은 음운현상이 나타날 때 사이시옷을 쓰도록 단서조항을 다는
방법의 통일안이 제시될 수도 있겠고, 남한의 경우에도 입말에서 '[머린
말], [인산말], [예산말], [예삳쏘리]…' 등의 발음이 나타남에도 표기에서
는 '머리말, 인사(人事)말, 예사말, 예사소리…' 등만을 인정하는 경우도
있음을 고려할 때, ≪조(1987)≫제14항대로만 원칙을 정하고 따로 사이
시옷 규정을 두지 않는 것도 규범의 일관성을 위해서는 바람직한 방법으
로 이해된다. 이러한 방법은 이미 홍종선·최호철(1998)에서 제시된 바
있으며 박선우(2002)에서는 고유어에서는 남한의 표기법에 따라 사이시
옷을 반영하고 한자어의 경우는 한자어 6개의 사이시옷 표기의 예외를
인정하지 말고 북한의 입장에 따라 사이시옷을 반영하지 않는 절충안을
제시한 바 있다.

하지만 이러한 어느 한방향으로의 일방적인 제안이나 일관성을 지키
기 어려운 절충안은 여러 가지 이견이 있을 수 있다. 그러므로 이미 남한

쪽에서 ≪맞(1988)≫의 내용이 상당히 관용화되었을 것이고 북한쪽에서
도 ≪조(1987)≫의 내용이 상당한 정도로 관용화되었을 것이므로 '고랫
재/고래재, 귓밥/귀밥, 멧나물/메나물, 잇몸/이몸, 뒷윷/뒤윷, 베갯잇/베개
잇, 귓병/귀병, 샛강/새강, 곗날/계날, 가윗일/가외일, 예삿일/예사일, 머리
말/머릿말, 공줏병/공주병…'을 자연스럽게 우세한 형태가 두드러질 때까
지 한동안 복수 표기로 인정하는 방안을 취하는 것이 합리적이라고 여겨
진다.

> (18) (다) 합성어/합친말은 매개 어근/말뿌리의 원형/본래형태를
> 각각 밝혀 적는 것을 원칙으로 하되 앞말이 모음으로 끝난 경우
> 두 말의 사이에서 된소리나 'ㄴ'첨가 등이 나타날 때 앞말 모음에
> 'ㅅ'을 받쳐 쓸 수 있다.

남북한 표기법에서의 현저한 차이를 보이는 예로 '이(蚤, 齒)'의 합성어
를 들 수 있다.

> (19) '이'의 합성어
> (가) ≪맞(1988)≫ 제27항 합성어, 접두 파생어는 원형을 밝히어
> 적는다. [붙임3] '이'의 합성어나 그에 준하는 말에서 '니,
> 리'로 소리날 때 '니'로 적는다. (간니 덧니 사랑니 송곳니
> 앞니 어금니 윗니 젖니 톱니 틀니 가랑니 머릿니)
> (나) ≪조(1987)≫ 제14항 합친말은 매개 말뿌리의 본래형태를
> 각각 밝혀 적는 것을 원칙으로 한다.

≪맞(1988)≫ 제27항의 [붙임3]에서는 '이'의 합성어나 그에 준하는
말에서 '니, 리'로 소리날 때, '니'로 적도록 하고 있다. 이는 '일(농삿일)'
이나 '금이빨[금니빨]' 등의 예에 준하여 볼 때, 매우 예외적인 처리이다.

이에 대해서 ≪조(1987)≫에서는 단지 제14항의 합성어의 형태를 밝히는 조건만을 달았을 뿐인데, 그 구체적인 처리는 ≪조선말대사전≫(1992)의 내용과 같다.

> (19) (다) ≪조선말대사전≫(1992) : 간이[간니] 덧이[던니] 사랑이[사랑니] 송곳이[송곤니] 앞이[압니] 어금이[어금니] 웃이[운니] 젖이[전니] 톱이[톱니] 틀이[틀리] 가랑이[가랑니] 머리이[머린니]

≪맞(1988)≫ 제27항의 [붙임3]에서와 같은 예외는 언어학적 근거를 찾기도 어려울 뿐 아니라 규범의 일관성에도 합당한 제안이라고 보기 어렵다. 따라서 (4)에서 언급한 총칙에 따라 형태를 밝히고 ≪맞(1988)≫ 27항의 [붙임 3] 규정을 없앤 ≪조(1987)≫의 내용만으로도 충분한 경우라 할 수 있다..

용언의 관형사형 '-ㄹ' 뒤에서의 된소리에 대해서도 남북한간의 입장에 차이가 있다.

> (20) 관형사형 '-ㄹ' 뒤에서의 된소리
> (가) ≪맞(1988)≫ 제53항 다음과 같은 어미는 예사소리로 적는다.(-ㄹ거나, -ㄹ걸, -ㄹ게, -ㄹ세, -ㄹ세라, -ㄹ수록, -ㄹ시, -ㄹ지, -ㄹ지니라, -ㄹ지라도, -ㄹ지어다, -ㄹ지언정, -ㄹ진대, -ㄹ진저, -올시다) 다만, 의문을 나타내는 다음 어미들은 된소리로 적는다.(-ㄹ까? -ㄹ꼬? -ㅂ니까? -리까? -ㄹ쏘냐?)
> (나) ≪조(1987)≫ 제6항 한 형태부안의 받침 'ㄴ, ㄹ, ㅁ, ㅇ' 다음의 소리가 된소리로 나는 경우는 그것을 된소리로 적는다. … 그러나 토에서는 'ㄹ' 뒤에서 된소리가 나더라도 된소리로 적지 않는다.(~ㄹ가, ~ㄹ수록, ~ㄹ지라도, ~올시다)

≪맞(1988)≫ 제53항에서는 '르' 계통의 통합형어미에서 나타나는 된소리는 표기에 반영하지 않되 의문형 어미로 쓰이는 '-르까, -르꼬, -ㅂ니까, -리까, -르쏘냐'의 경우에서만 된소리를 허용하는 예외를 인정하고 있고 ≪조(1987)≫에서는 이러한 예외를 인정하지 않고 모두 형태를 밝혀 된소리 표기를 하지 않도록 일관되게 처리하고 있다.

그런데 이들 어미통합체가 더 이상 분석할 수 없는 하나의 형태 단위가 되었는가의 여부에 대한 판단에 따라 표기가 결정되어야 한다. 즉 이들이 하나의 형태 단위라면, ≪맞(1988)≫ 제5항 "한 단어 안에서 뚜렷한 까닭 없이 나는 된소리는 다음 음절의 첫소리를 된소리로 적는다. 1. 두 모음 사이에서 나는 된소리(소쩍새, 어깨, 오빠, 으뜸, 아끼다, 기쁘다, 깨끗하다, 어떠하다,해쓱하다, 가끔, 거꾸로, 부썩, 어찌, 이따금) 2. 'ㄴ, ㄹ, ㅁ, ㅇ' 받침 뒤에서 나는 된소리(산뜻하다, 잔뜩, 살짝, 훨씬, 담뿍, 움찔, 몽땅, 엉뚱하다)"는 규정에 따라 된소리로 적는 것이 바람직하다. ≪맞(1988)≫에서처럼 의문형 어미만을 특별 대우할 이유는 없다.

≪조(1987)≫에서도 제4항 "한 형태부안의 두 모음사이에서 나는 자음은 혀옆소리가 아닌 한에서 받침으로 적지 않는다. 2) 기쁘다, 바싹, 부썩, 해쓱하다, 아끼다, 여쭈다, 오빠, 우뚝, 으뜸"는 규정에 따라 이들 통합형 어미를 "-르까, -르꺼나, -르껄, -르께, -르꼬, -ㅂ니까, -르쎄, -르쎄라, -르쏘냐, -르쑤록, -르씨, -르찌, -르찌니라, -르찌라도, -르찌어다, -르찌언정, -르찐대, -르찐저, -리까, -올씨다)"로 통일하여 다루는 것이 바람직하다.

4.4 어느 한쪽에서만 규정한 것

규범이 남북한의 어느 한쪽에만 제시된 것들도 있다. 이들은 경우에 따라 다른 한쪽에서 수용할 필요가 있는 경우도 있지만 남북의 개별적 특성을 언급한 것이어서 다른 한쪽에서 굳이 수용할 필요가 없는 것들도 있다. 하지만 이들 어느 한쪽에서만 규정된 표기규범은 대개 표기규범을 사정하고 선택하는 과정에서 나타나는 차이일 뿐, 실질적인 남북한간의 언어 차이로 보기 어려운 경우가 많다. 먼저 남북한간의 실제 내용은 같지만 어느 한쪽에만 규정되어 있는 예를 보면 다음과 같다.

4.4.1 실제 내용이 같은 것

<남한에만 규정되어 있는 것>

《맞(1988)》에만 규정되어 있는 규범으로는 구개음화에 대한 것, 준말 '잖, 찮'에 대한 것, '말다'의 'ㄹ'탈락에 대한 것, '없다'가 붙어서 된 말의 표기 등이 있다. 이들은 비록 규정은 《맞(1988)》에서만 이루어져있지만 실제로는 (22 나), (23 나)의 예에서 보는 것처럼 남북한 모두 동일한 표기를 갖고 있는 예이다. 따라서 이들의 경우는 별도의 통일안이 존재할 필요는 없으며 다만 이러한 규범을 《조(1987)》 포함할 것인지를 결정하기만 하면 될 것이다. 언중들의 필요를 고려한다면 규범에 포함시키는 것이 바람직할 것이다.

    (21) 구개음화
    《맞(1988)》 제6항 'ㄷ, ㅌ' 받침 뒤에 종속적 관계를 가진 '-이(-)'나 '-히-'가 올 적에는, 그 'ㄷ, ㅌ'이 'ㅈ, ㅊ'으로 소리나더라도 'ㄷ, ㅌ'로 적는다.(맏이[마지], 해돋이[해도지], 굳이[구지], 같이[가치], 끝이[끄치], 핥이다[할치다], 걷히다[거치다], 닫히다[다치다], 묻히다[무치다])

(22) 준말 '잖, 찮'

(가) ≪맞(1988)≫ 제39항 어미 '-지' 뒤에 '않-'이 어울려 '-잖-'이
될 적과 '-하지' 뒤에 '않-'이 어울려 '-찮-'이 될 적에는 준 대로
적는다. (그렇잖다, 적잖다, 만만찮다, 변변찮다)

(나) ≪조선말대사전≫(1992) : 그렇잖다, 적잖다, 괜찮다, 만만
찮다, 변변찮다...

(23) "'ㄹ'이 줄 적"의 예외 '마다'

(가) ≪맞(1988)≫ : 18항 1. [붙임] 다음과 같은 말에서도 'ㄹ'이
준 대로 적는다.
마지못하다   마지않다 (하)다마다 (하)자마자 (하)지 마라
(하)지 마(아)

(나) 조사전(1992) : 마다하다, -자마자

(24) '하다, 없다'가 붙어서 된 말
≪맞(1988)≫ 제26항 '하다', '없다'가 붙어서 된 말은 '하다, 없
다'를 밝히어 적는다. 1. '하다'가 붙어서 용언이 된 것.

＜북한에만 규정되어 있는 것＞

≪조(1987)≫에만 규정된 것으로는 '모음 사이의 자음'에 대한 표기규
정과 '져, 쪄, 쳐'의 표기에 대한 규정이 있다. 전자의 경우는 따로 밝힐
필요는 없겠으나 지나친 분철 표기나 오분철을 방지하기 위해 규범에
포함되는 것이 좋고 후자의 경우는 표기법상 매우 예외적인 표기에 해당
하므로 ≪맞(1988)≫에서 적극적으로 수용하여야 할 것이다.[13]

---

13) ≪맞(1988)≫에서는 표준어 규정 2부의 표준발음법 5항, 6항에서 '져, 쪄, 쳐'의 용례
가 나온다. 하지만 이는 표기법에서 언급해 주어야 할 사항이다. 이 부분은 특히 남
한쪽 표기 규범 중 '오다'의 '아'활용형 '와'의 축약에 대한 기술과 함께 다루어질
사항이다.

(25) 모음 사이 자음

≪조(1987)≫제4항 한 형태부안의 두 모음사이에서 나는 자음은
혀옆소리가 아닌 한에서 받침으로 적지 않는다. 1) 겨누다, 디디다,
미덥다, 메추리, 비치다, 소쿠리, 시키다, 지키다, 여기다

(26) '져, 쪄, 처'의 표기

≪조(1987)≫제12항 모음으로 끝난 말줄기와 모음으로 시작한
토가 어울릴적에는 소리가 줄어든 것은 준대로 적는다. … 그러나
다음과 같은 단어들은 줄어든대로 적는다.(1. 살찌다 - 살쪄, 살쪘다
; 지다 - 져, 졌다 ; 치다 - 처, 쳤다 ; 찌다 - 쪄, 쪘다)

4.4.2 실제 내용이 다른 것

남북한간의 표기 규범이 어느 한쪽에만 제시된 것 중, ≪조(1987)≫에
만 제시된 특별한 예는 찾아볼 수 없다. 이것은 아마도 ≪맞(1988)≫의
내용이 ≪조(1987)≫의 내용을 충분히 참고하여 작성된 때문인지도 모
른다. 남북한의 표기상의 실질적인 차이가 있어서 특히 남한에서만 따로
규범을 두고 있는 항목으로 두음법칙과 일부 부사를 부사로 만드는 접미
사 '-이', 접미사 '-하'의 생략과 관습적 축약, 일부 접미사의 표기, 그밖에
'놓아'가 '놔'로 주는 것에 대한 표기규정 등이 있다.

(27) 두음법칙
(가) ≪맞(1988)≫ 제10항 한자음 '녀, 뇨, 뉴, 니'가 단어 첫머리
    에 올 적에는 두음 법칙에 따라 '여, 요, 유, 이'로 적는다.(여
    자, 연세, 요소, 유대, 이토, 익명)
    제11항 한자음 '랴, 려, 례, 료, 류, 리'가 단어의 첫머리에 올
    적에는 두음법칙에 따라 '야, 여, 예, 요, 유, 이'로 적는
    다. (양심, 역사, 예의, 용궁, 유행, 이발)

제12항 한자음 '랴, 래, 로, 뢰, 루, 르'가 단어의 첫머리에 올
　　　적에는 두음 법칙에 따라 '나, 내, 노, 뇌, 누, 느'로 적는
　　　다. (낙원, 내일, 노인, 뇌성, 누각, 능묘)
(나) ≪조(1987)≫ 제25항 한자말은 소리마디마다 해당 한자음
　　　대로 적는 것을 원칙으로 한다.
　　　국가, 녀자, 뇨소, 당, 락원, 로동, 례외, 천리마, 풍모

　　두음법칙은 북한에는 존재하지 않으며 남한에서만 나타나는 언어 현상으로 가장 현저한 남북한의 언어차이로 볼 수 있다. 홍종선·최호철(1998), 김민수(2002), 장은하(2002) 등에서는 발음과 표기의 이원화를 인정하여 표기에 있어서는 1한자 1표기의 형태주의적 방식으로 고수하되 발음에 있어서만 남한에서 두음법칙을 적용하여 발음하도록 하자는 취지의 제안을 하고 있다. 하지만 이는 이미 오랜 세월 ≪맞(1988)≫ 표기법에 익숙해진 남한쪽 사람들에게는 새로운 부담으로 작용할 수 있다. 오히려 남한의 경우 한자가 우리말화하는 과정에 어두 위치에서는 본음과 다른 이음을 획득하게 되었다고 보는 편이 좀더 언어적 현실에 맞다는 사실을 고려하면 남북의 복수 표기로 인정하는 것이 가장 바람직한 통일안이라고 생각된다. 다만 두음법칙에 대한 현행의 규정 중 ≪맞(1988)≫의 경우, '오비이락, 남부여대, 희희낙락' 등의 사자성어의 경우 '이음절'을 단위로 두음법칙이 적용되는 예가 포함되도록 단서 조항을 추가할 필요가 있다. 이는 단어 단위로 두음법칙이 적용된다는 기존 정의로는 포함하기 어려운 예들이기 때문이다.

　　두음법칙의 문제는 다음과 같은 첩어의 처리에서도 반복해서 나타난다.

(28) 첩어
(가) ≪맞(1988)≫ 13항 한 단어 안에서 같은 음절이나 비슷한

음절이 겹쳐 나는 부분은 같은 글자로 적는다. (딱딱, 쌕쌕,
씩씩, 똑딱똑딱, 꼿꼿하다, 연연불망(戀戀不忘), 유유상종(類
類相從), 누누이(屢屢-), 놀놀하다, 눅눅하다, 밋밋하다, 쓱싹
쓱싹, 싹싹하다, 쌉쌀하다, 씁쓸하다, 짭짤하다)
(나) 조사전(1992) : 딱딱, 쌕쌕, 씩씩, 똑딱똑딱, 꼿꼿하다, 놀놀하
다, 눅눅하다, 밋밋하다, 쓱싹쓱싹, 싹싹하다, 쌉쌀하다, 씁쓸
하다, 짭짤하다 ; 련련불망(戀戀不忘), 류류상종(類類相從),
루루이(屢屢-)

두음법칙을 인정하지 않는 북한의 경우는 ≪조선말대사전≫(1992)에
서처럼 한자음 그대로 '련련불망, 류류상족, 루루이'라고 쓰는 데 대해서
남한의 경우는 '연연불망, 유유상종, 누누이'에서처럼 역시 단어 조항을
어기고 두음법칙이 적용되고 있다. 하지만 이는 '낙락장송, 연년세세,
늠름하다, 역력하다…'와 같은 경우를 고려하면 매우 예외적인 사항이다.
그러므로 남한의 경우에서만 따로 붙임을 두어 설명할 수밖에 없다.
　(14)에서 논의한 어근에 붙어서 부사를 파생하는 접미사 '이'와 '히'와
달리 일부 부사를 다른 부사로 파생하는 접미사 '이', '히'도 남북한간의
인식이 다른 예이다. 이에 대해서는 ≪맞(1988)≫ 제25항에서만 제시되
었는데 ≪조선말대사전≫(1992)의 내용을 참조하면 둘 간의 공통점과
차이점을 비교해 볼 수 있다.

(29) 부사를 부사로 파생하는 접미사 '이', '히'
(가) ≪맞(1988)≫ 제25항 '하다'가 붙는 어간에 부사화 접미사
'-이, -히'가 붙거나 부사에 '-이'가 붙어서 뜻을 더하는 경우
원형을 밝힌다. … 2. 부사에 '-이'가 붙어서 역시 부사가 되는
경우(곰곰이, 더욱이, 일찍이, 생긋이, 오뚝이, 해죽이)
(나) ≪조선말대사전≫(1992) : 곰곰히, 더우기, 일찌기 ; 생긋이,

오뚝이/오뚜기, 해죽이[14]

새로 제시된 통일방안의 총칙 (4)에 따르면 형태를 밝히는 것은 대원칙
이므로 북한쪽에서는 ≪조(1987)≫에서 ≪맞(1988)≫ 25항의 내용을 포
함할 수 있도록 조사전(1992)의 내용을 일관되게 처리할 필요가 있고,
남한쪽 입장에서는 이 부분을 따로 설명하지 않아도 총칙의 대전제에
의해 맞25항 2의 정신을 살릴 수 있으므로, 소리가 다르게 나는 경우(곰
곰이/곰곰히) 대해서만 ≪맞(1988)≫ 제51항 "부사의 끝음절이 분명히
'이'로만 나는 것은 '-이'로 적고, '히'로만 나거나 '이'나 '히'로 나는 것은
'-히'로 적는다."에 따라 '곰곰히'로 수정할 필요가 있다.

접미사 '하'의 생략은 ≪맞(1988)≫에서만 제시된 규범이면서 남북한
간 차이를 보이는 예이다.

> (30) 'ㄱ, ㄷ, ㅂ' 받침 뒤에서의 접미사 '하' 생략
> ≪맞(1988)≫ 제40항 어간의 끝음절 '하'의 'ㅏ'가 줄고 'ㅎ'이 다
> 음 음절의 첫소리와 어울려 거센소리로 될 적에는 거센소리로 적는
> 다. [붙임2] 어간의 끝음절 '하'가 아주 줄 적에는 준 대로 적는다.(거
> 북지, 생각건대, 생각다 못해, 깨끗지 않다, 넉넉지 않다, 못지않다,
> 섭섭지 않다, 익숙지 않다)

≪맞(1988)≫ 제40항의 [붙임2]에서는 앞음절의 받침이 'ㄱ, ㄷ, ㅂ'
중 하나일 경우 접미사 '하'가 통째로 생략될 수 있음을 규정한 데 대해

---

14) '생긋이'는 ≪조(1987)≫ 제23항 "1) 말뿌리와 뒤붙이를 밝혀 적는 경우 (4) '하다'가
   붙어서 형용사로 될 수 있는 'ㅅ'받침으로 끝난 말뿌리와 어울려서 부사를 만드는
   뒤붙이 '이'(반듯이, 꼿꼿이, 깨끗이, 따뜻이, 뚜렷이, 빵긋이, 뿌듯이, 어렴풋이)"의
   규정에 따라 남북한간의 차이가 없는 표기로 반영되었으나 '오똑이/오뚜기'와 '해
   죽이'에 대해서는 ≪조(1987)≫에서 명확히 규정하지 않고 있다.

≪조(1987)≫에서는 이러한 규정을 찾아보기 어렵다. 하지만 이는 북한의 실제 발음에 '거북지[거북찌], 생각건대[생각껀대], 생각다 못해[생각따모태], 깨끗지 않다[깨끋찌안타], 넉넉지 않다[넉넉찌안타], 못지않다[몯찌안타], 섭섭지 않다[섭썹찌안타], 익숙지 않다[익쑥찌안타]' 등이 존재하는지의 여부를 확인하여 규범에 반영하는 절차를 거쳐야 한다. 만약 북한에서도 남한에서와 같은 자음형 어미의 된소리 표기가 '하'의 생략과 함께 나타난다면 북한쪽 규범에서 이를 수용하면 될 것이고 그렇지 않다면 남북의 복수표기를 인정하는 방향으로 정리되어야 할 것이다.

남한쪽에서만 규정되어 있는 것으로 'ㅎ'의 관습적 축약에 대한 것도 있다. ≪조선말대사전≫(1992)에서 이러한 예를 찾아보면 남한에 비해 일관된 양상을 보이지 않는다는 것을 알 수 있다.

    (31) 'ㅎ'의 관습적 축약
    (가) ≪맞(1988)≫ 제40항 어간의 끝음절 '하'의 'ㅏ'가 줄고 'ㅎ'
        이 다음 음절의 첫소리와 어울려 거센소리로 될 적에는 거센
        소리로 적는다. [붙임3] 다음과 같은 부사는 소리대로 적는
        다.(결단코, 결코, 기필코, 무심코, 아무튼, 요컨대, 정녕코,
        필연코, 하마터면, 하여튼, 한사코)
    (나) ≪조선말대사전≫(1992) : 아뭏든, 하마트면, 하여튼

일정 기간 '아무튼/아뭏든, 하마터면/하마트면' 등의 복수 형태를 인정하고 언중들의 통일 방향을 검토한 뒤 규범에서 새로이 정리하여야 할 사항이다.

    (32) 된소리 접미사
    (가) ≪맞(1988)≫ 54항 다음 접미사는 된소리로 적는다. (꾼, 깔,
        때기, 꿈치, 빼기, 쩍다)

(나) ≪조선말대사전≫(1992) : 군, 갈, 대기 / 꿈치, 빼기, 쩍다

≪맞(1988)≫ 54항에서는 된소리로 적는 접미사에 대해서도 규정해 놓았다. 이 가운데 일부 된소리 접미사는 북한에서도 된소리로 반영되는 데 비하여(꿈치, 빼기, 쩍다), 일부 접미사는 그렇지 않은 양상을 보인다. (군, 갈, 대기) 하지만 북한에서도 이들의 발음에 된소리를 모두 인정하는 것을 고려한다면 이들을 합성어처럼 다루기보다는 파생어처럼 다루어 된소리가 반영된 접미사로 처리하는 것이 낫다.

    (33) '놓아->놔'
    (가) ≪맞(1988)≫ 제35항 … [붙임1] '놓아'가 '놔'로 줄 적에는
          준 대로 적는다.
    (나) ≪조(1987)≫ 제8항 말줄기와 토가 어울릴적에는 각각 그
          본래형태를 밝혀 적는 것을 원칙으로 한다.(낳다-낳으니-낳
          아-낳지)

그밖에 ≪맞(1988)≫ 제35항의 [붙임1]에서는 '놓아'를 '놔'로 줄여 적는 것을 허영하고 있는데 북한에서는 이러한 표기가 가능하지 않다. 이 역시 북한에서의 실제 발음에 따라 '놓아 ⇒ 놔'의 준말 여부를 확인하여 규범에 반영할 것인지를 결정하여야 할 것이다.

6. 결론

이상에서 남북한간의 표기 규범 특히 형태 규범을 중심으로 통일 방안을 살펴보았다. 이러한 통일 방안은 김민수(2002)에서 제시된 바와 같이,

정부차원이 아닌 민간차원의 예비 협의를 거쳐 흡수통일이 아닌 평화통일의 정신에 따라 호혜원칙을 준수한다는 대원칙 아래 이루어져야 할 것이며 그 세부 사항에 있어서도 남북 언어 통일의 3원칙과 같은 대전제 아래 총칙과 세칙 간의 일관성이 유지되면서 남북의 언어 현실을 충분히 고려한 상태에서 이루어져야 할 것이다.

본고에서는 형태주의 원칙의 통일방안 총칙을 마련하고 이러한 총칙의 큰 틀에서 형태 규범의 각 항목에 대해서 남북한 규범의 차이점을 중심으로 살펴보았다. 이 과정에서 나타난 남북한의 규범상의 차이는 대부분 동일한 언어 현상에 대한 상이한 표현에 불과한 것들이 많았으며 두 표기 규범 간의 통합이 불가능한 것은 복수 표기의 인정, 언어학적 설명력, 남북한간의 언어 실제 등을 고려하여 반영할 것을 주장하였다. 남북한간의 표기를 통일하는데 섣부른 절충은 오히려 각각의 규범에 불균형이나 비일관성을 가져오기 쉽다. 이러한 점을 충분히 고려한 통일 규범의 마련이 시급하다 할 것이다. 본고에서 제시된 이러한 시도가 남북의 언어 규범의 통일에 적극적으로 반영되었으면 하는 마음 간절하다.

참고문헌

국어연구소.1988. 한글맞춤법 해설.

국립국어연구원.2001. 한국 어문 규정집. 국립국어연구원.

기세관·최호철.1994. "남북한 통일 맞춤법을 위하여", 언어학 16.

김민수 편.1997. 김정일 시대의 북한언어. 태학사.

김민수.1985. 북한의 국어연구. 고려대 출판부.

김민수.1987. "국어표기법논쟁사", 국어생활 9. 국어연구소.

김민수.1989. "남북한의 현행 맞춤법, 표준어 문제", 새국어교육 45. 한국 국어교
　　　육학회.

김민수.1995. "남북한 언어의 차이", 새국어생활 5. 국립국어연구원.

김민수. 2002. "民族語의 統一問題", 남북의 언어 어떻게 통일할 것인가. 국학자
　　　료원.

김민수 편저.1997. 김정일 시대의 북한언어. 태학사.

김민수 편.2002. 남북의 언어 어떻게 통일할 것인가. 국학자료원.

김원경.1991. "북한의 철자법사", 북한의 조선어 연구사. 도서출판 녹진.

김응모·최호철.1999. 통일대비 남북한어 이해. 세종출판사.

민현식.1999. 국어 정서법 연구. 태학사.

박선우.1989. "민족어의 통일방안", 북한의 어학혁명. 도서출판 백의.

박선우.2002. "남북한 맞춤법의 변천과정과 통일방안", 남북의 언어 어떻게 통일
　　　할 것인가. 국학자료원.

북한언어연구회.1989. 북한의 어학혁명. 도서출판 백의.

신창순.1984. "한글 맞춤법 통일안의 검토", 어문연구 12. 일조각.

연규동.1998. 통일시대의 한글맞춤법. 박이정.

유만근.1991. "한글 맞춤법의 문제점과 그 개선방안", 어문연구 1. 한국어문교육
　　　연구회.

유송영.1989. "남북한의 맞춤법 비교", 북한의 어학혁명. 도서출판 백의.

이경희.1997. "현행 북한의 맞춤법 규정에 대하여-남북한의 차이점을 중심으로",
　　　김정일 시대의 북한언어. 태학사.

이은정.1989. "남북한 맞춤법 비교 검토", 한글 205호(가을치). 한글학회.

이현복.1979. "한글 맞춤법 개정 시안의 문제점", 한글 165호. 한글학회.

이희승.안병희.1998. 고친판 한글 맞춤법 강의. 신구문화사.

임홍빈.1981. '사이시옷 문제의 해결을 위하여", 국어학 10. 국어학회.

장은하.2002. "남북한 맞춤법의 분화와 통일-소리에 관한 부분을 중심으로", 남
　　　북의 언어 어떻게 통일할 것인가. 국학자료원.

조선민주주의 인민공화국 국어사정위원회.1988. 조선말규범집. 평양: 사회과학
　　　출판사.

조선어학회.1933. 한글 맞춤법 통일안.

홍미랑.1989. "남북의 한자음 표기법 비교", 북한의 어학혁명. 도서출판 백의.

홍종선 · 최호철.1998. 남북언어 통일방안 연구. 문화관광부.

로마자 표기법의 남북통일방안*

정경일**

1. 서론

1.1. 로마자표기법의 성격

왜, 그리고 누구를 위해서 국어를 로마자로 표기하는가? 이 물음은 로마자 표기와 관련한 여러 문제를 이해하는데 가장 기본적인 물음이다. 음성언어와 문자언어의 상관성에서 볼 때, 한글은 국어의 음운체계를 바탕으로 창제되었기 때문에 국어를 표기하는데 가장 효과적이다. 그리고 문자는 자체로서 규범성, 보수성을 지니는 기호체계이기 때문에 한글은 단순히 국어를 기록하는 데에서 나아가 국어음을 보존, 복원하는 기능을 수행하기도 한다.

국어의 로마자 표기법은, 문자의 음성 복원기능을 통해 한글을 이해하

---

* 이 논문은 우리어문학회의 2003년 동계 학술 발표회(2003.2.7. 경원대학교)에서 발표된 내용을 수정, 보완한 것이다.
** 건양대

지 못하는 외국인에게 로마자를 이용하여 한국어와 한국문화를 이해시키는 수단으로서의 중요성을 지닌다. 한국과 한국문화에 관심을 가지는 외국인은 능동적으로 한국어를 습득하여 한국인과 교류를 하거나, 한국인이 그들의 언어를 학습하여 그들과 교류를 하는 것이 가장 효과적일 것이다. 그러나 그것이 여의치 않을 경우 한국어를 로마자로 표기하여 그들이 읽어 낼 수 있도록 할 수도 있을 것이다. 또 외국인으로 하여금 로마자로 표기된 한국어를 이용하여 한국인과 교류할 수 있도록 보조하는 수단으로 사용되기도 한다. 이런 점에서 국어의 로마자 표기법은 단순한 표기 방식의 차원이 아니라, 한국어의 세계화를 위한 수단이라는 관점에서 논의되어야 한다.

로마자 표기의 주요 대상은 인명과 지명, 단체명 등을 비롯하여 각종 문화재나 동식물의 이름 등 고유명사인데 이들의 표기가 일관된 원칙 아래 이루어지지 않으면 외국인에게 한국인과 한국문화의 정체성에 혼동을 초래할 우려가 있다. 따라서 우리는 국가에서 공인된 로마자표기법을 제정, 시행하여 표기의 혼선에서 빚어지는 혼란을 예방하고자 노력하고 있다.

본고는 남한과 북한에서 각각 달리 규정되어 있는 로마자 표기법을 살펴보고 이를 통일하는 방안에 대하여 고찰하고자 한다.[1]

1.2. 표기법 통일의 필요성

남한과 북한은 언어동일체이다. 분단이후 60년이 되어가면서 남북한

---

1) 남한에서는 정부에서 고시한 공식적인 표기법 이외에 개인이나 각종 단체에서 수많은 종류의 표기법이 제안되어 있다. 본고는 남북한의 표기법을 다루는 만큼 공식적인 표기법만을 대상으로 하여 고찰하고자 한다.

언어의 이질적 현상에 대한 우려가 있기는 하나 아직 남북한은 근본적으로 동일한 언어체계를 유지하고 있다.   그런데 현재 남북한간에는 서로 다른 로마자 표기 규정이 채택되어 사용되고 있다. 그리고 이러한 표기상의 차이는 국제적으로 남한과 북한의 언어를 각기 다른 것으로 오해하도록 하는 혼선을 가져오고 있다.[2] 따라서 남북한 사이에 있는 두 가지 표기법을 통일하여   국제적으로 단일한 언어체계임을 천명할 필요가 있다.

1.3 통일안 설정의 고려사항

로마자표기에 관한 논의에서 가장 중요한 것은 과연 이 표기가 누구를 위한 것이냐 하는 점이다. 즉 외국인을 위주로 하는 것인가? 아니면 내국인을 대상으로 하는 것이냐 하는 점이다. 또 표기자를 위주로 할 것인가? 아니면 독자 위주인가? 에 대한 논의도 중요한 검토의 대상이 된다. 로마자표기를 누구를 위한 것으로 설정하느냐에 따라 그 표기법이 달라지기 때문이다.

국어의 로마자 표기법은 한국어를 로마자로 표기하여 외국인들로 하여금 우리가 일상적으로 사용하는 발음대로 복원할 수 있도록 사용하는 표기법이다.[3] 따라서 로마자 표기법의 완성도는 이 표기를 통하여 외국

---

2) 남북한의 로마자표기법을 통일하려는 구체적인 시도가 1980년대 중반 ISO의 권고에 의하여 시작되었다는 사실은 이러한 정황을 잘 보여 주는 예라 하겠다.

3) 이익섭(1997)은 문자 표기의 원리상 문자는 단순히 발음을 복원하도록 유도하는 기호일 뿐 아니라 시각적으로 그 의미를 전달하는 기능을 지니고 있음을 강조하고, 로마자 표기도 이와 관련시켜 생각해야 한다고 주장한다. 그러나 본고는 로마자 표기법의 경우 그 본질적 속성상 한글의 대체 수단이라는 측면에서 단순히 발음 복원을 위한 기호로 이해하고자 한다.

인들이 얼마나 한국인과 동등한 발음을 하도록 유도할 수 있느냐에 달려 있다 하겠다.[4] 즉 로마자표기법의 제정에서 고려해야 할 첫 번째 요소는 로마자로부터 한국어로의 복원성에 있다.

다음으로 고려해야 할 사항은 표기의 경제성이다. 표기의 경제성이란 한국어를 로마자로 표기하는데 반드시 필요한 최소한의 문자만을 사용하도록 해야 한다는 것이다. 복원력만을 고려한다면 예를 들어 IPA의 정밀표기와 같은 방식을 생각해 볼 수 있다. 그러나 전문가가 아닌 일반인들도 표기에 참여해야 하는 사용자의 특성과 인쇄 및 정보기기의 사용에 불편함이 있어서는 안된다는 기능적 측면을 고려한다면 일반인들에게 널리 알려진 기본적인 로마자만을 표기수단으로 삼아야 한다.

세 번째는 기존의 표기방식에 대한 사용자의 인식이다. 즉 복원력과 경제성이 학문적·이론적인 검증을 통하여 우수한 것으로 판단되었다 하더라도 이를 사용해야 하는 일반 언중들의 관습이나 인식 등도 고려의 대상이 되어야 한다.

이상의 세가지 고려사항은 로마자 표기법의 설정에 관한 일반적 원칙이다. 그러나 남북한 사이의 통일안을 만들기 위해서는 네 번째로 남북한의 이념적·정치적 대립 양상에 대한 고려가 있어야 하며[5] 이에 따른 타협과 조정이 필요할 것이다.

---

4) 이현복(1998)은 로마자표기법의 사용자를 일차적으로는 외국인을 설정하고 부차적으로 한국인에게도 필요한 것이므로 이들 모두를 위한 최대 공약수의 조건을 갖추어야 한다고 주장한다.

5) 일례를 들면 북한은 '김일성'과 '김정일'의 로마자 표기인 'Kim Il Sung', 'Kim Jong Il'에 대해서는 어떤 경우라도 이를 바꾸려 하지 않는다. ISO가 주도한 로마자표기의 통일안 수립과정에서, 1992년에 이루어진 합의안이 무산된 데에는 이러한 배경이 깔려 있었다.(정경일,2001)

2. 남북한 로마자 표기법의 비교

이 장에서는 남한과 북한의 로마자표기법을 언어정책, 음소표기, 형태
표기의 측면에서 비교하도록 한다.

2.1. 언어정책적 비교

2.1.1. M-R 표기법[6]

남한에서 공식적인 로마자표기법이 제정된 것은 1948년이었다. 이보
다 앞서 1939년에 미국인 G.M.McCune과 E.O.Reischauer에 의하여 발표된
소위 M-R방식은 발표 이후 구미에 소개되어 국제적으로 널리 알려졌다.
특히 미군이 군사적 용도로 이 표기법을 사용함에 따라, 광복과 함께
우리나라에 도입되어 현재까지도 남북한에 걸쳐 가장 강력한 영향을 미
치고 있다. 이 표기법의 주요한 특징은 다음과 같다.

> 1) 표기 원칙 : 전사법 (Transcription)
> 2) 표기 기준 : 자음은 영어식, 모음은 이탈리아어식.
> 3) 특수 기호 사용 : '˘' (the Micron) 사용 : 예) ŏ , ŭ
> 4) 음성 표기 : 음운 분포 환경에 따른 이음표기 : 예) ㄱ- k/g/ng

---

6) 19세기 말엽부터 서양인 선교사에 의하여 다양한 표기법이 제안되었고, 1940년 조
선어학회가 「朝鮮語音羅馬字表記法」을 제정하기도 하였으나 모두 공식적인 표기법
은 아니었다. 본고는 남북한의 공식적인 표기법에 대해 논하므로 이들에 대해서는
논의하지 않는다. 다만 M-R표기법(1939)은 남북한의 표기법 수립에 상당한 영향을
주었을 뿐 아니라 현재도 가장 강력한 방식으로 인식되고 있는 만큼 간략히 짚어
보고 가기로 한다.

, ㄹ -r/l/n

　　5) 격음 표기 : ' (the apostrophe) 사용 : 예) k', t', p'

이 표기법은 간략한 음성표기방식을 위하고 있으므로 표기문자를 통하여 외국인이 국어음을 복원해 내는 데에 매우 편리한 체계로 되어 있다. 그러나 표기의 주체가 되어야 하는 한국인들로서는 표기상에 어려움이 많은 체계이다. 첫째는 모음에 사용된 특수기호'ˇ'이고 두번째는 자음의 분포에 다른 이음의 표기이다. 특히 국어에서 유성음과 무성음을 정확히 구분하여 표기한다는 것은 음소적으로 이를 구별하지 못하는 한국인 표기자에게는 지나치게 어렵고 번거로운 표기방식이었다.

2.1.2. 남한의 표기법

남한에서는 1948년 <한글을 로오마자로 적는 법>을 제정 고시하여 최초로 공식적인 표기법을 가지게 되었다. 이 표기법은 총칙에서 전자법 (Transliteration)을 원칙으로 하고 있음을 밝히고 있다. 총칙은 다음과 같다.

　　　한글을 로오마자로 적음에는, 다음의 한글과 로오마 자와의 맞댐
　　　틀(對照表)에 따름을 원칙으로 한다.

그러나 단어내부의 음운 변화는 표기에 반영하는 전사법을 혼용한 절충식 표기법이다.[7] 이는 1940년 조선어학회가 제정한 <조선어음 라마자 표기법>이 취하고있는 전자법 표기방식과 M-R 표기방식을 절충한 것이다.

---

[7] "한 낱말 속의 ㄱ,ㄷ,ㅂ 들이 흐린 소리로 나는 것은 그 소리나는 대로 적는" 경우에 만 전사법을 취하고 있다. 예를 들면 다음과 같다.
지게 chige　　　포고 phogo　　　지도 chido　　　전도 chŏndo

1959년에는 완전한 전자법 표기법인 <한글의 로마자 표기법>이 제정
된다. 이 표기법에 서 처음으로 구체적인 표기의 기본원칙이 표명된다.
이 표기법이 밝힌 「한글의 로마자 표기의 기본원칙」은 다음과 같다.

> 1) 한글의 현행 표기법을 로마자식으로 표기한다. (正字法)
> 2) 로마자 이외의 부호는 가급적 사용하지 않는다.
> 3) 일 음운 일 기호의 표기를 원칙으로 하되, 자음에 있어서는
>   이 기호를 허용한다.

이 표기법은 한국 사람이 표기하고, 읽어 내기에 좋은 로마자 표기법
의 성격이 강했다. 즉 로마자 표기가 궁극적으로 외국인을 위한 표기법이
어야 한다는 측면에서 볼 때 상당한 문제를 내포하고 있었던 표기법이었
다. 이점은 1984년에 새로운 로마자 표기법이 제정되는 중요한 원인이
되었다. 1984년, 우리 사회의 국제화 경향에 맞추어 새로운 표기법인
<국어의 로마자표기법>이 제정되었다. 이 표기는 기본원칙을 전자법에
서 전사법으로 바꾼 것이 가장 큰 변화이다. 이 표기의 기본원칙은 1959
년도 표기법과 마찬가지로 다음의 3항으로 되어 있다.

> 1) 국어의 로마자 표기는 국어의 표준 발음에 따라 적는다.
> 2) 로마자 이외의 부호는 되도록 사용하지 않는다.
> 3) 1 음운 1 기호의 표기를 원칙으로 한다.

2)항과 3)항은 기존의 표기법과 대동소이하나 1)항의 원칙이 크게 바뀌
고 있다. 즉 표기법의 원칙을 전자법에서 전사법으로 바꾸어 외국인으로
하여금 한국어에 가깝게 발음할 수 있도록 유도하도록 하였다는 점이
크게 달라진 점이다. 결국 이 1984년 표기법은 M-R안과 크게 다를 바

없는 내용으로 정착되었다. 따라서 M-R안이 가지고 있던 장점은 물론 약점까지도 그대로 가지고 있게 되었다.

2002년 7월에 개정된 현행 <국어의 로마자 표기법>은 종전까지 쓰이 던 1984년 안이 지니고 있던 몇 가지 문제점을 보완한 점에서 일단 발전 된 안으로 평가된다. 1984년 안은 M-R안을 준용하면서 만들어졌는데, 이 안의 문제점은 크게 다음 두 가지로 요약된다. 먼저, "로마자 이외의 표기는 사용하지 않는다"는 표기의 대전제에도 특수부호인 반달표(˘)와 어깻점(')을 사용하였다는 점이다. 특히 이러한 표기는 정보기기의 사용 에 상당한 불편을 초래하였고, 인쇄의 편의를 위하여 이를 생략하도록 허용한 규정8)은 결과적으로 표기의 혼란을 부추기고 말았다.9) 따라서 2000년 안에서는 이들 특수기호를 사용하지 않도록 하였다.

또 자음의 표기에서 유성음과 무성음을 구분하여 표기하도록 하였는 바, 이는 언어학적 훈련이 되어 있지 않는 일반인들에게는 표기 원칙이 납득되지 않는 표기법이었다. 따라서 2000년 안은 이를 구분하지 않고 하나로 통합하도록 개정하였다.

결국 남한에서 1948년 이래 4번에 걸쳐 변화된 로마자표기법은 표기원 칙에서 전자법과 전사법 사이의 변화였고, 음소 표기 방식에서는 M-R체 계를 기초로 하고, 음소표기의 채택 여부를 놓고 벌인 변화였다.

---

8) 3장의 8항은 "인쇄나 타자의 어려움이 있을 때에는 의미의 혼동을 초래하지 않을 경우 ŏ, ŭ, yŏ, ŭi 등의 ˘ '(반달표) 와 k', t', p', ch' 들의 '''(어깨점)을 생략할 수 있다" 고 규정되어 있었다.

9) 예를 들어 '근거'의 로마자 표기는 'kŭngŏ' 가 원칙이나 'kungo'도 허용되었다. 따라 서 'kungo'는 '근거'의 표기인지 '군고'의 표기인지가 명확하지 않게 되었다.

2.1.2 북한의 표기법

　북한의 로마자 표기에 관한 규정인「외국자모에 의한 조선어 표기법」은 1956년 제정된 이래 현재까지 변화가 없다.[10]

　이 규정은 다음과 같이 3장으로 구성되어 있다. 특히 이 규정은 외국자모의 범위를 로씨야어와 로마자로 이원화해 놓고 있음이 특징적이다. 이 규정이 제정될 당시 북한과 소련과의 특수한 정치적 관계가 드러나 보인다.

　　　제1장　서론
　　　제2장　로씨야어 자모에 의한 조선어 표기에 관한 일반적 규칙
　　　제3장　로마자모에 의한 조선어 표기에 관한 일반적 규칙

　제1장 서론은 표기의 원칙을 천명하고 있다. 모두 5항과 부기로 되어있는데, 주요 내용을 간추리면 다음과 같다

　　1) 전사법 원칙 : 제1항은 "외국자모로써 조선어를 표기함에 있어
　　　　서는 조선 음운을 충실히 반영시킴을 원칙으로 하되, 조선어
　　　　받침을 중심으로 하는 어음교체 현상과, 조선어음의 결합적

---

10) 외래어, 외국어 및 외국 문자 표기와 관련된 북한의 어문규범은 다음의 4가지이다.
　　① 조선어 외래어 표기법 : 외래어를 조선어로 적는 방법에 관한 규정
　　② 외국말 적기법 : 외국어의 고유명사를 조선어로 적는　방법에 관한 규정
　　③ 외국 자모에 의한 조선어 표기법 : 조선어를 외국 자모로 적는 방법에 관한 규정
　　④ 조선어의 어음 전사법 : 조선어를　IPA로 적는 방법에 관한 규정
　　이 가운데「조선어 외래어 표기법」이 1956년 제정된 이래 1984년에「고친 외래어
　　표기」로 수정되고,「외국말 적기법」이 1969년에 제정된 뒤, 1985년에 개정되는 등
　　변화를 보인 것에 비해「외국 자모에 의한 조선어 표기법」이 반세기동안 변화가
　　없었음은 매우 특이한 현상이다.

변화만은 변화되는 대로 표기한다"고 밝혀 전사법에 의한 표
기임을 분명히 하였다. 그러나 "조선어의 매개 단어의 형태론
적 구성을 특히 명시할 필요가 있는 그런 경우에는, 조선어
철자법에 충실하게 외국자모를 대조시킨다"고 밝힘으로써 부
분적으로 전자법에 의하여 표기할 수도 있도록 허용하고 있다.

2) 보조기호의 사용 제한 : 3항은 "해당 외국어의 현행 자모체계
에 의거하며, 새로운 자모, 새로운 보조적 기호를 사용하지 않
는다"고 하였다. 그러나 실제 규정에서는 M-R과 같이 반달표
와 연결부를 사용하도록 허용하고 있다.

3) 사용 대상의 확립 : 서론의 부기는 이 표기법이 누구를 위한
것인가를 분명히 하고 있다. 부기는 "외국 자모에 의한 조선어
표기법은 어디까지나 해당 외국어를 사용하는 사람들을 대상
으로" 하였음을 분명히 한다. 남한의 로마자표기법에서 이에
대한 명확한 정리가 되지 않아 1959년의 표기법과 같은 한국
인 위주의 표기법이 만들어졌던 점에 비하여 북한이 취하고
있는 이러한 입장은 언어정책적 측면에서 긍정적인 평가를 해
주어야 한다.

2.2. 음소표기의 비교

2.2.1 자음 표기

자음의 로마자 표기에서 항상 문제가 되고 있는 부분은 파열음과 파찰
음 ㄱ,ㄷ,ㅂ,ㅈ과 이들의 격음, 경음 표기에 관한 규정이다. 이들을 k,
t, p, ch로 표기하는 방안과 g, d, b, j로 표기하는 방안은 남한의 표기법
변화에서 지속적으로 논란이 되어 온 부분이다. 격음의 표기는 이들의
표기에 따라 이차적으로 결정되는 경향이 있었다. 예를 들어 ㄱ 을 k
로 표기하는 경우 ㅋ은 k', 또는 kh로 표기되고 ㄱ이 g로 표기되는 경우

ㅋ은 k로 표기되는 것과 같은 방식이다.[11] 또 유성음과 무성음의 구분 표기도 논란의 대상이 되어 왔다.

한편 북한의 표기법은 규정의 제3장 20항에서 로마자모와 조선어자모의 대조표를 제시하고 있고, 21항에서는 한글의 받침을 표기하는 규정으로 받침이 모음 앞에 있을 때와 자음 앞 또는 어말에 있을 때의 두가지 경우를 구별하고 있다.[12] 이를 통해 무성음의 유성음화와 어말 중화, 어말 자음군의 단순화 현상 등을 표기에 반영하고 있다.

결과적으로 북한의 로마자 표기법은 자음표기의 유성음과 무성음의 구별, 모음표기에 있어서의 특수부호의 사용 등으로 비추어 볼 때 M-R안을 기조로 하는 표기방식을 계속 이어오고 있다고 보인다.

---

11) 주요 표기법에 규정된 파열음과 파찰음, 마찰음의 표기체계를 정리하면 다음과 표와 같다.

표기법	자음													
	ㄱ	ㅋ	ㄲ	ㄷ	ㅌ	ㄸ	ㅂ	ㅍ	ㅃ	ㅈ	ㅊ	ㅉ	ㅅ	ㅆ
M-R	k,g	k'	kk	t,d	t'	tt	p,b	p'	pp	ch	ch'	tch	s,sh	ss
1948년	k	kh	gg	t	th	dd	p	ph	bb	ch	chh	dch	s	ss
1959년	g	k	gg	d	t	dd	b	p	bb	j	ch	jj	s	ss
1984년	k,g	k'	kk	t,d	t'	tt	p,b	p'	pp	ch	ch'	tch	s,sh	ss
2000년	g,k	k	tt	d,t	t	tt	b,p	p	pp	j	ch	jj	s	ss

12) 받침의 대조표는 다음과 같다.

받침	ㅂ	ㅍ	ㅄ	ㄷ	ㅌ	ㅅ	ㅆ	ㅈ	ㅊ	ㄱ	ㅋ	ㄲ	ㄳ	ㅎ
모음앞	b	ph	ps	d	th	s	ss	dz	tsh	g	kh	kk	ks	h
자음앞 또는 어말	p	p	p	t	t	t	t	t	t	k	k	k	k	h

받침	ㄹ	ㄼ	ㄿ	ㄺ	ㄾ	ㄽ	ㅀ	ㄻ	ㄴ	ㄵ	ㄶ	ㅁ	ㅇ
모음앞	r	b	lph	lg	lth	ls	lh	lm	n	ndz	nh	m	ng
자음앞 또는 어말	l	p	p	k	l	l	l	m	n	n	n	m	ng

다음 표에 남한과 북한의 자음 표기체계를 비교하여 보인다.

표 1> 남북한 현행 로마자 표기법의 자음 표기 대조표

자음	남한	북한	자음	남한	북한
ㄱ	g, k	k,g	ㅋ	k	kh
ㄴ	n	n	ㅌ	t	th
ㄷ	d, t	t,d	ㅍ	p	ph
ㄹ	r, l	l,r	ㅎ	h	h
ㅁ	m	m	ㄲ	kk	kk
ㅂ	b, p	p,b	ㄸ	tt	tt
ㅅ	s	s	ㅃ	pp	pp
ㅇ	ng	ng	ㅆ	ss	ss
ㅈ	j	ts,dz	ㅉ	jj	tss
ㅊ	ch	tsh			

남북한의 자음표기에서 서로 다른 점은 다음과 같다.

1) ㄱ,ㄷ,ㅂ,ㅈ 의 표기와 성의 유무 구분 : 남한은 g,d,b,j로 표기하고 유성음과 무성음의 구분은 인정하지 않는다. 다만 ㄱ,ㄷ,ㅂ 이 자음 앞이나 어말에 놓일 때는 k,t,p로 적는다. 북한에서는 k,t,p,ts로 적으며 이들이 유성음화 환경에 놓일 때 무성음과 구분하여 g,d,b,dz로 적도록 하였다. 성의 유무에 의한 구분 표기는 M-R에서 채택된 이래 많은 논란을 일으켜 왔는데 남한에서는 표기주체인 한국인의 음소 인식 이를 변별하기 어렵다는 의견을 따르고 있다.

2) 격음의 표기 : 남한에서는 평음이 g,d,b,j로 표기됨에 따라 격음은 k,t,p,ch로 적는다. 이는 일음소일문자표기의 원칙을 좇은 것이다. 다만 'ㅊ'을 'c'로 적지 않고 'ch'로 적은 것은 원칙을 좇기보다 사회적 관행을 따른 것이다. 북한에서는 유기음을 발생시키는 'h'를 함께 적는 방식을 택하여 시각적으로 분명히 인식할 수 있도록 하였다.

2.2.2. 모음 표기

　모음의 표기에서 논란의 대상이 되어 온 부분은 단모음 ㅓ, ㅡ와 이중모음 ㅐ 등의 표기이다. 이들을 제외한 ㅏ, ㅗ, ㅜ, ㅣ와 이중모음의 표기는 남한의 여러 표기법은 물론 북한의 표기법에서도 대체로 일치되어 있다. 다음에 남한과 북한 표기법의 주요 모음 표기 체계를 도표로 정리하여 제시한다.[13]

표 6 > 남북한 로마자 표기법의 모음 표기

표기법	모 음													
	ㅏ	ㅓ	ㅗ	ㅜ	ㅡ	ㅣ	ㅐ	ㅔ	ㅑ	ㅕ	ㅘ	ㅝ	ㅚ	ㅟ	ㅓ
남한	a	eo	o	u	eu	i	ae	e	ya	yeo	wa	wo	oe	wi	ui
북한	a	ŏ	o	u	ŭ	i	ai	e	ya	yŏ	wa	wŏ	oi	wi	ŭi

남북한 모음 표기체계의 차이는 다음과 같다.

표기법	모 음													
	ㅏ	ㅓ	ㅗ	ㅜ	ㅡ	ㅣ	ㅐ	ㅔ	ㅑ	ㅕ	ㅘ	ㅝ	ㅚ	ㅟ	ㅓ
M-R	a	ŏ	o	u	ŭ	i	ae	e	ya	yŏ	wa	wŏ	oe	wi	ŭi
1948년	a	ŏ	o	u	ŭ	i	ai	e	ya	yŏ	wa	wŏ	oe	wi	ŭi
1959년	a	eo	o	u	eu	i	ae	e	ya	yeo	wa	weo	oe	wi	eui
1984년	a	ŏ	o	u	ŭ	i	ae	e	ya	yŏ	wa	wo	oe	wi	ŭi

1) 단모음 'ㅓ, ㅡ'의 경우 남한은 'eo, eu'로 2문자를 사용하는 반면 북한은 부호'˘'를 사용하고 있다. 그러나 이 부호는 인쇄 시에 사용하지 않아도 되도록 규정하고 있다.

2) 복모음 'ㅗ, ㅚ'의 경우 남한은 'ae, ui'로 표기하나, 북한은 'ai, oe'로

---

13) 참고로 남한 주요 표기법의 모음 표기 체계를 도표로 정리하여 제시한다.

표기한다.

이외에는 남북한간에 모음표기에 커다란 차이는 없다.

2.2.3.음운변화 표기

단어내부에서 음운변화가 일어나는 경우, 남북한의 표기법은 모두 전사법체계를 원칙으로 하고 있으므로 이를 반영하여 표기하도록 규정하고 있다. 구체적으로는 자음의 동화, 설측음화, 구개음화 등의 음운변화는 모두 소리나는 대로 표기하도록 규정되어 있어 차이가 없다.
음운변화의 표기에서 차이가 나는 부분은 다음과 같다.

1) 격음으로 되는 경우의 표기 : 남북한 모두 자음이 ㅎ의 앞뒤에서 격음으로 되는 경우 이를 표기에 반영한다. 다만 남한에서는 3장 1항에서 "체언에서 'ㄱ,ㄷ,ㅂ' 뒤에 'ㅎ'이 따를 때에는 'ㅎ'을 밝혀 적는다"14)고 하여 전자법 원칙을 수용하고 있다.

2) 경음으로 되는 경우의 표기 : 남한에서는 단어 내부에서 이루어지는 된소리되기는 표기에 반영하지 않는다(3장 1항). 반면 북한에서는 제14항에서 이를 표기에 반영하도록 규정하고 있다.

3) 장모음 표기 : 남한에서는 이에 대한 별도규정이 없다. 그러나 북한에서는 제15장에 "특별한 필요가 있어 장음을 표시할 경우에는 그 음절의 끝 모음을 거듭 쓴다"고 규정하고 있다.15)

---

14 예를 들면 다음과 같다.
　　묵호 Mukho　　집현전 Jiphyeonjeon
15) 「외국 자모에 의한 조선어 표기법」에 제시된 예는 다음과 같다.
　　밤(栗) паам　　별(星) пеер　　곰(熊) коом　　굴(窟) куур　　일(事) иир

2.3. 형태표기의 비교

2.3.1. 인명 표기

인명은 로마자 표기에서 가장 중심이 되는 표기 대상이다. 인명표기에서 관심의 대상이 되는 것은 인명의 음소표기와 표기방식의 두가지이다.

음소표기는 원칙적으로 일반적 음소 표기 규정을 준수하도록 되어 있다. 그러나 현실은 그러하지 아니하다. 남한의 경우, 여권 소지자의 인명 표기를 조사한 김세중(2001)에 의하면 '정'씨는 Chung, Chong, Cheong, Jung, Jeong 등으로 다양하게 표기되고 있으며, '곽'씨의 경우는 Kwack, Kwak, Kwag, Koak, Gwak, Gwag 등으로 다양하게 나타나고 있다.

표기법은 이러한 상황에 대해 이를 일률적으로 규제하고 통일하려는 노력을 포기하였다. 1984년 표기법은 3장7항에서 고유명사의 표기는 국제 관계 및 종래의 관습적 표기를 고려해서 갑자기 변경할 수 없는 것에 한하여" 예외적 표기를 인정했다. 현행 표기법은 이러한 취지를 더욱 확대하여 3장 7항에서 "인명, 회사명, 단체명 등은 그동안 써 온 표기를 쓸 수 있다."고 천명하였다. 특히 4항의 (2)는 "성의 표기는 따로 정한다"고 하여 '성'은 별도의 표기 규정을 둘 것임을 분명히 하였다.

북한에서는 이에 관해 특별한 규정을 두지 않고 있다. 따라서 음소표기의 일반원칙을 준용하도록 하고 있다. 그러나 실제 표기 예에서도 거의 예외없이 지켜지고 있다.[16]

그런데 서로 다른 것은 인명의 표기방식이다. 이에 대한 남북한의 규정은 다음과 같다.

---

16) 필자가 조사한 자료에 의하면 다음과 같은 예외가 발견되나 극히 일부에 불과하다.
조현복 Jo Hyon Pok   한영빈   Han Yong Bin

1) 남한 : "인명은 성과 이름의 순서로 띄어 쓴다. 이름은 붙여 쓰는 것을 원칙으로 하되 음절 사이에 붙임표(-)를 쓰는 것을 허용한다." (3장 4항) 예를 들면 민용하 Min Yongha, 송나리 Songnari와 같이 적도록 되어 있다.[17)

2) 북한 : 제17항 "조선 사람의 성명을 로시야어 자모로 전사함에 있어서는, 성과 이름을 띄어 쓴다."[18)

따라서 원칙적으로는 대동소이한 동일한 방식으로 표기하도록 되어 있다. 그러나 실제 표기 양상은 사뭇 다르다. 먼저 북한의 표기는 일률적으로 성과 이름의 삼음절을 모두 띄어 쓰고 있다. 그리고 각 음절은 모두 대문자로 시작한다.[19) 예를 들면 다음과 같다.[20)

---

17) 우리 표기법이 인명의 표기에 대해 공식적으로 규정한 것은 1984년표기법부터이다. 1984년 표기법은 이에 대해 성과 이름을 띄어쓰고 이름의 2음절 사이에는 붙임표(-)를 사용하도록 하였었다. 예를 들면 '민용하' Min Yong-ha, '송나리' Song Na-ri 와 같다.현행 표기법은 이 방식을 허용하도록 규정하고 있다.

18) 「외국 자모에 의한 조선어 표기법」 제 21항은 로마자 표기에 별도의 규정이 없는 경우에 대해 "조선어를 로마자로 대조하여 표기함에 있어서 준수해야할 각종의 규칙들은 조선어를 로씨야어 자모로 대조함에 있어서 준수해야 할 각종의 규칙들을 대체로 그냥 적용한다"고 규정하고 있다.

19) 북한 인명과 지명 표기 자료는 평양에서 발행되는 월간『Korea Today』 2002년 1월-6 월호와 주간『Pyongyang Times』 2002년 10월 - 2003년 1월분, 그리고 평양 조선국제 려행사(Korea International Travel Company)에서 발행한『평양관광안내지도』에서 수집하였다.

20) 극히 일부의 예이기는 하나 'Rl Chonbok'과 같이 규정에 맞는 예도 보이고 'Syngman Rhee'처럼 관례에 따라 성과 이름의 순서를 바꾼 표기도 보인다. 그러나 이러한 예외는 극히 일부일 뿐이다.

김일성   Kim Il Song   김정일   Kim Jong Il
이상범   Ri Sang Bom   강남식   Kang Nam Sik
조봉암   Jo Pong Am   최덕신   Choe Tok Sin

그러나 인명표기에 관한 남한의 양상은 매우 복잡한 모습을 보여준다. 정경일(1997), 김혜숙(1998) 등에 의하면 남한인의 인명표기는 북한과 같이 3음절을 모두 독립시켜 표기하는 방법과 1984년 표기법에 따르는 경우, 2000년에 따르는 경우 그리고 이외의 여러 경우들로 다양하게 나뉘어져 있어 전혀 통일이 되어 있지 않다.

2.3.2. 고유명사 표기

로마자표기에서 가장 까다로운 부분은 산이나 강 등의 지명이나 교량, 문화재 등의 명칭 표기에 관한 것이다. 이에 대한 남북한의 규정은 다음과 같다.

1) 남한 : 3장 6항 "자연지물명, 문화재명, 인공 축조물명은 붙임표 없이 붙여 쓴다. "

2) 북한 : 제18항 " 조선의 지리적 고유명사를 로씨야어 자모로 전사함에 있어서는 띄여 쓰지 않되 , <산, 강, ...> 등의 의의를 가진 로씨야어 단어를 그 앞에 놓는다."

남한의 규정에 의하면 '남산'은 'Namsan'으로, '금강'은 'Geumgang'으로 '독도'는 'Dokdo', '경복궁'은 'Gyeongbokgung'으로 표기하도록 되어 있다. 그러나 우리 주위의 실제 표기 예를 살펴 보면 이 규정을 제대로 지키는 경우가 그리 많지 않음을 알 수 있다. 일례로 '남산'의 표기가 우리 주위에는 대략 다음의 4가지 형태가 나타난다.

Namsan   Mt. Namsan
Namsan Mountain   Nam Mountain

과연 이들 가운데 어떤 표기를 기본으로 삼을 것인가가 문제가 되는 것이다.

2000년 7월에 국립국어연구원이 펴 낸 『로마자 표기 용례 사전』은 고유명사의 표기에 있어 한글로 붙여 쓰는 경우는 음소표기를 적용하되, 띄어 쓰는 부분에 대해서는 그 의미에 해당하는 영어단어를 병기할 수 있도록 하였다. 예를 들면 다음과 같다.

광진교   Gwangjingyo   한강 대교   Hangang Bridge
피아골   Piagol   무릉 계곡   Mureung Valley

이러한 표기방식은 지명의 후부요소를 영어단어로 표기함으로써 그 지명의 성격을 외국인에게 분명히 알게 해 줄 수 있다는 점에서 긍정적으로 평가할 수 있다. 그러나 이런 구분이 띄어쓰기에 의해 이루어지는 것은 적절치 않다. 예를 들어 '광진교'와 '한강 대교'의 경우, 이들을 한글로 붙여 쓰는 것인지 띄어쓰는 것인지를 한국인들이 정확히 구별할 수 있겠는가가 문제가 된다. 특히 '한강 대교'의 경우 「한글 맞춤법」 제49항은 이를 '한강대교'처럼 붙여 쓰는 것도 허용하고 있는데 이런 상황에서 동일한 '다리(橋)'의 의미를 가지는 '-교'와 '-대교'를 띄어쓰기 기준만으로 구분하도록 하는 것은 상당한 문제를 내포하고 있다.

북한에서는 로씨야어 표기에 규정한 원칙을 로마자 표기에서도 적용하고 있는데 강이나 산의 표기에는 잘 지켜지고 있으나 다른 지명에서는 그렇지 않은 모습을 보인다. 다음의 1)은 규정을 잘 지키고 있는 경우이고 2)는 이를 지키지 않는 예이다.

1) River Amnok   River Rakdong[21]   Mt. Paekdu
    Lake Samji

2) Manphok Valley   Kuryong Pond   Jongil Peak
    Mansu Hill   Nam Gate   Kwanbop Temple
    Pogwang Hall   Pubyuk Pavilion   Ongnyu Bridge
    Kwanum Fall

2)의 경우는 남한의 『로마자 표기 용례사전』이 규정하고 있는 것과
같은 방식이다.

3. 남북한 로마자표기법의 통일방안

3.1. ISO의 합의 사항

남북한간에는 이미 1985년부터 로마자표기의 합의에 관한 논의가 진
행되어 왔었다.[22] 1996년 남북한은 일차적으로 합의안을 도출하여 ISO
에 문서번호 TR11941로 등록하였는데 그 합의안의 주요 내용은 다음
표와 같다. 이 내용을 보면 자음의 경우는 남북한 사이에 합의가 이루어
지지 않아 북한안(Method I)과 남한안(Method II)이 함께 실려 있고, 모
음은 양측의 합의안이 도출되었음을 알 수 있다. 따라서 남북간의 로마자

---

21) 그러나 강의 이름이 하나의 단위로서 회사나 단체의 이름 속에 포함될 경우에는 '-
    강'을 포함한 이름 전체가 음소표기된다.
    Jaeryonggang Power Station   Taedonggang Beer Brewery
22) ISO합의안에 대한 자세한 논의는 김복문(1996), 정경일(2001)을 참조할 것. 이 합의
    안은 ISO가 남북한에 허용해준 최종 합의안 도출 기간인 2002년말이 경과함에 따
    라 자동적으로 폐기된 상태임.

표기법 통일을 고려할 때는 이미 일차적인 합의가 이루어졌던 ISO의
합의안을 바탕으로 고찰하는 것이 순리일 듯하다.

<표 7> TR11941의 주요 내용

Consonants				Vowels		
No	Korean	Latin		No	Korean	Latin
		Method I	Method II			
1	ㄱ	k	g	20	ㅏ	a
2	ㅋ	kh	k	21	ㅓ	eo
3	ㄲ	kk	gg	22	ㅗ	o
4	ㄷ	t	d	23	ㅜ	u
5	ㅌ	th	t	24	ㅡ	eu
6	ㄸ	tt	dd	25	ㅣ	i
7	ㅂ	p	b	26	ㅐ	ae
8	ㅍ	ph	p	27	ㅔ	e
9	ㅃ	pp	bb	28	ㅚ	oe
10	ㅈ	c	j	29	ㅑ	ya
11	ㅊ	ch	c	30	ㅕ	yeo
12	ㅉ	cc	jj	31	ㅛ	yo
13	ㅅ	s	s	32	ㅠ	yu
14	ㅆ	ss	ss	33	ㅒ	yae
15	ㅎ	h	h	34	ㅖ	ye
16	ㅇ	zero	zero	35	ㅘ	wa
17	ㄴ	n	n	36	ㅝ	weo
18	ㄹ	r/l	r/l	37	ㅟ	wi
19	ㅁ	m	m	38	ㅙ	wae
				39	ㅞ	we
				40	ㅢ	yi

3.2. 표기의 원칙 : 전사법

현재 남북한간에 사회적으로 널리 인식되고, 사용되고 있는 체계는
전사법체계이다. 이는 로마자표기의 전제가 외국인으로 하여금 그 표기
를 통하여 한국어를 한국인과 유사하게 발음해 내도록 이끌도록 하는

것인 만큼, 기본적으로 문자 위주의 것이 아니라 발음 위주의 것이기 때문이다. 즉 로마자표기의 대상이 한글이 아니라 한국어라는 점이 강조되어야 한다는 것이다. 물론 기계화에 의한 로마자표기의 한글 복원력을 감안하면 전자법에 의한 일대일 표기가 뛰어나다는 점도 부인할 수 없다.[23] 그러나 로마자표기의 원칙이 외국인으로 하여금 로마자표기를 통하여 한국어를 복원해 내도록 하는 것이라고 볼 때에 전자법체계는 제한적인 용도로 사용할 수밖에 없을 것이고, 전사법체계가 한층 우위에 있다고 보인다.

3.3. 자음표기

ISO에서 로마자 표기법의 통일을 위한 논의를 진행하던 기간, 그리고 단일안의 일차적 합의가 이루어진 1992년에는 실제로 남북한에서 사용되고 있었던 표기법 사이에는 크게 차이가 없었던 것이 사실이다.

그러나 북한이 1993년 3월 이 합의안에 대하여 수정안을 제시하므로 인해 최초 합의안은 무시되고 다시 양측의 주장이 팽팽히 맞선 상태로 되돌아가 자음의 경우 두 개의 안을 동시에 사용하기로 하고 말았던 것이다.

그렇다면 여기에서 생각해 볼 수 있는 첫 번째 합의 도출 가능성은 1992년의 합의안으로 돌아가는 것이다.[24] 이는 당시 남북한 양측에 모두 널리 알려져 있던 방식으로 사회적 인지도가 매우 높은 방식이다.

---

23 ISO의 합의안은 기계적 처리 위주의 방식으로, 전자법체계로 이루어져 있다.

24) 1992년 5월에 일차로 남북이 합의한 표기안은, 자음은 북한측이 주장한 k,t,p/kh,th,ph/,kktt,pp 안을, 모음은 남한측이 주장한 ㅐ, ㅚ, ㅢ를 ae, oe, yi로 하자는 의견을 각각 수용하여 만들어졌다.

그러나 이 방식은 비록 남북한 사이에 합의가 이루어진 것이기는 하나 그 합의가 로마자 표기와 관련한 학문적인 또는 실용적인 고려에 의한 것이라기보다는 정치적인 타협에 의한 것이었기 때문에 당시부터 그 실용성에 의문이 제기되었었다.

이 합의안의 자음표기는 로마자표기의 전제가 되는 한국어로의 복원력과 경제성에서 문제를 포함하고 있다. 복원력이라는 측면에서 ㄱ,ㄷ,ㅂ을 k, t ,p가 아닌 g, d, b 로 표기하는 것이 훨씬 더 유리하다는 점에 대해서는 이미 많은 연구에서 지적된 바 있으므로 다시 재론하지 않는다. 또 이렇게 할 경우 ㅋ,ㅌ,ㅍ,을 k, t, p 로 표기하는 것이 가능하게 되어 종래 kh, th, ph나 k', t', p'등으로 표기하는 것보다 훨신 경제적으로 표기할 수 있게 되었다.

따라서 필자는 새로운 자음의 표기안으로 다음과 같이 제안한다.

ㄱ	ㅋ	ㄲ	ㄷ	ㅌ	ㄸ	ㅂ	ㅍ	ㅃ	ㅈ	ㅊ	ㅉ	ㅅ	ㅆ	ㅎ	ㄴ	ㄹ	ㅁ	ㅇ
g	k	gg	d	t	dd	b	p	bb	j	ch	jj	s	ss	h	n	r/l	m	ng

이는 기본적으로 TR11941의 남한측 입장 및 현행 남한 표기법과 유사한 방식이다. 다만 이들과 비교하여 다음과 같은 몇가지 차이를 보인다.

1) TR11941과 비교하면, '초'의 표기를 'c'에서 'ch'로 바꾸었다. 이는 경제성을 손상하면서도 사회적 관행을 존중하려는 입장이다.

2) 남한 표기법에 비하여 ㄱ,ㄷ,ㅂ이 모음 앞에서는 g,d,b로 자음 앞이나 음절말에서는 k,t,p로 구별 표기되는 것을 허용하지 않는다. 이와같이 구별하면 k는 음절말의 ㄱ 과 모든 위치의 ㅋ을 동시에 표기하게되어 1음운 1표기의 원칙을 위배하기 때문이다.

또 표기체계 내부에서 음절초와 음절말의 표기가 달라져야 하는 이유를 설명하기가 어렵다. 이에 대해 일반 언중들이 음절말의 'ㄱ,ㄷ,ㅂ'이 내파음으로 실현되는 것을 인식하고 있기 때문에 이를 구별하여 'k,t,p'로 적는다고 하는 주장도 있다.(정희원,2000). 남한 표기법의 주요 특징이 유성음과 무성음의 구별이 언중들에게 정확히 인식되어 있지 않기 때문에 이들의 구별표기를 없앤 것이다. 그런데 유성음과 무성음을 구별하지 못하는 일반 언중이 내파음과 외파음의 음성적 차이를 정확히 인식하고 이를 표기할 수 있다는 설명이 타당성이 있는지는 매우 의심스런 주장이다.

남한 표기법에 의하면 '학교'는 'hakgyo'로 표기되어야 한다. 이때 동일한 'ㄱ'을 'k, g'의 두가지로 표기하게 되는데 이러한 이유를 구체적으로 설명하기가 쉽지 않다. 따라서 이를 'haggyo'로 표기하자는 것이다. 또 이 표기방식은 다음에 언급하게 될 경음의 표기와도 관련되어 생각해 보아야 한다.

> 3) 경음의 표기 'kk,tt,pp'를 'gg,dd,bb'로 바꾸었다. 이는 전자법의 특성을 채택한 것이다. 'ㄱ,ㄷ,ㅂ'을 'g,d,b'로 표기하였으므로 이를 체계적으로 대응시키고자 하는 것이다. 정희원(2000)은 이에 대해 "g,d,b 는 보통 유성음을 표기하는 글자이므로 무성음인 경음을 표기하는데 적합하지 않아서 무성음 글자인 k,t,p를 겹쳐 쓰게 되었다"고 밝히고 있으나, 이미 'g,d,b'를 'ㄱ,ㄷ,ㅂ'의 표기에 대응시킨 상황에서 유성음과 무성음을 구별을 거론하는 것은 설득력이 없다.

그리고 위의 '학교'의 경우 이는 실제 발음에서 경음으로 발음된다. 그런데 'hakgyo'의 표기로는 경음의 발생을 예상할 수 없다. 왜냐하면 남한 표기법은 'ㄲ'을 'kk'로 표기하도록 했기 때문이다. 따라서 자음의

경우 음절초와 음절말의 표기를 동일하게 하면 경음의 발생도 충분히
예상하는 표기가 될 수 있다.

3.4 모음표기

남북한 사이에 모음표기 방식은 이미 ISO의 TR11941에 합의가 되어있
는 상태이다. 따라서 이 합의내용에 크게 문제가 없는 한 이를 사용하는
것이 바람직하다. TR11941은 전자법을 원칙으로 합의된 표기안이지만
모음의 경우는 실질적으로 전자법과 전사법에 따른 표기상의 차이가 나
타나지 않는다.

남한 표기법과 TR11941은 21개의 모음 가운데 'ㅝ, ㅢ' 2개 모음의
표기가 다르다. 이들의 표기를 TR11941은 'weo,yi'로 2000년 안은 'wo,ui'
로 하도록 하였다. 그런데 이들 표기를 북한의 실제표기는 모두 남한과
동일하게 표기하고 있다.[25] 전자법의 원칙에 비추면 'ㅝ'는 'weo'로 표
기하는 것이 정당하다고 하겠으나 표기의 간편성을 고려하면 'wo'로
하는 것도 용인할 수 있다.

또 'yi'의 경우 다른 이중모음의 표기에서 'y'가 '반모음 ㅣ'를 나타내는
부호로 사용되고 있다는 일반의 인식에 혼란을 초래하지 않기 위해서도
'yi'보다는 'ui'로 표기하는 것이 옳다고 생각된다. 역시 북한에서도 'ui'로
표기하고 있다.[26]

북한의 1987년의 ISO제안, 그리고 현재 실제 표기 예와 비교하여도
TR11941은 커다란 차이를 보여주지 않는다. 실제표기는 1956년 안에서

---

25) 원산 Wonsan   위원   Wiwon
26) 의주 Uiju   희천 Huichon

특수부호를 생략함으로 인해 'ㅓ'와 'ㅗ', 'ㅜ'와 'ㅡ'가 구별이 되지 않는다. 이런 이유로 1987년 제안은 'ㅓ,ㅗ,ㅜ,ㅡ'를 각각 'eo, o, u, eu'로 구별하도록 하여 합의가 이루어졌다. 다만 'ㅐ'의 경우 1987제안은 'ai'이나 TR11941은 'ae'로 정하였다. 그러나 최근 실제 표기를 보면 이 표기는 북한에서도 'ae'로 표기되고 있어[27] 남한과 같이 사용하여도 문제가 없을 것으로 보인다.

그렇다면 결국 모음 표기는 남북한의 기존 합의 사항과 현재 표기사항을 고려할 때 남한의 현 표기법을 남북한간의 통일표기방식으로 채택하는 것이 바람직하다.

3.5. 인명표기

한국인 인명의 표기 방식은 한국식으로 성과 이름의 순서로 표기하는 것이 당연하다. 북한에서 고수하고 있는 삼음절 독립표기방식은 외국인으로 하여금 한국인의 성에관한 오해를 야기할 소지가 있어 바람직한 표기 방식은 아니다. 다만 성의 표기는 개별 성씨의 오랜 전통과 관습이 있기 때문에 쉽사리 표기 규정을 지키도록 강요하기 어려운 것이 현실이다.

더욱이 북한의 경우 김일성 부자의 표기에 대해서는 절대적으로 현재 표기를 고수하려는 입장이기 때문에 위에서 제안한 표기규정을 들어 이를 강제하려는 것은 현실성이 없다. 따라서 성씨의 표기에 대해서는 별도의 규정을 정하는 것도 고려의 대상이 된다 하겠다.

---

27) 해주 Haeju　　개성 Kaesong　　남대천 R.Namdae　　백로술 Paekrosul

3.6. 고유명사 표기

지명이나 문화재 명 등의 후부요소를 그에 해당하는 외국어 특히 영어로
표기하는 문제는 일률적으로 결정되어져야 할 문제이다. 남한의 규정처럼
띄어쓰기 여부에 의하여 이를 구분하는 것은 단어 개념의 혼란으로 인하여
표기상의 일관성을 확보하기가 어렵게 된다. 북한처럼 모든 후부요소를 일
률적으로 영어단어로 표기하는 것은 외국인으로 하여금 해당 고유명사의
성격을 분명히 한다는 점에서 매우 기능적이다. 그러나 로마자표기의 기본
취지가 한국어로의 복원력을 중시하는 것이라면 '광화문'을 'Gwanghwa
Gate'라고 했을 때 발생하는 문제 또한 작은 것은 아니다. 이를 해결하기
위해서는 'Gwangwhamun(Gate)'처럼 고유명사 전체를 음소표기하고 해당 지
명의 의미를 (   )속에 병기하는 방식이 적절하리라고 생각한다.

4. 결론

음운체계가 상이한 언어를 동일한 문자로 완벽하게 표기한다는 것은
불가능하다. 국어의 로마자 표기도 마찬가지여서 완전한 표기법은 어차
피 존재할 수 없다. 현행 남북한의 로마자 표기는 기본적으로 자음은
영어식, 모음은 이탈리아어식을 채택한 M-R이래의 원칙을 준수하고 있
다. 이는 로마자표기를 영어표기로 인식하려는 사회적 인식과 괴리되어
있어 더욱 혼란이 야기되고 있다.

남한에서는 정부 수립 이래 4번에 걸쳐 표기법을 개정하는 과정에서
적극적인 교육과 홍보가 미흡하여 사회적으로 표기법의 혼란을 가중시
켜 왔다. 반면 북한은 1956년 표기법을 규정한 이래 지금까지 동일한

규정을 사용하여 오고 있다. 그러나 북한에서도 규정에 어긋난 표기들이 많이 나타나고 있다.

현재 남북한의 표기법은 일치하지 않는다. 이로 인해 국제적으로 한국어의 동질성에 의문을 제기하는 경우가 발생하게 되고, 국제기구에 의해 표기법의 통일이 요구되기도 하였다. 따라서 로마자 표기법의 남북통일은 단순히 표기법의정리라는 어문정책상의 범위를 넘어서 국제적으로 한국어와 한국문화의 동질성을 확보하는 출발점이 된다 하겠다.

남북한간의 로마자표기를 통일하기 위하여는 앞으로도 많은 논의가 있어야 할 것이다. 이 과정에서 남북은 정치적인 혹은 이념적인 고려를 최소화하고, 순수하게 학문적, 실용적인 입장에서 규정을 만들어 나가려는 자세가 무엇보다도 요구된다.

이를 위해 필자는 ISO / TR11941의 합의안과 남한의 현행 표기법을 골자로 하는 표기안을 제시해 본다. 이 안은 나름대로 한국어의 복원력이 우수하고, 표기 문자의수를 최소화하여 경제성을 확보하고 있다고 판단하기 때문이다.

로마자표기의 일관성은 남북한 사이는 물론 남한 내부에서도 유지되어야 한다. 이를 위해서는 규정의 정비와 함께, 지속적이고 광범위한 교육과 홍보, 규정의 준수를 이끌어내기 위한 강력한 제도적 뒷받침 등이 뒤따라야 한다.

참고문헌

김민수 (1973) 『국어정책론』 고려대학교 출판부

김복문 (1996) 『한 · 일 로마자표기의 비교연구』 무역출판사.

김세중 (1997) "국어의 로마자 표기 실태".『새국어생활』. 제7권2호. 국립국어연
　　　구원.

______(2000) "국어의 로마자 표기법 개정 경위 "『새국어생활』. 10권4호. 국립
　　　국어연구원.

김혜숙 1998) "한국 인명의 로마자 표기 순서 및 표기 양상".『사회언어학』6-1.사
　　　회언어학회

유만근 (1998). "한글 로마자의 번자법과 우리말 로마자 표음법".『논문집』제1집.
　　　한국어
　　　　　　　표기법연구회

이상억 (1981). "국어의 로마자 표기법 문제 종합 검토".『언어와 언어학』.7호.
　　　한국외대
　　　　　　　언어연구소.

______(1982). "한국어 로마자 표기 '82"『언어』제7-1호. 한국언어학회

______(1998). " 2원적 로마자 표기법의 필요성".『논문집』제1집. 한국어표기법
　　　학회

______(2001). " 2000년 한국어 로마자표기의 현 상황과 성씨의 표기" 도로명의
　　　사이시옷 표기, 성씨의 로마자표기 공개토론회. 국립국어연구원

이익섭 (1997) "로마자 표기법의 성격"『새국어생활』. 제7권2호. 국립국어연구원.

이현복 (1998) "로마자 표기법의 실상과 허상".『논문집』제1집. 한국어표기법학
　　　회

정경일 (1997) "한국인명의 로마자 표기 양상에 대하여"『한국언어문학』39. 한국
　　　언어문학회

______(2001) " 남북한 로마자 표기법의 통일방안 "『국제 고려학회 서울지회
　　　논문집』3. 국제고려학회

정희원 (1997) "역대 주요 로마자 표기법 비교"『새국어생활』제7권2호. 국립국
　　　어연구원

______(2000) " 새 로마자 표기법의 특징 "『새국어생활』. 제10권4호. 국립국어연구원.

ISO/TR11941(1996) "Information and documentation - Transliteration of Korean script into Latin characters"

일반논문

일반

전가시조인가, 자영농시가인가?*

신영명**

1. 문제의 소재

> [A] 崔行首 뿍달힘 ᄒᆞ새 趙同甲 곳달힘 ᄒᆞ새
> 닭찜 게찜 오려 點心 날 시기소
> 每日에 이렁셩 굴면 므슴 시름 이시랴

> [B] ᄀᆞ을희 곡셕 보니 됴흠도 됴홀셰고
> 내 힘의 닐운 거시 머거도 마시로다
> 이밧긔 千駟萬鍾을 부러 므슴ᄒᆞ리오

[A]는 김광욱(1580~1656)의 <栗里遺曲> 가운데 야취를 보여주는 작품이며, [B]는 이휘일(1619~1672)의 <田家八曲> 중 가을에 해당하는 작품이다. [A]와 [B]는 얼마나 같고 다른가? 두 시조는 모두 먹고사는 문제를 다룬다. 다만 [A]가 놀이에 초점을 맞추고 있다면, [B]는 수확에

---

* 이 논문은 2001학년도 상지대학교 교내학술연구비의 지원을 받아 집필된 것임.
** 상지대

그 주안점이 있다. 곧 전자가 먹고 노는 일을 다룬다면, 후자는 힘써 이룩한 가을의 결실을 노래한다. [A]가 먹고사는 일의 구체적 세부를 묘사하고 있다면, [B]는 먹는 문제를 스스로 해결한 뒤의 자부심을 서술하고 있다는 차이가 있다. 그럼에도 불구하고 두 작품 모두 자연 속에서 살아가는 사람들의 흥취 또는 자족을 노래한다는 점에서는 공통적이다.

최근의 한 연구[1])에 따르면, [A]는 '전가시조'의 성격을 보여주는 작품으로, [B]는 '자영농시가'의 특성을 드러내는 작품으로 평가된다. 전자는 김흥규, 권순회 등의 명명이고, 후자는 김용철의 명명이다. 비슷한 성격의 작품을 놓고 그 개념 규정이 이렇게 달라지는 것은 무슨 까닭인가? 근자에 전개된 전가시조론[2])에 의하면, 전가시조는 농가에서의 생활 노동 또는 야인 생활을 주요 소재로 소박한 세계의 자족적 흥취를 노래한 일군의 작품을 가리킨다. 반면 자영농시가는 "내가 심은 것을 내가 먹고사는 사람들"[3])의 형상을 노래한 일군의 작품을 가리킨다.

전가시조나 자영농시가 또는 강호시조는, 넓게 보아서 모두 사대부의 문학이다. 그러나 구체적 세부로 들어가면, 사대부는 자신의 정체를 스펙트럼처럼 다양하게 펼쳐 보인다. 그러므로 스펙트럼의 색깔을 구별하기 위해서는 하나의 기준이 필요하다. 어느 방향에서 바라보아야 전가시조,

---

1) 권순회(2002ㄱ)와 김용철(2002ㄴ)의 논의[신영명 · 우응순 외(2002) 소재 논문]가 바로 그것이다.

2) 전가시조론의 대표적인 논의로는 김흥규(1999)를 수 있으며, 권순회(2000)는 이를 보다 체계화하고 있다. 신영명(2002)은 전가시조론이 갖는 논쟁적 의의를 자영농시가론과의 비교를 통해 간략히 언급한 바 있다. 그에 따르면, 전가시조론과 자영농시가론은 모두 강호시조와의 차이를 강조한다는 점에서 분리론의 성격을 지니는 것으로 파악된다. 다만 전가시조론이 강호시조와 전가시조 사이의 일정한 연속성을 인정한다는 점에서 연속적 분리론의 성격을 지닌다면, 자영농시가론은 그 연관성을 부정한다는 점에서 단절적 분리론의 특성을 지닌다.

3) 김용철(2002ㄴ), 325면.

자영농시가 또는 강호시조로 불리는 일군의 작품들이 가진 얼굴을 정확하게 포착할 수 있을까?

기존의 연구에서는 사림이란 관점에서 이들 작품을 분석한 바 있다. 그러나 이 경우 17세기 작품의 특성을 포괄하기 어렵다는 난점이 제기된다. 왜냐하면 사림이란 집단 개념은 16세기 강호시조, 또는 강호시가의 형성을 설명하는 데는 많은 유용성을 가지지만, 그것을 17세기 작품을 설명하는 도구로까지 확장하는 것은 무리가 뒤따르는 것처럼 보이기 때문이다. 그런 까닭에 전가시조니 자영농시가니 하는 새로운 개념이 제안되고 또 각광도 받게 되는 것이다.

전가시조론은 이들 작품의 형성 요인을 사림의 분화에서 찾는다. 분화란 한 존재가 양 또는 질의 변화로 인해 몇 개의 조각으로 나눠지는 것을 의미한다. 그러므로 분화 이전은 분화 이후의 원본이란 성격을 갖는다. 이렇게 볼 때, 전가시조는 필연적으로 원본으로부터 이탈한 문학이란 평가를 받을 가능성이 높다. 반면 자영농시가론은 그 작품의 형성 요인을 17세기 재지사족의 성장에서 찾는다. 이 경우 자영농시가는 필연적으로 강호시조와 그 소종래가 다른 원본으로서의 특성을 지닐 수밖에 없다.

이 글은 16세기 강호시조 이후 나타난 일군의 17세기 자연 소재 시가[4]의 모습을 어떤 시각으로 포착해야 할까라는 문제를 다루는 데 그 목적이 있다. 전가시조란 개념으로 파고들어야 하는가, 또는 자영농시가란 그물로 잡아야 하는가? 아니면 또 다른 대안을 찾을 수 없을까 하는 문제의식이 이 글의 출발점이다.

---

4) 이 글에서는 잠정적이기는 하지만, 이들 유형의 작품을 17세기 자연 소재 시가로 부르기로 한다. 그것은 아직 이들 작품을 전원시조로 불러야 할지, 또는 자영농시가라 불러야 할지, 아니면 강호시조의 하위 유형으로 파악해야 할지 규정하기 힘들기 때문이다.

2. 분화냐 성장이냐?

17세기 자연 소재 시가의 문학 담당층은 누구인가? 일단 해결의 실마리를 재지사족에서부터 풀어가 보도록 하자. 최근의 연구는 그 담당층을 재지사족에서 찾고자 하는 경향을 보인다.[5] 그러나 17세기 자연 소재 시가의 문학 담당층을 반드시 재지사족에만 한정할 수는 없다.

이상원은 이 시기 시조사를 관료문인과 향촌사족의 두 유형으로 나눠서 그 구도를 파악하고 있다.[6] 이 경우 관료문인을 재지사족이라 부르기에는 상당한 무리가 뒤따른다. 오히려 그들은 재경사족이라 부르는 것이 보다 온당한 표현일 것 같다.[7] 그러나 이들 관료문인 역시 향촌사회에 일정한 재지적 기반을 갖고 있지 않은 것은 아니다. 자연 소재 시가의 창작은, 향촌사족이든 관료문인이든, 이 재지적 기반과 떼려야 뗄 수 없는 깊은 연관을 가진다. 다시 말해 재지성[8]의 정도에 있어서 개인별 편차 또는 유형별 차이가 있을 수는 있겠지만, 17세기 자연 소재 시가와 재지사족과의 관계를 전면 부정하기는 어려울 것 같다. 그렇다면 이들 작품의 특성을 파악하기 위해서는 그 담당층인 재지사족의 역사적 성격을 살피는 일이 이제 중요한 과제로 떠오른다.

---

5) 이러한 연구 경향은 신영명·우응순 외(2002)에 집중적으로 소개되어 있다. 특히 김용철(2002ㄱ; 2002ㄴ), 김창원(2002), 이상원(2002ㄱ; 2002ㄴ), 이형대(2002) 등의 논의가 주목할만하다.

6) 이상원(2000), 17~18면 참조.

7) 권순회(2002ㄱ), 47면에는 <呼兒曲>을 지은 龍湖 趙存性(1553~1627)의 경우를 전형적인 재경사족의 하나로 본다.

8) 최진원(1981)은 旗田巍의 논의를 인용해 재지성의 개념을 "귀족이 자기 전장에 생활 근거지를 두고 직접 경작을 감독하는"(19면) 토지 소유의 한 형태적 특성으로 정의한 바 있다.

재지사족이란 在地와 士族의 합성어다. 이때 재지와 사족은 각각 지역적 범위에 있어서의 在京과 신분적 위상에 있어서의 吏族과 서로 상대적 개념이 된다. 잘 알다시피, 재지사족은 향촌사회에 있어서 중소지주와 사족이라는 사회경제적 배경을 갖추고 있다. 여말선초 이후 역사 무대의 전면에 등장한 뒤, 이들은 간단없이 조선왕조의 지배계층을 배출한 모집단으로서의 역할을 수행한다. 그러나 당연한 일이지만, 그 사회경제적 위상에 있어서 이들이 왕조의 모든 시기 동안 늘 고정된 배역으로만 출연하는 것은 아니다. 정진영[9]의 연구에 따르면, 재지사족은 16～17세기에 향촌사회에서의 지배권 장악이라는 하나의 전형을 창출한 후, 18～19세기에 이르러 그것의 해체를 경험한다고 한다.

이렇게 볼 때, 17세기 자연 소재 시가의 문학적 의의 역시 재지사족의 이러한 역사적 추이와 관련해 논의해야 할 것으로 판단된다. 그런데 여기서 주목할 문제는, 16～17세기 곧 조선중기 시가사의 결코 단일하지 않은 실상을 염두에 둘 때, 이 시기 재지사족의 사회경제적 위상 역시 그렇게 단순하지만은 않을 것이라는 점이다. 단도직입적으로 말한다면, 그것은 17세기 자연 소재 시가의 주요 담당층인 재지사족의 역사적 성격을, 16세기 사림의 분화에서 찾느냐, 아니면 이 시기 역사 무대를 새롭게 치고 올라온 사회세력의 성장에서 찾느냐의 문제와 관련되어 있다.

다시 말하면 그것은 재지사족의 진출이 갖는 역사적 성격을 단일하게 보느냐, 아니면 복합적으로 보느냐의 문제와 연관된다. 재지사족은 여말선초 일차적으로 역사 무대에 등장하여 조선왕조를 건국한다. 이른바 흔히 신흥사대부로 불리는 집단이 바로 그들이다.[10] 다음 제2차로 15세

---

9) 정진영(1998), 30면 참조. 재지사족에 대한 이 글의 이해는 전적으로 그의 논의에 힘입고 있다. 그러나 그것에 대한 잘못된 이해의 책임은 필자에게 있다.

10) 사실 신흥사대부란 용어는 역사적 용례가 있는 것이 아니라, 연구의 편의상 잠정적

기 후반 이후 사림이란 이름으로 등장해, 초기의 집권 사대부를 훈구로 몰아붙이면서 정치 공간에 새로운 피를 수혈하는 기능을 담당한다. 훈구 파에 대한 사림파의 공격이 사림파의 승리로 귀결되면서, 이제 16세기 정치사는 사림정치를 성립시킨다. 이후 사림정치는 17세기의 붕당정치 로 이어지는데,11) 이것은 사림의 분화라는 측면에서 그 변모의 성격을 규정할 수 있다.

그러나 그것은 어디까지나 중앙정계에서 일이고, 향촌사회에서의 사 정은 반드시 그렇게만 볼 수 없는 측면이 있다. 곧 정치의 중심부에서는 사림의 분화가 일어나지만, 주변부인 향촌사회에서는 두 차례에 걸쳐 이루어진 역사 무대의 진출에 있어서 아직 기회를 잡지 못한 바 있거나 또는 새롭게 기회를 포착하고자 한 재지사족이, 이제 자신의 순서를 힘차 게 기다리는 형국이 전개되고 있는 것이다. 이것은 재지사족의 역사 무대 진출을 위한 세 번째의 시도라 할 수 있다. 이 시도는 그러나 중앙정계로 의 진출을 놓고 다투는 투쟁의 과정이라기보다는, 향촌사회 안에서의 자신의 지배권을 확인하는 과정으로의 성격이 더 강하다. 곧 당쟁의 격화 는 재지사족의 운신 폭을 제한하는 쪽으로 흘러간 바 있으나, 임진왜란의 발발은 오히려 자신의 정체성에 대한 위기감을 불러일으킴으로써 그들 로 하여금 향촌사회에서의 지배권을 더욱 강화하는 방향으로 그 행로를 잡게 한 바 있다고 할 수 있다.12)

으로 설정한 것이다. 그런 의미에서 이들 세력을 규정하는 보다 적확한 용어를 시 급히 찾아낼 필요가 있다고 본다.

11) 사림정치에서 붕당정치로 이어지는 조선중기 정치사에 관한 논의는 다음을 참조할 것. 이병휴(1990), 이태진(1990), 정진영(1990; 1998), 최이돈(1995; 1997).

12) 이상원(2002ㄴ)은 임진왜란을 바라보는 시각의 차이를 조선후기론과 조선중기론으 로 나누어 볼 수 있다고 한다. 곧 임진왜란이 발발한 17세기는 조선후기론에 의하 면 봉건왕조의 해체 기점에 해당하는 반면, 조선중기론에 따르면 오히려 봉건왕조

이러한 시대 인식은 재지사족이 사림의 등장과 더불어 대거 성장을 이룬 다음 17세기 들어와 서서히 분화하기 시작한다는 기존의 관점과는 사뭇 다른 것이다. '사림의 성장-사림의 분화'라는 인식의 틀은 재지사족의 역사적 성격을 단일하게만 파악하고자 한 분화론적 시각이다. 반면 '사림의 성장-사족의 성장'이라는 틀은 그것을 복합적으로 이해하고자 한 성장론적 시각이다. 그렇다면 역사의 실상은 과연 어떠한가? 필자의 지금 능력으로는 어느 한쪽에 선뜻 손을 들어주기는 어렵다. 보다 구체적이고 치밀한 실증을 통하여 그 해답을 모색해야 할 필요가 있다고 본다. 다만 필자 입장의 대강을 밝힌다면, 분화론에서 점차 성장론의 방향으로 그 시각을 옮기고 있는 중이라 할 수 있다.

이제 분화론과 성장론의 개념을 간단히 도식화하면 다음과 같을 것이다.

3. 전가인가 자영농인가?

17세기 자연 소재 시가는 기본적으로 하강의 문학인가, 아니면 상승의 문학인가? 기존의 주류적 견해에 따르면, 하강의 문학으로 규정되고 있는 것처럼 보인다. 곧 16세기 강호시조가 쇠퇴하면서 17세기 자연 소재 시가, 곧 전가시조가 등장한다고 본다. 이것이 전가시조론의 핵심 주장이다. 이때 전가시조의 의미적 실질은 "전원 및 농가 생활을 주요 배경이나 소재로 하여, 그 속에서의 소회·흥취·체험을 주된 관심사로 노래"하거나, 또는 "농가에서의 생활 노동이나 야인 생활 등을 주요한 소재로

의 재구축 시기로 이해된다. 이상원은 중기론의 입장에 서서 임진왜란을 전근대사회, 곧 봉건사회를 더욱 공고하게 만드는 역할을 수행한 사건으로 평가한다. [신영명·우응순 외(2002), 261~262면.]

소박한 세계의 자족적 흥취를 형상한" 작품이라는 데 있다.[13] 그리고
이들 작품의 성립에는 '도학적 근본주의의 퇴색' 또는 '사대부 일각의
향반화 추세' 등의 사회적 원인이 그 배면에서 작용하고 있다고 본다.[14]
　그러면 이 유형의 작품에 속하는 작품의 예를 구체적으로 들어보기로
하자. 여기에는 조존성, 김득연, 송타, 신계영, 김광욱, 나위소, 이휘일,
장복겸 등의 작가가 포진해 있다.

　∴ 아히야 粥早飯 다오 南畝에 일 만해라/ 서투론 짜부를 눌 마조
자부려뇨/ 두어라 聖世 躬耕도 亦君恩이시니라// (조존성)
　∴ 딥 두혜 ᄌᆞ차리 뜯고 문 알퓌 물ᄀᆞ 심 기러/ 기장밥 닉게 짓고
山菜羹므로 술마/ 朝夕게 風味이 足흠도 내 분인가 ᄒᆞ노라// (김득
연)

---

13) 전자는 김흥규(1999)의 정의며, 후자는 권순회(2000)의 견해다.
14) 이에 대한 김흥규(1999)의 견해를 좀더 자세히 인용하면 다음과 같다. "이 새로운
　　국면(붕당정치: 필자 주)에서 종래의 사림이 추구하던 도학적 근본주의의 비타협적
　　비전은 그 도전적 의의가 탈색되고, 이분법적인 세계 인식의 경계선도 더 이상 예
　　전처럼 준별될 수 없었던 것으로 보인다. 이 시대에 와서 그들은 이제 더 이상 '義
　　로운 局外集團'이 아니라 개인적 능력이나 家門, 師友, 朋黨의 환경에 따라 현실 정
　　치에의 진퇴가 다양하게 분화되는 국면에 도달했던 것이다." (185면.); "17세기를 경
　　과하는 동안 사대부 집단 일각에서 나타난 鄕班化의 추세가 田家時調 형성의 사회
　　적 바탕을 제공했던 것으로 보인다. 16, 17세기 동안의 정치적 浮沈에서 밀려났거
　　나 아예 出仕의 기회를 얻지 못하고 주요 관직으로의 진출이 오랜 동안 차단된 사
　　대부들은 17세기 이래로 점차 鄕班化의 행로에 접어들었던 것 같다. (200~201면.)
　　그러나 여기서 17세기 전가시조 형성의 사회적 원인을 사대부의 향반화 추세에서
　　찾는 것은 재고를 요하는 사항이 아닌가 한다. 왜냐하면 향반은 18세기 중반 이후
　　역사 무대에 등장하고 있기 때문이다. [정진영(1998), 570~571면 참조.] 그런 의미
　　에서 박인로의 정체성을 향반으로 규정한 우응순(1985)의 논의나 17세기 자연 소재
　　시가의 담당층을 향반 계층으로 본 한창훈(2002)의 규정은 재검토를 거쳐야 할 충
　　분한 이유가 있다고 본다.

∴ 마당의 보리 들고 花塢에 石榴 퓐다/ 간밤 비즌 술을 葛巾에
걸러내니/아마도 세상 시름이 半이나마 덜니인다// (송타)

∴ 東籬에 菊花 피니 重陽이 거에로다/ 自蔡로 비즌 술이 ᄒ마
아니 니것ᄂᆞ냐/ 아희야 紫蟹 黃鷄로 안酒 장만ᄒ야라// (신계영)

∴ 피 燒酒 무우저리 우옵다 어룬 接待/ 눔은셔 닐은 말이 草草타
ᄒ거마ᄂᆞᆫ/ 두어라 니도 내 分이니 分內事ㄴ가 하노라// (나위소)

∴ 엇긔제 비즌 술이 다만 세 甁뿐이로다/ ᄒᆞᆫ 甁은 믈의 놀고
ᄯ도 ᄒᆞᆫ 甁 뫼희 노셔/ 이밧긔 나믄 甁 가지고 달의 논들 엇더리//
(장복겸)

이들 작품은 대체로 보아 모두 먹고사는 문제를 다룬다. 곧 먹고 일하
면서 살고, 마시고 놀면서 즐기는 모습이 작품의 소재로 등장한다. 이때
먹거리의 주류를 이루는 것은 밥과 술이다. 16세기 강호시조에는 이런
밥과 술과 같은 소재가 중요한 비중을 차지하지 않는다.[15] 대신 길이나
그림의 형상이 문제가 된다. 예를 들면 이황의 <도산십이곡>에 자주
출현하는 천인합일을 위한 도정으로서의 '길'이라든지, 이이의 <고산
구곡가> 전체를 관류하면서 나타나는 물아일체의 현현으로서의 '그림'
등이 바로 그것이다.[16]

---

15) 물론 농암 이현보의 <어부단가> 제3장 "青荷 바볼 ᄲᅡ고 綠柳에 고기 쎄여/ 蘆荻
花叢에 빈 미야 두고/ 一般 淸意味를 어늬 부니 아ᄅᆞ실고"에는 먹는 문제가 작품의
소재로 등장하고 있기는 하다. 그러나 이것은 17세기 작품과 비교해 볼 때, 전체 작
품 속에서의 비중이 그렇게 크지는 않다.

16) <도산십이곡>과 <고산구곡가>에 대한 작품적 이해는 신영명(1996), 84~89면;
102~107면; 124~130면; 144~150면 참조.

古人도 날 몯 보고 나도 古人 몯 뵈
古人를 몯 봐도 녀던 길 알픠 잇니
녀던 길 알픠 잇거든 아니 녀고 엇멸고 (<도산십이곡> 제9곡)

一曲은 어드메오 冠巖에 히 비췬다
平蕪에 니 거드니 遠山이 그림이로다
松間에 綠樽을 노코 벗 오는 양 보노라 (<고산구곡가> 제1곡)

길 또는 그림에서 밥 또는 술로의 변화는 분명 하강의 국면으로 설명함 직한 움직임이다. 전가시조론의 분리론에 동의한 것은 아니지만, 필자 역시 이러한 추세를 감안하여 16~17세기 시가사는 '생활'과 '관념'의 두 지표를 상하에 두고 '원림→전원→전가'의 하향 포물선식 전개 구도를 갖는다는 안을 제출한 바 있다.[17] 지나치게 기계적이라는 한계가 있음에도 불구하고, 먹고사는 일이 생활의 범주에 속한다면, 삶의 가치를 정립·추구하는 일은 관념에 속한다는 것은 충분히 인정할만한 견해라 할 수 있다.

그러나 자연 소재 시가의 어떤 작품을 주목할 때, 16세기 강호시조의 쇠퇴 또는 17세기 전가시조의 형성이라는 특성만으로 그 범주의 개념이 명쾌하게 잡히지 않는 일군의 작품이 존재하고 있음을 알 수 있다. 이 글의 서두에 인용한 이휘일의 <전가팔곡> 같은 작품이 바로 그것이다. 자영농시가론의 주창자인 김용철에 의하면, 이 유형에 속하는 작품으로는 다음과 같은 것들이 있다고 한다.[18]

∴ 내 오시 내 밥 먹고 내 집의 누어시니/ 귀에 잡말 업고 是非에

---

17) 신영명(2000), 160면 참조.
18) 진본 《청구영언》 소재 무명씨 작품의 성격에 대해서는 김용철(1999) 참조.

걸리소냐/ 百年을 이리 지내미 긔 分인가 ㅎ노라// (守分)

　　∴ 치위를 마글션졍 구틔야 비단옷가/ 고폰 빈 메올션졍 山菜라
타 관계ㅎ랴/ 이밧긔 잡시름 업스면 긔 죠흔가 ㅎ노라// (守分)

　　∴ 시름이 업슬션졍 富貴功名 관계ㅎ며/ ᄆᆞ음이 편홀션졍 ᄂᆞᆷ이
웃다 어이ㅎ리/ 더타 守拙安貧을 나는 죠화ㅎ노라// (이상 ≪진청≫,
<무명씨>, 守分)

　　∴ 대쵸 볼 불근 골에 밤은 어이 뜻드르며/ 벼 뷘 그르헤 게는
어이 ᄂᆞ리는고/ 술 닉쟈 체 쟝ᄉᆞ 도라가니 아니 먹고 어이리// (田家)

　　∴ 오려 고개 속고 열무우 술졋는듸/ 낙시에 고기 믈고 게는 어이
ᄂᆞ리는고 / 아마도 農家에 믈간 맛시 이 죠흔가 ㅎ노라// (이상 ≪진
청≫, <무명씨>, 田家)

　　∴ 世上이 말하거놀 썰치고 드러가니/ 一頃 荒田과 八百 桑株ᄲᅮᆫ
이로다/ 生理야 不足다마는 시름업서 ㅎ노라// (≪진청≫, <무명씨>,
隱遁)

　　∴ 집 方席 내지 마라 落葉엔들 못 안즈랴/ 솔불 혀지 마라 어제
진 둘 도 다온다/ 아히야 박주 山菜ㄹ만졍 업다 말고 내여라// (≪진
청≫, <무명씨>, 野趣)

　　∴ 李座首는 암쇼를 트고 金約正은 질쟝군 메고/ 南勸農 趙堂長
은 취ㅎ여 뷔거르며 杖皷 舞皷에 둥더럭궁 츔추는괴야// 峽裏에 愚
氓의 質朴天眞과 太古淳風을 다시 본 듯ㅎ여라// (≪진청≫, <만
횡청류>)

여기서 자연은 우선 '내 옷'과 '내 밥'과 '내 집'이 있는 자영의 공간으로 나타난다. 그러므로 그곳은 '세상'의 '시비'에서 얼마간 벗어나 '농가'의 '맑은 맛'을 즐길 수 있는 자족의 공간이기도 하다. 비록 자신의 경제적 장악 범위가 '일경의 거친 밭'과 '팔백 그루의 뽕나무'로 제한되어 있기는 하지만, 이 자영의 농가는 '이좌수', '김약정', '남권농', '조당장' 등이 서로 어울려 사는 아름다운 마을이다. 그리고 마을 전체를 떠들썩하게 만드는 이들의 놀이에는 야취, 곧 '질박천진'과 '태고순풍'의 미의식이 담겨 있다. 곧 봉건사회의 가장 이상적인 인간상이 형상화되어 있다. 이것이 바로 자영농시가가 이룩한 하나의 성과라 할 수 있다.

그러나 소농으로서의 자영농이 가진 사회경제적 제약은 야취의 그 미학적 완결성을 방해하는 이유로 작동한다. 비록 추위를 맨몸으로 막고 살지언정, 또한 산채로 고픈 배를 채울지언정, 자영농으로서의 삶은 '잡시름'이 없어 좋기만 하다. 그러므로 분수를 넘어서는 행동을 한 후에 일어날 위험, 가령 예를 든다면 붕당정치의 와중에 자신의 몸을 던진다든지 할 경우 벌어질 여러 가지 일을 염두에 둔다면, '수졸안빈'을 선택하는 것이 안전하다. 그러나 이 수졸안빈은 '질박천진'과 '태고순풍'의 미학을 일정하게 제어하는 역할을 한다. 곧 정신적 자유의 추구라는 자영농시가의 미학은 세상을 향해 그 빛을 펼치다 다시금 마을 안의 좁은 공간으로 오므라드는 축소의 형태를 띠게 되는 것이다.

이렇게 볼 때, 자영농시가는 재지사족으로서의 자신의 사회경제적 위상을 확인하는 증명서와 같은 성격을 지닌다고 볼 수 있다. 즉 향촌사회에서의 지배권을 확보하고 있다는 측면에서는 성장하는 자신의 모습을 드러내 보이지만, 중앙정계로의 진출이 통제되고 있다는 측면에서는 엄격한 자기 관리를 통해 자신의 욕망을 왜곡하는 자세를 취한다고 할 수 있다.[19]

4. 논의의 지평을 열며

17세기 자연 소재 시가는 전가시조라 불러야 하는가, 아니면 자영농시가라 불러야 하는가? 작품의 전모가 제대로 파악되지 않은 지금의 형편에서 어느 한쪽으로 무게의 추를 기울이기는 힘들다. 다만 각각의 관점이 내세운 특성을 예각적으로 비교할 수는 있다. 명시적으로 언급을 하든 그렇지 않든 간에, 전가시조론은 그 담당층인 재지사족의 위상을 사림의 분화란 추세 속에서 찾아낸다. 무엇보다도 '도학적 근본주의의 퇴색'이라는 정치철학적 지점에서 전가시조의 형성 원인을 탐색하고 있다는 것이 그러한 사실을 반증하는 좋은 증거가 된다. 반면 자영농시가론은 그것의 형성 원인을 재지사족의 사회경제적 성장에서 찾는다. 이 경우 사림의 분화와 같은 중앙정계의 변화 추이는 자영농시가의 형성에 있어서 덜 중요하거나 부차적인 의의를 갖는다. 왜냐하면 자영농시가의 형성은 향촌사회 안에서 재지사족이 갖는 정체성의 확립 문제와 직결되어 있지, 중앙정계에서의 치열한 정치적 변화 추이와는 일정한 거리를 두고 있기 때문이다.

17세기 자연 소재 시가를 전가시조로 이해한다는 것은, 16세기 강호시조를 전가시조의 원본으로 보는 문학사적 시각과 떼어놓고는 성립되기

---

19) 자영농시가의 이러한 문학적 의의에 대해 김용철(2002ㄴ)이 언급한 내용을 직접 인용하면 다음과 같다. "(전략) 다시 말해 자영농의 상층부까지를 포함하고 있었던 재지사족이 자신을 지배계급으로 인식하면서, 한편으로 그 지배계급과의 실질적인 현실적 차이를 관념적으로 어떻게 풀어야 할 것인가라는 질문에 대해서는 <누항사>라는 불안하고 현실에 내몰리고 강호로 고식하는 자영농 형상을 통해 대답할 수밖에 없었다. 한편 자신의 향촌에서의 현실적 지배력을 생각할 때는 절대적인 안정성을 확보한 자영농 형상으로 대답할 수 있었다. 이것이 '질박천진'의 자영농 세계가 되는 것이다. 그리고 이 계열이 우세하게 나타나는 것은 17세기 사족의 안정적 향촌 지배의 표현인 것이다." (327면)

힘들어 보인다. 그것은 전가시조론이 비록 16세기와 17세기의 차이를 주목한다 하더라도, 여전히 그 둘 사이의 연속성을 기본 전제로 깔면서 논의를 진전시키고 있기 때문이다.[20] 실제 전가시조론은 16세기 영남사림의 강호시조를 리트머스 시험지로 설정한 후 그것과의 비교를 통해 전가시조의 사적 전개 양상을 살핀다.[21] 이런 전제를 인정할 경우, 전가시조는 자연스럽게 관념에서 생활로의 하강이란 추세 속에 놓인 문학으로 평가된다. 반면 자영농시가론은 17세기 자연 소재 시가의 담당층을 이 시기 대거 등장한 재지사족으로 파악한다. 그러므로 자영농시가는 강호시조와는 다른 세계를 새롭게 개척하는 성과를 이룩한 것으로 평가된다. 이것은 자영농시가를 하나의 새로운 원본으로 파악하고자 한 시각이다. 이러한 시각에 의하면, 자영농시가는 그 소종래가 되는 '전가한시'[22] 등의 자양분으로 삼아 창출된 것이다. 요컨대 자영농시가란 상승의 문학이지 하강의 문학은 아니라는 점이다.

이상 살펴본 바와 같이, 분화와 성장 또는 하강과 상승의 국면은 바로 17세기 자연 소재 시가를 바라보는 두 대척적 시각이다. 그렇다면 작품의 실상은 과연 어떠한가? 이 두 시각을 구체적 작품의 분석에 적용할 경우, 과연 어떤 결과가 나올까? 이것이 바로 앞으로 새롭게 탐구해야 할 과제라 할 수 있다. 논리적인 가능성만을 놓고 본다면, 이 문제에 대한 답변은 다음의 네 가지 경우가 있을 수 있다.

1) 분화·하강의 시각으로 보는 것이 옳다.
2) 성장·상승의 시각으로 보는 것이 옳다.

---

20) 이 글의 주 2) 참조.
21) 김흥규(1999), 172~176면 참조.
22) 김용철(2002ㄴ), 319~323면 참조.

　　3) 분화・하강의 시각으로 접근해야 할 작품도 있고, 성장・상승
　　　의 시각으로 접근해야 할 작품도 있다.
　　4) 실체는 동일하나, 시각에 따라 분화・하강의 작품으로도 보이
　　　며, 성장・상승의 작품으로도 보인다.

　1)과 2)는 각각 분화・하강론과 성장・상승론으로 이름 붙일 수 있겠지만, 앞서의 논의를 고려한다면, 이 둘은 모두 17세기 자연 소재 시가의 정체를 파악하기에는 어려운 관점이라고 본다. 다음 3)을 양분론이라 부른다면, 4)는 양면론이라 부를 수 있겠는데, 아마도 1)과 2)의 시각을 종합할 수 있는 방법은 3)또는 4)에서 찾을 수 있지 않을까 한다.

　우선 3)의 양분론을 살펴보자. 권순회(2002)가 이미 적절하게 주목한 바와 같이, 17세기 자연 소재 시가 가운데 조존성이나 김광욱의 작품은 자영농시가라기보다는 전가시조라고 부르는 것이 타당할 것 같다. 곧 "당쟁의 와중에서 느끼는 불안정한 존재의 문제"를 궁경 또는 낚시질을 통해 풀어냄으로써 자족적 은자의 세계를 구축한 노래라는 평가[23)]가 바로 그러한 예에 속한다. 다시 말해 이들 전가시조는 16세기 강호시조의 하강 또는 분화라는 추세에 의해 형성된 것으로 볼 수 있다는 뜻이다.

　반면 성장이나 상승의 측면에서 바라보아야 할 작품도 있다. 예를 들면 앞서 소개한 ≪진청≫의 작품은 성장과 상승의 자영농시가라는 범주에 귀속시켜도 별 무리가 없어 보인다. 곧 이들 작품 속에 나타난 바 옷과 밥과 집이 있는 자족의 공간은 17세기 새롭게 등장한 재지사족의 사회경제적 성장을 반영하는 한 증거로 볼 수 있다. 다만 이 상승의 국면이 앞 시대 사림과는 달리 중앙정계로의 대거 진출로 이어지지 않는다는 한계를 가진다는 점은 주목할 필요가 있다.

---

23) 권순회(2002), 63면.

사정이 만약 이렇다면, 17세기 자연 소재 시조의 모습을 포착하기 위해서는 3)의 양분론적 시각을 지니는 것이 마땅한 것처럼 보인다. 그러나 이 관점 역시 약점이 없는 것은 아니다. 17세기 자연 소재 시가를 전가시조로 보든 자영농시가로 보든, 그것의 문학 담당층이 재지사족이라는 점은 대체로 일치한다.[24] 문제는 이 둘을 양분할 경우, 그 담당층의 기반적 실체를 구체적으로 어떻게 찾아낼 것인가 하는 점에 있다. 자영농은 과연 역사적 실체인가? 아니면 연구의 편의상 설정한 하나의 개념의 틀인가? 이 질문에 대한 치밀한 실증적 고찰이 없이는 양분론이 선 자리가 흔들릴 가능성이 있다. 마찬가지로 사림의 분화 이후 하강한 재지사족의 실체에 대한 구체적 분석 또한 양분론의 성립을 위해서는 필수불가결한 조건이 된다.

끝으로 4)의 양면론이 가진 가능성에 대해 살펴보도록 하자. 양면론을 따르게 되면, 17세기 자연 소재 시가의 양분은 논리적으로 인정되지 않는다. 대신 동전의 양면처럼 시각에 따라 동일 실체의 각각 다른 면이 부각된다고 주장한다. 예를 들면 강호시조의 분화·하강에 의해 전가시조의 발생한다는 것은, 관점을 거꾸로 돌려놓고 볼 때, 자영농시가가 성장·상승의 궤도를 그리면서 형성된다는 뜻과 동의어라 볼 수도 있다. 이 경우 전가시조와 자영농시가는 동전의 앞뒷면이 된다. 다시 말해 관념성을 강조하느냐, 아니면 현실성을 강조하느냐[25]에 따라 17세기 자연 소재 시가는 전가시조로도 자영농시가로도 불릴 수 있다는 것이다.

---

24) 그러나 앞서 언급한 바와 같이, 전가시조의 형성을 향반과 관련짓는 작업은 재고를 요하는 사항이다.

25) 신영명(2000)은 17세기 자연 소재 시가의 시가사적 위상을 관념과 현실의 포물선식 구도 안에서 설명하려고 시도한 적이 있다. 그러나 이 도식의 적합성 문제는 여전히 재고의 대상이 된다고 할 수 있다.

그러나 양면론은 이들 갈래의 담당층인 재지사족 내부의 편차를 전혀 고려하지 않은 채 논의를 전개한 것이라는 결정적 약점을 가지고 있다. 17세기 재지사족의 역사적 실체가, 전가시조와 자영농시가의 두 담당층을 양면으로 아우를 수 있을 정도의 포용성을 지니고 있는가 아니면 그렇지 않은가에 따라, 아마도 이 가설의 유용성 여부가 판가름날 것이다. 최근 진행되고 있는 연구 상황을 염두에 둘 때, 17세기 재지사족의 내부적 편차는 생각보다 훨씬 더 다양하게 존재하고 있는 것처럼 보인다. 이 경우 양면론보다는 양분론의 시각을 통해 17세기 자연 소재 시가의 정체를 밝히는 것이 보다 유의미한 결과를 얻게 될 것이다.

17세기 자연 소재 시가는 전가시조로 불러야 하는가, 자영농시가라 불러야 하는가? 아니면 이 둘을 종합할 새로운 논의의 가능성을 열 수 있는가? 지금까지 이 문제에 대한 가설을 소개하고 그 적합성을 검토한 바 있다. 그 결과 잠정적인 것이기는 하지만, 다음과 같은 결론을 얻을 수 있을 것 같다.

첫째, 현금의 연구 성과를 고려할 때, 17세기 자연 소재 시가에는 전가시조로 불러야 할 유형의 작품도 있고, 자영농시가로 불러야 할 작품도 있는 것으로 보는 것이 유용할 것 같다. 이 가설적 이론은 양분론적 시각에 입각해 있다.

둘째, 양분론적 가설을 증명하기 위해서는 17세기 재지사족의 역사적 실체를 밝히는 작업이 무엇보다도 요청된다고 하겠다. 더 나아가 재지사족의 내부적 편차에 대한 실증적 검토는, 양면론의 가능성을 열어줄 수도 닫을 수도 있을 것으로 기대된다.

참고문헌

권순회(2002ㄱ), 「당쟁기 불안한 '사'의 실존과 전가시조」, 『조선중기 시가와 자연』, 태학사.

권순회(2000ㄴ), 「전가시조의 미적 특질과 사적 전개 양상」, 고려대학교 박사학위논문.

김용철(1999), 「≪진청≫<무씨명>의 분류 체계와 시조사적 의의」, 고전 문학연구 16, 한국고전문학회.

김용철(2002ㄱ), 「박인로 강호가사의 강호 구성과 화자」, 『조선중기 시가와 자연』, 태학사.

김용철(2002ㄴ), 「17세기 자영농시가의 성립과 특성」, 『조선중기 시가와 자연』, 태학사.

김창원(2002), 「김득연의 국문시가의 역사적 위상」, 『조선중기 시가와 자연』, 태학사.

김흥규(1999), 「16, 17세기 강호시조의 변모와 전가시조의 형성」, 『욕망과 형식의 시학』, 태학사.

신영명(1996), 『사대부시가의 연구』, 국학자료원.

신영명(2000), 「17세기 강호시조에 나타난 '전원'과 '전가'의 형상」, 한국시가연구 6, 한국시가학회.

신영명(2002), 「강호시조 연구사의 행방」, 『조선중기 시가와 자연』, 태학사.

신영명·우응순(2002), 『조선중기 시가와 자연』, 태학사.

우응순(1985), 「박인로의 안빈낙도 의식과 자연」, 한국학보 41, 일지사.

이병휴(1990), 『조선전기 사림파의 현실인식과 대응』, 일조각.

이상원(2000), 『17세기 시조사의 구도』, 월인.

이상원(2002ㄱ), 「사족층의 분화와 정훈의 시가」, 『조선중기 시가와 자연』, 태학사.

이상원(2002ㄴ), 「17세기 시가사의 시각」, 『조선중기 시가와 자연』, 태학사.

이태진(1990), 『조선 유교사회사론』, 지식산업사.

이형대(2002), 「<오대어부가>와 처사적 삶의 내면 풍경」, 『조선중기 시가와 자연』, 태학사.

정진영(1990), 「16, 17세기 재지사족의 향촌지배와 그 성격」, 한국역사 연구회 편, 역사와 현실 3, 역사비평사.

정진영(1998), 『조선시대 향촌사회사』, 한길사.

한창훈(2002), 「17세기 향반계층과 시가의 강호 인식」, 『조선중기 시가와 자연』, 태학사.

최이돈(1995), 「16세기 사림 중심의 지방정치 형성과 미」, 한국역 사연구회 편, 역사와 현실 16, 역사비평사.

최이돈(1997), 『조선중기 사림정치 구조 연구』, 일조각.

최진원(1981), 「강호가도 연구」, 『국문학과 자연』, 성균관대학교 출판부.

Abstract

Jeonga Sijo or Jayongnong Siga?

Shin, Young-Myoung*

This paper aims to discover a proper categorical framework for understanding the branch of seventeenth-century poetry that portrays nature, which appeared following "Kangho" Sijo of the sixteenth century. Is it to be approached under the rubric of "Jeonga Sijo" (pastoral lyrics) or included in "Jayongnong Siga" (independent farmers' songs)? If neither is a valid category, is there any alternative? This is the starting point of the problematics that this essay develops.

To reach a solution, this essay focuses on the following two aspects: first, whether to consider the historical character of the "Jaeji Sajok" (local gentry), who were the main producers of the seventeenth-century poetry on nature, in terms of differentiation or of continuous development secondly, whether the aspects of nature described in this seventeenth-century poetry on nature retain the characteristics of Jeonga or those of Jayongnong.

---

* Sangji University

In pursuing these questions, a tentative conclusion is reached: the seventeenth-century poetry on nature includes a type of works that should be categorized into Jeonga Sijo as well as another type that should be classed into Jayongnong Siga. Finally, the necessity to make solid this tentative conclusion calls for a more detailed and rigorous study of the historical characteristics of the seventeenth-century Jaeji Sajok.

주제어

강호시조, 전가시조, 자영농시가, 재지사족, 17세기, 자연 소재 시가, 성장, 분화

'인사동 거리소리판'의 성격과 문화적 의의*

김기형**

1. '인사동 거리소리판'의 출현동인

'판소리의 부활', '판소리가 판치는 세상'을 꿈꾸는 젊은 소리꾼들이 있다. 이들은 싸이버 공간에 집을 짓고, 자신들의 꿈을 실현하기 위해 현실세계에서 각자의 역량에 맞는 구체적인 실천활동을 벌여가고 있다. '판세'·'소리여세'·'타루'·'바닥소리' 등이 그들이다.

이들의 실천활동 가운데 주목할 만한 성과로 꼽을 수 있는 것이 2001년 전주에서 있었던 '전주산조예술제' 공연 부문의 하나로 열린 제1회 '또랑깡대 컨테스트'라는 창작판소리 경연 소리판이다. 명창의 반열에 오른 전문 소리꾼들의 참여를 이끌어내는 데까지 이르지는 못했지만, 시대를 호흡하는 새로운 소리가 필요하다는 데 인식을 같이 하는 젊은 소리꾼들이 한자리에 모여 그 동안 각자 준비했던 창작 판소리를 선보였던 것이다. '또랑깡대 컨테스트'는 정제되고 무대화된 소리판의 관행에 대한 문

---

* 본 연구는 2003년도 덕성여자대학교의 연구비 지원으로 이루어졌음.
** 덕성여대

제제기이자 도전적인 실험의 장으로서의 의미를 지니는 것이었는데, 이 자리에서 발표된 창작소리에 대한 청중의 호응은 상당하였다. 특히 수상 작으로 선정된 박태오의 <스타크래프트가>나 김명자의 <수퍼댁 씨름 출정기> 등은 발랄한 재기와 골계미 넘치는 표현 등으로 청중층의 집중적인 관심의 대상이 되기도 하였다. 수상작을 비롯한 몇몇 소리는 이후 각종 행사에 초대되어 지속적으로 불리면서 새로운 판소리의 저변 확대에 일조하게 되었는바, 새로운 판소리에 대한 사회적 욕구가 적지 않다고 판단한 '또랑깡대 컨테스트' 기획 주체들은 서울에서도 판을 벌리는 게 좋겠다는 데 의견을 같이 하고 그 구체적인 실행방안을 모색하기 시작했다.

기획과정에서 중심적인 역할을 수행한 이들이 여럿 있지만, 그 가운데서도 특히 이규호와 박흥주의 활동 상황에 주목할 필요가 있다. 이규호는 연배가 다소 높으면서도 젊은 소리꾼들의 구심점 역할을 수행하였으며, 즉흥성·현장성·민중성 등을 본질로 하는 '판'의 속성을 담보한 '굿판'·'소리판' 만들기에 주력해 온 박흥주는 이러한 판이 만들어 질 수 있도록 치밀한 구상력과 실천적인 기획력을 발휘하였던 것이다.

이들 기획 주체는 '판세'·'소리여세'·'타루'·'바닥소리' 등에 소속되어 활동하고 있는 젊은 소리꾼들의 의견을 수렴하고, 이를 바탕으로 하여 어떻게 판을 짜나갈 것인가에 대한 구체적인 안을 마련하였다. 이런 과정을 거쳐 선보인 것이 바로 2002년 5월 19일(음력 4월 8일) 종로·인사동·지하철 안·조계사 등지에서 벌인 이른바 '번개소리판(벼락소리판)'이다. 여러 지역에서 각 팀별로 소리판을 벌이고 행사가 끝난 뒤 모두 인사동에 모여 소리판을 벌인 뒤 그곳에 모여 있던 청중들과 함께 막걸리와 김밥을 나누어 먹음으로써 대동놀이적 성격의 뒷풀이로 마무리를 하였던 것이다.

'번개소리판'은 그 외형적인 포맷이 얼마전까지 텔레비전에 고정적인 프로로 방영되었던 '게릴라서트'와 매우 유사하지만, 그보다도 그러한 형식의 판을 구상할 수 있도록 만든 직접적인 아이디어의 원천은 '가두시위의 방식'이다. '가두시위'가 일종의 문화 현상의 하나로 자리매김되면서 일상화된 것은 80년대로서, 자신의 주장을 널리 알리기 위해 기동력 있게 이동하며 직접 시민을 찾아 나섰다는 데 그 핵심적인 특징이 있다. '번개소리판'은 '가두시위'가 지닌 이러한 속성을 그대로 활용한 것이다. 달라진 점은 화염병 대신 판소리를 불렀고 민주화 투쟁의 정당성을 담은 전단지 대신 각 소리팀의 성격과 활동상황을 담은 소개문을 시민들에게 나누어 주었다는 것이다.

젊은 소리꾼의 발랄한 상상력과 도발적인 실천력 그리고 재기넘친 순발력이 결합되어 만들어진 '번개소리판'에서 소리꾼들은 전통판소리와 창작판소리를 불렀는바, 소리판에 참여한 불특정다수 청중의 반응은 매우 놀라운 것이었다. '번개소리판'에서 청중들이 보인 뜨거운 반응은 젊은 소리꾼들에게 오늘날에도 판소리가 정서적 감응력이 매우 강한 예술로 거듭 날 수 있다는 가능성을 확인시켜주기에 충분한 것이었다. 그래서 이러한 성격의 '판'을 앞으로 정례화하여 지속적으로 운영해 나가는 것이 좋겠다는 의견을 모으고 출발한 것이 바로 '인사동 거리소리판'이다.

앞에서 '인사동 거리소리판'이 정립되기까지의 과정을 간략하게 약술했거니와, 개별적으로 모임을 만들어 활동해 오던 젊은 소리꾼들이 각자의 고민을 공유하며 판소리의 미래에 대해 논의하기 시작했고 그 구체적인 실천 활동의 장으로 '인사동 거리소리판'을 창출해 내었다는 점이 무엇보다 소중한 성과라고 할 수 있다.

여기서 해명하고 넘어가야 할 문제는 가시적인 수익성이 보장되지 않는(관람료를 받지 않으며 지원금이나 후원금이 없는 상황임) 이와같은

'거리소리판'을 벌이게 만든 사회환경적 요인이 무엇인가 하는 점이다. 판소리는 본래 민중의 기반 위에서 생성된 민중예술이다. 그러던 것이 역사적 전개과정 속에서 향유층이 확대되고 예술적으로 세련되어가면서 명실상부한 민족예술로 자리매김하게 되기에 이르렀다. 판소리의 사회적 위상이 높아진 것은 일단 긍정적으로 평가할 수 있겠으나, 소리판이 정형화되어 가면서 판소리의 본래적 속성이라 할 수 있는 역동성과 현장성 등은 약화되어 가고 있는 것이 오늘날 판소리가 처해 있는 현실이다.

판의 진정성을 회복하고 판소리에 생명력을 불어넣기 위해 '인사동 거리소리판'이 시작된지 일년이 다 되어가는 시점에서, 이러한 시도가 갖는 문화적 의의를 짚어보고 앞으로의 과제와 바람직한 방향성을 모색해 보는 데 본고의 목적이 있다.

2. '인사동 거리소리판'의 성격

2-1. 왜 '**인사동**'거리소리판인가?

왜 '가리봉동거리소리판' 혹은 '압구정동거리소리판'이 아닌 '인사동 거리소리판'일까? 판을 인사동에서 벌인 이유는 필연 '인사동'에 함축된 상징적 이미지와 밀접한 연관이 있을 것이다.

인사동거리는 서울특별시 종로구 인사동 63번지(종로2가)에서 관훈동 136번지(안국동 사거리)에 이르는 도로를 말한다. 1970년대 중반무렵까지만 해도 이 지역에는 고미술품·골동품·골동서화뿐 아니라 옛 생활도구·장신구 등 시중에서 쉽게 볼 수 없는 갖가지 전통공예품 등이 집결되어 있었다. 인사동에 이와같은 골동품 상가가 형성된 것은 일제강

점기부터라고 하는데, 우여곡절을 거쳐 지금은 많은 골동품 상가가 문을 닫고 대신 토속음식점, 전통찻집 등 유흥음식점이 성시를 이루고 있다. 그렇다 하더라도 인사동은 서울에서 전통을 체험할 수 있는 대표적인 지역으로 꼽히고 있으며, 인사동에 각인된 그러한 이미지를 극대화하기 위한 노력들이 지속적으로 이루어져왔다. 그 대표적인 사례를 제시하면 다음과 같다.

> ○ 1987년 이후 인사동전통문화축제 개최 : 인사동전통문화보존회와 종로구 주최. 해마다 4∼5월 무렵 한국전통예술공연·문화상품특별전 및 화랑 20개소에서 기획전시를 연다. 축제는 인사동 지역의 번영을 기원하는 장승제로 시작되며, 행사 중에는 관람객들이 직접 참여할 수 있는 이벤트도 열린다.
> ○ 1988년 전통문화의 거리로 지정
> ○ 1997년 4월 13일부터 일요일마다 '차없는 거리'로 지정
> ○ 1999년 7월 - 2000년 10월 14일 역사문화탐방로 조성 : 보행자를 위해 차도의 너비를 줄이고 인도를 넓혔다. 바닥에는 옛날식 기와와 재질이 같은 벽돌을 깔아 고풍스런 분위기가 난다. 안국동 동쪽에 북인사관광안내소와 북인사마당을, 종로 쪽에는 남인사관광안내소와 남인사마당을 설치하여 만남의 장소로 이용할 수 있게 하였다. 이곳에서는 각종 이벤트와 공연이 열린다.

　인사동이 전통의 거리로서의 면모를 진작부터 지니고 있었다 하더라도, '인사동 = 전통체험의 공간'이라는 이미지를 극대화하려는 노력이 본격적으로 시도된 시점은 1980년대 이후이다. 오늘날 전국에서 벌어지고 있는 지역축제는 1000여개가 넘으며, 그 가운데 약 75%는 1980년대 이후에 만들어진 것이다. 대부분의 축제가 역사성과 전통성에 기반하지 않은 것임은 물론이다. 이러한 현상은 지역과 연관된 문화유적이나 전통

민속 혹은 특산물 등을 주제로 삼아 관광상품화하려는 의도에서 비롯된 것인데, 특히 지방자치제의 실시와 더불어 지역단위의 경제활성화가 요구되는 상황에서 더욱 심화되고 있는 실정이다. 인사동에 거리축제가 열리고 각종 제도적 뒷받침으로 전통의 이미지를 각인시키는 작업이 지속되고 있는 것도 크게 보면 '전통의 상품화'라는 맥락에서 이해할 수 있는 일이다.

'거리소리판'을 인사동에서 갖게 된 것은, 비록 그것이 '만들어진 전통'·'유사전통'이라 하더라도 인사동이 지니고 있는 '전통의 거리'라는 이미지를 적극 활용하려 한 전략의 산물이라고 생각한다. 그리고 그러한 전략은 매우 주효했다고 할 수 있다. 게다가 판이 벌어지는 일요일에는 차량통행이 금지되어 있고 좌우에 늘어서 있는 건물은 소리를 모아주는 역할을 하기 때문에 판을 벌이기에도 인사동이 제격이다. 인사동 거리에는 행인들이 넘쳐나며, 그 안에는 외국인도 상당수 포함되어 있다. 특히 주말에는 더욱 많은 사람들이 인사동을 찾는다. 이들 불특정 다수 청중의 사회경제적 처지나 교육정도 등을 가늠해 볼 수 있는 구체적 자료를 제시할 수는 없으나, 이들 가운데 도시빈민이나 노동자 등이 차지하는 비율이 그렇게 높아 보이지는 않는다.

요컨대 인사동은 '전통의 상품화'의 가능성을 잘 보여주는 곳이면서, 판을 어떻게 짜나가느냐에 따라 많은 청중을 판소리팬으로 만들 수 있는 매력적인 조건을 지닌 곳이라 할 수 있다.

2-2. 왜 인사동 '거리' 소리판인가?

'거리'소리판은 기본적으로 '무대'소리판과 대비되는 의미를 지니고 있다. 그동안 '무대소리판'은 지나치게 격을 중시하고 이른바 엄숙주의에 지배되었으며 정형화된 판에서 벗어나지 못하였다는 점에서 닫힌 공간으로 인식되었던 것이 사실이다. 이에 비해 '거리소리판'은 소리꾼이 직접 청중을 찾아나서 벌이는 '판'이라는 점에서 엄숙주의와는 거리가 멀다.

그러면 구체적으로 어떻게 구별되는가. 공연시간·공연장소·창자가 미리 정해져 있는 무대소리판과는 달리, '거리'소리판에서는 시작 시간은 정해져 있지만 끝나는 시간은 정해져 있지 않다. 물론 판이 벌어지는 장소는 늘 일정하다. 여름에는 6시에 시작하며, 해가 짧아지면 4시에 시작한다. 누가 어떤 대목을 소리하는지도 미리 정해져 있지 않다.

'무대소리판'에 서는 소리꾼은 한복을 입고 출연함으로써 격을 갖추고 전통성을 강조한다. 반면에 '거리소리판'에 서는 소리꾼은 평소 복장 그대로 입고 나섬으로써 특별히 격을 강조하지 않는다. '거리소리판'이 보여주는 이러한 외형적 특질은 판소리가 특정부류의 사람만이 부르고 향유하는 것이라고 생각하는 잘못된 고정관념을 깨뜨리는 데 일조하기도 한다. 2003년 4월 13일 이자람의 경우가 그 대표적인 예이다. 파마머리에 색깔이 있는 안경을 쓴 그는 매우 발랄한 복장에다 가슴에는 "NO WAR ON IRAQ"라고 새긴 배지를 달고 소리를 하였다. 우리가 흔히 만날 수 있는 젊은이가 우리의 전통소리를 한다는 지극히 당연하고도 평범한 사실을 온몸으로 보여준 셈이다.

'무대소리판'에서는 완창무대라는 게 별도로 마련되어 있지만, '거리소리판'에서 불리는 전통판소리는 언제나 '토막소리'이다. 60년대 후반 박동진 명창이 8시간에 걸쳐 <춘향가> 완창을 한 이후, 완창은 소리꾼의 기량을 검증하는 의미를 내포하면서 판소리 공연의 주요방식으로 자리잡아왔다. 그렇지만 장시간 소리를 해야 하는 부담감 때문에 완창에서 소리꾼이 자신의 기량을 완벽하게 발휘하기는 거의 불가능에 가깝다. 그렇기 때문에 소리꾼은 '토막소리'를 부를 때 오히려 자신의 기량을 충분히 발휘할 수 있다. 전통판소리의 내용은 어느 정도의 소양을 가진 사람이라면 누구나 알고 있기 때문에 '공지적 생략'이 가능하다. '토막소리'라 하더라도 청중층이 작품을 감상하는 데 전혀 지장을 받지 않는 이유는 이 때문이다. 따라서 소리꾼의 입장에서는 자신이 장기로 하는 대목을 선택하여 비교적 짧은 시간동안 부를 때 모든 역량을 집중하여 소리할 수 있는 장점이 있는 것이다.

무엇보다도 '거리소리판'에서 소리꾼은 마이크를 사용하지 않는다. 무대소리에서는 마이크의 성능에 따라 소리꾼의 기량이 다르게 발휘된다 해도 과언이 아닌데, '거리소리판'에서는 오로지 자신의 성량으로만 승부해야 하기 때문에 그만큼 정직한 소리·치열한 소리를 할 수밖에 없다.

'거리소리판'은 소리꾼과 청중층 모두에게 각별한 의미를 지닌다. 소리꾼은 매우 가까운 거리에서 청중층의 반응을 즉각적으로 감지할 수 있는 바, 이를 통해 자신의 기량을 점검할 수 있을 뿐만 아니라 판을 짜나가는 역량을 기를 수 있게 되는 것이다. 청중의 입장에서는 매우 가까운 거리에서 분장실을 거치지 않은 소리꾼의 입모양, 숨소리, 눈빛 등을 생생하게 느끼면서 소리를 접할 수 있는 좋은 기회이다. 거리소리판에 참여하는 청중은 미리 정보를 알고 자발적으로 찾아온 부류와 인사동에 들렀다가 우연히 소리판과 맞닥뜨려 자연스럽게 청중의 대열에 합류하게 된 부류로 구성되어 있는데, 아직은 후자에 해당하는 청중층이 많은 비중을 차지한다. 티켓을 사서 극장에 들어온 경우와는 다르게, 소리판에 계속 남아 있을 것인가 아니면 중간 어느 시점에서 본래 가던 길을 계속 갈 것인가 하는 선택의 문제가 전적으로 청중들 자신에게 달린 문제인 것처럼 보이지만, 실상은 그렇지 않다. 소리판의 구성이나 판을 이끌어나가는 소리꾼의 기량 등에 따라 판에 남아있는 청중층의 숫자가 무척 달라지게 되는 것이다. 사실 판소리는 누구나 부를 수 있어야 하며, 특히 '거리소리판'과 같이 열린 공간을 지향하는 경우에 있어서라면 아마추어 소리꾼도 소리 한 대목쯤 할 수 있는 것이며 판에 모여 든 청중들은 너그러운 마음으로 그 소리를 들어줄 수 있을 법도 한데, 현실은 그렇지 않은 것이다. 판소리에 대한 감식안이 뛰어난 귀명창이 아니라 하더라도 대부분의 청중들은 매우 정직하게 자신의 미적 감각에 비추어 소리를 평가하고 있는 셈이다. 밀물처럼 모여들었다가 썰물처럼 빠져나가는 불특정 다수의 청중을 보면서 소리꾼들은 온힘을 다해 소리하고 자신의 기량을 검증받고자 한다. 그러한 과정을 거치면서 소리꾼은 자연스럽게 '판짜기에 대한 전략적 사고'를 키워나간다.

2-3. 왜 인사동 거리 '**소리판**'인가?

왜 인사동 거리'춤판'도 아니고 인사동 거리'풍물판'도 아닌 인사동 거리'**소리판**'인가? 이렇게 된 데에 어떤 필연적인 이유가 있다고 말하기는 어려울 듯하다. 왜냐하면 '춤판'이나 '풍물판'이 지금 현재 없다는 것이지 그러한 판 자체가 앞으로도 계속 없을 것이라고 단정할 이유는 없기 때문이다. 그렇다 하더라도 지금 이 시점에서 다른 어떤 '판'보다도 인사동 거리'소리판'이 먼저 시도된 이유가 무엇인지에 대해서는 생각해 볼 필요가 있다.

주지하듯이, '판'이란 말에는 어떠한 행위가 벌어지는 물리적인 공간으로서의 의미뿐만 아니라 판을 벌이는 주체와 거기에 참여한 구성원간에 소통이 가능한 '열린 공간'으로서의 의미가 더 강하게 내포되어 있다.

'판소리'라는 학술용어1)가 갈래 명칭으로 굳어지게 된 소이연도 이 말이 '판'에서 부르는 소리로서의 갈래의 특성을 가장 정확하게 드러내 보여 줄 수 있는 명칭이기 때문일 것이다.

'판소리'를 뒤집으면 '소리판'이 된다. '소리판'은 기본적으로 창자와 고수 두사람만 있으면 성립한다. 그러니까 '판'을 벌이는 요건이 그다지 까다롭지 않으며 그만큼 기동성있게 상황에 대처해 나갈 수 있는 이점이 있다고 하겠다. 판소리는 쉽게 말해서 창자가 고수의 반주에 맞추어 '一人多役'을 하는 공연예술이다. 반면에 작중 인물의 역할을 서로 다른 배우가 맡는 '배역의 분화'를 통해 판소리에서 파생된 갈래가 바로 창극인데, 오늘날 어떤 면에서 본다면 창극은 독자적 갈래로서의 극작술을 정립하지 못하고 여전히 자기 정체성을 모색해 가는 과도기적인 성격을 벗어나지 못하고 있다. 이에 비해 판소리는 60년대까지만 해도 전승력이 약화되는 위기를 경험하기도 했으나 오늘날에는 우리 민족문화를 대표하는 가장 경쟁력 있는 전통예술로 자리매김되고 있다고 해도 과언이 아니다. 이와같이 판을 벌이는 데 필요한 요건이 그다지 까다롭지 않고 대표적인 민족예술로서의 위상을 지니고 있기에, 다른 어떤 갈래보다도 판소리를 주제로 한 인사동 거리**'소리판'**이 가장 먼저 만들어질 수 있었던 것이라고 생각한다.

그런데 소리판에 나선 소리꾼들에게 부과된 가장 본질적인 고민 가운

---

1) '本事歌', '타령', '극가', 잡가' 등으로 지칭된 전례를 보여주는 문헌은 있으나, 전통사회에서 '판소리'라는 명칭을 사용했다는 용례는 확인되지 않는다. 토착갈래로서의 명칭은 민요를 '소리'라고 말한 것처럼 판소리도 그냥 '소리'라고 지칭하였다. 그런데 20세기 들어와 어느 시점부터인가 '판에서 부르는 소리'라 하여 '판소리'라는 말이 학술적으로 쓰이기 시작하면서 오늘날 이 용어가 갈래를 지칭하는 명칭으로 정착된 것인데, 학술용어가 토착용어로 사용된 대표적인 사례라고 생각한다.

데 하나는 '판'의 성격을 어떻게 규정할 것인가 하는 점이다. 청중에게 무언가를 보여주어야 하는 배우로서의 역할이 보다 강조되는 '공연판'으로 볼 것인가 아니면 청중과 함께 만들며 어우러지는 '놀이판'으로 볼 것인가 하는 점에 대한 판단이 선행되지 않으면 안되기 때문이다. 이 문제는 인사동 거리소리판의 지향점 혹은 방향성과 긴밀하게 연관되어 있는 사항이기도 하다. 거리소리판을 꾸려 나가는 주체들은 거리에서 벌이는 판인 만큼 배우의 '보여주기'가 강조되는 '공연판'이기보다는 청중과의 호흡을 중시하는 '놀이판'의 성격을 갖기를 희망하는 것으로 보인다.

그러나 청중이 거리소리판을 바라보는 시각은 이와는 다른 것으로 판단된다. 소리판에 모여 든 청중들의 대부분은 기본적으로 추임새 문화에 익숙하지 않기 때문에, 적극적으로 소리판에 참여하여 함께 하려 하기보다는 소극적인 자세로 판소리를 바라보는 위치에서 감상하려 할 뿐이다. 그러니까 소리판을 '놀이판'이 아닌 '공연판'으로 보는 시각이 더 우세한 것이다. 이러한 상황에서 청중들이 소극적인 자세에서 벗어나 적극적으로 소리판에 참여할 수 있도록 하는 일 또한 소리꾼들의 중요한 몫이 된 셈이다. 그래서 소리꾼들은 기회 있을 때마다 청중들에게 '추임새' 넣는 방식을 연습시킨다. 추임새는 배우와 청중의 직접적 소통을 가능하게 하는 매우 중요한 문화적 관습으로서, 소리판이나 춤판 등 전통 연희가 벌어지는 '판'에서 없어서는 안되는 보편적이고도 본질적인 구성요소이다. 소리판이 벌어지는 공간이 어느 곳이든 소리꾼은 언제나 청중에게 추임새를 강조하기 때문에, 인사동 거리소리판에서 소리꾼이 추임새의 의의를 강조하며 청중들에게 "얼씨구 좋다", "어이", "잘한다" 하고 추임새를 따라하도록 연습시키는 일이 특별한 것이라고 말할 수는 없다. 그러나 청중들이 둥글게 둘러섬으로써 자연스럽게 형성된 원형 공간에서 소리를 하게 되는 인사동 거리소리판에서는 무대와 객석이 분리되어 있지 않기 때문에, 배우와 청중의 거리가 좁혀진 상태에서 실제로 추임새를 하게 되었을 때 그 학습효과는 다른 경우와는 비교할 수 없을 정도로 크다고 할 수 있다.

3. '인사동 거리소리판'의 활동상황

아직 명창의 반열에 들어섰다고 말하기는 어렵지만, 소리꾼으로서의 기량을 연마하면서 지속적으로 판소리의 전승력을 회복하기 위해 다양한 방법을 실험하는 이들이 '인사동 거리소리판'을 꾸려나가는 소리꾼들의 특징이다. 그 대표적인 예로, 채수정, 성영화(김선영), 조영재, 정유숙, 김수미, 이자람, 최용석, 류수곤, 박태오, 김용화 등을 꼽을 수 있는바[2], 이들 소리꾼은 오늘날 판소리가 우리에게 어떤 의미가 있는 예술인가 하는 근본적인 물음에 대해 고민하면서 '판'의 정신을 회복하기 위해 실천적인 노력을 기울이고 있는 강한 열정의 소유자들이다. '인사동 거리소리판'은 전적으로 자발적 의지로 참여하는 소리꾼들에 의해 꾸려져 나간다. 사전 연락을 통하여 판짜기에 대해 논의하는 과정이 없이 그날 소리판에 참여하는 소리꾼들만으로 그때 그때 판을 짜나가는 것이다. 다만 고수가 없으면 판 자체가 성립되지 않기 때문에 고수를 확보하는 일에 한해서만 최소한의 연락을 취한다. 일정한 기량과 관심이 있으면 누구나 고수를 할 수 있지만, 현재까지 가장 열심히 '거리소리판' 고수 역할을 수행해 오고 있는 이는 조정래이다. 조정래는 중앙대 연극영화과

---

2) 판소리의 재창조 작업을 통해 전승력을 회복해야 한다는 문제의식을 가지고 있는 젊은 소리꾼은 여기서 거론한 이들 이외에도 많이 있다.

출신으로 본래 전문고수는 아니다. 직업이 별도로 있음에도 불구하고 순전히 북이 좋아 고수를 자임하고 나선 셈이다.

'인사동 거리소리판'에서 불리는 소리는 크게 전통판소리와 창작판소리로 나누어 볼 수 있다. 전통판소리는 수백년 동안 기라성같은 대명창들의 손을 거치면서 문학적으로나 음악적으로 거의 완벽에 가깝게 정립된 소리이다. 소리꾼은 전통판소리를 통해 소리의 본질을 터득하며, 청중들은 전통판소리가 지니고 있는 고전으로서의 이월가치를 체험적으로 확인하게 된다.

주지하듯이, 현재까지 전승되고 있는 작품은 <춘향가>, <흥보가>, <심청가>, <수궁가>, <적벽가> 5마당이다. 그런데 '인사동 거리소리판'에서 불린 작품의 빈도수를 조사해 보면 그 결과가 매우 흥미롭다. 부분적으로 편차가 있을 수 있지만, 2002년 8월 18일~2003년 4월 6일에 공연된 작품을 대상으로 조사한 결과는 다음과 같다.[3]

- ○ <흥보가> : 50회
- ○ <춘향가> : 40회
- ○ <심청가> : 31회
- ○ <적벽가> : 11회
- ○ <수궁가> : 10회

레퍼터리 선정에 있어 가장 크게 작용하는 요인은 다음의 두가지일 것이다. 첫째는 소리꾼이 자신있게 부를 수 있어야 하고, 둘째는 청중에게 어필할 수 있으리라 판단되는 대목을 선택할 것이라는 점이다. 특히 두번째 요인은 곧 우리 시대 청중의 취향과 수준을 반영한 결과로 이해할

---

3) 다음(Daum) 카페 '인사동 거리소리판'에 그동안의 활동이 일목요연하게 잘 정리되어 있다. 카페는 판지기 성영화가 기록의 중요성을 깊이 인식하고 만든 것이다.

수 있다. 전통사회에서 가장 인기있는 작품은 <춘향가>와 <적벽가>였다. 그리고 <흥보가>는 재담소리라 하여, 자칫하면 전승이 중단될 뻔한 위기를 겪은 작품이다. 오늘날 <흥보가> 중 '놀보 박타는 대목'의 전승이 잘 이루어지지 않는 것이 그러한 저간의 사정을 잘 보여주고 있다. 그런데 '인사동 거리소리판'에서 가장 자주 불린 소리는 <흥보가>이다. 이는 무엇을 의미하는가? 전통판소리 가운데 <흥보가>가 자본주의적 가치와 접맥되어 해석될 수 있는 여지가 가장 많기 때문이기도 하겠지만, 재담적 요소를 잘 살리는 것이 판소리의 전승력을 회복하는 중요한 관건이 될 수 있다는 것을 말해주는 것은 아닌지.[4]

'인사동 거리소리판'에서 불린 창작판소리는 기대했던 것보다 많지는 않다. 지금까지 불렀던 작품 제목을 보이면 다음과 같다.

- ㅇ 김명자 : <캔디타령>, <슈퍼맨 씨름대회 출정기>
- ㅇ 김정은 : <혹부리 영감>
- ㅇ 류수곤 : <햇님 달님>
- ㅇ 박애리 : <토끼와 거북이>
- ㅇ 박태오 : <스타크래프트가>
- ㅇ 이규호 : <똥바다>, <예수전>
- ㅇ 이자람 : <미선, 효순을 위한 추모가>[5]

---

4) <흥보가>가 가장 많이 불렀다는 통계가 우연적인 요인에 의한 결과라고 할 수 있는 면도 있다. 가령, <흥보가>로 인간문화재가 되신 박송희 명창의 제자 채수정이나 성영화와 같은 소리꾼이 <흥보가>를 상대적으로 많이 불렀기 때문이라고 할 수도 있다는 말이다. 그렇지만 설령 그렇다 하더라도 이들 소리꾼이 다른 레퍼터리도 가지고 있음에도 불구하고 결국은 자신들이 가장 자신있게 부를 수 있는 소리대목을 선택하고 이것이 청중들에게 어필할 수 있을 것이라는 기대감을 가졌기 때문에 특정 레퍼터리를 많이 불렀다는 사실에는 변함이 없는 것이다.

5) 이 가운데 <똥바다>나 <슈퍼맨-->, <스타크래프트가>는 여러차례에 걸쳐 불린

이규호가 부른 <똥바다>는 김지하의 원작을 바탕으로 하여 짜여진
것으로 임진택이 작창하여 불렀던 적이 있고, 김명자의 <슈퍼댁 씨름대
회 출정기>와 박태오의 <스타크래프트가>는 제1회 또랑깡대 컨테스
트에서 수상한 작품이다. 그리고 김정은의 <혹부리 영감>과 류수곤의
<햇님 달님> 그리고 박애리의 <토끼와 거북이>는 어린이 청중을 염두
에 두고 만든 '童歌' 혹은 '아이 소리'라고 할 수 있는 작품으로, 전래설화
를 기반으로 하여 짜여진 소리라는 점이 특징이다. 이 가운데 어느 정도
의 서사성을 지니고 있으면서 골계미와 비장미를 자아내고 있는 작품은
<똥바다>이다. 그 외 작품의 경우, 앞으로 좀 더 다듬고 덧보태고 보완
해서 작품의 완성도를 높여가는 작업이 뒤따라야 할 것으로 생각한다.
　사실 임진택이 거둔 일련의 성과 이외에 어느정도의 예술성을 담보한
창작판소리는 아직까지 별로 없는 듯하다. 근래에 이르러 창작판소리에
대한 관심이 많아지고 있고 창작판소리 경연대회까지 생겨나는 것은 판
소리의 활성화라는 측면에서 매우 바람직한 현상이라고 생각한다. 그렇
지만 여전히 공식적인 무대(예컨대 국립극장이나 국립국악원 발표무대)
에서 창작판소리 공연기회를 갖기란 여간 어려운 일이 아니다. 그것은
어느정도 완성도가 높은 검증된 창작판소리가 나오지 않았기 때문이라
고 할 수 있는데, 기실 창작판소리가 하루아침에 나올 수 있는 것은 아니
다. 많은 청중들에게 공감을 얻을 수 있는 우리 시대의 더늠이 창출되기
위해서는 문학성을 갖춘 사설과 이를 음악적으로 잘 소화한 '훌륭한 소
리'가 결합되어야 한다.
　열린 공간으서의 '인사동 거리소리판'은 창작판소리의 가능성을 시험
해 볼 수 있는 좋은 기회를 마련해 준다는 점만으로도 그 의의가 매우

바 있다.

크다. 청중의 반응은 창작판소리의 수준과 가능성을 가늠하게 해주는 확실한 척도가 되기 때문에, 소리꾼의 입장에서는 자신의 소리를 더욱 갈고 닦아 자신의 '더늠'으로 완성해 갈 수 있는 절호의 기회를 갖게 된 셈이다.

4. '인사동 거리소리판'의 문화적 의의

'인사동 거리소리판'과 같이 실험적인 성격이 강한 실천의 장이 생겨나는 것은 현대사회에서 판소리가 차지하는 위상이 어떠한지를 역설적으로 보여주고 있다. 무형문화재같은 제도적 장치가 판소리의 안정적인 전승을 가능하게 하였지만, 한편으로는 판을 정형화시킴으로써 판소리가 본래 지니고 있는 역동성을 약화시키는 부정적인 결과를 가져오기도 하였다. 민족문화의 자기정체성 찾기가 요구되는 시대적 분위기 속에서 전통문화, 특히 판소리에 대한 관심이 이전과 비교할 수 없을 정도로 커진 것은 사실이나, 오늘날 판소리는 현실에 대한 날카로운 풍자와 해학으로 삶에 대한 통찰력을 일깨워 주었던 본래의 진정성을 상실해 가면서 점차 일종의 고급예술로 자리매김된 것은 아닌가 하는 의구심을 떨칠 수 없다. 이러한 상황에 비추어 볼 때, '인사동 거리소리판'과 같이 진정한 소리판을 지향하는 '열린 공간'이 갖는 시대적 의미는 결코 과소 평과될 수 없다. 앞으로 살아있는 '판'의 부활을 꿈꾸는 의식있는 소리꾼들의 소망이 응축된 '인사동 거리소리판'은 판소리의 자생적 전승기반을 확대해 나가는 데 있어서 매우 중요한 몫을 감당할 수 있을 것으로 보인다.

다만 여기서 한가지 짚고 넘어가야 될 점이 있다. '인사동 거리소리판'이 또 하나의 고정화된 판이 될 때, '청중을 찾아가서' 소리판을 벌이고 우리문화를 체험하게 한다는 본래의 취지가 퇴색될 염려가 있다는 점이 그것이다. 어느 시점에 가면 "소리 보러 인사동으로 오세요"가 될 수 있기 때문이다. 어떤 조직이나 제도든 일정한 시간이 경과하면 자체 동력을 가지고 끊임없이 자기 변모를 거듭하게 마련이다. 그렇기 때문에 변모 그 자체를 염려할 것이 아니라 변모의 방향과 성격이 어떻게 규정되어 나갈 것인가에 관심을 갖는 것이 중요한데, 이 문제는 구성원의 현실인식과 의지 그리고 사회문화적 전승환경과의 상호 연관 속에서 풀려나갈 것이다.

요컨대, 의식있는 소리꾼들이 보여주고 있는 이러한 실험정신이 활짝 꽃피울 수 있을 때, 그리하여 '인사동 거리소리판' 뿐만 아니라 '가리봉동 거리소리판', '압구정동거리소리판' 나아가 '제천 중앙동거리소리판'이 열릴 수 있을 때 판소리는 진정 살아있는 예술로 거듭날 수 있을 것이다.

참고문헌

김기형, 「창작판소리 사설의 표현특질과 주제의식」, 『판소리연구』 5 (판소리학회, 1994)

김기형, 「비가비광대의 존재양상과 판소리사적 의의」, 『한국민속학』 33 (한국민속학회, 2001)

김기형, 「판소리의 전승력 회복을 위한 재창조작업과 과제」, 『판소리연구』 14 (판소리학회, 2002)

김흥규, 「판소리의 서사적 구조」, 『창작과 비평』 35 (창작과 비평사, 1975, 봄)

신동흔, 「창작판소리의 새로운 길을 찾아서」, 『한국인의 삶과 구비문학』 (집문당, 2002)

인권환, 『판소리 창자와 실전 사설 연구』, 집문당

임진택, 「이야기와 판소리」, 『실천문학』 2 (실천문학사, 1981)

임진택, 「살아있는 판소리」, 『한국문학의 현단계 2』 (창작과 비평사, 1983)

조동일, 「판소리사설 재창조 점검」, 『판소리연구』 1 (판소리학회, 1989)

Abstract

The Characters and the cultural meaning of 'Insadong Street Soripan'

Kim-Kee Hyung*

Today, Pansori, which is the core of the national culture, is starting to ensure the foundation of its autogenous transmissional power. However, the problem is that the repertories of the Pansori are not yet various much. What can we do so that the Pansori may take hold upon the current context of reality? There have been some movements to activate and disseminate Pansori with a critical awareness of the current problems. Such efforts have been led by young Pansori singers.

For example, Kyu Ho Lee concentrates on transforming the difficult narrations of Pansori into easy and familiar narrations for general audiences. Many Pansori singer also shows his great interests in the creative popularization of Pansori.

Pansori will be a successful performance when the literary narrations and

---

* Duksung's Women University

the artistic expressions of the great singers are skillfully combined. It will also be helpful to activate Pansori when more great writers become interested in writing the narrations of the Pansori. 'Torangkangdae Contest' or 'Insadong Street Soripan' which has very experimental characterizations emphasize the prestige of the Pansori. The institutional system for the intangible cultural assets give the positive impact of Pansori as it is passed down readily to the next generations. On the other hand, the system gives us some negative effects and a feeling that Pansori has become very standardized without any variations. It reduces the vitality of Pansori which is one of the main characteristics of Pansori. Nowadays, interest in Pansori and its traditional culture has been increasing greatly because the spirit of the times emphasizes the identity of the national culture. However, we have lost the true nature of Pansori which contains keen satire and which evokes insights into life with an awareness of realistic problems about life. Therefore Pansori becomes just a kind of high culture. If we want to revive Pansori as a real art form, it is necessary to find the true nature of the Pansori. The future of the Pansori will be very bright when young critical Pansori singers bloom in their spirit of experimentalism.

주제어

인사동 거리소리판, 창작판소리, 또랑깡대 컨테스트, 판세, 타루, 바닥소리, 소리여세

歌辭의 素材的 特異性에 대한 一考察

김정석*

1. 들머리

文學이 餘他의 예술과 구별되는 가장 특징적인 것은 그 表現媒體가 언어라는 점이다. 그래서 문학을 흔히 '언어로 된 藝術'이라고 定義하기도 한다. 素材란 예술 작품의 바탕이 되는 材料인데 예술의 범주에 포함된 어떤 분야보다도 문학은 廣範圍한 素材를 필요로 한다고 할 수 있다. 문학에서 활용되는 소재는 시대가 後代로 진행될수록 그 폭을 넓히며 다양한 변모의 양상을 보이는데, 이런 현상은 지극히 자연스러운 것으로 보인다. 이는, 각 세대를 貫通하는 큰 줄기의 傳統 등과 같이 그다지 변하지 않는 것이 있다고 해도, 우선 문화의 주체로서 當時代를 살아가는 사람이 다르고, 그에 따라 형성되는 사회나 문화가 다르기 때문일 것이다. 어느 時期를 막론하고 문학은 當 時代狀況을 반영한다는 文學作品 理解의 반영론적 관점을 勘案한다면 이 점은 더욱 분명해진다.

본고에서 논의하고자 選定한 歌辭는 16, 17世紀 작품으로 그 素材가

---

* 고려대

16, 17世紀 이전까지는 出現되지 않았거나, 이따금 출현되었다고 할 지라도 從前과는 다른 樣相으로 把握되는 作品들이다. 또한 본고의 주안점인 '素材的 特異性'을 살핌에 있어서 그 考察對象이 되는 歌辭는 崔睍의 <龍蛇吟>과 朴士亨의 <南草歌>이고, 그 焦點은 역시 素材에 맞추었다.

앞서 選定한 가사 작품에 관한 研究는 이미 여러 방향으로 연구된 바 있다. 곧, <龍蛇吟>은 洪在烋,[1] 李東英,[2] 고순희[3] 등이, <南草歌>는 丁益燮[4] 등에 의해 연구되어 그 成果도 어느 정도 蓄積되어 있는 實情이다.

本稿에서는 旣存研究에 의해 논의되고 밝혀진 내용을 再論하여 先行研究 결과를 비판하거나 어떤 새로운 내용을 밝히는데 목적이 있는 것이 아니다. 다만 가사의 素材가 前시기에서는 출현하지 않았거나 매우 드물다는 점에 주목하여, 그러한 양상을 素材的 特異性이라 보고, 그 구체적 내용과 意義를 살펴보고자 하는 것이다.

우선 選定한 각 가사 작품의 素材的 特異性이라고 지적할 만한 점을 간략히 論及하면 다음과 같다.

<龍蛇吟>은 무엇보다도 인물 소재가 두드러져 보인다. 곧, 歷史的으로 實在했던 多數의 인물들이 素材로 되어 있는데, 이것은 壬辰倭亂 이전 시기에서는 찾아볼 수 없는 特異現象으로 주목된다. 물론 壬辰倭亂 以前 가사에 역사적으로 實在했던 人物이 등장하는 가사가 전혀 없었던 것은 아니다. 그러나 본고에서 筆者가 <龍蛇吟>을 特異素材 歌辭라고 지칭하는 이유는, 작품에 등장하는 歷史上 實在人物의 數가 다른 어느 가사

---

1) 洪在烋, 「訒齋歌辭攷」, 『淸溪 金思燁博士頌壽紀念論叢』, 341～370면.

2) 李東英, 「訒齋歌辭研究」, 『어문학』 제5호(한국어문학회 간, 1959), 152～156면.

3) 고순희, 「龍蛇吟의 작가의식」, 『이화어문논총』 9집.

4) 丁益燮, 「淸狂子 朴士亨의 南草歌攷」, 『藏菴池憲英先生華甲紀念論叢』, 1971, 299～330면.

作品보다도 越等하게 많다는 점에서 비롯되었다. 한두 명도 아니고 무려 10명 이상의 人物이 登場하는데, 그 人物들을 다각도로 분석하여 本 歌辭에 반영된 情緒나 性格 等을 고찰하는 것도 意義가 있을 것으로 판단된다.

<南草歌>는 南草, 곧 담배를 소재로 한 歌辭다. 이런 特用植物을 소재로 하여 지어진 歌辭가 17世紀 以前에는 出現한 바 없고,5) 소재 자체도 이질적이기 때문에 이 역시 特異素材 歌辭로 選定하였다.

以上 간략하게 特異素材 歌辭 選定理由에 대해 論及하였다. 아래에서는 選定된 歌辭別로 논의를 전개하고자 한다.

2. 〈龍蛇吟〉의 素材的 特異性 ; 多數의 歷史上 實名擧論

<龍蛇吟>은 訒齋 崔晛의 작품이다. 壬辰年과 癸巳年 두 해에 일어난 倭亂을 배경으로 했기 때문에 '龍'과 '蛇'를 제목에 쓴 것으로, 제목 자체도 독특한 면이 있다. 이 歌辭는 主題的 側面으로 보았을 때 보통 戰爭歌辭로 분류되곤 하는데, 작가와 壬辰倭亂은 어떤 연관이 있는지 먼저 作家生涯의 主要部分을 살펴본 후, 작품의 창작 배경, 意義 등을 고찰하기로 한다.

---

5) 그런데 담배와 관련된 가사가 後에는(19世紀) 나타난다. 고종 3년(1866) 중국에 書狀官으로다녀 온 洪淳學의 <燕行歌>에

> 무론 남녀 노소ᄒ고 담비들은 즐기인다
> 팔구 세 이하라도 곰방터을 물어스며

라고 하여, 男女老少를 불구하고 담배를 즐겨 피우는 행위가 묘사되어 있다. 담배(남초)를 소재로 한 대목이 나오는 것이다. 그렇지만 약 2世紀 정도 앞선 이 시기에는 상당히 獨特한 素材로서 판단되기 때문에 特異素材 가사로 간주하고자 한다.

2.1. 作家生涯

崔晛(1563~1640)의 자는 季昇, 號는 訒齋다. 全州崔氏 五代祖인 比安縣監 崔水知가 善山郡 海平에 와 살기 시작하였는데, 訒齋의 顯達로 인해 曾祖 以准에게는 通禮院 左通禮, 祖考 致雲에게는 承政院 左承旨, 先考에게는 議政府 左參贊이 각각 贈職되었다. 그야말로 訒齋 한 사람의 顯達로 家門에 榮光을 안긴 事例에 든다 하겠다.

訒齋는 明宗 18年(1563)에 善山郡 海平縣 松山里에서 父親 深의 次子로 출생했다. 어릴 때부터 가정 교육을 통해 修己治人하는 法道를 익힌 그는 8세 때 杜谷 高應陟에게 나아가 배웠다. 19세 때에는 安東 鶴峰 金誠一(1538~1593) 선생에게 수업한 바 있다. 이 해 7月 府使 金復一의 女息과 결혼하여 鶴峰의 姪壻가 되었다. 그런데 25세에 불행히도 金夫人을 잃었고, 이어 昌寧曺氏, 載寧李氏까지 三娶하였으나 金夫人 所生 '山輝' 외에는 아들이 없었다. 26세 때인 선조 21년(1588)에는 司馬試에 합격한 바 있고, 37세 때 壬辰倭亂이 발발하였다. 壬亂은 우리 歷史上 前無後無한 大戰亂으로 擧族的인 反擊의 횃불을 들어 곳곳마다 義兵이 일어나 鄕土를 防衛하기에 決戰하였고, 나아가서는 爲國君忠을 擧揚하던 시기였다. 訒齋도 예외는 아니어서 鄕里에서 倡義에 참가하여 掌書의 所任을 맡았다. 이로부터 나라를 위하여 직접적인 활동과 간접적으로는 上疏로써 計策을 開陣하였다.[6] 그리

---

6) 그의 『訒齋文集』 중에는 여러 疏文이 남아 전하는데, 거의가 國土防衛를 위한 忠情이 담긴 내용이나 倡義활동에 관한 것으로 아래와 같다.

1. 與兵使朴晋書請先討豊山城
2. 上右巡察鶴峰先生書論御敵
3. 爲善山鄕兵呈左巡察韓希鈍書乞軍器
4. 與韓巡察書論軍機
5. 上鶴峰先生論軍機
6. 呈韓巡察請設善山屯田
7. 上都體察使完平李相公九目書
8. 著論山城形勢郡縣合並之宜
9. 與體府從事官金雲川涌書論山城設柵便民之策

고 44세 때에는 文科에 等第, 예문관 檢閱을 비롯하여 사간원 正言, 경성판관, 홍문관 수찬 등 여러 벼슬을 歷任하였다. 仁祖反正 후에는 大司成 겸 承文院副提調 등을 지냈으나, 69세 때인 인조 9년부터는 고향에 楓泉亭을 짓고 『東國通鑑』 등을 저술하였다.[7]

한편, 訒齋의 交友에 있어서는 時事分野와 哲學·文學分野의 두 방면으로 그 폭을 넓혔다고 볼 수 있는데, 前者는 朴遂一, 張旅軒, 郭忘憂堂 등과 後者 쪽은 金宇顒, 鄭寒江 등과 논의하였다. 광해군 5년부터 10년 간은 鶴峰, 冶隱, 杜谷 등 先儒의 문집을 교열하고, 율곡 이이와 禮說을 參訂하기도 하였다. 인조 18년(1640) 金山 鳳溪別墅에서 죽으니 享年 78세였고, 시호는 定簡이다.

2.2. 創作背景

訒齋의 歌辭作品에는 <龍蛇吟>과 <明月吟>의 두 篇이 있으나, 이 가사를 어떤 동기에서 지었는지 정확하게 밝혀진 바는 없다. 다만 上述한 訒齋의 生涯를 통하여 <龍蛇吟>의 창작 배경 등을 유추할 수 있을 뿐이다.

먼저, 그의 生涯를 통해서 알 수 있는 것은 이미 幼時의 가정 교육을 통해 어느 정도 詩文에 접근할 수 있는 素養이 마련되어 있었다는 점이다. 어릴 때 가정 교육은 성장하는 訒齋 자신의 삶에 적잖은 영향을 주기 마련이고, 훗날 歌辭 등의 詩文創作과도 무관하지 않았을 것으로 생각된다.

이 중에서 가장 뛰어난 것은 7이라고 할 수 있는데, 이로 인해 朝廷에서 訒齋를 가상하게 여겨 健元陵 參奉을 除授한 바 있다.

7) 李東英, 『歌辭文學論攷』(螢雪出版社, 1979). 184~186면.
　　李相寶, 『韓國歌辭選集』(集文堂, 1979), 293면.

다음으로, 무엇보다도 주목되는 점은 당시 이름있는 學者인 高應陟과
鶴峰 金誠一 등에게 수업했다는 사실인데, 이는 詩文創作의 可能性을
한층 높게 하는 要因이 될 수 있다. 高應陟(1531～1605)은 <陶山歌>
등 歌辭와 아울러 『大學』, 『中庸』의 내용을 主題로 한 연시조를 짓기도
한 道學者이다. 이러한 점을 감안할 때, 訒齋가 <龍蛇吟>라는 전쟁 가사
를 창작하게 된 것은 바로 스승의 그러한 측면에서 영향을 크게 받은
것으로 보인다. 특히 高應陟의 歌辭 <陶山歌>는 壬辰倭亂을 소재로
한 작품인데,[8] 대체로 弟子가 스승의 영향을 많이 받는다는 것은 극히

---

8) <陶山歌>는 壬辰倭亂이 일어나자 深山窮谷으로 찾아가 桃花流水에 蘿月松風을 벗
삼고, 世上萬事를 잊고 유연히 지내고자하는 뜻을 노래한 歌辭다. 작가인 高應陟은
당대 명망있는 道學者로서 世人의 존경을 받던 인물로 알려져 있다. 그런데 작가의
실제적 명성을 감안했을 때 그의 작품 내용에 나타난 행위가 그에 걸맞지 않은 점
은 아이러니컬하다고 생각된다. 잠시 작품을 분석하여 보고자 한다. <陶山歌>의
文面을 자세히 살펴보면, 작품 첫머리에 전란이 발발하자 어찌 할까 망설이는 내용
이 나온다. 그러나 그 방황의 순간은 매우 짧게 처리되고, 곧바로 深山窮谷으로 찾
아 들어가 즐기는 장면이 擡頭되면서, 그러한 분위기가 종반부까지 주조를 이루게
된다. 국난에 직면해 있을 때, 적어도 당대 士大夫로서 어떻게 처신해야 할 지 모를
사람은 아무도 없을 것이다. 게다가 萬人의 龜鑑이 되어야 할 道學者로서의 작가는,
비록 文學作品 속일지라도 어느 누구보다고 양심적으로 處身했어야 함은 당연하다
할 것이다. 그럼에도 불구하고 作家는 자신의 처신에 대한 심각한 苦悶이나 그 痕迹
이 作品內容에서 전혀 감지되지 않음은 물론, 이어 드러난 作家의 행위가 非良心的
이라는 데 주목된다. 도무지 道學者로서 취할 行爲가 아닌 것이다. 이는 무엇을 의
미하는가. 그것은 현실 회피적 행위라고 밖에는 볼 수 없다. '現實回避'는 道學者로
서 그리고 당시 名望있는 士大夫로서는, 택하고 싶어도 함부로 그럴 수 없는 行動樣
式으로 판단된다. 그런 사실을 作家 자신이 모를 리 없기 때문에, 더 이상 망설임없
이 신속하게 다음 장면으로 연결시킨 것으로 보인다. 인간의 弱點이란 그것이 오래
露出되어 있으면 있을수록 變質 내지 屈折되게 마련이고, 남에게도 좋은 인상을 줄
수 없다는 것은 자명한 理致다. 때문에 떳떳치 못한 回避行脚의 흔적을 빨리 없애고
자, 빠르게 局面轉換을 시도한 표현으로 생각되고, 따라서 이는 작가의 現實回避를
가리려는 일종의 僞裝術이라 본다.

자연스러운 현상이기 때문이다. 訒齋가 8세 때 高應陟에게 나아가 배웠다는 것은, 곧 두 사람이 師弟關係라는 의미다. 마지막으로, 가사 <龍蛇吟>을 창작하게 된 가장 중요한 背景이 될 수 있는 것은 訒齋의 國家意識이라고 할 수 있을 것이다. 한창 血氣旺盛할 청년 시절에 壬辰倭亂이 발발했고, 어려서부터 修己治人을 비롯한 忠·孝 교육을 받아 온 訒齋는 국난을 당해 나라를 위해 자신이 무엇을 해야 하는지 스스로 판단이 섰을 것이다. 그러므로 鄕里에서 倡義에 참가, 掌書의 所任을 맡음으로써 나라를 위하여 직·간접적인 활동을 하였던 것으로 생각된다. 이러한 訒齋의 愛國心이 <龍蛇吟>이라는 전쟁 가사를 창작하게 한 배경으로 작용했다고 본다.

실제 작품을 분석해 보면, 의병 활동의 실상을 세세히 描寫하면서, 나라의 운세가 쇠퇴하고 관리들은 私利私慾에만 눈이 어두워 외침에 대한 防備가 전혀 되어 있지 않음을 한탄한 내용 등이 파악된다.

결국 앞서 진술한 세 가지 배경을 바탕으로 하여 탄생한 歌辭 <龍蛇吟>은 敗戰의 慘狀과 恨歎, 의병의 활약 그리고 복구 의지를 담은 작품으로 그 내용이 요약될 수 있을 것이다.

2.3. 特異素材의 分析

<龍蛇吟>의 素材的 特異性은 무엇보다도 多數의 歷史上 實在人物이 登場한다는 점이다. 해당 人物은 무려 15名이나 되는데, 아래에서 실제 작품을 통해 살펴 보도록 한다.

> 어릴샤 金晬야 빈 城을 뉘 딕히료
> 우울샤 申砬아 背水陣은 므스일고

兩嶺을 놉다 ᄒ랴 漢江을 깁다 ᄒ랴
                        (‧‧‧‧)
嶺南애 ᄉ나히 鄭仁弘 金沔ᄲᆫ가
紅衣 郭將軍아 膽氣도 壯ᄒᆯ세고
                        (‧‧‧‧)
조초난 뎌 손니야 權應銖 웃지마라
永川賊 아니 티면 더옥이 ᄒᆯ 일 업다
                        (‧‧‧‧)
宋象賢 金悌甲 高敬命 趙憲 鄭湛
疾風이 아니 불면 勁草롤 뉘 아더뇨
                        (‧‧‧‧)
金垓 鄭宜藩 柳宗介 張士珍아
죽ᄂ니 만커니와 이 죽엄 恨티마라   <龍蛇吟>

  위 引用은 歷史上 實在人物이 등장하는 부분 만을 壓縮하여 제시한
것이다. 여기에 나오는 인물들은 크게 批判對象이 되는 否定的 人物과
稱頌對象으로 나오는 肯定的 人物로 구분할 수 있다. 批判對象이 되는
인물은 ‘어릴샤’의 金睟[9]와 ‘우울샤’의 申砬[10]을 지칭한다. 본문 내용

---

9) 金睟(1537~1615)는 李滉의 문인으로 夢村이라 號했다. 1573년에 謁聖文科에 丙科로 급
제, 예문관검열을 거쳐 홍문관 校理 때 왕명으로 『十九史略』을 주해한 바 있다. 직제
학‧승지를 거쳐 평안도, 경상도 관찰사, 부제학, 대사헌, 병조, 이조판서를 역임하였다.
壬辰倭亂이 일어나자 경상 우감사로서 진주에 있다가 東萊가 陷落되자 밀양‧가야를
거쳐 거창으로 도망하였다. 李洸, 尹國馨이 勤王兵을 일으켰을 때 겨우 100여 명을 이끌
고 참가하였다. 勤王兵이 용인에서 倭軍에게 패하자 경상우도로 되돌아 가던 중 嶺南
招諭使 김성일로부터 패전에 대한 질책을 받았다. 의병장 郭再祐와 불화가 심하였다.
지방의 백성들로부터 처사가 조급하고 각박할 뿐만 아니라, 왜란 초기에 計策을 세워
왜적과 대처하지 못하고 적병을 피하여 전라도로 도망갔다는 비난을 받았다. 1613년
(광해군 5) 손자 秘가 옥사할 때 탄핵을 받고 삭직되었다.(『국사대사전』 참조. 이하 <龍
蛇吟>에 등장하는 人物은 모두 이에서 拔萃‧引用함.)

만으로는 무슨 이유로 그들을 '어리석다', '우습다'고 했는지 자세히 알기 어려우나, 작가는 이미 그 爲人에 대해 익히 알고서 歌辭作品을 창작한 듯하다. 이 批判對象에 해당되는 人物들에 대하여는 바로 아래 訒齋의 식견을 논급하는 부분에서 좀더 具體的으로 다루고자 한다.

한편 鄭仁弘·金沔·紅衣 郭將軍·權應銖·宋象賢·金悌甲·高敬命·趙憲·鄭湛·金垓·鄭宜藩·柳宗介·張士珍 등 13名은 稱頌의 對象으로서 壬辰倭亂 당시 地方官, 義兵 또는 義兵長으로 활약한 歷史上 實在人物들이다. 게다가 中國人도 여러 명 나오고 있음을 勘案할 때, 당시 訒齋의 역사적 안목이나 識見이 상당한 수준에 있었다고 생각된다. 특히 紅衣將軍 郭再祐, 趙憲 등은 歷史的 認知度도 비교적 높고 잘 알려진 인물에 속하긴 한다. 그런데 歷史書도 아닌, 당시 향유되었던 일개 歌辭作品 속에도 그런 인물들이 등장하는 것으로 보아, 壬辰倭亂이라는 未曾有의 국난을 당했을 당시 그들이 얼마나 눈부신 활약을 했는지 짐작할 수 있다. 또한 이 점은 郭再祐, 趙憲의 애국심과 歷史的 認知度를 분명하게 證據해 주는 資料的 가치가 있을 것으로 생각된다.

여기서 잠시 작가 訒齋의 현실을 바라보는 眼目에 대해 살펴볼 필요가

---

10) 申砬(1546~1592). 본관이 平山, 자는 立之, 시호를 忠壯이라 했다. 1567년 무과에 급제, 선전관을 거쳐 都摠府都事·經歷을 지내고 진주 판관이 되었다. 1583년 온성 부사가 되어 북변에 침입해 온 니탕개(尼湯介)를 격퇴하고, 두만강을 건너가 야인들의 소굴을 소탕하고 개선하여 함경북도 兵馬節度使에 올랐다. 1587년 흥양에 왜구가 침입하자 우방어사가 되어 군사를 인솔, 토벌에 나섰다가 이미 왜구들이 철수했으므로 돌아오던 중 양가의 처녀를 첩으로 삼았다는 三司의 탄핵을 받고 罷職되었다가 함경남도 兵馬節度使에 등용되었으나, 갈파지보에서 졸병을 참형한 죄로 中樞府同知事라는 閒職으로 전임되었다. 1590년 평안도 兵馬節度使, 이듬해 漢城府判尹을 거쳐 壬辰倭亂이 일어나자 三道都巡邊使가 되어 빈약한 兵力으로 출전, 충주의 彈琴臺에 背水陣을 치고 적군과 대결하였으나 참패, 부하 장수인 김여물과 함께 강물에 투신, 자결하였다. 후에 領議政에 추증되었다.

있을 것 같다. 그는 壬辰倭亂이 끝난 뒤에라야 문과에 급제한 인물임을
미루어 볼 때, 상당히 많은 관심을 促發시키고 있기 때문이다.

猛虎長鯨이 山海를 흔들거늘
東西南北에 뭇쏜홈 니러나니
밀티며 춰티며 말할시고 일할셰고
니됴흔 守令들 너흐느니 百姓이요
톱됴흔 邊將들 허위느니 軍士로다
財貨로 城을 쓰니 萬丈을 뉘 너모며
膏血로 힉치 푸니 千尺을 뉘 건너료
綺羅筵 錦繡帳의 秋月春風 수이 간다
힉도 길것마는 秉燭遊 긔 엇덜고   <龍蛇吟>

이 인용은 <龍蛇吟>의 다른 部分이다. 사나운 호랑이와 커다란 고래
가 산과 바다를 뒤흔드는 것같이 온 나라는 전란이 일어나 어지러운데,
수령들은 고을을 지키고 백성들의 생명을 보존할 생각은 아랑곳없다.
그저 힘없는 백성들을 닦달하고 苛斂誅求하여, 수령 개인의 安逸 만을
꾀하려 하였다. 재화로 城을 쌓았으니 만 장이나 되는 것을 누가 넘으며,
고혈로 垓字(城下池)를 팠으니 천 척이나 되는 것을 누가 건너겠느냐고
한 말은 壬辰倭亂 전의 집권층이 수탈을 일삼고 방비를 소홀하게 한 데
대한 반어[11]로서 當時 現實狀況을 꼬집는 표현이다. '이[齒牙] 좋은 수
령'은 힘없는 백성들을 서슬퍼렇게 호령하는 권력자로서 거침없는 權力
行使의 수단으로 그 지위를 남용한 표현으로 이해되며, 당시 搾取態度의
실상을 말해 주는 것으로 볼 수 있다. 또한 수령뿐 아니라 邊方에서 국경
을 지키는 邊將에게도 곱지 않은 시선을 보내고 있음을 알 수 있다. 戰亂

---

11) 조동일, 『한국문학통사』, (지식산업사, 2001), 36면.

時 한 나라의 國運은 邊方守備의 虛·實에 따라 左右될 수도 있다. 邊方戰鬪에서 목숨을 걸고 그 경계를 지켜야만 국가의 안보가 존속될 수 있다. 이 싸움에서의 敗北는 곧바로 국가의 運命과 직결된다. 그만큼 邊將의 임무는 막중한 것인데, 邊將이 그 사실을 모를 리 없겠으나, 당시는 그렇지 못했다는 사실을 이 歌辭는 보여준다. 邊方을 수호해야 할 임무를 지닌 邊將은 군사들을 이끌고 나가 侵入하는 倭賊을 격퇴해야 함에도 불구하고, 자신의 身邊安全만을 위해 아무도 城內에 들어 오지 못하도록 군사를 부려 성밑에 천척이나 되는 못을 파게 했으니, 나라가 어떻게 될 것인가는 미루어 짐작할 수 있을 것이다. 이러한 수령과 邊將의 행태를 비판한 것이 바로 이 인용의 내용이다. 특히 당시 批判받아 마땅한 現實的 狀況을 뒷받침해 주는 내용은 위 引用 끝의 2 行이다. 그렇게 백성들을 收奪해서 모은 재화로 豪華 잔치판을 벌여 시간 가는 줄 모르고 놀았으며, 그것도 모자라 밤까지 촛불을 켜놓고 즐겼다는 대목은 啞然할 정도다. 내용 가운데 守令의 '이빨'과 邊將의 '톱'이 무엇을 의미하는지 굳이 설명이 필요치 않을 것 같다.

이렇듯 당시 수령이나 邊將의 잘못을 꼬집어 비판하는 歌辭를 지었다는 사실은 주목을 요한다. 즉 前時代(16世紀) 勳舊派와 士林派의 끊임없는 대립과 갈등에서 빚어진 政治·社會的 混亂과 그들에 대한 不信感의 팽배는, 마침내 민중들의 現實認識을 바꾸게 했고, 그것은 壬辰倭亂이라는 전란이 導火線이 되어 활활 타 오르기 시작한 것으로 생각된다. 어떤 일이든 원인없는 결과란 없다. 16世紀의 政治現實과 그 이후 여러 차례의 국가적 전란이 이 시기 민중들의 각성을 초래하게 되었고, 이는 곧 現實批判으로 나타나 <龍蛇吟> 등의 歌辭作品에 반영된 것으로 볼 수 있기 때문이다.

訒齋의 現實批判은 그 대상이 수령이나 변장의 橫暴에만 국한되지 않았다. 이어 다음 내용을 살펴본다.

술이 끽더냐 兵器를 뉘 가디료
監司가 兵司가 牧府使 萬戶僉使
山林이 비화던가 수이곰 드러갈샤
어릴샤 金睟야 뷘 城을 뉘 딕히료
우울샤 申砬아 背水陣은 므스일고
兩嶺을 높다 ᄒ랴 漢江을 깁다 ᄒ랴
人謀不臧ᄒ니 하놀이라 엇디ᄒ료
하나 한 百官도 수 치올 뿐이랏다   <龍蛇吟>

  이 引用部分에서 주목할 것은 바로 歷史上 實在人物인 '金睟', '申砬'
이 등장하는 대목으로 부정적인 측면, 곧 批判對象 人物로 논급되었다는
점이다. 國難이 발발했는데도 金睟는 경상감사로서 일반 백성이나 군사
닦달도 부족하여, 빈 城까지 만들도록 해 왜적이 거침없이 侵犯하게 하였
고, 申砬은 兩嶺을 다 버리고 충주 달래강에서 背水陣을 쳤다가 왜적에게
패한 일이 있는데, 그 사실을 지적하여 비판하고 있다. 곧 壬辰倭亂에
대처하는 그들의 戰略이나 戰術上 잘못에 대해 비판하는 내용이다. 작가
가 義兵에 가담할 정도로 愛國心이 강한 인물인 점을 勘案할 때, 이는
마땅히 나올 수 있는 비판이라고 생각한다.
  이렇듯 訒齋는 現實狀況의 여러 측면을 비판하고 있는데, 이것은 그가
幼時부터 받은 철저한 가정 교육과 杜谷·鶴峰 등의 스승에게 교육받았
던 사실과 無關하지 않다고 본다.
  以上 앞에서 論議하였던 15名의 歷史上 實在人物들에 대한 關聯事項
을 整理하여 表로 作成하면 다음과 같다.

<龍蛇吟>所在 登場人物 分析表

區分	登場人物	本官	登科別	出生地	義兵活動地	壬辰倭亂當時身分	備 考
批判對象	金晬	安東	謁聖文科	安東		경상우감사	李滉의문인, 경상도 觀察使
	申砬	平山	武科	平山		三道都巡邊使	彈琴臺 背水陣
稱頌對象	鄭仁弘	瑞山	學行薦擧	경남합천	합천,성주,함안	義兵長	인목대비폐위, 영창대군증살
	金沔	고령	孝廉薦擧	경북고령	거창, 고령	義兵長	李滉의 문인, 합천 郡守
	宋象賢	여산	別試文科	여산		東萊府使	絶臣
	權應銖	安東	別試武科	경북영천	영천	義兵	
	郭再祐	玄風	文科	경남의령	의령	義兵長	유곡도찰방 함경도 觀察使
	金悌甲	安東	別試文科	安東	원주	원주목사	李滉의 문인
	高敬命	長興	式年文科	광주시광산	광주, 금산	義兵長	울산 郡守 영암 郡守
	趙憲	배천	式年文科	경기김포	옥천, 금산	義兵長	이이, 성혼의 문인, 보은 縣監
	鄭湛	평해	武科	경북평해	웅치	義兵	김제 郡守
	金垓	광산	增廣文科	禮安	예안, 안동, 의성, 군위	義兵長	
	鄭宜蕃	연일	司馬試合格	永川	경북 영천	義兵	
	柳宗介	豐山	式年文科	豐山	태백산, 경북 봉화	義兵長	
	張士珍	인동	無應科	경북구미	군위	義兵長	義兵名 : 復讐軍

※ 義兵活動地가 명확하지 않은 경우는 공란으로 둠.

앞의 整理를 통해 파악할 수 있는 내용은 다음과 같다.

첫째, 현직 國家官吏들이 제 所任을 다 하지 못 했다는 점이다. 稱頌

對象人物 13 名 가운데 壬辰倭亂 당시 현직 관리 신분으로 있는 인물은 東萊府使 宋象賢과 원주 목사 金悌甲 등 2 名에 불과하다는 점이다. 意外로 백성들이 稱頌한 인물 대부분은 義兵이나 그 우두머리들이다. 이렇게 국가 官吏들의 信任이 떨어져 칭송을 받지 못했다는 것은, 당시 관리들이 私利私慾에 눈이 어두워 백성들을 외면했다는 분석이 가능하고, 실제로 歌辭作品에도 그런 내용 표출되어 있다. 결국 국가의 官吏들이 腐敗하여 所任을 제대로 수행하지 못 했기 때문에 國家的 危機가 초래되었고, 의병의 봉기는 필연적일 수밖에 없었던 것으로 이해된다. 國家의 存亡은 관리들이 맡은 바 所任을 얼마만큼 성실히 이행하느냐와 밀접한 관계가 있다고 할 수 있다. 중앙으로부터 末端 지방에 이르기까지 국가의 관리들이 백성의 칭송을 받았다면 壬辰年의 倭侵 따위는 존재하지도 않았을 것이고, 있다 해도 短期間 內에 극복도 可能했을 것이다.

둘째, 稱頌 對象人物의 출생지 분포와 義兵活動 지역에 관한 내용으로, 義兵(長)의 출생지는 경상남·북도가 주종을 이루었고, 義兵活動 지역역시 경상도와 전라도 일원에 偏重되었음을 알 수 있다. 이와 같은 결과는 倭軍의 侵略이 釜山, 金海 등 주로 南海岸 일대에서 비롯된 사실[12]을

---

12) 1592년 4월 13일 경상도 가덕도(加德島) 응봉 봉수대(鷹峰烽燧臺)에서는 왜군의 700여 兵船이 쓰시마를 出航하여 부산포에 이르고 있다는 상황 보고가 곧 경상·전라도의 각 감영(監營)과 중앙에 전달되었다. 그러나 경상좌수영군은 抵抗도 하지 못한 채 潰滅되었고, 14일에는 왜군 先發隊인 고니시 유키나가[小西行長]의 약 1만 8000 병력이 부산성을 공격하여 십수시간의 血戰 끝에 부산성(釜山城)을 사수하던 부산진첨사(釜山鎭僉使) 정발(鄭撥) 등의 전사로 성을 빼앗겼다. 이튿날 東萊에 진격한 倭軍들과 맞선 東萊府使 宋象賢 이하 軍·民은 끝까지 抗戰하다 殉國하였다. 동래를 陷落시킨 倭軍의 후속 부대는 계속 上陸해 와서 4월 18일에는 가토 기요마사[加藤淸正]가 이끄는 제2군 2만 2000여 兵力이 부산에, 구로다 나가마사[黑田長政]가 이끄는 제3군 1만 1000여 兵力이 多大浦를 거쳐 金海에 上陸, 侵攻을 개시하였다. 4월 30일 마침내 宣祖는 평양을 향하여 피난길에 오르고 임해군(臨海君)은 함경도로, 순

勘案할 때 당연한 결과라고 본다. 이렇듯이 의병들의 출생지와 활동 지역이 주로 嶺南에 분포되어 나타났다는 것은, 訒齋의 歌辭 <龍蛇吟>이 주로 嶺南人의 情緖를 반영한 작품이라는 점을 立證하는 것이라 본다.

셋째, 稱頌 對象人物 13名의 登科에 대한 특징이다. 위 표에 나타난 分布를 보면 學行, 孝廉 등 薦擧가 2명, 武科 2명, 文科 7명, 科試에 응하지 않은 경우 1명, 기타 1명으로 나타났다. 이들은 대부분 義兵活動에 적극 參與했던 인물이다. 義兵의 당시 임무는 敗亡 직전에 있던 나라를 살리기 위하여 왜군과의 생명을 건 싸움이다. 그야말로 義와 愛國心이 없고서는 할 수 없는 일이다. 그런데 국난을 당해서 적과의 싸움은 주로 누가 하는가. 말할 것도 없이 官軍, 즉 국가 정규군이 해야 할 책무이고, 이를 지휘해야 할 인물은 武科出身의 武將임이 분명하다. 그러나 위 表의 登科別 分布에 나타난 것을 보면 武科出身 義兵은 단 2명 뿐이다. 이것이 무엇을 의미하는가는 여러 가지로 분석이 가능할 것이다.

우선은 儒敎的 忠義를 강조했다는 점을 들 수 있다. 이것은 朴殷植[13]이 의병을 '충의의 군사'라고 한 견해에 근거한다.[14] 忠과 義에 있어서는

화군(順和君)은 강원도로 보내어 勤王兵을 모집하게 하는 한편, 명나라에 원병을 청하여 수복을 꾀하고자 하였다. 왕의 西遷으로 백성들의 사기는 더욱 떨어진 반면, 倭軍의 士氣는 破竹之勢를 방불케 했다. 따라서 下三道는 無政府的 混亂狀態가 加重되었다.

13) 朴殷植(1859 ~1925) : 독립 운동가이자 역사학자. 황해도 해주 출생. 1898년에 장지연·신채호 등과 <황성신문>을 창간. <대한 매일 신보>의 主筆. 1908년 서북학회 활동 주도, 1911년 만주로 가 歷史書 執筆에 沒頭. 3·1운동 당시 시베리아 亡命, 愛國老人團 組織, 抗日運動 展開. 우리 나라 古代史, 高句麗 偉人傳 등 著述.
14) 이와 관련된 朴殷植의 말을 인용하면 다음과 같다.

의병이란 民軍이다. 국가가 위급에 처했을 때 일어나 조정의 징발령을 기다리지 않고 종군하여 敵愾하는 자이다. 우리 민족은 평소 충의를 돈독히 하여 삼국시대 이래로 외환을 당했을 때마다 의병의 공은 가장 뛰어나고

文武의 구별이 필요치 않기 때문이다.

다음에 생각할 수 있는 것은 文官보다는 武官들의 國家意識에 문제가 있지 않았나 하는 점이다. 국난이 발발했을 때, 나라를 위하여 목숨걸고 적과 싸우는 데에 文武의 신분이 무슨 상관이 있느냐고 한다면 별로 할 말은 없다. 그러나 常識線에서 생각했을 때, 어찌 되었던 역시 싸움(전란)은 武官과 연관성이 크다는 점은 부인하지 못할 것이다. 그런데 막상 전쟁이 발발하니 그 주축이 되어야 할 武科出身의 의병들이 극소수에 불과하다는 것은 事態를 深刻하게 한 요인일 수밖에 없다. 훈련받은 官軍이 倭軍과 맞서 싸워도 당시 상황으로서는 어려웠을 터인 데, 단지 義와 愛國心에 의지했던 의병들이야 어떠 했을지 그 결과는 짐작이 어렵지 않을 것이다. 때문에 壬辰倭亂은 7년 간이나 지속될 수밖에 없었던 것으로 보인다.

이 논의는 비단 일개 歌辭作品의 素材에 관한 내용이지만, 이는 <龍蛇吟>이라는 歌辭作品을 온당히 이해하기 위하여, 특히 본 논의가 素材的 特異性을 살피는 데 그 비중을 두고 있는 점을 고려하여, 壬辰倭亂 당시 의병과 관련된 사항은 반드시 고찰할 필요성이 있다고 판단된다.

현저하였다. 조선왕조 선조대에 이르러 왜구에게 유린당한 것이 8년간에 걸쳤으니 유림이 혹은 鄕紳들이 혹은 승려들이 모두 초야에서 분기하였으되 추호도 국가로부터 부과된 병역의무에 빙자함이 없이 다만 충의로써 격려하고 일시에 모여 결사감전하였다. 앞에서 쓰러지면 뒤에서 계속 일어나 적이 물러갈 때까지 싸우고서야 말았다. 그 뛰어난 공훈과 높은 절의는 일월처럼 밝게 빛났으며 網常을 扶植하고 국토를 회복하는 데에 크게 힘입었으니 의병은 곧 우리 민족의 國粹이다.(『朴殷植全書』 상, 단국대학교 동양학연구소, 1975, 465면.)

인용에서 보듯이 義兵의 행동 이념이 儒敎主義的 忠義觀에 바탕을 두고 있음을 알 수 있다.

그러면 여기서 잠시 壬辰倭亂 당시 官軍과 義兵에 대해 살펴보고자한다.

官軍이란 평소에 훈련된 군사들을 軍備와 組織을 갖추어 국가가 統帥하는 正規軍을 말한다.[15] 이에 반하여 義兵이란 官의 統帥權 밖에 있는 非正規軍의 일종이라고 할 수 있는데, 壬辰倭亂 당시 官軍과 義兵의 관계는 어떠 했을까.

다음 인용이 그에 대한 답의 一端을 제공하고 있다.

> 군사를 모집하는 사람들이 각처에 있어 義旅를 수집하고 각자成軍하여 州縣(官)의 號召를 받지 않았는데 이것을 이름하여 의병이라 하고, 수령이 군민을 調發하여 元帥의 지휘를 받는 것을 이름하여 관군이라 한다.[16]

이 引用은 壬辰倭亂 당시 成渾이란 사람이 성군 방법과 統率形態에관련해 언급한 내용이다. 官軍과 義兵은 官의 指揮統率을 받느냐 여부에그 기준을 두고 차별화했음을 알 수 있다. 특히, 의병은 朝命을 기다리지않고 非官人層이 자발적으로 성군하여 자력으로 군사 활동을 펴는 民兵이었음을 말해 준다. 또한『선조실록』권43, 26년 계사 10월 을사조에의하면, 壬辰倭亂 初期에 있어서 의병은 자체에서 병기를 마련해 쓰고兵粮도 스스로 해결하면서 나라를 위해 적을 討伐하는 집단으로 인식되고 있었음[17]이 파악된다.

그러다면 이런 식으로 활동한 의병에 비해 壬辰倭亂 당시 正規軍으로

---

15) 趙湲來,『임진왜란과 湖南地方의 義兵抗爭』(아세아문화사, 2001), 2면.

16) "召募之人 處處有之 收集義旅 各自爲軍 不受州縣號召者 名之曰義兵 守令調發軍民 受元帥節制者 名之曰官軍."(『선조수정실록』권26, 25년 임진 12월)

17) "傳曰…所謂義兵者 乃自用其兵 自食自粮 爲國討賊之謂"

서의 官軍은 어떠 했나. 주지하는 바와 같이 壬亂 발발 당시 朝鮮王朝의 국방 체제는 극히 부실한 상태에 놓여 있었다. 조선 초기에 확립된 군사 제도가 성종 때부터 그 허구성을 드러내면서 점차 붕괴되어가기 시작하였다. 군역의 布納化가 실시되어 番上·入番의 군사를 代立·放歸시키는가 하면 조정이 군사의 代立價를 公定하기도 하여 군역을 납포로써 대치함을 공인하는 결과를 가져왔다. 지방 수령이나 兵·水使 등 무관이 留防 대상자에게 布를 거두는 대신 자의로 立役을 면제시키는 放軍收布制가 공공연히 자행되고 있었다. 그리하여 16~60세의 男丁을 대상으로 실시된 병역 의무는 임란 前에 이미 虛設化하기에 이르렀고, 군역은 있으나 군사가 없는 괴이한 현상을 초래하여, 외침을 당했을 때 국방의 주체가 되어야 할 官軍은 사실상 없는 것과 다름이 없었다.[18] 이렇듯이 制度的으로 官軍은 그 존재 의미가 사실상 상실된 상황에서 軍士로서의 제 기능을 기대하기는 어려웠던 것이다.

이와 같은 당시 군사 제도 상의 모순적 상황을 勘案하면, 국가적 측면에서 보았을 때 의병의 蜂起는 그나마 다행스러운 현상이라 아니할 수 없다.

그러면 임난 당시 의병 지원 상황에 있어 文科出身이 數的 優位를 점했던 까닭은 무엇일까? 이는 作家 訥齋의 文을 重視하는 사고에서 비롯된 것으로 보인다. 訥齋는 幼時부터 高應陟 등 道學者에게 수학한 바 있다.

따라서 倭侵을 당해 風前燈火와도 같았던 나라를 구해보겠다고 나섰던 인물로 대부분 文科出身 義兵들을 擧名하였고, 애국심이 남달랐던 訥齋는 그들을 소재로 <龍蛇吟>을 지어, 의병의 고귀한 愛國心을 기리는 한편, 안타까운 현실을 비판하며 탄식한 것이라고 생각한다.

---

18) 『한국군제사』 근세조선전기편(육군본부, 1968), 201~253면.

3. 〈南草歌〉의 素材的 特異性 ; 特用植物 素材

17世紀 중반에 '南草'라는 아주 특이한 素材를 바탕으로 창작된 <南草歌>[19]
가 出現했다. 南草는 곧 담배를 말한다. 담배는 이 <南草歌>가 출현하기
전까지 어느 歌辭에도 素材로서 사용된 적이 없는 特異한 素材다.

<南草歌>의 內容은 다음과 같다.

作家가 7년 동안이나 신병으로 고생하면서 갖은 藥草(人蔘, 蒼朮 등)를
다 먹어 보았으나 별 效驗이 없었는데, 南草(담배)가 좋다는 말을 듣고
栽培하여 복용했더니 찌든 병이 나았다고 하였다. 그러므로 이것을 玉皇
上帝께 進上하여 香案에 놓아 보고, 이로써 우리 東皇께 賞給케 하여
천추 만세를 질병없이 사시며, 太平烟月에 壽民丹을 삼게 하고 싶다는
것이다.

담배가 인간에게 健康上 百害無益이고, 美國 등 일부에서는 이미 痲藥
으로 분류되어 吸煙을 억제하는 현대의 입장에서 보면 참으로 어처구니
없는 일이겠으나, 당시에는 일종의 새로운 文物로서 民衆들에게는 好奇
心을 끌기에 충분했다고 생각된다. 아래에서 현재 特用作物로 분류되는
南草(담배)의 名稱 및 輸入 등에 대해 좀더 고찰해 보기로 한다.

3.1. 南草의 名稱 및 輸入

南草는 콜럼버스가 1492년 아메리카 대륙을 발견, 上陸하여 당시 인디

---

19) <南草歌>는 淸狂子 朴士亨(1635~1706)이 현종 7년(1666) 경에 지은 가사인데 필사
본『청광집』에 실려 있는 것을 정익섭이 발굴하여 소개하였다.(丁益燮, 「청광자 박
사형의 <남초가>고」,『장암지헌영선생화갑기념논총』, 대전, 1971, 297~330면).

언들이 피우는 담배를 처음 본 후, 비로소 문명인들에게 알려진 식물이다.[20] 지금은 '담배'라고 通稱되어 쓰이고 있지만, 朝鮮王朝實錄 등에는 南草로 기록되어 있는 것으로 보아,[21] 이 땅에 들어온 이래로는 주로 '南草'라 指稱되었음을 알 수 있다. 또한 담배를 '煙'이라고도 불렀으며,[22] 中國에서는 '煙草'라는 이름으로 널리 사용되었다. 또 '南靈草',[23] '淡婆姑',[24] 등으로도 불렀다.

한편, 史學者이며 言論人인 文一平은 담배를 두고, 정신을 혼취케 함이 술과 같으므로 '煙酒', 피로를 해제케 하는 것이 茶와 같으므로 '煙茶', 한번 빨아 습성이 되면 잊으려고 해도 잊을 수 없으므로 '想思草'라는 別稱이 생겨났다고 했다.[25]

그 밖에도 '妖草・莨・菸・新茶・反魂草・痰排 등의 名稱이 있었다.[26]

담배가 우리 나라에 들어 온 사실을 추정케 해 주는 記錄으로, 朝鮮王朝實錄 가운데 가장 이른 것은 光海君實錄이다. 다음은 光海君實錄 15년의 기록이다.

> 東萊에 있는 倭館에 불이 나서 80 間의 건물을 태웠다. 前年인
> 壬戌에도 역시 큰 불이 났었는데 倭人들은 남초 피우기를 좋아하므

---

20) 文一平,『湖岩全集』, 文化風俗篇(一成堂書店, 1948), 394면.

21) '南草'라는 명칭이 기록된 문헌은 朝鮮王朝實錄(光海君, 仁祖, 肅宗, 英祖, 正祖, 純祖 實錄 등)을 비롯하여 星湖僿說(第四卷 萬物門), 經世遺表(第五卷 地官修制 田制) 등이다.

22) 柳得恭,『京都雜誌』

23) 담배가 이러한 名稱으로 기록된 文獻은『紀年通攷』와 張維의『谿谷漫筆』등이 있다.

24) 李睟光,『芝峰類說』卷十九,「食物」條.

25) 文一平, 앞의 책, 397면.

26) 秦東赫,「煙草歌 研究」,『단국대 논문집』, 1987, 3면.

로 버려진 담배꽁초불로 인하여 화재가 났다.[27]

당시 倭人들이 담배피다가 담배꽁초불로 건물을 태웠다는 짤막한 기록이다. 얼핏 보면 우리와는 별로 관계가 없는 듯도 하다. 그렇지만 불난 장소가 東萊라는 우리의 땅이고 火因이 담배이기 때문에, 이 기록은 資料的 價値가 있다. 곧 이는 그 당시 우리 나라에 이미 담배가 들어왔다는 사실을 말해 주는 것이다.

그런데 이보다 앞서 光海君 6년(1614)에 쓴 李晬光의 『芝峰類說』에 보면, 담배와 관련하여 다음과 같은 기록이 보인다.

> 淡婆姑는 풀 이름이다. 또 이것은 南靈草라고도 한다. 近歲에 와 倭國에서 나는데, 잎을 따서 바싹 말려 가지고 불을 붙여 病人이 竹筒으로 그 연기를 빨아 들였다가 곧 도로 내뿜는다. 그 연기는 콧구멍으로 내보낸다. 이것은 痰과 습기를 잘 없애고 氣를 내리며 또 술을 깨게 한다. 지금 사람들이 이것을 많이 심어 그 법을 쓰고 있는데 매우 효험이 있다. 그러나 毒도 있으니 경솔히 쓰지 말아야 한다. 혹은 전하기를 南蠻國에 淡婆古라는 여인이 있었는 바 여러 해 동안 痰疾을 앓았는데 이 풀을 먹고 나았기 때문에 이처럼 이름 지은 것이다.[28]

담배의 名稱, 쓰임, 그리고 使用法 등을 비교적 상세히 기록한 점이 주목되는데, 效驗과 함께 부작용까지 밝혀 놓은 것으로 보아, 당시 꽤

---

27) 光海君實錄 15년 2월 15일 조, "東萊倭館火 燒盡八十間 壬戌亦大火 盖因倭人喜服南草 遺落餘燼所致也."

28) 李晬光, 『芝峰類說』 卷十九, 「食物」條, "淡婆姑草名 亦號南靈草 近歲始出倭國 採葉暴乾以火蒸之 病人用竹筒吸其煙旋卽噴之其煙從鼻孔出. 最能法痰濕 下氣能醒酒 今人多種之 用其效甚法 然有毒不可輕識也. 或傳南蠻國有女人淡婆姑者 患痰疾積年 服此草得瘳 故名."

널리 愛用되었음을 짐작할 수 있다. 특히 "今人多種之"라는 기록으로
미루어 볼 때, 그런 사실을 더욱 뒷받침한다고 생각된다.

이와 같은 기록은 결국 1614년 당시 담배의 栽培가 활발하였고, 따라서
그 수요도 상당하였음을 말해 주는 것이다. 이 점을 감안하여 우리 나라
에 담배가 수입된 시기를 추정한다면, 최소한 16世紀 末이거나 17世紀
初가 될 것으로 보인다. 담배가 들어와서 그것이 널리 보급될 때까지는
아무래도 상당한 기간이 걸렸을 것은 분명하기 때문이다.

3.2. '南草'의 特異素材的 機能

한 作品 內 素材가 特異하다는 것은 그 소재의 機能 또한 平凡을 넘어
선다고 생각한다. 그런 측면에서 <南草歌>의 素材인 南草가 작품 속에
서 하는 機能을 考察하고자 한다.

그에 앞서 우선 작가의 처지를 살펴볼 필요가 있다.

아래 인용은 <南草歌>의 첫대목인데, 이를 통하여 작가가 처한 딱한
사정을 알 수 있다.

> 平生의 病이 잇셔 온갓 풀을 다 맛보니
> 人蔘　蒼朮　遠志　菖蒲
> 香藥方의 ᄒᆞ엿거늘 三年을 長服ᄒᆞᆫ들
> 七年病을 말긴숀야　　　　　　　　　　　　　<南草歌>

작가는 일종의 難治病에 걸려 있었음이 파악된다. 治癒를 위하여 온갖
藥草를 다 써 보아도 7년이나 묵은 병을 고칠 수 없었다. 이렇게 絶望的
처지에 있던 작가는 南方에서 나온 풀이 靈異하다는 소문을 듣는다. 以下

이어지는 가사 내용을 바탕으로 南草의 素材的 기능을 파악할 수 있다.

먼저, 南草는 작가의 痼疾을 고치고, 그에 따라 興을 이루는 데 기여함으로써, 작품의 雰圍氣가 전체적으로 上昇氣流를 타게 했다는 것이다.

아래 인용을 통해 확인해 본다.

> 試驗ᄒ야 맛슬 보니 燻燻ᄒ 니 흔 줄긔
> 喉舌의 ᄀ 너무며 氤氳ᄒ 氣運이
> 腸腑의 ᄀ득ᄒ니 從前 싸힌 痰이
> 흔 ᄯᆡ예 다 ᄂ리게 宿病이 다 調和ᄒ니
> ᄯᅩᄒ 興을 이라리라　　　　　　　　　　<南草歌>

작가는 南草를 사용하여 7년 간이나 묵었던 宿病을 말끔히 治癒하였다. 누군들 어찌 興이 나지 않을까 보냐. 한바탕 신바람나는 춤이라도 추고 싶었을 것이다. 앞부분에서 우울했던 작품의 분위기는 바로 이 대목에서 反轉을 맞게 된다.

이와 같은 내용은 비록 작품 속에서 파악되는 결과지만, 실제적인 작가의 現實狀況과도 일치하는 듯하다. 南草를 약초로 삼아 痼疾을 다스린 자신의 경험을 그대로 作品化한 것으로 보이기 때문이다.

다음에는 작가가 세상을 살아가는 참맛을 느끼게 되었다는 것이다.

아래 인용된 대목은 작가가 담뱃대에 담배를 담아 피우는 장면이다.

> 銀竹을 흘리 자바　纖纖 玉手로
> 넌ᄌ시 담는 양　鶴山 仙人이
> 白玉笛을 빗긔 쥔 듯 金爐의 무든 불을
> 銀箸로 집어 닉여 丹脣 皓齒로
> 가는 니 품ᄂ 樣은 赤城 블근 날의

흰안개 홋나는 닷 平生에 興味업셔
世味를 모르더니 이 풀 어든 後의
憂患을 이자리라   <南草歌>

南草를 사용하여 병을 완전히 고치기 전까지 작가의 삶이란 암흑 그 자체였을 것이니, 그런 경황에 무슨 世味가 있을 것인가. 그러나 南草는 희망과 세상 사는 맛을 제공하는 기능을 함으로써 작가로 하여금 憂患을 잊도록 했다. 이는 特異素材인 南草만이 할 수 있는 唯一無二한 기능으로 파악된다.

끝으로 파악할 수 있는 南草의 기능은 敬天思想의 媒體가 되었다는 것이다.

敬天思想이란 하늘을 공경하는 사상이니, 우리 나라의 경우 그 淵源은 檀君神話에서부터 찾아야 할 것이다. 그로부터 현대까지 이 思想은 각종 文學의 역사적 갈래 속에 다양한 양상으로 용해되어 면면히 그 맥을 이어오면서, 우리 문학 基調思想의 하나로 기능해 왔다고 본다. 그런데 조선이 건국되면서 儒教思想이 사회 전반을 지배하게 되자, 敬天보다는 현실적인 忠·孝가 강조되고 그 優位에 놓이게 됨으로써29) 문학 작품에도 이러한 社會相이 반영되었다. 조선 시대 詩歌文學의 兩大山脈이라고 할 수 있는 歌辭와 時調에 忠孝를 주제로 한 작품이 다른 것보다 많다는 것이 이를 立證한다.

---

29) 물론 敬天과 忠孝는 관점에 따라 差別을 두지 않을 경우도 있을 것이다. 忠과孝는 일반적으로 그 대상이 각각 임금과 부모다. 忠이 國家社會에 대하여 發露하게 되면 공익이나 정의로 나타난다는 견해가 있다.(金周坤, 『韓國詩歌와 忠孝思想』, 國學資料院, 2000, 85면 참조). 같은 방법으로 충이나 효가 하늘에 發露되면 敬天이 된다고 볼 수 있을 것이다. 따라서 忠, 孝, 敬天 등은 경우에 따라 같은 概念으로 볼 수도 있다고 생각한다.

　　이러한 시대적 흐름으로 보았을 때, 17세기 중반 <南草歌>의 출현은 그 간에 다소 소원했던 敬天思想에 대한 자극적 기능을 한다고 생각된다. 앞서 논급한 敬天思想이 <南草歌>의 특이한 素材 南草를 통해 想起되었기 때문이다. 그러면 실제 가사 작품을 통해 이 점을 살펴보기로 한다.
　　아래 인용은 <南草歌> 終盤部이다.

> 이 몸이 貧賤ᄒ야 草野의 뭇쳐시니
> 藜藿羹을 못 免ᄒ되 葵藿忱은 혼자잇셔
> 너 갓튼 마슬 보니 獻芹誠이 보야날 제
> 兩腋에 깃을 돗쳐 九天의 ᄂ라 올나
> 閶闔門 드리달나 玉皇끠 進上ᄒ면
> 香案에 노아 보고 우리 東皇 賞給ᄒ야
> 千千 萬萬歲를 거의 疾病 업사실까
> 그졔야 太平烟月애 壽民丹을 삼으리라　　　　　　<南草歌>

　　작가는 南草로 7년 묵은 痼疾을 고쳤기 때문에, 남초에 대한 고마움이나 神秘感이 남다를 것은 분명하다. 또 이러한 마음을 누구에게 전하고 싶은 것은 人之常情인데, 그 첫 대상이 된 존재는 의외로 임금이 아닌 玉皇上帝, 곧 하늘이다. 靈驗한 남초를 우선 하늘에게 進上할 마음을 가졌던 것으로 이해할 수 있다. 이는 당시 사회의 일반적 雰圍氣와는 다소 차별화된 發想이 아닐 수 없다. 정철의 兩 <美人曲>이나 <關東別曲> 등에 보이는 戀君之情이 아니라 敬天思想을 먼저 表出시킨 것이다. 임금에 대한 생각은 그 다음 차례이었다. 그것도 無條件的인 다음 차례가 아니라, '賞給'이라고 하여 '賞'을 前提條件化한 점이 특이하다. 조선 사회에서 보통 最高善에 해당하는 것이 忠孝일 터이고, 그 대상의 頂点에 놓인 존재는 물론 임금이다. 아랫 사람으로서 어떤 물건을 進上할 때는 응당 임금이 최우선일 것이다. 그러나 작가는 귀한 南草를 진상함에 있어, 임금보다는 玉皇上帝을 優先視한 것이다. 換言하면 最高善보다 絶對善 優先主義라고 할 만하다. 이 점이 바로 敬天思想의 發露인 것으로 이해된다.

그렇다면 그 이유는 무엇일까. 이에 대한 것은 다음 두 가지로 생각할 수 있다.

첫째, 작가에 있어 特異素材 南草란 곧 생명과도 같다. 남초가 아니었더라면 목숨을 더 이상 扶持한다는 보장이 없던 상황이었다. 때문에 작가 자신에게 있어서는 절대성을 지닐 수밖에 없고, 따라서 임금보다도 絶對的 존재인 玉皇을 우선시 한 것으로 보인다.

둘째, 작가의 당시 身分的인 側面과 無關하지 않다고 본다.

작가 청광자 朴士亨(1635～1706)은 그의 鄕里에서 후진을 가르치며 일생을 보낸 隱士였다. 44세 때 麻姑山 下에 巖隱精舍를 지으니, 원근 秀才 약 100명이 雲集해 글을 읽었다고 한다. 隱士 중에는 과거 宦路에 몸담았던 자도 있으나, 청광자는 벼슬하지 않고 오로지 후진을 양성하는 데 專念한 인물이다.

이와 같은 작가의 신분을 勘案해 보면, 臣의 처지가 아니기 때문에 굳이 임금에게 南草를 진상할 필요는 없었다고 생각된다. 즉 君臣關係를 맺은 바 없는 작가의 현실적 상황이 우리의 전통적 基調思想의 하나인 敬天思想을 불러일으켰다고 본다.

4. 마무리

하나의 文學作品 속에는 많은 素材들이 들어있기 마련이다. 본 논의에서 다룬 <龍蛇吟>과 <南草歌> 역시 많은 소재를 바탕으로 창작된 작품임에 틀림없다. <龍蛇吟>에서는 壬辰倭亂과 관련된 인물과 전란의 慘狀을 主素材로 하였는데, 人物素材 중 前例가 없이 多數가 등장하는 歷史上 實在人物을 特異素材로, <南草歌>에서는 特用植物인 南草를 特異素材로 보고, 그 소재를 중심으로 하여 논의를 전개하였다. 그 결과로 파악된 몇가지 意義을 지적하여 마무리하고자 한다.

먼저, 多數의 역사상 실재 인물을 작품에 등장시킴으로써 사실성을 높이고, 당시 倭人의 침략으로 고통받고 있는 우리 민족에게 民族意識을 鼓吹시켜, 애국심을 북돋우려는 의도가 있었다고 본다. 이는 작가 訒齋 자신이 壬辰倭亂 당시 의병에 참여하는 등 직·간접으로 적극 활동한 점과 무관하지 않은 것으로 생각된다.

다음은, 작품에 義兵으로 제시된 稱頌人物의 대다수가 嶺南人으로 파악되었는데, 이러한 결과는 <龍蛇吟>이 당시 영남인의 정서를 반영한 歌辭作品임을 立證하는 것이고, 意義 또한 그 점에서 찾을 수 있다. 文學作品은 시대마다 형성되는 그 사회의 모습을 반영한다는 것은 주지의 사실이다. <龍蛇吟>의 역사적 배경은 倭亂이기 때문에, 그에 따라 혼란했던 당시 전체적인 사회상을 반영한 것이 분명하다. 그러나 소재로 등장시킨 인물들의 출생지나 의병 활동 지역의 분포로 보아, 주로 영남인의 정서가 반영된 작품으로 判斷된다.

마지막으로, 素材側面으로 보면 역사상 실재 인물이 歌辭作品에 등장하는 例30)는 더러 있다. 그러나 다수의 實名이 거론된 작품은 17世紀 이전 시기에서 거의 찾아볼 수 없다. 이러한 樣相은, 歌辭가 17世紀에 이르러 주제나 소재면에서 매우 다양해졌다는 점과 서로 脈이 通하는

---

30) <龍蛇吟> 이전 작품 속에는 주로 중국 전설상의 인물이 등장했다. 동일 작품 속에 10명 이상 다수의 實名이 擧論 된 歌辭는 이 작품이 처음으로 보인다.

것으로, 素材 多邊化의 한 현상이라는 데 그 意義가 있다고 본다.

南草가 우리 나라에 들어 온 시기를 16世紀 末에서 17世紀 初 사이라고 본다면, 그것을 소재로 한 가사 <南草歌>의 出現은 대략 60～7〇여년 후에 일이다. 가사 앞부분 가운데 "今人多種之"라는 구절을 통해 보면, 당시 담배 재배가 상당히 널리 보급되었다고 생각되는데, 이를 소재로 한 歌辭가 <南草歌> 외에 보이지 않는다는 것은 다소 意外다. 그렇지만 남초를 소재로 한 작품이 1篇에 불과할 지라도, 이것은 17世紀 가사의 素材的 多樣性 측면에서 보면 같은 脈絡으로 생각할 수도 있다. 곧 特用 作物로서 매우 특이한 南草 같은 식물도 가사의 소재가 될 수 있다는 점에서, 이 또한 素材的 多邊化의 한 현상이라는 데 그 意義를 두고자 한다.

또 한가지 意義를 두고자 하는 것은 敬天思想의 發露라는 점이다. 17世紀는 朋黨政治 시대로 사회가 혼란스러웠던 것은 분명하지만, 朝鮮建國 이래 꾸준히 추진되어 온 崇儒政策으로 인해 이념적으로는 비교적 安定的이었다고 본다. 그런데 주목할 점은 儒敎에 바탕을 둔 忠孝思想이 사회 전반을 폭넓게 지배했던 당시 사회적 분위기에서, 忠孝와는 다소 차별화된 敬天思想을 想起시키는 歌辭作品이 創作, 享有되었다는 것이다. 이와 같이 敬天思想을 想起시키는 媒體로서의 南草가 기능했다는 점에서 그 意義를 찾을 수 있을 것이다.

　* 參考文獻은 脚註로 대신함.

Abstract

A Study on the material singularity of Gasa

Kim, Jung-suk*

The purpose of this study is to explicate the material singularities and meanings of <YongSa-um(龍蛇吟)> and <Namcho-ga(南草歌)>.

The principal ingredients of <YongSa-um> are manifold characters who were actually subsisted in the real history and dreadful sights of Japanese Invasion of Korea in 1592. In comparison with <YongSa-um>, <Namcho-ga> chooses a specially used plant, Namcho(南草), for a main material and brings focus into that plant. In this respect, the conclusion of this paper is as follows.

First of all, by appearing real characters of history, <YongSa-um> intends to infuse Patriotism and National consciousness into the heart of Korean people suffering from Japanese invasion. This is not out of all relation to the fact that Choi Hyun(崔睍), the author of <YongSa-um>, took an active

* Korea University

part in loyal troops against Japanese Invasion of Korea in 1592.

Second, the fact substantiates <YongSa-um> is a Gasa(歌辭) mostly reflecting the feeling of people of Youngnam area(嶺南人) because most of the main features in <YongSa-um> are people of Youngnam area

Finally, <YongSa-um> bears out an inclination of multilateral ingredients of Gasa in the 17C. This propensity is significant that Gasa diversifies themes and materials of work in contrast with the product written before the 17C. There was few literary production which showed numerous real names of characters up to then.

In accordance with <Namcho-ga>, tobacco cultivation was widely spread. And the fact that <Namcho-ga> shows such a special ingredient be a material of Gasa is also considered as a phenomenon of multilateral ingredients.

Moreover, tobacco played an important role in reminding of Worship of Heaven. Under the control of Confucianism, loyalty and filial piety is the main current of society. On that account, <Namcho-ga>, which chose a tobacco as an primary material and manifested the Worship of Heaven instead of loyalty and filial piety, has an important significance.

주제어

가사, 소재, 용사음, 남초가, 최현, 박사형

姜澹雲, 名妓의 내적 성찰과 悲憤의 서사

박영민*

1. 문제제기

只在堂 姜澹雲(생몰년 미상)은 조선시대를 관통해온 관기제도가 점점 느슨해지다가 이제 그 막을 내리려하던 19세기 후반기, 김해에 살았던 기생으로 此山 裵전(文＋典)(1843-1899)[1]의 첩이 된 인물이다. 배전은 바로 대원군 시대의 野史를 기록하여 이름이 높은 『近世朝鮮政鑑』(朴齊炯 著)[2]에 評을 쓴 문인이다.

배전은 1874년경 김해에서 서울로 올라와 10여 년을 보내다가[3] 1884년 경 『근세조선정감』의 평을 쓰던 시점을 전후하여 김해로 낙향한 것으

---

* 고려대

1) 현재 배전의 이름에 대해서는 관련 글마다 서로 다른 한자가 쓰인다. 그런데 영남 문인의 시를 모은 『山南鼓吹』가 정확할 듯 하다. 裵전(文＋典)

2) 朴齊炯은 실제 朴齊絅이라는 설이 있다. 이광린, 한국개화사연구, 일조각, 1999 참 조. 본고는 이 관점을 따른다.

3) 차산의 시에는 십 년을 떠돌아다녔다는 표현이 자주 반복된다. 그런데 그가 낙향한 것은 1884년경이다.

로 보인다. 배전은 서울에 있으면서 홍인군의 아들이자 고종의 사촌인 李載兢에게 강담운의 시를 보여주었고, 이를 계기로 이재긍은 강담운의 시집 『只在堂稿』를 간행하였다. 이 때가 1877년경이다. 安光默이나 尙友 등 『只在堂稿』에 서문이나 발문을 남긴 이들의 언급을 통해보면 종실이자 고종의 신임을 받았던 이재긍이 綠葵館에서 지방 교방 소속 관기 강담운의 시집을 간행하였다는 사실은 당시 화제가 되었던 듯 하다. 사실 담운의 시집이 조선후기 정치사의 흐름 한 가운데에 있던 인물에 의해 간행되었다는 점은 기생 문집 간행의 역사나 그 의미의 국면에서도 유의할 부분이라 생각한다.

뿐만 아니라 담운은 남쪽의 변방 김해에 살고 있었지만 서울 중심의 급격한 사회 변화에 민감하였을 듯 하다. 배전은 박제경을 위시한 개화당 인물들뿐만 아니라 대원군과도 교류가 있었고, 六橋詩社의 주요 구성원으로서 姜瑋 등과도 교유하였다. 배전이 쓴 『近世朝鮮政鑑』[4]의 評은 개화당의 일원인 박제경의 필치보다 진보적이라는 평을 받기도 한다. 그러므로 강담운은 19세기 후반기 조선사회의 변화를 직·간접으로 전해 듣고 체험을 하였을 듯 하다. 특히 『近世朝鮮政鑑』에는 대원군의 기생 정책과 운현궁의 대령기생 이야기 등이 자세하게 기술되어 있다. 배전은 다른 항목과 달리 이 부분에 대해서는 따로 평을 남기지 않았지만 배전을 통해 대원군과 운현궁의 이야기가 강담운에게도 흘러들어 갔을 듯 하다. 이러한 상황 하에서 창작된 담운의 시집은 19세기말 地方 敎坊 소속 官妓의 내면 의식과 삶을 직접적인 목소리로 생생하게 들을 수 있다는 점에서 당대 기생의 삶과 문학을 이해할 수 있는 중요한 통로가 되리라 생각한다.

---

4) 朴齊炯 著, 배전 評, 『近世朝鮮政鑑』, 탐구당, 1975.

지금까지의 기생 문학의 연구는 주로 詩話나 詩選, 야담이나 소설 등의 기록을 통해 이루어졌다. 기생의 삶과 문학을 직접적으로 살필 수 있는 문집이나 기타 자료가 매우 적었기 때문이다. 그런데 詩話나 詩選 등에 등장하는 기생의 모습은 대부분 편저자의 시선과 담론화의 과정을 거쳐 취사선택된 것이다. 야담이나 소설 등 산문 장르에 등장하는 기생 역시 허구와 현실의 복합적 산물이면서 특정 작가 또는 독서대중의 욕망이 투영된 가공적 이미지이다. 따라서 우리가 이러한 자료를 통해 기생의 삶과 문학을 논하는 데에 그친다면 이미 담론화 과정을 거쳐 형상화된 이차 자료를 통해 대상을 고찰하는 한계를 벗어날 수가 없다. 그러나 담운의 한시는 대부분 관찰자적 시선을 유지한 시적 자아의 기록이라 할 수 있다.

본고는 담운의 한시를 통해 우선적으로 기생의 삶과 내적 목소리를 주목하고자 한다. 한편, 기생의 삶의 존재론적 기반은 신분제 사회에서 각종 연회나 유흥의 자리에서 남성들의 상대가 되어야 했던 점에 있다고 할 수 있다. 따라서 남성과의 섹슈얼리티를 포착하는 것이 무엇보다 중요하다고 생각한다. 그런데 담운의 한시를 통해 볼 때, 우리가 그동안 기생의 작품에서 지나치게 남성과의 섹슈얼리티만을 강조하고 있었던 것이 아닌가 하는 의구심이 든다. 담운의 시에는 동료 기생과의 유대가 매우 절절하게 드러난다. 또한 그가 살았던 김해의 일상과 풍경 그리고 사람살이가 매우 탁월한 솜씨로 형상화되고 있다. 담운의 삶을 이해하기 위해서는 기생과 남성의 섹슈얼리티를 적극적으로 해석하고 드러내는 한편, 동료기생과 이웃들에 대한 시선과 의식을 밀도 있게 살펴야하리라 생각한다. 섹슈얼리티는 사회적이고 제도적인 문제이며 또한 신체와 자기정체성 그리고 사회규범이 일차적으로 연결되는 지점이므로.[5] 이를 통해 앞으로 기생의 섹슈얼리티 논의가 남성과의 관계에 고착되지 않고 기생의 삶의 전반을 돌아보면서 역동적으로 이해하고 살필 수 있기를 기대한다.

최근 1, 2년 사이의 문학 연구에서는 기생의 법제적·현실적 조건, 신분적·직업적 조건 등의 이중적 상황과 모순에 대해 다양하고 심도 있는 문제제기가 이루어지고 있다.[6] 이러한 문제제기를 더욱 심화시켜 새로운 국면을 열기 위해서는 지금까지의 기생의 연구가 대부분 남성의 담론 내부에 포획된 작품으로 진행되어 왔음을 성찰하고 텍스트 비평을 진행함과 동시에 기생의 작품의 미적 특질을 읽어내는 시각을 기르는 것이 중요하다. 나아가 새로이 기생의 작품을 발굴하려는 노력이 필요하다는 생각이다. 물론 자료발굴의 한계가 있긴 하지만, 담운이 상당한 분량의 문집을 남기고 있음을 고려한다면 문학사에서 사라진 기생의 작품의 윤곽을 그려볼 수도 있을 듯 하다.

본고는 이러한 점을 염두에 두고 강담운의 시집 『只在堂稿』[7]를 분석하여 조선시대의 마지막 관기의 한 사람이었던 담운의 의식과 행로의 한 국면을 살펴 조선시대의 기생의 삶과 한시작가로서의 기생의 문학을 이해하는 실마리가 될 수 있기를 기대한다.

---

5) 『여/성 이론 1호, 젠더·섹슈얼리티·주체』, 여성문화이론 연구소, 1999.

6) 조광국, 「기녀담, 기녀등장소설의 기녀 자의식 구현 양상에 관한 연구, 서울대 박사학위논문, 2000, 박애경, 기생-가부장제의 경계에 선 여성들, 여/성 이론 4호, 여성문화이론연구소, 2001, 서지영, 조선시대 기녀 섹슈얼리티와 사랑의 담론, 한국고전여성문학연구 제5집, 2002, 박무영, 기녀한시의 비틀림과 비틀기, 한국한시연구 10, 한국한시학회, 2002 참조.

7) 현재 강담운의 시집은 『只在堂稿』1책이 藝閣印書體字本(부산대)과 목활자본(계명대)으로 남아 있다. 모두 이재긍의 序와 배차산의 校가 있다. 류탁일 교수 소장 필사본에는 이재긍의 '只在堂小稿序'외에 安光默의 '只在堂稿跋'와 尚友의 '只在堂小稿'가 더 있다.

2. 『只在堂稿』의 편찬과 담론의 양상

앞서 언급하였듯이 『只在堂稿』는 이재긍(? - 1881)이 편찬하고 서문을 썼다. 李載兢은 대원군의 셋째형이자 당시 영의정을 지낸 興仁君 李最應의 아들이다. 이재긍은 1871년, 璿派儒生殿試에 합격하여 어가의 호위를 맡고 直赴로 別入職하였다. 1874년, 정조를 계승하려는 의식이 강했던 고종은 대원군이 집권하고부터 위축되었던 규장각의 정치적 위상을 다시 높이려는 조치의 하나로 자신이 신임하는 인물들을 규장각의 요직에 임명한다.8) 이재긍은 이때 규장각 待敎에 임명되었다.9)『只在堂稿』에는 '又響李待敎惠賜樂天齋詩箋'이라는 시가 실려 있다. 이재긍은 1874년 대교가 된 이후에도 계속하여 승진을 하였으므로 아마 이 시는 이재긍이 대교가 되었을 그 때에 쓰여진 듯 하다.10)

> 感君惠我箋　제게 시전을 내려주신 은혜에 감격하여
> 鮮色染紅臙　고운 색으로 붉은 뺨 물들었어요
> 摩挲復摩挲　어루만지고 또 어루만지니
> 絲闌印樂天　오사란에 낙천자가 찍혀 있어요
> 人生百年間　사람살이 평생

---

8) 이태진,『고종시대의 재조명』, 태학사, 2000년, 290p 참조.

9) 이재긍은 이후 1876년 성균관의 대사성과 홍문관 부제학, 1877년 이조참의, 1878년 규장각 직제학과 홍문관 부제학, 1880년 동지경연사와 이조참판과 예조참판을 역임하고, 1881년 정부에서 통리기무아문을 신설하자 선어학당상과 예조판서를 지냈다. 시호는 헌간이고 1899년에 왕영군에 추봉되었다.

10) 이전의 차산에 대한 언급은 대부분 차산의 서울 생활을 1870년대 후반 육교시사가 결성되었을 즈음으로 보고 있다. 그런데 차산의 서울 출입은 1874년 이전에 이미 시작되었던 듯 하다. 담운과 이재긍의 연관은 차산에 의해 이루어졌을 것이기 때문이다. 차산은 과거를 보기 위해 서울로 다닌 듯 하다. 담운의 시집에는 차산이 과거를 보기 위해 서울로 다닌 내용을 다수 찾아볼 수 있다.

歡樂能幾時 기쁨은 얼마나 될까요
從今樂莫樂 지금부터 즐겁거나 즐겁지 않거나
滿寫喜歡詩 즐거운 시를 가득 쓸거예요

그렇다면 이재긍과 차산은 어떻게 만나 담운의 시집을 간행하게 되었을까? 구체적으로 밝히기 어렵다. 다만 이재긍은 개화당이 조직된 지 얼마 안된 시기부터 개화당에 관계했던 듯 하다.[11] 따라서 이때 개화당과 밀접한 관계를 유지한 차산과도 연관되었을 것으로 보인다. 그리고 차산의 형 裵환(火＋典)이 대원군의 문하에 출입하였고, 대원군의 조카 李載冕의 가정교사를 지낸 적도 있었으며, 또 1894년 그가 세상을 떠났을 때는 대원군이 직접 輓詩를 지어주기도 하였음으로 미루어보아 형의 역할이 있었을 듯 하다.[12] 차산에게도 대원군이 내렸다는 시가 전해진다. 이재긍이 차산과 유대를 맺고 있었다고 해도 고종의 신임을 받아 요직을 맡았던 종실로서 한낱 김해 지방의 기생의 문집을 엮고 서문을 썼다는 것은 다소 의외라 할 수 있다.

이재긍은 차산이 보여준 담운의 원고를 보고 "情을 뿌리로 하고 言을 열매로 하니 깨끗하여 때가 없고 곱기가 그림 같았다"[13]고 한다. 이재긍은 담운의 시에서 매우 담박하고 깨끗한 이미지를 읽었다. 그리하여 "녹

---

11) 이광린, 한국개화사연구, 일조각, 1999. 참조.

12) 김종철, 차산 배전 연구(一) 생애와 사상을 중심으로, 한국학보 47, 1987년 여름.

13) 李在兢, '只在堂小稿序'. "綠葵館第三雪夜 水仙初開 梅花弄珠 獨凭淨几而坐 胸襟炯然 無一點塵埃. 適此山先生 袖香奩一帖而示余曰 此只在堂澹雲稿也. 余旣披閱 根情苗言 皭然不滓 燦然如畵. 金陵之一草一花一山一水 怳如在阿睹中 璀璨玲瓏 藍玉日暖 驪珠夜 明 不忍釋手 幾回摩挲思所以不朽之. 噫 現際來際 상 有賞音者 往往傳寫於錦屛紈扇之 間 則必知余不忍釋手之意也. 澹雲卽此山之朝雲 而堂顔只在 盖取只在此山之義也. 是夜 讀此 時有雪梅水仙之任傍知狀 是亦異樣妙證云爾. 通政大夫 行 弘文館副提學 兼 奎章 閣檢教待教知製教 完山 李在兢題."

규관에서 눈이 내리던 밤, 수선화가 막 피고 매화가 꽃망울을 흔들 때, 홀로 깨끗한 안석에 기대어 앉았으니 가슴이 환하여 한 점 티끌도 없었다. 때 마침 차산 선생이 향렴체 두루마리를 소매에서 꺼내어 나에게 보여주며 말하기를 이것은 '지재당 담운의 초고입니다'라고 하였다"고 하여, 자신이 담운의 시를 처음 만날 때의 분위기도 담박하고 高雅하게 표현하여 극적인 효과까지 높인다. 이재긍이 서문에서 주로 평하고 칭찬을 한 것은 구체적으로 「金陵雜詩」인 듯 하다. 「金陵雜詩」는 강담운이 자신이 살고 있던 김해의 모습을 7언 절구 34수의 연작시로 읊은 것이다. 그는 "금릉의 풀 한 포기, 꽃 한 그루, 산 하나, 물 한 줄기가 환하게 내 눈앞에 있는 듯 하다"고 한다. 이렇게 담운의 한시를 읽는 이재긍은 마치 담운에게서 농염한 기생의 흔적을 지워버리려는 듯 하다.

그가 이렇게 담운의 시를 평하고 간행한 것은 무엇을 의미하는 것일까? 일차적으로 담운의 시에 대한 호감에서 기인하기도 할 것이다. 또한 이재긍 자신의 시적 성향에서 기인하기도 할 것이다. 그러나 무엇보다도 이 시기 대원군의 기생정책과도 관련이 있을 듯 하다.

> 관기 중에 아름다운 자를 뽑아서 번을 돌려가며 운현궁에 와서 모시도록 하고 待令妓生이라 불렀다. 무릇 閭巷花柳의 사정을 대원군이 일일이 管理하니 사람들이 모두 두려워하고 꺼려해서 감히 기생을 청하지 못하고, 기생도 또한 불편하게 여겼다. 富豪한 선비가 혹 교회에 놀이하면서 娼女를 데리고 가면 대원군이 알고 士子의 이름을 더럽혔다하여 잡아다가 옥에다 가두어버리니 縉紳들이 모두 그 일 좋아함을 비웃었다.[14]

---

14) 박제경,『近世朝鮮政鑑』, 탐구당, 1975, 106-108p.p. 또한 다음과 같은 구절도 있다. "예전 禮에 官妓는 板輿를 타고 깁 장옷(幣帛長衣)으로 머리에서 발끝까지 전신을 감싸면서 낯만 내어놓았다. 娼女는 감히 판여를 타지 못해서 관기와 구별하였다."

이 글은 대원군이 기생들을 운현궁에 대령시키고 창녀와의 구분을 엄히 하였으며, 사대부가 창녀와 유락하는 것을 금하였다는 기록이다. 뿐만 아니라 이 즈음에 이르러서는 관기 제도가 느슨해져 창녀도 煖轎를 타고 眼鏡을 썼으며 실로 수놓은 신을 신는 등 관기와 창녀를 거의 식별할 수가 없게 되자, 대원군은 창녀에 대해 이 모든 것을 금하며 예전의 관기 제도를 복원하려 하였다. 그리고 대원군은 기생을 藝妓로 기르려고 했던 듯 하다. 이재긍 역시 이러한 의식의 연장에서 담운의 담박한 시를 높이 평가하고, 또 담운의 시를 좋아한 것은 아니었을까 한다. 그렇다면 이재긍이 담운의 시를 간행하고 칭찬한 태도에도 기생의 재능을 관리하고 다스리려는 의식의 일환이 투영되어 있었다고 할 수 있다. 그 역시 기생을 公家之物로서 통제하려 한 이전 시대의 권력과 제도의 자장 안에서, 구체적인 양태는 차이가 나지만, 기생의 한시를 담론화하고 있었다고 할 수 있다. 담운이 차산과의 관계를 통해 중앙의 종실과도 유대를 맺고 있었던 듯 보이지만, 종실에 의해 문집이 간행되기까지 하여 그녀의 삶에 큰 변화가 있었을 것으로 기대도 되지만, 실상 그녀는 공간적으로는 김해라는 변방에 거주하면서 제도적으로는 기생이라는 신분의 틀로 제어당하는 처지에서 벗어날 수 없었음을 생각하지 않을 수 없게 하는 대목이다.

安光默은 1877년 12월에 『지재당고』의 발문을 쓴다. 그런데 안광묵은 이재긍의 부탁을 받고 발문을 썼지만, 그가 발문에서 주목하는 점은 이재

"기생이 머리를 얹는 것은 본래 客의 뜻에 따라 풍족하게도 하고 박하게도 했는데 대원군이 백 스무 냥으로 정하였다. 무릇 妓夫로 되는 자는 두어 종이 있다. 各 殿의 別監, 捕盜軍官, 政院使令, 禁府羅將에서 각 宮家와 왕실의 외척(戚里) 집 傔人 및 무사를 제한 외에는 모두 기부로 되지 못하였다. 대원군이 금부와 정원의 隸는 다만 娼夫가 되는 것을 허가할 뿐 관기의 주인이 되는 것은 허가하지 않았다."

궁과 매우 다르다.

> 李又響 학사가 모으고 편집하여 나에게 跋을 부탁하였다. 곧 좌석
> 에서 읽어보니 調의 쟁그랑 울림은 쇠를 치고 돌을 부딪치는 듯하
> 고, 氣의 모습은 검이 번득이고 별빛이 쏘는 듯 하다. 境의 넘쳐흐름
> 은 이슬이 꽃에 날고 노을이 달을 침범하는 듯하고, 光의 빛남은
> 풀빛이 옥빛으로 짙고 물이 푸르게 출렁이는 듯 하다. 한 言 한 字도
> 情에 근본하지 아니함이 없으니 그 情을 다 꿰뚫음은 비록 심상하게
> 사람을 그리워하고 옛날을 기억하는 시라 하더라도 진실로 竹枝·
> 棗竿·靡靡의 울림과는 다르다"[15]

안광묵은 담운의 시에서 "쇠를 두드리고 돌을 부딪치는 듯 쟁그렁 울
리는 맑고도 강렬한 곡조, 검이 번득이고 별빛이 쏘는 듯 날카롭고 예리
한 기세, 이슬이 날다 꽃에 떨어져 자욱이 퍼지고 노을이 달을 물들이는
듯 넘쳐흐르는 경계, 옥 같은 풀빛이 점점 짙게 흔들리고 짙푸른 바닷물
이 넘실넘실 출렁이는 듯한 광채"를 주목한다. 안광묵은 담운의 시에서
날카롭고 예리하고 충만한 시적 경계를 읽어낸다. 또한 "한 글자 한 단어
모두 情을 근본으로 한다"고 한다. 담운의 시에는 동료 기생의 삶을 날카
롭게 관찰하고 그 현실을 비판적 어조로 형상화하는 모습이 보인다. 그는
동료 기생들의 삶을 통해 강한 정감의 연대를 체득한다. 이 작품들은
「금릉잡시」와는 다른 시적 경계를 형성한다. 안광묵은 「금릉잡시」를 주
목한 이재궁과 달리 기생의 삶을 적나라하게 표현한 작품을 주목하여

---

15) 安光默, '只在堂稿跋', "李又響學士裒輯錄梓之 而屬余以篇尾. 即於座上讀之, 調之鏗然,
金舂而石戛也, 氣之態然, 劍花而星芒也, 境之盎然, 露浮花而霞侵月也, 光之燁然, 草碧
色而水綠波也. 一言一字, 莫不根乎情, 而其情之所貫輸, 則雖尋常懷人, 憶舊之作, 固不
同于竹枝棗竿靡靡之響也."

평가하는 듯 하다. 안광묵이 누구인지는 아직까지 밝힐 수 없었다. 만약 그의 신원이 밝혀진다면 대원군과 이재긍으로 이어지는 기생 담론과는 다른 또는 차별적인 담론의 형성과 기반을 찾을 수 있을 듯 하다. 이는 과제로 남긴다.

그런데 이능화는 담운의 시를 그리 높게 평가하지 않았다. 이능화는 『조선해어화사』에서 담운에 대해 "약간의 詩名이 있고 또 柱聯을 능히 썼으나 대단치는 않았다"고 한다. 또한 차산과 직접적인 교류가 있었음을 밝히고 있다. 이능화는 갑신년(1884년)에 금릉의 水明樓로 차산을 찾아갔다고 한다. 차산은 1882년 11월 8일 康津縣 古今島에 유배를 갔다가 거의 일 년 만에(?) 풀려나 한양으로 올라갔다. 그 후 한양 생활을 접고 고향 김해로 내려왔다. 이능화가 차산을 방문하였을 때는 바로 이 시기이다.16) 그때 수명루 벽에 미인도가 걸려 있었고, 그림 위에는 聯句로 된 畵題17)가 있었는데 바로 담운이 쓴 글씨였다고 한다. 그런데 이능화는 그림과 글씨보다도 聯句가 걸작이었다고 생각하였다. 그리하여 작가를 물어보니 자리에 있는 손님들이 모두 담운이 지은 것이라고 했고, 차산도 머리를 끄덕였다고 한다. 그러자 이능화는 "鬐蘇가 朝雲을 위해서 이름을 걸고 내기를 하였다는 말을 못 들었는가"라고 하여 차산을 핀잔한다. 그는 담운의 실력으로 지을 수 있는 작품이 아니라고 생각하였던 듯 하다. 이능화가 담운의 시를 평가하는 기준은 이재긍과 매우 다르다.

『조선해어화사』를 통해볼 때, 이능화는 기생이 자신에게 부여된 기생으로서의 사회적 정체성을 능히 수행하며 쓴 시들을 주로 選한 듯 하다.

---

16) 『근세조선정감』의 평을 쓴 시기는 1884년경이지만 불분명하다. 이능화가 수명루를 방문하였을 때가 1884년경 어느 때 인지 밝혀지면 『근세조선정감』의 평을 쓴 시기가 분명하게 고증할 수 있을 듯 하다.

17) 有恨不言內心事 無情如對夢中人.

그런데 담운의 한시는 매우 담박하다. 또한 자신의 기생으로서의 삶을 매우 날카롭고 비판적으로 표출한다. 이능화의 詩眼에 담운의 담박하면서도 비판적인 시는 기생으로서의 좋은 시가 되지 못한 듯 하다. 이능화가 『조선해어화사』를 출간하던 1920년대는 기생에 대해 이재긍의 시대와는 다른 기대와 기억을 한 시대였던 것이다. 대원군이 기생을 예기로 기르려한 반면, 이능화는 일반 여성과 기생으로 신분에 따른 분별을 하고 이 신분에 따라 기생의 이미지를 하나의 방향으로 고착화시키고 있었던 듯 하다. 그렇다면 『조선해어화사』에 나타나는 기생들의 모습은 이능화라는 또는 신분제에 의해 일반여성과 기생을 철저히 이분법적으로 구획하던 근대의 시대적 분위기가 만들어낸 像은 아닐까 생각한다. 따라서 오늘날 우리가 그 모습을 통해 기생의 본래의 모습을 찾으려 한다면 조선시대의 기생의 실재와는 거리가 멀어질 것이라는 반성을 해볼 필요가 있다. 실재 『지재당고』는 매우 다양한 기생의 정감과 의식을 보여준다.

한편, 尙友라고 밝힌 인물은 '只在堂小稿'[18]에서 "音調溜溜, 一洗粉脂, 天姿嫣然, 如見其爲人"라고 하여 지분기를 씻어낸 이미지로 담운의 시를 표현한다. 동시에 상우는 담운을 기생으로 대우하고 희롱조의 어투를 보인다. 그리고 상우의 序 뒤에는 '無號人 添足'의 시[19]와 '蘇野'의 시[20] 두 수 붙어 있다. 첫 수는 녹규관에서 담운의 시를 편찬했다는 말을 듣고

---

18) "余在京師, 聞綠葵館主人, 梓金陵女士姜澹雲之詩, 而未及見之. 自湖南旅游嶺外, 轉而至金陵. 留月餘, 羈懷泠寂, 苦無以消愁. 人有袖只在堂稿一卷來曰, '此澹雲詩 而綠葵館新本也'. 余欣如舊友之相逢於天涯. 受言莊誦, 妄加評騭, 音調溜溜, 一洗粉脂, 天姿嫣然, 如見其爲人. 余誦袁蒼山話中, 逢心不稱如花貌, 金屋難貯沒字碑, 若澹雲者, 又何愧哉. 此卷當携歸故山, 熱香啜茶, 與意中人賞之, 爲我語澹雲氏, 以託神交焉. 只在堂小稿終. 戊寅季冬, 尙友書."

19) "綠葵館裏播新詩, 梓出蠅頭一册奇, 世笑法言還覆瓿, 澹雲何物製何辭."

20) "玉瀲芙蓉初發時, 探香飾藻幾男兒, 男兒腔子如無定, 佳句爲媒志自移."

세상 사람들은 법언도 장독덮개가 된다고 비웃는데 담운은 어떤 인물로 어떤 말을 지었는가 묻는다. 둘째 수는 남자의 마음은 좋은 글귀 따라 옮겨 간다고 하여 자신이 기생 담운의 시에 반했음을 표현하고 있다. 역시 상우와 비슷한 어투의 농조로 담운을 표현하고 있다. 이재긍이나 안광묵 그리고 이능화 등이 담운의 호 只在가 배전의 호 此山과 짝하여 賈島의 시 "只在此山中"에서 왔음을 밝히는 데에 반해 상우를 비롯한 이들은 이 사실을 언급하지 않고 있음도 담운을 다만 기생이라는 신분으로 희롱조로 대우하고 있음을 말해주는 듯 하다. 이렇게 담운의 시는 동시대에도 서로 다르게 담론화되고 있었던 듯 하다.

3. 名妓의 내적 성찰과 그 억압의 서사

현재 담운의 생몰년은 정확히 고증할 수가 없다. 다만 담운은 여러 차례 '15세에 부부가 되어 16세를 넘기지 못했다'고 한다. 머리를 올리자마자 차산이 서울로 떠난 것을 의미하는 듯 하다. 白春培도 차산이 담운을 첩으로 두고 곧 서울로 올라와서 그녀를 그리워하는 모습을 희롱하여 시로 형상화하고 있다.21) 차산이 서울로 떠난 것은 1873년 그의 나이 31세 경이므로22), 담운과 차산은 15세 정도의 나이 차가 나는 듯 하다. 그렇다면 담운의 출생은 1857년쯤(?)이 아닌가 한다. 그런데 배전이 남긴 詩나 『此山筆談』23) 등의 文, 그리고 배전을 포함한 영남 문인 7인의 시를

---

21) 『朝野詩選』(규장각 소장본).

22) 차산은 10년을 서울에서 떠돌았다는 내용이 자주 반복된다. 또한 1874년 이재긍이 대교가 되었을 때에 담운이 그에게 올린 시가 있음으로 보아 이 때에 이미 차산이 서울에 있었음을 알 수 있다.

모은 『山南鼓吹』[24] 등을 통해서도 담운의 죽음과 관련한 흔적을 찾을
수 없다. 담운은 1899년 차산이 죽은 이후에도 생존하였을 듯 하다. 그렇
다면 그녀는 1894년 갑오개혁과 함께 조선시대의 관기제도가 허물어지
는 모습을 지켜보았을 듯 하다.

    憶昔
    憶昔復憶昔 옛날을 생각하고 생각해보니
    生長柳營春 평안도 병영에서 생장하다가
    八世隨慈母 8세에 어머니를 따라
    乘潮南渡津 조수를 타고 남쪽 나루를 건넜네
    誤落盆城館 분성 객관에 잘못 떨어져
    句欄委此身 창가에 이 몸을 맡겼네
    何曾拂菱花 어찌 일찍이 거울을 닦았으리오
    今朝着綺羅 오늘 아침에야 비단 옷을 입었네
    朦朧回雪舞 희미하게 눈이 휘날리듯 춤추고
    溜浣遏雲歌 낭랑하게 가던 구름도 멈추게 노래 불렀지
    (하략)
    西園獨樹花 서쪽 뜰의 외로운 나무에 꽃이 피니
    蜂蝶何紛紛 벌과 나비 어찌나 분분한지
    東山有謝傅 동산에 사부가 있어
    長歌懷白雲 길게 탄식하며 은거를 생각하네
    折釵難孤約 비녀를 꺾고 약속을 저버리기 어려웠는데
    半鏡合如期 반쪽 거울 기약한 듯 합하였네
    松柏鬱蒼蒼 소나무와 잣나무의 울울창창은
    風雪歲寒知 눈보라친 뒤에야 그 의지가 드러나리
    (하략)

---

23) 임형택 편, 『여항문학총서』 10권, 여강출판사, 1991.
24) 규장각 소장본.

　담운의 삶은 8세의 어린 나이에 기생이 되면서 이미 일정한 방향으로 규정이 되었다. 그녀는 5언 48구의 고시 「億昔」에서 기생으로서의 자신의 일생을 장편의 긴 호흡으로 서술한다. 담운은 평안도 병영에서 태어나 8세에 어머니와 함께 배를 타고 김해로 들어왔다. 그녀가 어떻게 북쪽 평안도에서 남쪽 끝 김해에까지 흘러 들어오게 되었는지는 알 수가 없다. 하지만 '분성 객관에 잘못 떨어져 句欄에 몸을 맡겼다'고 한 것으로 보아 김해로 들어올 때에 이미 그녀의 처지는 낙백한 신세였던 듯 하다.

　이렇게 8세에 기생이 된 담운은 15세에 머리를 올렸다. 기생이 된 담운의 삶은 차산을 만나 또 한번의 굴절을 겪는다. 그녀는 눈이 흩날리듯 아름다운 춤을 추고, 가던 구름도 걸음을 멈추게 할 정도로 노래를 잘 불렀다. 그러다가 "부용꽃 핀 물가에서 아름다운 배를 띄우고 놀다가, 비단 주렴 드리운 연자루의 놀이에 참여하다가, 15세에 군자를 만나 머리를 올리고 평생을 칭칭 동여매듯 얽혀서 살리라"(畵舫芙蓉水, 緗簾燕子樓, 十五逢君子, 結髮意綢繆, 那堪妾薄命, 離鴻顧侶儔 : 억석) 생각했다. 그런데 차산은 일년도 안 되어 자신을 떠나 멀리 서울을 떠돌았다. 담운은 이러한 곡절에 따라 換韻을 하며 자신의 일생을 절절하게 형상화한다. 「億昔」뿐만 아니라 「感懷」등『지재당고』에는 자신의 삶을 회고할 때면 장편고시의 긴 호흡으로 변하는 담운의 모습을 볼 수 있다. 그 서사의 내용 역시 비슷하게 구성되어 담운의 일생이 어떻게 굴절되었으며, 왜 그녀가 자신의 삶을 장편 고시로 회고할 수밖에 없는가를 사실적으로 살필 수 있다.

　서사의 후반은 대부분 차산에 대한 그리움과 節操로 이어진다. 차산은 1884년 40세 경이 되어서야 다시 김해로 낙향한다. 그 기간동안 담운은 외로운 신세가 되어서도 스스로 처신을 단속하며 그를 기다린다. 그러나 차산이 떠나자 관기 담운의 삶은 평탄하지가 않았을 듯하다. 서쪽 동산의 외로운 나무에 꽃이 피니 벌과 나비가 분분히 날아온다. 아무리 벌과 나비가 꽃을 유혹한다하여도, 아무리 술자리에서 손님들이 유혹한다하여도, 그녀는 동산에 있는 낭군을 생각하며 길게 탄식하고 자유로이 오고 가는 흰 구름을 생각하고 부러워할 뿐이다. 그녀는 소나무와 잣나무의 울창한 절조는 눈보라가 치는 한 겨울이 되어야 알 수 있다고 하며 차산이 자신의 마음을 알아줄 날이 있으리라 기약한다. 그녀의 마음은 애간장이 끊어지는 듯하지만 그러나 담운의 회고는 차산에 대한 절조라는 일정한 방향으로 자신의 의지를 다짐한다. 담운의 시에 나타나는 차산에 대한 정감은 기생이 연행공간에서 직업적으로 부르는 형식적이거나 수사적인 표현이 아니다. 담운의 차산에 대한 시는 매우 현실적인 삶을 토로한 것이었다.

　이러한 담운의 일생에 대한 술회는 그녀가 스스로 자신에 대한 정보를 제공하는 것이라 할 수 있다. 담운은 스스로의 삶을 춤과 노래, 미모와 지조 등을 드러내고 부각하는 방식으로 구성하고 있다.『산남고취』에서 김해 문인 金太常은 담운의 집에서 술을 마신 일을 시화하면서 담운을 "김해의 名技"라고 주를 달았다. 그리고 담운이 詩뿐만 아니라 隷書도 잘 썼다고 하였다. 담운은 노래와 춤, 글씨 등의 재주뿐만 아니라 차산에 대한 한결같은 기다림 때문에 명기라는 이름을 부여받았을 것이다. 그녀는 기생이 된 자신의 불운에 대해서는 직접적으로 기술하지만, 또한 차산이 떠나고 난 뒤의 그리움과 인내의 고통에 대해서는 언급을 하지만, 차산에 대한 갈등이나 절조에 대한 회의는 직접적으로 언급하지 않는다. 오히려 절조를 강조할 뿐이다. 이러한 담운의 서사화의 태도는 기생의 인격이나 정체성을 名妓로 분류할 때의 기준을 강조하는 모습이며 또한 名妓라는 개념에 부합하는 틀로 자기의 삶을 구조화하고 있음을 말해준다. 조선시대의 기생에 대한 명기라는 명명은 하나의 사회적 실재를 구성하고 있었을 것이다. 명기라는 용어 속에 담겨 있는 구체적 실체는 사회적 삶 속으로 스며들어 담운의 기생으로서의 사회적 삶을 재구성하는 데에 영향을 미쳤을 것이다. 담운은 이렇게 명기 담론으로 자아의 삶을 서사화한다.

왜 담운의 장편서사는 자신의 일생에 대한 술회를 통해 명기 담론을 재생산하는 것일까? 담운은 자신을 명기라고 부르는 김해지방의 평판에 무감할 수가 없었을 듯하다. 이재긍이 담운의 시를 높이 평가하고 간행하였다는 점도 그녀가 명기 담론에 구속되는 삶을 살게 된 요인의 하나였을 것이다. 물론 그녀의 차산에 대한 애정도 관여하였을 듯 하다. 그러나 자신을 명기로 주체화하면서 담운은 자신을 매우 외롭고 소외된 주체로 이끌었던 듯 하다. 「億昔」이 자신의 삶을 전반적으로 서술한 것이라면 5언 26행의 고시 「述懷」시는 서울로 떠난 차산에 대한 정감과 담운의 소외의식을 집중적으로 형상화한다.

感懷
十五爲夫婦 열 다섯에 부부가 되어
芳年未破苽 꽃다운 나이 열 여섯을 넘기지 못했네
今朝明鏡裏 오늘 아침 거울보고
鑷白感年華 흰머리를 뽑으니 세월을 느끼네
黃鵠擧何遠 고니는 얼마나 멀리 날아갔나
離鴻天一涯 외로운 기러기는 하늘 한 끝에 있네
濯濯門前柳 반드르르 윤기 나는 문 앞의 버들
栽時不勝鴉 심을 때는 까마귀를 감당하지 못하여
思君敢剪伐 님을 생각하며 감연히 잘랐는데
軒昂十圍過 어느새 헌걸차게 자라 열 아람이 넘었구나
一雙白翎鵲 한 쌍의 흰 깃털 까치가
雙飛繞枝柯 쌍으로 날아와 나뭇가지를 돌더니

辛勤含欄木 부지런히 썩은 가지를 물어다가
五日成半家 오일만에 반쪽 집을 지었는데
一旦雄飛去 하루아침에 수컷이 날아갔으니
悲鳴奈爾何 슬피 운들 너를 어이할까
郞人不可見 낭군은 볼 수 없고
參星倏西斜 삼성은 재빨리 서쪽으로 지네
秋風拂羅幕 가을 바람은 비단 휘장을 흔들고
白露下庭莎 흰 이슬은 뜰 풀에 내리네
促織東鄰女 베를 짜는 동쪽 집 아낙네
戞戞弄機梭 삐거득 삐거득 북과 베틀을 놀려
織出鴛鴦錦 원앙 금침을 짜서
雙刀剪不差 쌍 칼로 어긋남이 없이 잘라
添寄兩行淚 두 줄기 눈물을 보태어 부치니
願君好摩挲 그대 잘 어루만져 주시오

   담운은 차산이 떠난 10여 년 간을 떠나간 님에 대한 그리움과 이별의
고통으로 세월을 보냈다. 마당에 심어둔 나무에 까마귀가 앉기에 불길한
마음이 들어 과감하게 잘라 버렸는데도 어느 덧 세월이 부쩍 흘러 그
나무는 헌칠하게 자라서 열 아람이나 되었고 그 가지에 까치가 집을 짓고
있다. 그런데 그 나무에 집을 짓던 까치가 수컷에게 버림을 받는 모습을
보며 그녀는 자신의 신세를 떠올린다. 그녀는 자신을 차산에게 버림받은
처지로 생각한다. 그녀는 다시 밤새도록 짠 비단으로 옷을 마름질하여
장안의 낭군에게 보내며, 눈물까지 보태어 보내는 자신의 심정을 어루만
져달라고 호소한다.

   차산은 담운의 머리를 올려주고 금방 서울로 떠나간 뒤 오래도록 돌아
오지 않아 담운을 무척이나 괴롭혔던 것 같다. 실제로 차산과 머리를
올리고 난 뒤의 담운의 생활은 이별의 연속이었던 듯 하다. 그리하여

『지재당고』에서 담운은 오랜 세월동안 기다림의 주체로 존재한다. 이때의 명기 담운의 삶은 여느 양반과 기생첩에게서 발견되는 '정형화된 사랑', '관습적인 사랑'의 형태와 별반 다를 바가 없어 보인다. 담운은 기생첩으로서의 매우 일반적인 삶을 살아갔던 듯 하다. 이러한 시상은 담운의 시 곳곳에 보인다. 그녀의 기다림은 명기라고 하는 사회적 평판에 부응하는 사회적 삶을 재구성하는 것과도 무관하지 않을 것이다. 명기나 기생첩의 행동은 매우 제한적이고 규제적이라고 할 수 있다. 담운은 명기로서의 삶을 선택하고 스스로의 성찰에 의해 받아들임으로서 정형화된 사랑, 관습적인 사랑의 삶에서 조금도 벗어날 수 없게 되었다. 담운의 태도는 대원군이 관기를 예기로 기르려던 의지나, 관기와 창기를 구분하고 통제하려던 기생정책과도 부합되는 듯 하다. 그녀는 차산을 통해 새로운 사회적 분위기를 흡수하였을 것이다. 그러나 담운은 여전히 대원군이 관기와 창녀의 구분을 명확히 하고 관기제도를 복원하려 시도하였던 자장 안에서 자신의 정체성을 구성하려 한 듯하다. 담운은 자아의 정체성을 명기에 두면서 기생 사회를 통제하는 권력과 제도에 스스로 융화되어 간 듯 하다. 이 시기는 관기에 대한 규제가 마지막으로 다시 한 번 강화된 시기였던 듯 하다.

4. 기생첩, 그 가부장제의 외부자

차산이 서울로 떠난 것은 과거를 보기 위함이다. 차산이 처음 과거를 보러 서울로 떠날 때는 담운도 그에게 청운의 꿈을 이루라고 격려를 하였다. 담운의 몸이 약하여 길을 떠나는 차산이 걱정을 하자, 담운은 자신의 약한 모습은 원래의 병 때문이지 님을 보내는 근심 때문이 아니라고 하여 차산을 안심시킨다. 그리고 '난과 사향이 귀한 줄 모르고, 계수나무 향기에 젖기를 바란다'고 하여, 나는 호화와 사치도 원치 않으니 그대는 걱정하지 말고 靑雲의 꿈을 이루라고 하며 차산의 발걸음을 가볍게 한다.('送山郞赴試臨江賦別') 또한 "아득히 밭머리로 흰 구름 날고 / 필마로 서쪽으로 가는 사람 어느 날 돌아올건가 / 못 가 객관에서 정을 끌던 손님들은 흩어지고 / 할미새 고개에서 아득히 바라보니 도와 줄 형제는 멀어졌네 / 등잔불 가물거리는 밤 귀뚜라미 소리는 어찌나 괴로운지 / 찬이슬 내려 부용꽃은 점점 시들어가네 / 용문에서 모름지기 길을 얻어야 하니 / 산에 들어가며 입을 옷을 만들지 못하겠네"('送別')라고 하여 자신은 손님이나 형제와도 어긋나고 잠 못 들고 괴로운 밤을 보내지만 차산은 과거에 급제하여야 한다고 과거에 상당한 기대를 하였던 듯 하다.

　이러한 담운과 차산의 관계는 멀리서 외직으로 왔거나 변방으로 수자리를 나왔거나 하여 술자리에서 만난 기생과 남성의 일회적인 만남과는 다르다. 물론 담운이 평안도에서 김해로 흘러들어 왔고 배전 역시 부친 대에 김해로 들어오기는 했지만 그들은 같은 고장에서 자라고 이후 만나서 연인이 되었다. 물론 전자의 만남은 기생과 남성의 만남을 공식적으로 인정하는 것이지만 매우 일회적인 만남이다. 그러나 담운과 차산의 관계는 공식적으로는 인정을 받지 못하는 관계이지만, 같은 향리를 배경으로 하여 매우 현실적인 삶으로 이어지는 기생첩과 연인의 관계이다. 또한 담운은 차산에게 一心人이라는 말을 들었다. 차산은 담운을 위해 시집 간행을 주선하고 스스로 그 시집의 교정을 본 뒤 '一心人 裵此山校'라고 하여 자신의 마음을 보였다. 지금 남아있는 『지재당고』는 이러한 차산의 노력에 의해 이루어진 것이다. 그들의 관계는 분명 여타의 남성과 기생첩의 모습에서는 보기 드문 양상으로 주목할만하다.

　그런데 차산은 십 년이 되어도 돌아올 줄을 몰랐다. 담운은 그 차산을 마냥 한결같은 마음으로 기다릴 수 없었다. 그의 시집 도처에서는 처음의 격려가 원망으로 바뀌어 나타난다. 그녀는 "어디서 왔는지 한 쌍의 나비 / 노란 옷 입고 나풀나풀 날아와 / 밤마다 꽃 사이에서 자고 / 아침마다 꽃 속에서 날아오르네.....장안으로 떠난 나그네는 어찌하여 돌아올 줄 모르는가"('雙蝶') 한탄을 한다.

또한 담운의 차산에 대한 시선은 매우 모호하게 변화한다.

> 秋夜寄長安 2수, 3수 中
> ....
> 念君爲客在長安 그대가 객이 되어 장안에 있음을 생각하니
> 依舊綈袍范叔寒 예전 須賈에게 명주 도포를 받던 范雎처럼 썰렁
> 하리라.
> ....
>
> 縱有登龍門戶熱 서둘러 용문의 뜨거운 곳에 오르려하나
> 誰憐彈鋏布衣生 누가 영달을 구하는 포의서생을 가여워 하리오
> 頃田負廓歸田好 비옥한 땅으로 돌아옴이 좋겠으니
> 相印元來六國輕 재상의 재목은 원래 제후의 나라를 가벼이 여겼
> 다오

이제 그녀는 차산이 급제하리라는 꿈을 버렸다. 또한 차산에게도 그 꿈을 접고 돌아옴이 마땅하다고 달랜다. 그녀는 차산의 현실을 매우 적나라하게 보고 있는 듯 하다. 실제 차산은 이즈음 한양에서 오로지 과거를 위해 노력했던 것이 아니었다. 그는 일찌감치 과거를 포기한 강위 등 육교시사의 여항인들과 교유를 맺었고, 박제경 등 개화파 인물들과도 교류를 하였으며, 대원군이나 이재긍 등 종실과도 관계를 가졌다. 이들에게 차산이 어떤 존재였는지, 차산이 서울에서 어떤 삶을 지냈는지는 더

고찰할 과제이다. 그러나 분명한 것은 남쪽 변방 김해에서 온 차산이 서울의 인물들에게 멸시를 받기도 하였다는 점이다. 차산이 1882년경 유배를 간 원인도 자신을 무시하는 인물에 대한 갚음이 화근이었다. 서울에서의 차산의 생활에는 매우 굴욕적인 면도 있었던 듯 하다. 그래서 그녀가 고향 성 교외에 비옥한 땅이 있고 더구나 재상의 재목은 한낱 제후의 나라에서 벼슬하는 것을 달갑게 여기지 않았다고 하여 차산을 달래는 것은 매우 객관적으로 차산의 현실을 관찰하고 길을 제시한 것이라고 할 수 있다. 차산이 과거를 포기하고도 한양에서 머무는 것은 다른 관심사 때문이었겠지만 그 관심사가 차산의 욕망을 실현시키기보다 굴욕적이고 비참하게 할 뿐이라고 담운은 알고 있었던 듯하다.

차산이 다시 돌아왔을 때에 담운의 나이는 20세 중반쯤이었던 듯 하다. 그런데 차산의 말년의 삶은 매우 초라했던 듯 하다. 차산은 자신의 시 곳곳에서 그 사실을 토로하는데, 담운의 시에서도 그 모습을 찾아볼 수 있다.

嘲山郎醉頹
翡翠簾香琥珀釵　비취빛 주렴, 향기로운 호박 비녀
玉環珊珮價高低　옥가락지, 산호, 값이 얼마이건
偸將典飮誰家酒　훔쳐다가 누구 집에 맡기고 술을 마셔서
躑躅花前醉似泥　철쭉 꽃 앞에 진창 취해 있소

다시 만난 담운과 차산이 함께 지낸 시간이 어떠한 것이었는지는 의문이다. 그녀의 패물을 몰래 가져다가 맡기고 진창 취하도록 술을 마신 이는 바로 차산이다. 차산의 모습이 매우 적나라하다. 담운의 시에는 그녀가 호계 서쪽에 집을 새로 마련한 이야기도 있다. "호계 흐르는 물 서쪽 마을에 / 새로 띠 집을 지으니 먼지 한 점 없네 / 어젯밤 봄바람

불고 비가 지나가더니 / 담장 너머엔 꽃을 구경하는 사람들 많네"(卜築)라고 하여 자신의 맑고 깨끗한 띠 집과 그 집에서 담장 너머로 흩날리는 꽃구경을 하는 사람들을 한가하게 바라보는 모습을 표현하기도 한다. 담운의 생활이 어려웠던 것 같지는 않다. 그러나 차산은 김해 관아의 정자인 함허정에서 묵었다는 기록이 있다. 차산이 관아의 함허정에 머물렀던 것은 그가 서울에서 내려온 40대 이후의 일로 그곳에서 그는 학생들을 가르쳤던 듯 하다. 만약 차산이 김해 관아의 함허정에서 실재 학생들을 가르쳤다면 그의 생활은 그리 넉넉했을 듯 하지 않다.

담운이 이러한 차산을 향해 명기 담론을 지키며 기대한 것은 무엇인가? 담운이 차산에게 기대한 것은 가족과 고향이었던 듯 하다.[25] 담운의 한시에는 떠나온 고향에 대한 향수가 자주 보인다. 그러나 그녀는 "남월이 이상향이라 한들 내가 살 곳이 아니니, 떠돌다가 머무는 병주도 몸을 붙여 살게 되면 곧 고향이라"는 옛 시인의 말을 생각하며 자신도 그렇게 살고자 한다. 그녀는 17세에 함께 김해로 내려온 어머니를 잃었다. 모친상을 당하고 삼 년을 울며 지냈던 그녀에게 김해는 마음을 붙이고 살아야 할 곳이었다. 그 근저에 차산이 있었다. 그녀는 차산과 만난 김해를 고향으로 여기며 살아가리라 마음먹는다. 그러나 그녀는 낙엽이 뿌리로 돌아가듯 죽는 날 누가 나와 한결같은 마음을 가진 사람일까 반문한다. 차산이 과연 자신의 일심인일까라고?

晴雷閣外送斜陽 청뢰각 너머로 석양을 보내니
內將臺前月似霜 내장대 앞 달이 서리 같구나
往來多少松京旅 오가는 많은 송도 나그네들

---

25) 다음 시도 이 모습을 보여준다. "爛木隨靑鵲, 新泥逐玄禽, 辛勤開一屋, 俱是養雛心, 母鷄毛盡竪, 尾隨八九兒, 搏犬忘吾弱, 藉重在多兒"('獨日書懷')

玉笛梅花望故鄕 매화아래서 옥피리 불며 고향을 그리네

南山寒食草離離 한식날 남산엔 풀이 무성한데
士女紛紛上塚時 여인들 분주하게 무덤으로 올라갈 때
儂向此中無哭處 나는 여기서 곡할 곳이 없어
隨人有淚一般悲 남들 따라 눈물 흘리니 슬픔은 한가지

　첫 수는「금릉잡수」제31 수이다. 청뢰각 너머로 석양이 넘어가고 이어
서 내장대 앞으로 달빛이 서리 같이 환하게 떠오른다. 저녁이 되니 왕래
하던 많은 송도의 나그네들이 매화꽃 아래에서 옥 피리를 불며 고향을
그리워한다. 북쪽에 고향을 두고 온 담운도 송도 나그네의 피리 소리를
따라 고향을 그리워한다. 석양 빛, 서리 같은 달빛, 매화, 피리 소리가
담운의 시린 마음을 대신하여 어루만진다. 이 그리움은 다음 수로 이어진
다. 제 32 수. 한식날이 되자 남산에는 풀이 무성하고 일반 여인들은
벌초를 위해 바쁘게 산소로 올라간다. 하지만 그녀는 곡할 곳이 없어
눈물을 흘린다. 그러면서도 그들이나 자신이나 슬픔은 매한가지라고 자
위한다. 어린 나이에 어머니를 따라 남쪽으로 와서 기생이 되었기 때문에
여기에는 일가붙이가 없다. 어머니는 17살에 돌아가셨는데 어머니 산소
마저 없는가?(十七違慈母, 三年涕未收, 迢迢北邙上, 白楊對一抔 : 억석)
부평초 같은 삶에 대한 허전함이 독특한 의상으로 강하게 드러난다.[26]
이렇게 담운의 시적 경계는 다른 시에서는 보기 힘든 의경을 담고 있다.
그가 차산의 첩이 되었다 해도 그는 여전히 20여 년 간을 지루하게 청루
를 지키고 있고 남들은 가족이나 조상의 끈으로 묶여 있는데 그녀에게는

---

26) 담운의 시에는 한식날 풍경이 몇 수 있다. 하나는 한식이 되어 담운이 동료 기생의
　　무덤을 찾는 것이고 하나는 자신의 혈혈단신의 고독감 소외감을 표현하는 것이다.
　　가족을 갖지 못한 기생의 소외가 절절하게 드러난다.

그것이 없다. 그녀는 무연고자다. 위의 두 수 외에도 담운은 34수의 연작시 「금릉잡시」에서 금릉 사람들의 삶을 끊임없이 자신의 삶과 오버랩시킨다. 그것은 그의 외로움과 고독감 그리고 가족을 향한 동경이 바탕에 있었던 듯 하다. 가부장제의 외부에 던져진 기생첩의 소외된 삶이 선연하게 드러난다. 그가 『金陵雜詩』에서 끊임없이 금릉 사람의 일상을 주시하고 다시 자신의 삶으로 되돌아오는 것은 자신의 삶의 고립감을 극복하려는 몸짓으로 보인다. 자신의 삶에 대한 두려움과 고독감은 이렇게 출구를 찾고 있었지만 그녀는 끝내 그 출구를 찾지 못한 듯 하다. 담운은 차산에게서 가족과 고향을 얻기를 바랐다. 그러나 차산도 기생첩인 그녀에게 가족을 만들어주지 못했다. 그녀에게는 『只在堂稿』를 남길 당시까지 자식도 없었던 듯 하다. 차산도 평생 아들이 없이 딸만 셋이었다고 하니 아마도 담운은 자식을 낳지 못했던 듯 하다. 차산이 담운에게 해줄 수 있는 것은 별로 없었던 듯하다.

5. 에로티시즘으로부터의 소외

暮春
殘花眞薄命 시든 꽃 참으로 박명하여
零落夜來風 밤 바람에 영락했네
家僮如解惜 아이는 애석한 듯
不掃滿庭紅 뜰 가득한 꽃잎을 쓸지 못하네

담운은 『只在堂稿』에서 시든 꽃이 떨어지는 모습과 자신의 삶에 대해 薄命이라는 표현을 여러 번 한다. 꽃이 아름다움을 한껏 발하는 듯 하더니 밤바람에 금방 지고 말아 그 허약함에서 박명을 느낀다. 꽃과 자신은 같은 모습이다. 차산을 만나 만개한 듯 기뻤으나 그 기쁨은 흔적 없이 사라지는 기쁨일 뿐이었다. 그녀의 박명은 15세에 차산과 인연을 맺었으나 그가 금방 떠나버린 데에 대한 느낌이다. 15세 꽃 같은 나이에 머리를 올리자마자 10년 간이나 버림을 받은 기간 동안, 담운의 기생으로서의 삶은 매우 위태로웠을 듯 하다. "봄 빛 갑자기 영락하니, 비바람 불어도 의지할 곳이 없구나"라고 하여 기녀로서의 그녀의 신세를 한탄한다. 그러면서 그녀는 어느 새 나이가 들어가고 있었다. 이러한 담운의 자기 정체성에 대한 성찰은 매우 간결한 운율로 재구성된다. 이 모습에서는 명기 컴플렉스가 다소 약화된다.

戲贈玉蓖
故作嬌羞背玉郞　일부러 교태와 수줍음 지으며 낭군을 외면하고
羅衣欲解更商量　비단 옷고름 풀려다가 다시 생각하는 듯
暗移紅燭歸屛外　몰래 촛불을 병풍 너머로 옮겨놓고
斜拔金釵擲枕傍　비스듬히 금비녀 뽑아 베갯맡에 던지네
楊柳細腰攀甚軟　수양버들 같은 가는 허리, 부여잡으니 부드럽고
桃花雙臉語猶香　도화꽃 같은 두 뺨, 말마다 향기롭네
烹茶爛熟窓全曙　차를 다리자 창은 완전히 새었으니
誰囑叉鬟無跡行　어느 계집종에게 부탁하여 흔적이 없게 할꼬

　그녀도 이렇게 농염한 기생의 모습을 보여주기도 한다. 그러나 기존의 성역할로부터 벗어나기 위해 애쓰는 모습은 더 이상 보이지 않는다. 기생첩은 연인과 정식 혼인관계 내에 있는 것은 아니지만 혼인관계 내에 있는 여성처럼 자기 규제적인 성 역할을 책임 있게 수행할 것을 요구받는다. 더구나 名妓라는 호명은 기생이 이점을 하나의 규율로 받아들이고, 그

규율을 내재화하기를 강조한다. 명기라고 하는 호명은 기생의 내적 충동
에 대한 통제를 암시하는 것이다. 물론 관기가 자신의 의지대로 이를
실천에 옮길 수 있는 것은 아니다. 관기는 공가지물로 자신의 의지대로
자신의 성을 결정하고 통제할 수가 없다. 관기가 명기가 되는 것은 일종
의 규제를 넘어서는 행위를 의미한다. 그러므로 명기 담론에는 관기로
하여금 규율을 넘어서라는 무언의 암시가 깃들어 있다. 기생의 성 역시
역사적으로 구성되고 재구성되어온 인간관계와 사회적 제도의 장 속에
자리잡고 있다. 그리하여 대부분 명기 담론은 통제되고 규제 받는 순종적
인 기생의 육체를 생산한다. 이렇게 명기 담론은 기생의 성을 억압하고
소외시킨다. 그녀는 쾌락의 추구도 자발적으로 통제하였다.

그리하여 담운은 기생으로서 스스로 에로티시즘의 대상이 되거나 기
생으로서의 자신의 관능을 활용하는 적극적 욕망의 주체가 되는 길을
포기한다. 그녀는 끊임없이 자신을 단속하며 기생으로서의 자신의 처지
를 능동적으로 향유하거나 전유하여 그것을 능력으로 적극적으로 활용
하기보다 소극적인 주체가 된다. 오히려 그녀는 스스로 차산의 기생첩으
로서 에로티시즘과 자신의 삶을 분리하려고 애를 쓴 듯 하다. 그녀는
스스로 에로티시즘으로부터 단절되어 소외된 삶을 살았던 듯 하다. 그녀
가 이 소외와 단절을 느낄수록 담운의 시에는 서울로 떠난 차산에 대한
감정이 다양하게 오버랩 된다. 그것은 기생으로서의 자신의 삶을 매우
소극적인 주체로 길들여가는 방편이 된다. 그녀는 기생으로서의 자신의
처지를 능동적으로 향유하거나 적극적으로 이용하는 주체로 존재하지
못하였다. 아마 기생으로서 이러한 태도는 자신의 생활을 어렵게 하였을
것이다. 담운은 비록 중앙의 종실이 자신의 문집을 간행하는 행운을 만났
지만 여전히 김해라는 공간적인 변방에서 떠난 낭군을 기다리는 소외된
삶을 살고 있었고 신분적으로는 기생으로서의 자신의 에로티시즘이라는

능력을 활용하는 주체적으로 살기보다는 오히려 외면하는 소극적 주체
로 생활한다. 그녀의 소외되고 주변적인 삶은 이렇게 이중으로 겹쳐있었
다고 할 수 있다. 그녀는 어디에도 그녀의 마음을 붙일 곳이 없었다. 그녀
가 차산을 향해 그리움이 만겹이나 쌓인다고 한 것(四月黃梅雨, 斷盡寸寸
腸, 無聲枕畔淚, 滴滴濕羅裳, 連天錦江水, 蘭橈路何長, 深松彌勒菴, 褰裳
陟高岡, 弱水三千里, 巫山十二峰, 此情憑水說, 相思更萬重 : 億昔 中) 역
시 일상적 삶과 현실에 발을 붙이지 못하는 소외와 갈망이 겹쳐진 것이
다.

6. 동료기생의 비분과 섹슈얼리티의 재인식

담운의 시집에는 동료 기생의 삶이나 금릉 사람들의 일상이 매우 사실
적으로 형상화되어 있다. 이 시적 대상은 그의 작품의 반 수 이상을 차지
한다. 담운은 자신의 일생을 장편고시의 긴 호흡으로 서술할 때에도, 자
신의 내적 성찰을 담보하는 목소리를 낼 때에도 관찰자적 시선을 잃지
않았다. 이는 차산을 향한 시에서도 마찬가지이다. 이러한 시선은 나아가
그가 여타의 동료기생이나 금릉 사람들의 삶을 매우 사실적으로 형상화
하게 된 계기가 된다.

관찰자적 시선으로 구성된 담운의 시집은 매우 정감적이면서도 절제
된 객관성이 보인다. 그러나 그녀가 동료기생의 삶을 관찰하는 시선은
어느 시적 대상보다도 강렬한 정감의 분출을 동반한다. 담운은 동료 기생
의 삶에서 기생이라는 제도적 문제와 증오, 외로움 등의 인간적인 정감의
문제가 뒤얽혀 있는 관계망을 보았기 때문이다. 그리고 담운은 기생의
일상생활 속에 숨어 있는 억압의 기제를 발견하고 이를 낱낱이 드러낸다.

그는 동료기생의 삶의 일상의 형상화를 통해 제도적 구조적 문제로 기생의 삶을 성찰한다. 그는 이렇게 기생의 섹슈얼리티를 재인식하게 된다.

이 모습은 차산과의 관계에서는 명기라는 호명아래 매우 정형화된 주체로 존재하였던 담운이 동료 기생의 삶을 통해 자신의 사회적 실재에 대한 성찰을 경험하고 있음을 또는 토로하고 있음을 기대하게 한다. 담운은 동료 기생의 삶을 관찰하고 그들의 삶을 성찰하며 이를 통해 자신의 삶을 다시 성찰하는 출구를 만나는 듯 하다. 담운의 동료기생의 일상적인 삶에 대한 성찰은 자신의 기생으로서의 삶과 행위의 선택 그리고 실천의 수준에서 가속화되리라 기대하게 된다. 여기서 새삼 과연 담운이 관기제도가 철폐되는 모습을 보았다면 무엇을 생각하였는지, 그가 무엇을 하였는지 궁금해진다. 그러나 지금 남아 있는 담운의 시는 대부분 1877년을 전후한 그의 젊은 시절에 쓰여진 것이다.[27] 그러므로 담운의 시집에서는 관기제도가 무너지는 현실과 동료기생의 일상을 통한 자신의 일상에 대한 재인식의 편린은 찾아보기 어렵다. 오히려 담운의 시집은 관기제도가 무너지기 직전의 기생의 삶과 의식의 일단을 매우 섬세하게 형상화하고 있다.

담운은 그의 벗 취향이 병으로 어린 딸을 잃자 취향을 대신하여 곡을 하며 7언 절구 6수 연작시로 輓詩를 짓는다. 동료 기생의 어린 딸의 짧았던 생애와 그 어미의 애간장 끊어지는 애통과 비분이 24행의 긴 호흡 속에 애절하게 펼쳐진다.

代翠香哭女
阿母常離祖母隨　항상 어미 품에서 떼 놓고 할머니를 따르게 해

---

27) 시집 간행은 1877년경에 이루어졌지만, 그 이후에 쓰여진 듯한 작품도 있다. 그러나 정확한 연대를 고증하기는 어렵다.

床頭棗栗與糖梨　상위에 대추와 밤, 엿과 배 등을 놓아두었지
短簷秋日長如夏　처마가 짧으니 가을 해가 여름처럼 길어
往往嬌啼索乳時　너는 때로 여리게 울며 젖을 찾았지

滿眼悲來强抑悲　눈에 가득 슬픔이 차도 억지로 누르니
窓前一步若天涯　창 앞 한 걸음이 하늘 끝인 양 멀구나
潸淚恐傷慈母意　눈물 흘리며 어머니의 상심을 걱정하니
空階灑向落花枝　텅 빈 계단 깨끗하게 떨어지는 꽃가지를 향했구나

東鄰問卜北隣醫　동쪽에서 점을 치고 북쪽 마을에선 의원에게
　　　　　　　　보이니
醫道難醫卜不疑　의원은 고치기 어렵다 하고 점장이는 의심하지
　　　　　　　　않았지
路黑東風吹雨夜　칠흙 같이 어두운 길에 봄바람 불고 비 내리는 밤
爾爺恩薄汝安知　네 아비 박정함을 네가 어이 알랴

重泉路遠去應遲　황천길은 멀어 가기도 더딜텐데
倘是回頭戀母慈　배회하며 고개 돌려 어미를 찾겠지만
半烟半雨梨花月　배꽃에 걸린 달에 안개 비 뿌려
杳杳招招竟不知　멀리서 손짓해도 너는 끝내 모르리

深裹羅裳抱出門　비단 치마에 꼭꼭 싸안고 문을 나서
靑山一揷付荒原　푸른 산 거친 들판에 한 삽을 떠서 맡겼네
昨日嬉探斑篋裏　어젯밤 놀며 찾던 색동 상자 속
零紈片錦倍傷魂　떨어진 깁사, 조각 비단이 상심을 더하네

爾孃流落到江南　네 어미 영락하여 떠돌다가 남쪽에 이르러
憶事西床思不堪　네 아비 만난 일 생각하니 생각할 수가 없구나
他生莫作娼家女　다른 세상에서는 창가의 딸로 태어나지 말고
好向侯門做好男　부디 귀한 가문의 좋은 사내아이 되거라

1수, 어미가 기생으로 일을 다니느라 자식을 돌보지 못하여 외할머니 품에서 자라난 아기, 그 아기가 안쓰러워 대추와 밤 등 술잔치에서 남은 음식을 상에 놓아두고 오는 어미, 가을 해가 여름 해처럼 긴 날 젖을 제대로 먹지 못해 배고픈 아이가 그 어미의 처지를 아는 지 여리게 젖을 찾으며 칭얼대는 모습이 안타깝다. 기생과 그 자식의 처지, 기생의 안타까운 母情과 보살핌을 받지 못한 아이의 연약함이 과장 없이 사실적으로 형상화된 가운데에 연민과 슬픔이 절로 표출된다.

2수, 딸이 죽었다. 그러나 어미는 딸을 잃고도 눈물을 꾹꾹 참는다. 아이를 돌보아준 자신의 어머니가 손녀를 잃고 상심하는 모습이 걱정되어 마음놓고 울지도 못하는 것이다. 그러나 한 걸음을 떼기가 천리 길을 가는 양 힘들다는 無氣力과 아이가 놀던 계단은 텅 빈 채 떨어지는 꽃가지를 향해 있다는 空虛가 그녀의 절제하는 삶의 무게를 절절하게 대신한다. 1, 2수에는 할머니와 어미 그리고 손녀, 이 모녀 3대의 서로에 대한 依支와 憐憫이 짙은 울림으로 남아 있다. 모녀 3대의 연민과 배려에 이어 딸의 아비의 매정함이 형상화된다.

3수, 딸이 아프자 어미는 그 병을 고치기 위해 의원을 찾고 점장이를 찾으며 갖은 애를 썼다. 의원은 가망 없다고 하고 점장이는 고칠 수 있다고 하여 그녀를 좌절케 하고 부질없는 희망을 갖게도 했다. 봄바람이 불고 비가 내려 칠흙 같이 어두운 밤을 그녀는 절망과 희망을 넘나들며 정신 없이 뛰어다녔다. 그러나 딸의 아비는 한 번도 찾아보지 않았다. 기생의 몸에서 난 자식 특히 딸을 대하는 아버지의 태도가 잘 나타난다. 조선시대의 종모법은 그렇게 천출의 자식은 자식으로 여기지도 않았던 것이다.

담운은 이 세 수를 통해 기생의 개인적인 일상에서 출발하여 從母法이라는 정치적인 영역까지 나아간다. 기생의 개인적인 일상에서는 모녀

3대의 관계가 서로의 개별성을 존중하고 배려하면서 구성되고 있음을
먼저 이야기한다. 담운은 어린 딸의 여린 칭얼거림까지 포착한다. 이어서
기생의 몸에서 난 아이의 아비가 전통이나 관습 그리고 법규 등 정치적이
고 사회적인 양식에 따라 행위하고 있지만 그 양식에 따른 행위가 실상
얼마나 잔인하고 혹독한 행위인가를 직설적으로 표현한다. '너의 아비
박정함을 네가 어이 알랴'고 내뱉는 담운의 어조에는 분노가 배어나온다.
서로가 인간적인 관계 내부의 질서나 움직임을 따라 행위하는 것이 아니
라 전통이나 관습 등 인간적인 관계 외적인 국면에 따라 행위하는 것이
부당함을 깨닫는 순간, 담운의 동료 기생에 대한 연민이나 이웃에 대한
배려와 관심 역시 한층 더 분석적이고 치밀해질 것이다. 또한 자신의
기생으로서의 섹슈얼리티에 대한 인식 역시 한층 더 재고될 것이다.

　4수, 허망하게 떠나간 딸아이가 머나 먼 황천길로 쉬이 가지 못하고
어미가 그리워 자꾸만 이승을 돌아볼 듯하다. 그리하여 어미는 방에 들어
가지 못하고 마당을 서성인다. 그런데 때마침 배꽃에 걸린 달 위로 안개
비가 뿌려 먼 곳의 딸아이가 어미를 쉽게 보지 못할 듯하여 안타깝다.
딸의 영혼을 보내야하나 보내지 못하는 어미의 애절함이 절절하다.

　5수, 아이를 비단 치마에 꼭 싸안고 대문을 나가 푸른 산 거친 들판에
한 삽을 떠서 묻었다. 집으로 돌아와 아이가 가지고 놀던 장난감을 보니
어미의 가슴이 더욱 미어진다.

　6수, 마지막 수에서 담운은 아이 어미를 대신하여 기원을 한다. 그 기원
에는 아이의 어미의 삶을 생각하지 않을 수 없다. 아이의 어미는 영락하
여 이 곳 남쪽으로 흘러 들어와 기생노릇을 하며 천하게 살았다. 그러다
가 만난 아이의 아비는 함께 아이까지 낳았지만 그녀를 매정하게 외면하
고 버렸다. 담운은 이 일을 생각하면 말을 이을 수가 없다고 한다. 그래서
담운은 다른 세상에서는 귀한 집의 사내아이로 태어나 대접받고 살라는

간절한 비원을 한다. 기생의 외로움과 대물림, 거기에 더하여 사내아이와 비교하여 여자아이에 대한 홀대 등 정치적 제도적 문제가 담운의 필치에서 생생하게 살아난다. 담운은 동료기생의 어린 딸의 죽음 앞에서 기생으로서의 삶의 전반적인 문제를 재인식한다.

이렇듯 담운의 시에는 기생으로서의 자신의 애환보다도 자신의 동료인 다른 기생들의 삶을 매우 곡진하게 형상화한 것이 많다. 그녀는 한식날, 아리땁고 고운 자태와 노래 소리로 사랑을 차지했으나 죽은 뒤에는 아무도 찾아보지 않는 동료 기생 翠艶의 무덤을 찾아가 7언 절구 3수 연작시로 추모하며 그리움을 토로하기도 한다.('南山寒食哭翠艶墓') 또 13살날 어린 기생이 교육을 받고 相思歌를 부르는 모습을 보고 감회에 젖기도 한다.('竹枝詞') 물론 담운의 다른 기생의 삶에 대한 관찰이 비분과 강개로만 형상화되는 것은 아니다. 담운은 일본 수신사의 행차가 있어 역참에 나가는 기생 翠香을 보고 그녀의 부채에 시를 주어주기도 한다. 그 내용은 "원컨대, 동해로 흐르는 물이 / 도도하게 바다로 흘러 드니 / 바람과 파도가 평탄한 길처럼 / 탈 없이 배를 보호했으면"('聞有日本修信之行謾吟一節題趁站妓翠香團扇')이라고 하여, 수신사의 행차가 무사히 바다를 건너기를 기원하는 내용이다. 기생들도 나랏일에 대해 보통 백성들과 다름없는 기원을 하는 모습이다. 그래서 『只在堂稿』에는 翠香, 翠艶, 玉葩 등 담운이 불려주는 기생의 이름이 다수 등장한다. 특히 그들은 단순히 이름만으로 존재하는 것이 아니라 각 개인의 삶의 곡절과 함께 절절한 형상으로 존재한다.

이러한 담운의 동료 기생들에 대한 관찰은 그녀가 사회적 제도적으로 부여된 기생의 사회적 정체성을 보다 현실적으로 인식할 수 있는 토대가 되었던 듯 하다. 지금 『지재당고』의 담운의 모습은 그의 젊은 날의 모습이지만 그가 이렇게 다른 기생의 삶을 관찰하고 그들과 절절한 연대감을 통해 형성한 주체의식이 관기제도가 철폐되어 가는 구한말의 상황을 어떻게 인식하고 어떻게 대응하여 갔는지 궁금하다. 그 역시 「述懷」에서 자신의 삶을 굳은 간장을 다 베어도 근심을 베어내지는 못한다고 토로하다.

如夢靑樓二十秋　　청루 생활 이십 년이 꿈 같구나
催絃急管水爭流　　악기 재촉하여 물이 다투듯 하였네
詩人莫道嬋姸劍　　시인이여, 고운 눈썹을 말하지 마오
割盡剛腸未割愁　　굳은 간장을 다 베어도 근심을 베지는 못하니

7. 마무리

박제경은『근세조선정감』에서 대원군이 官妓와 娼女의 구분을 엄격히 하고 허물어져 가는 기생제도를 되살리려고 시도하는 모습을 비교적 자세히 기술하고 있다. 그러나 대원군의 의도에도 불구하고 조선시대를 관통해온 관기제도는 구한 말까지 지속되다가 결국 막을 내린다. 더불어 기생에 대한 관의 통제력 역시 조선 후기에 점점 이완되어가다가 마침내 1894년 갑오개혁과 함께 완전히 상실된다. 관기제도가 막을 내리는 모습을 보았다면 담운은 무엇을 생각하였을까? 그녀의 삶 역시 관기를 첩으로 삼는 것을 엄격히 규제하던 제도가 느슨해진 틈에 鄕班[28]의 첩이 된 조선 후기의 기생의 행로와 무관하지 않았던 터이다. 담운에게는 무엇보다도 관기제도의 이완과 철폐 등이 가장 큰 사회적 변화의 하나로 여겨졌

---

28) 배전의 신분에 대해서는 아전이라는 설과 무반 계열의 향반이라는 설이 있다. 좀 더 고증이 필요하지만 향반이라는 설이 타당한 듯 하다. 김종철, 차산 배전 연구 1, 한국학보 47, 1987 여름 참조.

을 것이다. 그러나 지금 『지재당고』에서는 이 모습을 살펴볼 수가 없다. 『지재당고』는 담운의 젊은날의 기록이다.

현재 이름이 남아 있는 기생작가의 수는 매우 많다. 하지만 시문집을 볼 수 있는 작가는 몇 사람에 불과하다.[29] 기생의 시문집은 士大夫家 여성의 시문집과 비교하여도 매우 소략하게 남아 있다. 그들은 대부분 자식을 남기지 못했고 그들의 시를 인정하여 문집으로 남겨줄 만한 이를 만나기도 힘들었다.[30] 이러한 점에서도 사대부가 부녀자와 소실 그리고 기생 사이의 존재기반과 삶의 경계가 얼마나 다른가를 새삼 확인할 수 있다.

따라서 기생의 한시는 대부분 회자되어 전한다고 할 수 있다. 주변 인물을 통해 회자되는 과정에서 시화집으로 야담으로 소총 등으로 정착되어 오늘날까지 전해진다. 따라서 기생의 한시는 누가 무엇을 말하는가에 따라 남아 있는 한시의 성향이 거의 결정되었다고 할 수 있다. 누가 기생의 시를 어떻게 말하는지를 알아야 기생의 무엇이 드러나고 무엇이 가려졌는지를 파악할 수 있고, 기생의 시의 전모를 파악하는 데에도 유효할 것이다. 이 역시 기생 이나 기생 제도가 지배 담론의 동향에서 벗어날 수 없었던 현실과 궤를 함께 한다고 할 수 있다. 이능화의 『朝鮮解語花史』 역시 이러한 담론의 편향성에서 자유로울 수가 없다고 생각한다. 따라서 기생의 한시를 다루기 위해서는 먼저 텍스트에 대한 검토부터 시작해야 한다. 그리하여야 기생이라는 소수자 집단의 한시의 미적 특질

---

29) 이혜순 외, 『한국고전여성작가연구』, 태학사, 1999 참조.

30) 중세는 제도적으로 기생의 모성을 박탈하고 있다. 기생은 자신의 아이에게 천출의 운명을 물려주지 않기 위해 모성을 접은 경우가 많다고 한다.(박애경, 위의 논문 참조) 지금 한시를 남기고 이름을 얻은 기생들의 경우 대부분 자식의 존재가 드러나지 않는다.

과 의미를 제대로 살펴볼 수 있을 듯 하다. 또한 기생의 직접적인 목소리
를 발굴하고 읽으려는 시도가 지속되어야하리라 생각한다.

* 참고문헌은 각주로 대신함.

Abstract

Kang Damun, the introspective and indignant narrative of a Myeoggi

Park, Young-Min*

Chijadang Kang Damun was the Kisaeng who became a concubine of Chasan Baech대n[1] and lived in Kimhae area in the late 19th century.

Baechn showed Kang's poetry to Yi Chagng, Bae's cousin on the mother's side, and Yi Chagung published Chijadang'go, the collective poems of Kang Damun. The fact that Yi Chagung who was a man of the royal family and beloved vassal of the King Kojong published the works of a Kisaeng is worth to give an attention in terms of the history of issuing Kisaengs' literary works and its meaning. It seems to be related with the policy of Taewon'gun who tried to control the talents of Kisaengs in the years.

* Korea University

1) Different Chinese characters were used for the name of Baechn in many related sources. Among them, the name in *San'nam Kochui*, the literary collection book of Yongnam people, seems the most accurate one.

Tam'un was a famous Kisaeng of Kimhae region. She seems to have gotten the honorable name of Myeonggi, a great Kisaeng, not only because her gifts of singing, dancing and writing, but also because her constant love for Chasan all her life. The name of Myeonggi made a considerable social status in Choseon period, and Tam'un wrote her life as a story of a Myeonggi. Her life as a Myeonggi and concubine was highly restricted. Damun could not get out of the stereotyped life and the fixed patterned love because she chose to live as a Myeonggi and accepted that kind of life for herself. Therefore, she could not overcome her status restricted by the rigid class system while she lived in outer area such as Kimhae, though one might expect a big tuning point after she came into close relation with the royal family of the central area, and her literary works were published by a member of the royal family.

However, eruptions of strongly intensive sentiment were accompanied by her eyes on the lives of her colleague Kisaengs. It was because Tam'un could see the intricate webs intertwined with the institutional problem of the Kisaeng system and with the sentimental problems such as hatred and loneliness in the lives of her colleague Kisaengs. In addition, Damun found the oppressing factors behind everyday lives of a Kisaeng and exposed them all. She introspected Kisaengs' lives and found the systemic and structural problems while describing daily lives of her colleagues. By doing this, she could re-recognize the sexuality of Kiseangs.

주제어

강담운, 지재당고, 명기, 배차산, 관기

계몽적 소설의 문체
— 이광수『무정』의 경우

최종길*

1. 서론

이광수(李光洙:1892-1950)의 『무정』(1917)은 한국근대소설사에서 계몽성을 지닌 대표적인 소설로 지적되어 왔다. 일찍이 백철은『조선신문학사조사』에서『무정』이 "계몽기의 신문학을 여기서 종합해 놓은 하나의 기념탑과 같이 옹립한 작품"[1]이라고 했고, 조연현은『한국현대문학사』에서『무정』을 한국 근대 최초의 장편소설로 평가하면서 이 작품은 민족주의적이면서 계몽의식을 담고 있는 작품이라고 하였다.[2] 해방후의 초기 문학사가에 의해 내려진 이와 같은 평가는 후대의 소설사에도 이어져 김윤식, 김현의『한국문학사』는『무정』의 문학사적 위상을 "개화기 시대를 문학적으로 완성하면서 다음 세대에 새로운 형태의 문학적 도전

---

* 순천향대

1) 백철, 조선신문학사조사(수선사, 1948), 110쪽.
2) 조연현, 한국현대문학사(제1부)(현대문학사, 1956), 172쪽.

을 가능케 해준 이중의 역할"3)을 한 작품으로 평가하였고, 김영민은 『한국근대소설사』에서 『무정』을 "계몽성을 특질로 하는 한국근대소설사의 정점을 이루는 작품"4)이라고 평가하였다.

본 연구는 계몽의식을 담은 작품으로 평가되어 온 이광수의 『무정』이 문체면에서는 어떤 특질을 지니고 있는가를 분석하여 계몽적 소설의 문체 유형을 수립해 보고자 하는 데 목적이 있다.

문체가 한 편의 소설을 소설답게 만들어 주는 소설의 본질적 요소의 하나라는 점에서 문체 연구는 소설 연구의 핵심적 과제에 해당할 뿐만 아니라, 소설사 기술의 새로운 방법론을 모색한다는 측면에서도 그 중요성이 인정된다. 기존의 한국 근대소설사는 주로 소설이 현실에 어떤 대응력을 보여주었는가에 초점을 맞추어 서술해 왔는데, 이러한 문학사 서술 방식은 소설의 언어적 측면이나 양식에 대한 고려를 소홀히 하기 쉽다는 점에서 그 한계가 비판되어 왔다.5) 소설의 재료는 언어이며, 모든 소설 작품은 어떤 특정한 언어로부터의 선택에 불과하다는 견해6)를 상기하면서 소설사 기술의 새로운 방법론을 모색할 때 문체의 변이를 중심으로 소설사를 기술하는 방법이 관심사로 부각된다. 소설을 소설답게 하는 본질이 문체라면, 문학사란 "다양한 문체 특징들의 지도를 만드는 작업"7)이 되어야 할 것이기 때문이다. 소설에 대한 문체론적 접근은 새로운 한국소설사 기술이라는 과제와 관련하여 그 중요성이 새삼 인식되어야

---

3) 김윤식 · 김현. 한국문학사(민음사, 1973), 116쪽. 이 외에, 이재선, 한국현대소설사(홍성사, 1979), 212쪽.과 김윤식 · 정호웅, 한국소설사(예하, 1993), 61쪽. 등 참조.

4) 김영민, 한국근대소설사(솔, 1997), 477쪽.

5) 우한용, 한국소설담론 연구(삼지원, 1996), 310쪽.

6) 르네 웰렉 · 오스틴 워렌, 문학의 이론, 이경수 역(문예출판사, 1987), 250쪽.

7) 김인환, 비평의 원리, 제2판(나남출판, 1999), 143쪽.

한다.

『무정』의 문체적 특질을 분석하고 그 문체 유형을 모색해 보는 작업은 한국 소설사의 단계를 문체 변이의 관점에서 조망해 보는 데도 유익할 뿐 아니라, 이후의 소설사 전개 과정에서 나타난 다양한 문체의 특징들을 유형화하여 문체의 지도를 그리는 데도 중요한 기초가 될 것이라고 기대한다.

본고에서는 일단 문체의 개념과 문체 연구 방법론을 검토하고 나서, 1917년 1월 1일부터 그 해 6월 14일까지 총 126회에 걸쳐『매일신보』에 연재되었던『무정』을 판본으로 삼아, 주인공의 인물관찰 방식, 서술자의 서술방식, 문장의 구조(즉, 구문) 이 세 가지 측면에서『무정』의 문체적 특징을 분석하고, 이어서 그것을 기반으로 삼아 계몽의 문체 유형을 설정해 보는 순서로 논의를 전개해 가고자 한다.

2. 문체의 개념과 문체 연구 방법론

문체 연구를 할 때 일차적으로 해결해야 하는 문제는 문체의 개념과 연구 방법을 정립하는 일이다. 문체의 개념을 규정하려 할 때 먼저 문제가 되는 것은 문체 연구가 무엇을 연구 대상으로 삼는가 하는 것이다. 흔히 전통적인 문체 연구는 그 서두에 "문체는 곧 인간 자신이다"라는 뷔퐁의 말을 인용하고 있는데, 이것은 모든 개인은 자기 나름의 고유한 문체를 가지고 있다는 전제 하에서 문체 연구가 작가의 개성을 이해하는 데 목표가 있는 것으로 간주하는 견해이다. 이런 견해와 아울러 널리 통용되는 또 하나의 문체 개념은 문체를 시대와 밀접한 관계가 있는 것으로 간주하는 견해이다. 그런데 문체의 개념을 작가의 개성이나 시대의 특성에 연관지어 파악하는 것은 가능한 일이기는 하지만 약간의 난점이 없지도 않다.

문체를 한 시대의 문학 양식으로 이해하기 위해서는 시대정신이라는 것이 전제가 되어야 하는데 시대정신이라는 것이 실제로 존재한다고 보기 어렵고, 또 동일한 시대의 작품들이라고 해도 일정한 문체를 보여주지 않는다는 점이 문제가 된다. 그리고 문체를 한 작가의 개성과 동일시하는 것은 한 작가가 통일된 문체를 가지고 있다는 가정을 증명해야 하는데 창작에는 작가의 의식뿐만 무의식이 개입한다는 점에서 작가의 개성이 곧 작품의 개성과 일치한다고 보기 어렵고, 같은 작가의 작품이라 할지라도 작품을 형상하는 예술적 의욕과 미적 이상이 그 때마다 달라서 개개의 문학 작품은 자기 나름의 고유한 형식을 가지기 때문에 문체가 동일하지 않다는 점이 문제가 된다.[8]

이러한 난점들을 고려한다면, 문체의 개념과 연구의 대상은 개별적인 작품에 국한하여 생각하는 것이 적절할 것으로 판단된다. 문체 연구는 기본적으로 한 작품의 세부(디테일)를 꼼꼼히 읽으려는 시도이고, "언어

---

8) 르네 웰렉과 오스틴 워렌은 문체 연구를 작가의 개성을 이해하는 데 목표가 있는 것으로 간주하는 심리학적 문체론은 첫째는, 실제로 언어적인 자료로부터 추출된 결론들에 입각해 있는 것이 아니라 오히려 이데올로기적이거나 심리적인 분석으로부터 시작해서 거꾸로 언어 속에서 증거를 추구하는 경향이 있다는 것과 둘째는, 특정한 문체적인 장치들과 특정한 정신 상태 사이에는 필연적인 상관 관계가 있다는 것을 가정한다는 점에서 비판받을 만하다고 하였다. 전자의 견해는 예술작품이 체험에 입각해 있다는 점을 가정하고 있는 셈인데 이는 전기와 예술을 혼동하고 있는 것이고, 후자의 견해는 한 작가의 작품일지라도 개개의 작품은 자기 나름의 고유한 형식을 갖는다는 점에서 그릇된 견해라는 것이다. 그런 점에서 문체 연구의 목표는 작가의 성격을 규명하는데 두어서는 안 되고 어디까지나 개별 작품을 문체 연구의 대상으로 삼아, 실제 작가가 아닌 작품 내부에 존재하는 서술자의 태도를 규명하는데 목표를 두어야 한다고 했다.(르네 웰렉·오스틴 워렌, 앞의 책, 266쪽.)

와 예술적 기능간의 관계를 설명하는 것이 그 목표인 것이다."9)

　문체가 개별적인 작품에 나타나는 표현상의 특이성을 의미한다는 것을 전제하고 나면, 우리는 문체의 개념에 반복성과 독창성이라는 성격을 부여할 수 있다.10) 문체란 일정한 패턴을 가진 형식적 특징이 반복됨으로서 성립되는 것이며, 다른 작품에서는 볼 수 없는 표현 기법의 특이성을 지녀야 하는 것이다. 그런데 문학작품 속의 낱말들이 특정한 대상들을 지시하는 동시에 특별한 태도를 암시하며, 작품의 세부를 형성하는 언어 장치들이 모두 작품에 내재하는 서술자의 태도와 연관되어 있다는 점을 고려하면 문체란 결국 "세계를 바라보는 특별한 태도"11)라고 규정할 수 있다.

　문체를 서술자가 세계를 바라보는 특별한 태도라고 정의할 때, 한 작품의 문체 연구 방법은 언어의 배열 순서나 어구 및 어사의 특징을 분석하는 것으로부터 시작하지만 그것에 한정될 수 없게 된다. 문체 연구12)는 (1)특정한 작품의 미적 효과의 원천이 되는 문체적 장치를 발견하는 작업으로부터 시작해야 한다. 문체적 장치13)는 어휘나 문장 구조 등을 포함하지만 그런 언어요소들만 가리키는 것은 아니다. 주제를 이루고 있는 구체적인 단위 요소들로서의 모티프라든가 문장을 이루고 있는 특징적인 수사 기법, 서술 기법 등도 문체적 장치에 포함된다. 이를테면 아이러니나 역설, 풍자의 기법이나 시간 서술기법 같은 것들도 문체적 장치의 일부이

---

9) 김상태, 한국현대문학론(평민사,1994), 202쪽.

10) 김정자, 한국근대소설의 문체론적 연구, 제2판,(삼지원, 1995), 12쪽.

11) 김인환, 앞의 책, 142쪽.

12) 문체 연구 방법은, 김인환, 앞의 책, 142쪽과 김정자, 앞의 책, 16-33쪽을 참조함.

13) 문체적 장치는 '문체소'(style marker)라고도 한다. 이 언어 요소들에 의해서 문체라는 것이 구성된다. (김정자, 앞의 책, 22쪽.)

다. 한 작품의 문체 특징을 해명하는데 핵심이 되는 문체적 장치가 일률적으로 확정되어 있는 것은 아니다. 한 작품의 문체를 해명하는 결정적인 문체적 장치들은 작품을 섬세하게 정독함으로써 발견해야 한다. (2)문체적 장치들을 발견해 낸 뒤에는, 작품을 하나의 동적 체계로 가정하고 문체적 장치들의 기능과 효과를 분석해야 한다. 그런데 하나의 문학 작품 속에서의 문체적 장치들의 기능이 다른 작품 속에서도 같은 기능을 한다고는 볼 수 없다. 작품이 달라지면 다른 동적 체계를 가정해야 하므로 비슷한 문체적 장치라 할지라도 그 역할은 동일하지 않게 되는 것이다. (3)문체적 장치들의 기능과 효과를 분석한 다음에는 그 기능과 효과들이 긴밀한 상호 관계 속에서 하나의 초점에 수렴되어 형성하는 지각과 태도의 통일성을 규명해야 한다. 문체는 작품에 고유한 지각의 형식, 특별한 지각의 통일성을 부여하기 때문에 문체 분석은 궁극적으로는 작품에 내재하는 서술자의 태도를 규명하는 작업이 된다.

3. 『무정』의 문체 분석

3.1. 인물의 감각적 관찰방식과 문체

문체는 주체가 대상을 어떻게 보느냐의 문제와 밀접하게 연관되어 있는데 소설에서 누가 어떻게 보느냐의 문제는 시점에 해당하는 것이므로 문체와 시점은 상관 관계가 있다. 작가 주석적 서술에서는 작가(화자)가 보는 주체가 되고, 인물 시각 서술에서는 인물이 주체가 된다. 그러나 한 편의 장편소설이 특정의 시점으로 쓰여진다고 해서 언제나 처음부터 끝까지 그 시점에 의해서 일관되게 서술되는 것은 아니다. 1인칭 시점의 소설에서는 말할 것도 없이 인물 시각에 의해 서술되지만, 작가 주석 서술일 경우에도 서술자의 시각에 의해서만 서술되지 않고 부분적으로는 인물 시각에 의해 서술되기도 한다. 그런 점에서 문체를 검토할 때 서술자가 대상을 보는 방식과 더불어 인물이 대상을 관찰하는 방식도 문제가 된다.

『무정』에서 인물 시각에 의해 서술되는 대목은 주인공인 이형식의 시각에 의해 서술되는 것이므로 이형식이 대상을 어떻게 관찰하는가 하는 문제는 『무정』의 문체 특징을 결정하는 중요한 요소가 된다. 『무정』은 일찍이 구도덕에 대한 반항과 새로운 연애 문제를 제기했다는 점에서 각광을 받았다. 연애소설로서 『무정』을 바라볼 때 그 중심에 있는 인물은 이형식이고, 이형식의 연애 감정은 이 소설을 추동해 가는 정열이라고 할 수 있다. 이런 점에서 이형식이 선형이라든가 영채 같은 여성 인물들을 어떻게 관찰하고 반응하는가 하는 것을 일차적으로 검토해 볼 필요가 있다.

『무정』에서 주인공 이형식이 여성 인물을 관찰하는 방식은 외면에 드러난 모습이나 행동에 중점을 두어 관찰하고, 인물의 내면에는 관심을 보이지 않는다는 것이 특징이다. 또, 상대방 인물의 인상은 마치 빛이나 물결이나 바람이 이동하는 것처럼 관찰 주체의 몸으로 이동해와서 마음 속에 어떤 감정의 움직임을 일으킨다. 그때, 인물의 마음에 일어나는 감정은 대상에 감응하여 자연스럽게 일어나는 것임을 강조하려고 한다.

이제, 이형식이 여성 인물들을 관찰하는 방식의 특징을 예문을 통해 구체적으로 분석해 보기로 한다.

    (1) 형식은두쳐녀를보미 얼마큼뒤숭숭ᄒ던 생각이업셔지고 젹이
    정신이 쇄락ᄒ흔듯ᄒ다 형식은고기슉인두쳐녀의 쌈안머리와 쪽진셔

양머리에쏘즌 넓다란옥식리본을보앗다 그러고칙상에집흔 두쳐녀
의손가락을보앗다 부드러운바롬이 슬쳑부러지나갈째에 두쳐녀의
몸과머리에셔 나는듯만듯흔 향니가불녀온다 션형의모시젹삼등에
는 쌈이비여 하연살에 착달나붓허 몸을움즉일쌔마다그부른자리가
넓엇다 좁앗다흔다 슌익는 치마로발을 가리노라고 두어번몸을 들
먹들먹ᄒ야 밋헤쌀닌치마롤쎄인다 션형은 니마에소스락소스락ᄒ
게 구슬쌈이밋치여 잇다금치마고름으로 가만히씻고는 손으로 칙상
밋헤에셔 부치질을혼다 형식은 아침부터 괴로옴을지나오던 마음속
에 일뎜향긔롭고셔늘흔바롬이 부러드러옴을 끼다랏다 (--중략--) 이
러케두쳐녀를보고 안젓스면 말홀슈업는 향긔로온쾌미가 젼신에미
만ᄒ야피도라가는것도 극히슌ᄒ고 쾌창흔듯ᄒ다14)

  예문(1)은 이형식이 김장로의 집에 가서 선형과 순애 두 처녀에게 영어
를 가르치고 있는 대목이다. 이형식이 선형과 순애를 관찰할 때, 그 초점
은 두 처녀의 외모에 집중되어 있다. 관찰 대상의 목록을 구체적으로
살펴보면, 두 처녀의 까만 머리, 머리 리본, 손가락, 적삼으로 내비치는
살, 그리고 발을 가리기 위해 치마를 빼내는 몸짓과 땀을 식히려고 하는
손짓 등이다. 형식은 두 처녀의 내면 심리나 생각 따위에는 관심을 갖지
않고 다만 표면에 드러난 외모의 아름다움에만 초점을 맞추어 관찰하고
있다.15)

---

14) 『무정』, 제26회 연재분, 매일신보, 1917.2.3.(본고의 『무정』 인용은 매일신보 연재본
   에 의한다. 앞으로의 인용은 연재 횟수만 본문 괄호 안에 숫자로 적는다.)
15) 김봉구는 춘원을 가리켜 '시각형'에 가깝고 '회의 탐구형'이 아니라고 한 바 있는
   데, 이때 '시각형'이란 의미는 감각에 의지하여 표면에 드러난 현실만 보고, 표면에
   드러나지 않고 숨겨진 것을 알아내려는 탐구의 자세가 결여되어 있다는 뜻이다.
   (김봉구, "신문학초기의 계몽사상과 근대적 자아", 한국인과 문학사상, 일조각,
   1964, 54쪽.) 이형식이 인물을 관찰하는 방식은 김봉구가 '시각형'이라고 한 것과
   일치하는 점이 있다.

　두 처녀의 묘사는 매우 감각적이다. "까만", "옥색", "하얀" 등의 색채어와 결합되어 표현된 머리카락과 리본과 살의 빛깔들, 바람에 실려서 풍겨오는 몸과 머리의 향기로운 냄새, "들먹들먹", "소스락소스락" 등의 음성상징어까지 동원하여 섬세하게 표현한 두 처녀의 작고 부드러운 몸짓들이 감각적인 인상을 주는 주된 이유이다.

　『무정』의 서술자는 이형식의 마음 속에 일어나는 감정을 서술하는데 주력하는데, 그 감정이 대상에 감응하여 자연스럽게 일어나는 것임을 강조하려고 한다. 예문에는 두 처녀의 깨끗하고 아름다운 모습과 얌전한 몸놀림들이 마치 빛이나 향기, 바람같은 유동적인 흐름이 되어 관찰 주체의 몸 안으로 번져 오기라도 하는 것처럼 표현되어 있다. "형식은~마음 속에 일점 향기롭고 서늘한 바람이 불어 들어옴을 깨달았다."라는 문장은 외부로부터 관찰자인 이형식의 마음 속으로 무엇인가가 고요하고 부드럽게 밀려들어오는 듯한 느낌을 느끼게 한다. 몸은 대상의 인상을 감각적으로 받아들이고, 마음 속에는 즐거운 감정이 일어난다. "이렇게 두 처녀를 보고 앉았으면 말할 수 없는 향기로운 쾌미가 전신에 미만하여 피 돌아가는 것도 극히 순하고 쾌창한 듯하다."라는 문장은 외부 사물에 감응하는 몸의 느낌을 잘 나타내고 있다. '쾌미'(快味)란 유쾌한 맛이라는 뜻인데, 쾌미가 전신에 미만하여 간다는 표현은 마치 향기롭고 맛좋은 술을 마신 후 술기운이 온몸에 퍼져 기분이 즐거워지기라도 하는 상태를 표현하고 있다. 이러한 표현들에는 이형식이 느끼는 감정이 인위적인 조작과는 무관한 자연스러운 감정임을 강조하려는 서술자의 의도가 반영되어 있는 것이다. "쾌미"라는 어휘에도 즐거움의 감정과 맛이라는 감각이 결합되어 있지만, 『무정』에서는 "따뜻한 사랑", "달콤한 쾌미"등 감각과 감정이 결합된 어구들을 자주 접하게 된다. 감각적인 것과 감정이 결합하여 자연스러움의 느낌을 만들어 내고 있는 것이다. "쇄락한 듯하다", "쾌창한 듯하다" 등에 반복적으로 쓰인 추측 보조용언 '듯하다'는 형식이가 두 처녀에게서 느끼는 무어라고 딱 잘라 표현할 수 없는 미묘하고 매혹적인 느낌을 전해주고 있다. 두 처녀가 지닌 맑고 깨끗한 인상에 대응하듯이 형식의 마음 속에도 쇄락하고 쾌창한 감정이 일어나는 것이다. 『무정』에서는 아름답고 깨끗한 대상을 인위적 요소가 배제된 사심없는 마음으로 대면할 때 인물과 대상간에 감정의 소통과 일치가 일어나고 그로 말미암은 충만한 즐거움을 경험할 수 있게 된다고 생각한다.16) 『무정』에서는 감정이 앞서고 그에 뒤이어 사유가 전개된다. 이형식은 마음에 일어난 감정상태를 기반으로 하여 사유를 펼쳐나간다. 그리고 이형식의 사유는 구체적 사실에 근거를 두고 전개되는 합리적인 사고가 아니고 다분히 낭만적 사유라는 점이 특징이다. 그가 선형이나 계향이 같은 인물을 만나 즐거운 감정을 경험한 뒤 펼쳐간 생각의 내용은, 인간과 우주의 근원에는 일체성이 있고, 인간은 누구든 본성에 정을 간직한 존재라는 점에서 다 같은 사람이라는 것 등으로 요약할 수 있다.

3.2. 이분법적 서술 방식과 문체

『무정』에서는 서술자가 인물에 대해 서술할 때나, 등장인물이 다른

---

16) 『무정』에서 이형식이 인물을 관찰하고 반응하는 방식은 전통적인 시의 지각 방식과 유사한 데가 있다. 주자(朱子)는 시란 사물에 감응하여 일어나는 뜻이나 감정을 언어로 표현하는 것이라고 생각했고, 시가 사물에 감응한다고 할 때 그 감응이란 인간의 본성이 움직이는 것이고, 본성은 사람이 고요함 속에 있을 때 하늘과 일치된 상태라고 보았다.("詩經集傳 序", 시경집전, 성백효 역, 전통문화연구회,1993, 21쪽. 참조) 이것을 보면,『무정』의 작가가 전통적인 시의 지각방식을 참조, 응용하여 이형식이 대상을 관찰하고 묘사하는 방식을 고안하지 않았을까 하는 추측을 해보게 된다.

인물을 대할 때에 이분법적 가치 척도에 의해 판단하는 경우가 많다. 예를 들어 이형식이 영채로부터 경험담을 들을 때, 영채에 대한 반응이 종잡을 수 없이 극과 극을 오가는 데 그때 이형식의 판단 기준이 된 것은 영채의 몸이 정절을 잃고 더러워졌는가 아니면 순결을 유지하는 깨끗한 상태인가 하는 것이다. '더럽다/깨끗하다'의 이분법이 이형식을 바람에 흔들리는 갈대처럼 "줏대 없는 인물"[17]로 내몰은 것이다.『무정』에는 '더럽다/깨끗하다' 이외에도 '(겉)사람/속사람(참사람)', '짐승/사람', '어린 아이/어른', '모르다/알다', '자다/깨다' 등의 이분법적 도식이 판단 기준으로 작용한다.

　　가) 겉사람/속사람(참사람)

　『무정』에는 현상과 본질을 구분하는 이원론적 발상이 작동하고 있다는 점을 앞 절에서 언급한 바 있다. 사람은 현상적으로는 차이가 있지만 본질적으로는 동일성을 지니고 있다고 보고, 인간의 본질적 동일성의 근거는 "따뜻한 인정"을 지니고 있다는 데에 둔다.『무정』에서는, 현상으로서의 사람과 본질로서의 사람을 구분하여 '(겉)사람/속사람'으로 지칭하고, 눈도 '실제의 눈/속눈'을 구분하며, 사물도 '겉으로 나타난 뜻/속뜻'을 구분한다.

　결국『무정』은 인간과 사물의 자연스러운 본바탕을 가정하고 그 속성을 깨끗함 또는 따뜻함으로 간주하면서, 그와 대조적으로 현상으로 드러난 인간과 사물의 모습은 자연스러운 본바탕이 "껍질"에 의해 은폐된 상태로 보고 그 속성을 더러움으로 파악한 것이다. 껍질에 의해 은폐되어

---

17) 김동인, 춘원연구(신구문화사, 1956), 33쪽.

있을지라도 본바탕은 변함없이 존재하는 것인데,18) 사람이 어떤 깨달음
의 계기를 통하여 속눈을 뜨면 다른 존재의 본바탕을 파악할 수 있게
된다는 것이다. 인간과 사물의 자연스러운 본바탕을 먼저 깨달은 선각자
가 아직 깨닫지 못하고 있는 자들을 깨닫게 하는 것이 다름 아닌 "계몽"
의 과정이고 "구제"이다. 계몽과 구제의 논리는 '겉사람/속사람'의 이분
법적 구도에 의한 서술에서 도출되어 나오는 것이다.

나) 짐승/사람

『무정』에는 '짐승/사람'의 이분법에 의하여 "짐승같은 놈"이라는 표현
이 종종 보인다. '짐승'은 타인을 자신의 육체적 욕망을 채우기 위한 수단
으로 삼아서 희롱하는 자나 단순히 돈 버는 기계로 아는 자들을 지칭할
때 쓰인다. 예를 들어, 영채를 기생으로 부려먹던 기생어미나 그 서방,
그리고 영채를 강간하던 경성학교 교주인 김현수나 학감 배명식 따위의
인물들이 '짐승'에 해당한다. 이들은 남을 동정할 줄 모르는 무정한 인간
이라는 속성을 지닌다. '짐승'과 대조되는 '사람'이 남의 불쌍함을 동정
할 줄 알고, 따뜻한 사랑과 인정을 지닌 자를 일컫는 데 사용된다는 점을
상기하면, 정(情)이 있는가 여부가 '짐승/사람'을 양분하는 핵심 요소라는
것을 알게 된다. 『무정』에서는, 인간을 인간답게 하는 본질, 사람을 사람
답게 하는 본바탕이 따뜻한 인정과 사랑이다.
 '짐승'이라는 명사는 '더럽다'라는 형용사와 결합하고, 사람이라는 명
사는 '깨끗하다'라는 형용사와 결합해 쓰인다. 참사람이 깨끗한 영혼의
소유자라면, 짐승은 더러운 욕심의 인간인 것이다. 더러운 욕심에 뒤덮이

---

18) 인간은 누구나 근본적으로 깨끗하고 따뜻한 본바탕을 지닌 존재로 간주한다는 점
 에서 『무정』의 인간관은 성선설의 인간관과 통하는 데가 있다.

면 인간은 자신의 참사람을 잃고, 남의 참사람도 보지 못한다. 『무정』에
서는 모든 인간은 그 본바탕에 정을 가지고 있는 것으로 간주하므로 비록
짐승같은 인간일지라도 그 내면에는 깨끗한 영혼을 가지고 있는 셈이다.
인간 본연의 영혼은 깨끗하고 맑은 속성을 지닌 것이어서 눈이나 백옥,
수정 따위에 비유된다. 본래 맑고 깨끗했던 영혼이 더럽혀져서 사람은
더러운 짐승이 된다는 것이다.

　　다) 어린 아이/어른

"낡은 시대, 자각 없는 시대에서 새 시대, 자각 있는 시대로 옮아가려는
과도기의 청년"을 그렸다는 작가의 말에서 보듯이 『무정』의 인물들은
미숙한 구석을 많이 지니고 있다. 『무정』에서는 이런 인물들을 비유하여
'어린 아이'라고 표현한다. 김장로는 딸 선형이를 어린 아이라고 하고,
형식도 선형이를 어린 아이라고 하며, 신우선은 이형식을 어린 아이라고
하고, 이형식도 마침내 자기 스스로를 어린 아이라고 하기에 이른다. 『무
정』에서 '어린 아이'라는 명사는 '무엇인가를 잘 모르고 유치하다'라는
의미와 '더러운 욕심에 때묻지 않고 깨끗하다'라는 이미지를 공유하고
있다.

　　① 그려고 담비를너어들고 좃기에서 셩량을챠즈려홀제그기싱이
얼는셩량을집어 불을키여들고 한손으로 형식의무릅홀 집흐면셔
「자부치시오-」흔다형식은그를찌긋흔어린♀희갓다하얏다 (58)

　　② 형식은 쏘싱각흔다
나는션형을어리고 즈각업는 어린니라흐얏다 그러나 이제보니션
형이나 자긔나다ㅅ흔어린니다 조상젹부터 젼흐야오는 스상(思想)
의 젼통(傳統)은 다일허버리고 혼도흔외국스샹속에셔 아직즈긔네

에게 뎍당ᄒᆞ다고 셩각ᄒᆞᆫ바를 틱ᄒᆞᆯ줄몰나셔엇졀줄을 모르고방
황ᄒᆞᆫ 오라비와 누이싱활(生活)의 표쥰도 셔지못ᄒᆞ고 민쭉의리샹
도 셔지못ᄒᆞᆫ 세샹에 인도ᄒᆞᄂᆞᆫ자도업시 너어던짐이되올아비와 누이
-이것이자긔와 션형의모양인듯ᄒᆞ얏다(115)

①에서, 천진스러운 행동을 하는 계향이라는 기생을 "어린애" 같다고
생각할 때, 그것은 인위적인 욕심에 물들기 이전의 순수한 존재에 가깝
다. 그 때 어린 아이는 어른에 대비되는 미자각 상태의 불쌍한 존재를
의미하지 않고, 인간의 순수한 상태를 보여주는 낭만주의의 이상적 인간
형상과 유사한 존재이다. 계향이가 보여주는 어린 아이같은 천진함은
인간의 본바탕과 모든 인간의 동질성을 자각하게 하는 계기가 되고,
진실과 기쁨과 희망을 확인하는 원천이 된다. 『무정』에서는 인간의 본바
탕은 깨끗하고, 본바탕을 상실한 상태는 더럽다고 상정한다. 깨끗함과
빛, 더러움과 어둠은 각각 짝이 되어 결합하여 쓰이는데, 본래는 빛이요
깨끗함이었던 상태가 더럽혀져서 어둠의 상태가 되고, 그것이 빛을 회복
하면 다시 깨끗한 상태로 돌아간다. 그것은 인위성으로부터 자연성을
회복하는 과정이기도 하다.

②는 어린 아이라는 단어가 유치하다는 의미로 쓰인 경우다. 선형이와
형식이는 아직 세상을 모르고 자각이 없는 유치한 인물이라는 것이다.
『무정』에서 무식한 자는 불쌍하게 취급되고 동정을 받아 마땅한 존재로
간주된다. 서술자는 인물들보다 지적으로 우월한 위치에 서서 인물들이
무엇을 모르고 있다는 식으로 서술을 하는 경우가 많고, 모르면서 유식한
체 하는 인물들은 희화화의 대상으로 삼아 조롱한다.

『무정』에서 희화화의 대상이 된 인물은, 신식 약혼의 의례를 모르면서
아는 체 하는 김장로와 목사, 매사에 나서기를 좋아하는 김종렬이라는
학생, 실제로는 무식하면서도 일본 유학 경력을 내세워 다른 교사들에게

허세를 부리는 배학감 등이다. 그러나 인물에 대한 희화화는 가벼운 조롱에서 그치고, 공격성을 띠는 비판이나 풍자로까지 발전하지는 않는다.

『무정』은 모르던 상태에서 아는 상태로 옮아가는 것을 흔히 '꿈깨다'라는 비유적 표현을 써서 서술한다.『무정』에서 '꿈깨다'라는 것은 세상을 안다, 구도덕 구사상의 구속성과 개인의 자유를 깨닫는다, 서구의 문명과 학문을 안다, 육체의 정욕을 느낀다, 인간의 본질을 안다 등의 의미로 쓰인다.『무정』에서는 인간을 인위적인 표면과 자연적인 본바탕을 지닌 이원적 존재라고 보기 때문에 현상을 넘어 본성을 깨닫는 것에 대한 언급이 많이 나온다. 인간의 본래적인 모습은 따뜻한 정을 지닌 존재라고 간주되고, 이를 가리켜 "사람", "참사람", "속사람", "사람의 붉은 피와 사람의 따뜻한 정" 등으로 표현한다. 인간의 근원적인 모습은 인위적인 욕심 때문에 훼손된다는 것인데,『무정』에서는 이것을 깨끗한 영혼을 가리는 더러운 껍데기, 껍질, 때 등으로 비유한다. 이러한 껍질이 가로막고 있기 때문에 인간은 본래의 영혼을 볼 수 없고, 인간관계는 정이 흐르지 않는 "냉냉하고 적막"(155)한 것이 된다는 것이다. 인간과 사물이 감응하여 유정한 만남을 경험하는 것은 "서로 서로의 영과 영이 모든 껍데기를 벗어버리고 적나라하게 융합하는데"(155)서 가능해진다. 대상이 아름답고, 대상을 보는 주체가 인위적인 욕심이 없을 때 진정한 정이 소통된다는 것이다.

인간이 제 본래의 참모습을 깨닫지 못하고 있는 것은 꿈을 꾸는 상태거나 눈을 감고 있는 상태에 비유된다. 따라서 인위적인 욕심의 껍질을 깨고 모든 인간 내면에 정이 있음을 아는 것은 '꿈깨다', '눈뜨다', '껍질을 깨뜨리다', '속사람이 깨다' 등으로 표현하게 되는 것이다. 이를 간단히 정리하면 다음과 같다

더럽혀진 영혼: 짐승
깨끗한 영혼: 사람, 참사람, 속사람
깨끗한 영혼의 훼손: 껍질, 껍데기, 때
깨끗한 영혼의 회복: 눈 뜨다, 꿈 깨다, 속사람이 깨다. 껍질을
깨뜨리다. 해방되다.

'꿈깨다'라는 표현을 한자로 바꿔보면 '계몽'이 된다. 그러고 보면, 『무정』에서는 다양한 표현 형태로 이 계몽이라는 말이 변주되고 있는 셈이다. 『무정』에서 계몽의 의미는 인간의 본성인 정을 자각하여 인간의 동질성과 인간과 우주의 일체성을 깨닫는 것을 뜻한다.

3.3. 평면적 문장 구성과 문체

한 편의 소설은 여러 개의 문장이 모여서 이루어진 것이다. 그 문장들을 다시 더 나누면 어절이 되고, 이 어절들을 더 나누면 단어가 된다. 단어는 형태적으로 더 나누면 형태소가 되고 또 음운으로 분해되기도 하나, 소설의 문체 분석에서는 중요한 대상이 되는 것은 단어와 문장 구성이라고 할 수 있다. 소설의 문체 분석이란 단어가 어떻게 구성되어 어떤 구문의 문장을 이루었으며, 그 문장들은 다시 어떻게 배열되어서 문학 텍스트를 이루었는가를 관찰하면서 밝혀 가는 작업이라고 해도 과언은 아니다.[19]

『무정』에서 인물들의 행동 서술이 이뤄지는 대목을 통하여 문장 구성의 특징을 살펴보고 그 문체적 특징을 검토해 보기로 한다.

---

19) 김상태, 앞의 책, 214쪽.

　　(2) ①형식은 그만눈에 불이번쯧ㅎ면셔「흑」ㅎ고 퇴마루에 씨어오르며 구두신은발로 영창을드립더찻다 ②영창은와직근ㅎ고 소리를니며 방안으로써러져드러간다 ③형식은영창을써들고 일어나ᄂ 사름을 얼골도보지안이ㅎ고 발길로차넘겻다 ④ 엇던사름이 형식의 팔을잡ᄂ다 ⑤형식은입에 거품을물고「이놈비명식아!」ㅎ고ᄂ 긔가 막혀 말이안이나온다 ⑥형식은안이잡힌팔로 비학감의면상을 힘것 짜리고앗가형식의 발길에치어 격구려진사름을 힘것이삼ᄎ나 발길로찻다 ⑦그사름은저편문을열고쮜어나갓다 ⑧형식은「이놈김현수야!」ㅎ고 쇼리를첫다 ⑨그러고ᄂ 넘어져씨여진영창을들엇다 ⑩ 녀즈ᄂ두손으로 낫을가리우고흑흑늣긴다　⑪손과발은동혀미엿다 ⑫ 그러고치마와바지ᄂ 씨씨엿다 ⑬머리치ᄂ흘려등에 쌀렷고 알에일수에셔ᄂ쌜간피가흐른다 ⑭방한편구셕에ᄂ 믹주병과 어름그릇이넘느르ㅎ고엇던것은 씨여졋다 ⑮형식은 얼른치마로몸을가리오고 손발동여민녀즈를 안아니르키엿다 ⑯녀즈ᄂ멀거미운 두손으로 낫츨가리운디로 울기만흔다 ⑰우션도 방안에드러왓다 ⑱얼켜미온손발을풀면서 형식다려「두사름은포박되얏네」ㅎ고웃ᄂ다(39)

　　예문(2)는 영채가 경성학교의 교주인 김현수와 학감인 배명식에게 겁탈당할 때 이형식과 신우선이 들이닥치는 대목이다. 예문의 문장수는 모두 18개인데, '형식은'이 주어로 되어 있는 문장이 7개이고(주어가 생략되어 있는 문장 1개 포함), 이형식 이외의 다른 인물이 주어인 문장이 6개, 사물이 주어인 경우는 5개이다. 주어 자리에는 대체로 '형식은', '여자는', '우선은' 따위의 행동 주체에 해당하는 인물을 지칭하는 말이 오는데, 주어는 문장의 첫 어절에 배치되고 별다른 수식어구를 동반하지 않는 경우가 많다. 문장의 구조도 매우 단조로운 것이 특징이다.

　　예문(2)의 문장 구조를 분석해 보면, '주어＋서술어'의 호응이 한번만 이루어지는 홑문장이 2개 있고(④, ⑰), 겹문장의 경우에는 대부분의 문장이 성분절을 안고 있는 안은 문장(포유문)이기보다는 '-고'나 '-며' 따위의 대등적 연결어미에 의해 이어진 문장(중문)들이다. 편의상 ①과 ⑩을 예로 선택해서 문장 구조를 분석해 보면, 기본적으로는 두 문장이 병렬적으로 배열되어 있는 중문의 구조로 되어 있는 것을 확인할 수 있다.

> ① "형식은 그만 눈에 불이 번득하면서 「흑」하고 툇마루에 뛰어 오르며 구두 신은 발로 영창을 힘껏 찼다."
>
> '형식은 툇마루에 뛰어올랐다'
> '형식은 발로 영창을 힘껏 찼다'
>
> ⑩ "여자는 두 손으로 낯을 가리고 흑흑 느낀다."
>
> '여자는 두 손으로 낯을 가린다'
> '여자는 흑흑 느낀다'

거의 대부분의 문장이 홑문장이거나 두 개 이상의 절이 대등하게 이어진 중문의 구문으로 이루어져 있는 것은 하나의 행동과 그 뒤에 이어지는 행동이 계기적으로 서술되고 있기 때문이다. 예문(2)는 일장의 활극을 방불케 하는 대목이기 때문에 특히 행동의 서술이 많고 묘사가 적다는 점을 감안하더라도, 18개의 문장 가운데 묘사에 해당하는 문장은 5개에 불과하다는 것은 『무정』의 문장 구성에서 묘사가 차지하는 비중이 작다는 것을 알 수 있다. ②는 미닫이문이 부서져 나가는 장면묘사이고, ⑪~⑭는 강간을 당해 흐트러진 영채의 묘사이며, ⑮는 방안의 묘사이다. 문장이 대체로 홑문장이거나 중문으로 구성되어 있다는 사실은 묘사보다는 사건 진행에 중점을 두어 서술하고 있다는 사실과 밀접한 관련이 있는 것이다. 생성문법 이론은 구문과 의식의 관계를 논할 때, 이어진 문장은 평면적 의식에 의한 구문이고 성분절을 안고 있는 문장은 입체적 의식에 의한 구문으로 간주한다.[20] 이에 따른다면, 대부분의 문장이 홑문장과 중문의 구문으로 되어 있는 『무정』의 문장은 평면적이라고 규정할 수 있다.

이러한 평면적 구문은 『무정』이 묘사보다는 스토리를 진행시키는 설화적 요소에 더 큰 비중을 두는 문체적 특징을 지니게 한다.[21] 묘사보다 설화적 요소에 더 중점을 두는 작품들은, 그 문체적 특성을 보완하면서 스토리 진행에 독자의 관심을 집중시키고 흥미를 유지시키기 위한 문체적 장치들이 요구된다. 『무정』에서는 반복적인 서술과 수사적 의문문의 나열, 자연물을 동원한 설명적 비유 등이 그 기능을 담당하고 있는데, 이것들은 인식적 기능보다는 감정 환기적 기능을 강화하는 역할을 한다.

---

20) 성광수,"「춘향전」에 대한 문체론적 고찰:완판본을 중심으로 한 생성론적 분석", 어문논집,제16,17집, 1973.; 성광수, 문장 표현의 양상, 월인,1999, 350쪽.

21) 서술기법 가운데서 시간착오기법에 의해 『무정』의 문체를 분석한 김정자는 『무정』이 이야기의 흐름을 하나의 강물로 보았을 때 중간에서 시작되는 중간시발의 양상을 보이며, 이야기가 시작되는 서술시발점을 중심으로 볼 때 과거로 향하는 사건보다 미래로 향하는 사건의 서술들이 이야기의 주류를 이루고 있다고 하였다. 또 『무정』의 미래 시간 속에는 희망과 긍정의 삶이 놓여 있는 것으로 설정되어 있는 것이 특징이라고 하고, 이에 근거하여 『무정』의 문체양상을 '미래 지향적 태도'와 '시간에 대한 긍정적 태도'를 보이는 것으로 규정한 바 있다.(김정자, 앞의 책, 160쪽.) 김정자의 견해는 『무정』의 문체를 사건 진행에 중점이 놓이는 설화적 문체라고 규정한 본고의 주장과 상통하는 것이다.

4. 계몽의 문체 유형

문체는 내용적 특징과 관계되기보다는 기법적인 측면과 긴밀하게 연관되어 있는 것이다. 다시 말해서 문체는 '무엇을 말하느냐'의 문제라기보다는 '어떻게 보고 어떻게 말하느냐'의 문제 즉, 사물을 표상하고 인식하는 방식과 관련된 것이다.

문학 작품이 주관과 물질적 매체의 결합으로 존재하는 것이라고 볼때, 주체적 요소와 물질의 부딪침에서 일어나는 문체는 그 부딪침에서 여러 양상의 문체를 산출한다고 할 수 있다. 따라서 문학 작품의 문체는 주체와 물질의 두 극 사이에 여러 형태로 존재한다.22) 문학 작품의 문체는 주체의 의지와 물질의 객관성 사이에서 어떻게 하면 있는 그대로의 세계의 객관성과 거기 들어 있는 삶의 가능성을 작품에 포용해 내면서 그것들을 하나의 원리에 의해 구성해 낼 것인가 하는 문제와 연관되어 있는 것이다.

문체의 유형을 분류하려고 할 때 소설 작품에 나타난 주체의 존재 방식을 생각해 보는 것은 한 방법이 될 것이다. 문체와 관련하여 주체의 존재 방식을 생각해 본다는 것은 일차적으로는 서술자나 주인공 같은 등장인물들이 세계에 대하여 적극적으로 의지를 투사하는 태도를 지닌 주체인지 아니면 세계에 대하여 자신의 의지 작용을 상당부분 포기하고 수용하는 태도를 지닌 주체인지를 따져보는 일이 된다. 이것을 『무정』의 경우에 적용하면, 『무정』의 서술자와 주인공인 이형식을 대상으로 삼아 그들이 적극적 의지의 주체인지 아니면 소극적 의지의 주체인지를 가늠해 보는 작업이 되는 것이다. 그런데 적극적 의지의 주체와 소극적 의지의

---

22) 김우창, "문학과 철학 사이에서: 데카르트 양식에 대하여", 철학과 현실(철학문화연구소, 1993.겨울), 296쪽.

주체를 무엇을 기준으로 삼아 구분할 것인가가 문제가 된다.

　여기서, 서구의 근대철학의 경우에 개인의식은 기존의 인식에 대한 회의를 가능하게 하는 관점을 제공하였다는 점을 잠시 상기해 볼 필요가 있다. 데카르트의 경우, 명징한 지식에 이르는 원리로 내세운 사유의 방법은 세 가지 계기 즉, 회의의 방법과 회의를 벗어나는 근거로서의 자아의 발견, 그리고 자아의 활동으로서의 세계의 재구성에 의해 이뤄지는 것인데, 그의 확실성의 탐구에서 첫 자리에 놓여 있는 것이 모든 것에 대한 회의였다. 이 방법적 회의는 진리 인식의 가능성에 대한 관심에 의하여 순화된 자아를 생성시킨다. 순화된 자아는 스스로를 객체화하여 다른 객체에 자신의 힘을 작용하는 자의적인 의지를 최대한도로 제거하고 주어진 질료의 객관적 구성 속에만 스스로를 내맡기는 승화된 주체성이다.[23] 진리의 인식 가능성에 대한 관심에 의하여 순화된 이 자아[24]는 자연스러운 욕망이나 의견, 윤리적 관심 등을 지닌 자아가 아니다. 이 자아는 주체적 의지 작용의 포기 위에 성립하기 때문에 소극적 의지를 지닌 주체라고 해야 하겠지만 완전히 수동적인 주체라고 할 수는 없다. 왜냐하면, 이 주체는 한편으로는 명징한 직관을 위하여 투명하고 수동적인 상태에 들어가 있지만 다른 한편으로는 사고의 논리적인 구성 작업을 위하여 능동적인 활동 상태에 있기 때문이다.

　사실, 방법적 회의를 통하여 생성되는 투명하고 순화된 주체는, 역설적이기는 하지만, 가장 주체적인 주체라고 할 수도 있다. 왜냐하면, 주체적

---

23) 김우창. 앞의 글.300쪽.

24) 이 자아는 순수한 진리 인식의 관심에 의해서만 동기지워진 자아로서 자연스러운 욕망이나 의견, 윤리적인 관심 등을 가지지 않은 자아이다. 진리 인식의 관심에 의해서 순화된 이 자아는 칸트 식으로 표현하면, '초월적 자아'라고 할 수 있고, 현상학의 용어로는 현상학적 환원으로 태도를 조정한 자아라고 할 수 있다.(김우창, 앞의 글, 301쪽.)

이란 것은 스스로를 객체화하지 않는 것을 일컫는 것인데, 투명하고 순화된 주체란 물질의 세계에 자신의 자의적인 흔적을 남기지 않고 있는 그대로의 세계와 사물을 주체성 안에 포용하는 주체이기 때문이다. 이것은 상당한 정도로 주체적 의지 작용을 포기한 상태 위에 성립하는 것이므로 수동적 주체라고도 할 수 있지만, 그러나 그것은 스스로를 객체화하지 않고 세계와 사물을 주체성 안에 그대로 포용한다는 측면에서는 매우 능동적 주체라 할 수 있다. 수동성과 능동성을 결합한 주체[25]라고 할 수 있는 이 소극적 의지의 주체에 의해 형성되는 문체를 우리는 문체 유형의 한 극단으로 설정해 볼 수 있을 것이다.

그러면, 회의의 계기에 의해 탄생하는 순화된 주체의 대극에는 어떤 주체를 설정할 수 있을 것인가? 순화된 자아가 주어진 질료의 객관적 구성 속에만 스스로를 내맡기는 승화된 주체성을 가리키는 것이므로 우리는 그 대극에, 스스로를 객체화하여 다른 객체에 자신의 힘을 작용하는 자의적인 의지를 최대한도로 발휘하고자 열망하는 주체를 설정해 볼 수 있을 것이다. 이 주체는 자신의 욕망이나 의견, 윤리적 관심 등을 지닌 자아로서 세계와 사물을 주관의 관념에 의하여 개조하려는 욕망에 불타는 주체라는 점에서 우리는 적극적 의지의 주체라고 부를 수 있다.

우리는 소극적 의지의 주체에 의해 형성되는 문체 유형은 그것을 가능하게 한 순화된 주체의 형성 계기가 회의에 있다는 점에 착안하여 '반성의 문체'라고 이름 붙여 본다면, 그와 대조되는 적극적 의지의 주체에

---

25) 수동성과 능동성을 결합한 주체는 질료의 객관적 구성에 스스로를 내맡기는 주체라고 할 수 있는데, 그런 점에서 이 주체의 능력은 영국 낭만주의의 시인 키츠가 말한 '소극적 수용력'이라는 것과 통할 듯하다. 키츠는 "사실과 이유를 안타까이 추구하지 않으면서 불확실, 신비, 의심 가운데 안주할 수 있는" 능력을 소극적 수용력이라고 지칭한 바 있다.(키이츠, "서한집", 김용권 등역, 세계평론선, 삼성출판사,1979, 188쪽. 참조.)

의해 형성되는 문체 유형은 '계몽의 문체'라고 이름 붙여 볼 수 있을 듯하다.[26)

이제, 앞 절의 논의에 의거하여, 계몽의 문체 유형의 한 사례로서『무정』의 문체의 특질을 다시 요약해 보겠다.『무정』에서 주인공인 이형식은 인물을 관찰할 때 감각적 지각을 의심없이 받아들이고 아무런 회의를 갖지 않는다. 회의적 시선이 부재하는 이형식은 대상을 피상적으로 관찰하고 대상의 객관적인 이해보다는 주관적 감정에 의거한 낭만적 상상을 전개하여 주관과 물질, 주체와 세계의 근원적 동일성을 이야기한다. 또,『무정』의 서술자는 '모르다/알다' 등의 이분법적 도식에 의거하여 인물과 사태를 서술하면서 자기는 '안다'는 지적 우월성의 태도를 견지한다. 서술자는 형식과 선형의 약혼을 서술하면서 "장난 모양으로 혼인이 결정되고 장난 모양으로 성례하기로 결정하였다"고 하면서 "위험한 일이다"라고 단정적인 주석을 첨가하기도 한다. '모르는' 인물들의 위에 '아는 자'로 군림하여 권위적인 작가로서 이것이냐 저것이냐의 이분법적 도식을 내포한 작가 주석 서술을 보여주었다. 그리고『무정』은 결핍된 현재를 충만한 미래에 이르게 하는 극적 서사에 주력한다. 이형식이 자신의 현재생활을 임시 생활이라고 여기고 있고 형식이나 선형이 같은 인물들이 미래의 자신의 모습을 자주 공상하고 있는 것에서도 엿볼 수 있듯이,『무정』의 서사에서는 서사의 과정보다 서사의 결과의 제시에 주력하는 설화적 구성을 보여준다. 비유는 현실 발견의 통로가 되지 않고 설득과

---

26) 물론 문체의 유형을 정립한다는 것은 하나의 이상형을 설정하는 것이다. 이상형이 란 실재의 서술이 아니라 실재의 서술에 표현 수단을 제공하는 개념 장치일 뿐이 다. 이상형은 순수하게 이상적인 극한 개념의 의의를 지니는 개념 장치로서 그것에 의하여 실재를 측정하고 비교함으로써 경험 내용 중에서 의미있는 부분을 명료하 게 할 수 있다.(김인환, 상상력과 원근법, 문학과지성사, 1993, 16쪽. 참조)

감정 환기의 수단이 된다.

계몽의 문체 유형에 속하는 『무정』의 문체는 비교적 정연한 논리에 의해 인간 현실을 구성하지만 묘사보다는 이야기성에 더욱 주력하는 경향을 띤다. 그러나 삶과 현실의 내부로부터 나오지 않고 외부적으로 부가된 관념에 의하여 소설의 구조를 구성할 위험이 있고 인간 현실의 구체성을 단순화할 위험을 안고 있다. 이광수 소설들이 추상적 이상주의 문학이라는 평을 들어온 것도 주관적 관념을 외부적으로 부가하여 구체적인 현실을 단순화하는 성향에 대한 지적이라고 할 수 있다. 예를 들어, 형식을 비롯한 네 청년이 유학을 가는 대목에서도 일본이나 서양은 단지 새로운 문명과 지식과 힘의 공급지로 이상화되어 있다. 일본이나 서양이 근대의 문명의 제공자이지만 동시에 그들 세력이 조선의 생존을 억압하는 식민주의자거나 식민주의의 한 진영이기도 하다는 측면은 완전히 무시되고 있다. 근대 문명과 지식과 힘은 진이고 선이고 미이며, 일본이나 서양은 그 근대 문명의 공급자이고, 조선의 청년들이 일본과 서양으로부터 새 문명을 배워서 조선에 그 문명을 전달하는 계몽의 주체가 되어야만 낡은 사상을 신문명으로 개조해야 하는 것이 가능해진다는 현실 구성은 구사상/신사상을 거짓/참, 꿈/참생활로 설정한 이분법적 서술로부터 기인한 현실의 단순화이다.

5. 결론

지금까지 우리는 『무정』의 문체를 분석하고 그것이 계몽의 문체 유형의 한 사례로서 제시될 수 있음을 논의해 보았다.

주인공이나 서술자가 감각적 지각을 통한 관찰과 이분법적 서술, 극적인 설화의 구성에 주력하는『무정』의 문체적 특질은, 문체의 유형을 소극적 의지의 주체에 의해 형성되는 '반성적 문체' 유형과 적극적 의지의 주체에 의해 형성되는 '계몽의 문체' 유형으로 대별할 때, 계몽의 문체 유형에 속하는 특질로 간주할 수 있었다.

『무정』의 문체적 특질을 규명하고 계몽의 문체 유형을 설정하는 작업은 3·1운동 이후로 가면서 이광수 소설들이『무정』에서 드러난 문체의 양상을 넘어서 어떠한 문체의 변이 양상을 보여주었는가 하는 것을 구명해 가는 일과 더 나아가서 이광수 외에 다른 작가에 의해 창작된 한국소설들이 어떠한 문체의 변이를 산출하면서 한국소설사의 지평을 확대하고 심화시켜 갔는가를 구명하는 데에 하나의 준거점이 될 수 있을 것이다.

앞으로, 한국 소설에 대한 문체 연구가 축적되고 이러한 연구들이 다양한 문체 특징들의 지도를 만드는 작업으로 수렴되어서 마침내 한국소설사를 관통하는 문학 변동의 원리를 문체사적으로 구명해 내는 목표에까지 나아가게 되기를 기대해 본다.

참고문헌

이광수. 무정. 매일신보, 1917.1.1.-1917.6.14.

김붕구. "신문학 초기의 계몽사상과 근대적 자아." 김태길외. 한국인과 문학사상.
　　　일조각, 1964.
김우창. "감각,이성,정신." 권영민 등. 한국문학이란 무엇인가. 민음사, 1995.
_____ ."문학과 철학 사이에서:데카르트 양식에 대하여." 철학과 현실. 철학문화
　　　연구소. (1993, 겨울)
김철, 이경훈, 서운주, 임진영. "『무정』의 계보;무정의 정본 확정을 위한 판본의
　　　비교 연구." 민족문학사연구. 제20호. 민족문학사학회. 소 명출판, 2002.
성광수. "「춘향전」에 대한 문체론적 고찰:완판본을 중심으로 한 생성론적 분석."
　　　어문논집. 제14,15호. 1973.
　　　.한국어 문장표현의 양상. 월인, 1999.
전명수. "『무정』의 판본 연구." 문학석사 학위논문, 고려대학교 교육대학원,
　　　1994.

구인환. 이광수소설연구. 삼영사, 1983.
김동인. 춘원연구. 신구문화사, 1956.
김상태. 한국현대문학론. 평민사, 1994.
　　　. 문체의 이론과 해석. 집문당, 1993.
김우종. 한국현대소설사. 성문각, 1982.
김윤식. 김윤식선집2: 소설사. 솔, 1996.
김윤식·김현. 한국문학사. 민음사, 1973.
김윤식·정호웅. 한국소설사. 예하, 1993.
김영민. 한국근대소설사. 솔, 1997.
김인환. 비평의 원리. 제2판. 나남출판, 1999.
_____ . 기억의 계단. 민음사, 2001.
김정자. 한국근대소설의 문체론적 연구. 삼지원, 1995.
동국대 한국문학연구소편. 이광수연구(상)·(하). 태학사, 1984.

백　철. 조선신문학사조사. 수선사, 1948.

서종택. 한국근대소설의 구조. 시문학사, 1982.

송하춘. 1920년대 한국소설의 연구. 고대 민족문화연구소, 1985.

우한용. 한국현대소설담론 연구. 삼지원, 1996.

이문열,권영민,이남호 편. 한국문학이란 무엇인가. 민음사, 1995.

이병헌. 한국현대비평의 문체. 고대 민족문화연구소, 2001.

이인모. 문체론. 동화문화사, 1960.; 수정3판. 선명문화사, 1970.

이재선. 한국소설사. 홍성사, 1979.

정한모. 현대작가연구. 범조사, 1959.

Auerbach, Erich. Mimesis. 미메시스(고대・중세편/근대편). 김우창・유종호 역.
　　민음사, 1987/1999.

Jobinski, B. Stylistics. 문체론. 이덕호 역. 한신문화사, 1999.

Kaiser, Wolfgang. Das Sprachliche Kunstwerk. 언어예술작품론. 김윤섭 역. 대방출
　　판사, 1982.

Wellek, Rene & Warren, Austin. Theory of Literature. 문학의 이론. 이경수 역.
　　문예출판사, 1987.

Abstract

The Style of Enlightening Novels in case of "Moo Jung" by Kwangsoo Lee

Choi, Jong-gil*

The purpose of this study is to establish a type of style in enlightening novels by analyzing the attributes of "Moo Jung"(1917) by Kwangsoo Lee(1892-1950), which is regarded as a model for the enlightening novels in Korean modern literature.

The first issue in the study of style is to establish the conception of style and the method of study. Even though traditional studies of style have usually understood the former in terms of authors' individualities or of characteristics in the period, I think that there are a few of difficulties. Therefore, I'd like to restrict the conception of style and the subject of study within each work. Also I would try to define the style as the unique attitude of author toward the world, considering that linguistic devices are always related to the attitudes

* Sunchonwhyang University

of author in the works. My method could start from finding out a style marker that produces the aesthetic effects in a work and analyze its function and effect within a work.

If I summarize the result of analyzing the attributes of "Moo Jung", as an example of enlightening style, it is that the main character, Hyungsik Lee, puts emphasis on appearances or behaviors of people whom he watches, not on the inside. In other words, he accepts his perception without doubt. He prefers improving his romantic imagination to understanding the object impartially. Also there are many examples of judging others by partial standards. Moreover "Moo Jung" concentrates on dramatic narrative that leads the insufficient present to the sufficient future. It shows the structure of narrative emphasizing not its process but its result, as we can see that Hyungsik or Sunhyoung regard the present lives as temporary and often fancy the future. The metaphor is a means to persuading and refreshing emotions instead of a way to finding the reality.

Such attributes of style in "Moo Jung" could be understood to be a type of enlightening style, if we divided the style to the reflecting one by the will of negative subject and the enlightening one by the positive subject.

The work of figuring out the attributes of style in "Moo Jung" and of establishing a type of enlightening style means studying not only changes in the works of Kwangsoo Lee after Sam-il movement but also advances in Korean novels of other authors who have yielded the varieties in style.

주제어

계몽적 소설, 문체, 감각적 관찰, 이분법적 서술, 평면적 구문, 반성적 문체, 계몽적 문체

1920년대 낭만주의 시의 계몽주의적 성격
— 『백조』파를 중심으로

황정산*

1. 머리말

낭만주의 시에서 계몽성을 찾으려는 본고의 시도나 본고의 제목은 그 자체가 모순이라 할 수 있다. 누구나 알고 있듯이 낭만주의와 계몽주의는 서로 대척에 있는 경향의 문예사조이기 때문이다. 서양의 문학사에서나 우리의 문학사에서나 낭만주의는 계몽주의의 반동으로 생겨난 예술 경향이라고 설명하고 있다. 인간의 이성과 합리적 사고를 최대한 발휘하여 신화와 종교의 믿음을 걷어내고자 하면서 인간의 과학적 정신의 승리를 믿는 것이 계몽주의이다. 이에 반대하여 인간의 감성으로만 파악될 수 있는, 현실을 넘어선 초월적이고 이상적인 세계를 지향하는 경향 이것이 바로 낭만주의이다.

아도르노는 계몽에 대해 다음과 같이 설명한 바 있다.

---

* 나사렛대

"진보적 사유라는 가장 포괄적인 의미에서 계몽은 예로부터 인간
에게서 공포를 몰아내고 인간을 주인으로 세운다는 목표를 추구해
왔다. 그러나 완전히 계몽된 지구에는 재앙만이 승리를 구가하고
있다. 계몽의 프로그램은 세계의 탈마법화였다. 계몽은 신화를 해체
하고 지식에 의해 상상력을 붕괴시키려 한다."[1]

미신과 우상과 신화의 공포로부터 인간을 구해낸 해방의 도구가 계몽
이지만 또한 그것이 인간을 억압하고 인간의 가능성을 말살하는 폭력적
인 도구가 될 수 있음을 아도르노는 지적하고 있다. 낭만주의가 시작하는
지점도 바로 여기에 있다 할 수 있다. 인간의 이성에 대한 또 하나의
신화화와 그로 인한 인간 정신의 또 다른 억압, 바로 이런 것에 대한
저항과 반동이 낭만주의 운동을 가능하게 했다고 할 수 있다.

마찬가지로 우리의 문학사에서도 1920년대 『백조』를 중심으로 한
낭만주의 운동을 앞선 계몽주의에 대한 반동으로 설명하고 있다. 하지만
우리 문학사에서 낭만주의의 저항을 불러일으킬 만큼 계몽주의의 억압
성과 고정성이 나타나기에는 근대적 계몽기의 시간적 길이가 너무 짧고
그만큼 근대의 물적 토대가 채 확립되어 있지 않았다고 할 수 있다. 다시
말해 이들이 속한 현실이 근대적 계몽주의에 적극적으로 반대하기에는
충분히 근대적이지 않았다는 것이다. 이러한 역사적 상황을 두고 볼 때
1920년대 낭만주의를 앞선 계몽주의에 대한 반동으로 설명하는 것은 사
실과는 부합하지 않는 측면이 많다고 할 수 있다.

20년대 낭만주의를 설명하는 또 하나의 논의가 있다. 그것은 '계몽의
좌절'로 설명하는 방식이다. 식민지 반봉건이라는 당시의 사회적 조건이
지식인들로 하여금 근대적 계몽을 실천할 수 없도록 조건 짓고 있어서

---

1) 아도르노, 『계몽의 변증법』(김유동 옮김, 문학과지성사, 2001), 21쪽.

절망을 미화하고 현실 도피를 기도하는 퇴폐적인 문학을 만들어 냈는데 그것이 바로 『백조』를 중심으로 한 1920년대 낭만주의 운동이라는 것이다.

김홍규는 한 논문[2])에서 1920년대 『백조』를 중심으로 한 낭만주의 시의 특질을 '감상에의 탐닉'과 '현실로부터의 도피'라는 퇴행적 굴절로 파악하고 그 근본적 원인을 이 시기에 활동한 시인들이 식민지 중산층 지식인으로서 가졌던 혼돈과 자기 분열 및 방황에서 찾아져야 한다고 주장했다. 하지만 이러한 설명은 비교적 사회 운동과 문화 운동이 자유롭던 1920년대초라는 시대에 들어와 왜 시인들이 하필 절망을 말하고 있는지에 대한 충분한 설명이 되지 못하고 있다.

이러한 관점에서 보았을 때, 1920년대 『백조』를 중심으로 한 낭만주의는 '계몽의 부정'이나 '계몽의 좌절'이라는 일면적인 설명으로만 파악하기 곤란하다는 것이 본고의 기본적인 문제의식이다. 1920년대 우리의 낭만주의 운동은 계몽의 열정과 섞여 있었다고 할 수 있다. 1920년대 낭만주의 운동은 근대적 삶의 실천의 부정이거나 포기를 보여주는 것이 아니라 근대성을 실현하는 또 다른 길에 대한 선택이라 할 수 있다. 바로 그것은 예술을 통해서 즉 미적 실천을 통해 근대로 나아가는 방식이라 하겠다. 근대적 예술의 지향 즉 미적 근대성을 모색해나가는 과정 이것이 바로 백조가 보여준 근대적 계몽의 기획이라 할 수 있다. 이렇게 보았을 때 백조의 낭만주의는 '미적 계몽주의'라는 새로운 용어로 명명될 수 있을 것 같다.

---

2) 김홍규, 「1920년대 초기시의 낭만적 상상력과 그 역사적 성격」, 『문학과 역사적 인간』(창작과비평사, 1980)

2. 계몽과 낭만 그리고 어둠

계몽의 영어 표현이 Enlightment라는 사실을 들먹이지 않더라도 '빛'은 계몽주의에 대한 가장 일반적이고 강렬한 메타포이다. 신화와 마법의 세계에 얽매여 있던 인간 정신의 암흑을 깨우쳐 밝은 이성의 세계로 인도하는 것이 바로 계몽이기 때문이다.

이와는 전혀 다르게 1920년대『백조』파의 시들이 보여주는 것은 어둠의 세계이다. 그들은 기꺼이 대명천지 밝은 광명을 버리고 어둠이라는 자폐적인 공간으로 찾아들어 간다.

> 날은 거짓 갓흔 젊은 날은
> 하늘과 쌍에 와서
> 붉은 蠱惑의 달큼한 냄새는
> 동네마다 가득히 타올을 째에,
> 모든 사람들은
> 모든 삶들은
> 곱다란 단장을 차리고
> 쎄로 쎄를 지어,
> 웃으며 노래하며
> 속살거려 질거할 째에,
>
> 임종의 날에
> 홀로 쩌는듯한
> 누런 헤여진 보잭이 갓흔
> 내마음은,
> 쓸쓸하고도 고요한
> 나릿한 만수향 냄새 쩌도는
> 캄캄한 내 밀실로 도라가다.

—박종화, 「밀실로 도라가다」³⁾ 부분

  '기쁨이 넘쳐나는 세상'과 '어두운 자기만의 세계'라는 이분법의 구도
가 이 시를 형성하고 있다. 현실과 이상 세계의 대립이라는 낭만적 이분
법의 대립이 그대로 드러나고 있다고 보이기 쉽다. 하지만 현실을 밝은
기쁨의 세계로, 반대로 자신의 이상 세계를 어두운 공간으로 설정하는
것은 속악한 현실과 순결한 이상이라는 낭만적 이분법과는 차이가 있다.
  시적 화자는 광명과 행복이 있는 현실의 세계에서 스스로 벗어나 죽음
이라는 어두운 그림자가 드리우고 있는 자기만의 세계에 침잠하고자 한
다. 그렇다면 이 어두운 세계는 무엇일까? 먼저 벗어나고자 하는 밝음의
세계를 생각해보자. 모든 사람들이 웃으며 노래하는 이 밝은 세상은 근대
적 문명이 만들어낸 합리적 이성과 생산성의 세계이고 시적 화자는 그것
을 어두운 부정의 세계를 통해 반대하러 한다고 생각할 수 있으나 그렇게
해석할 근거가 시 어디에도 존재하지 않고, 앞에서도 지적했듯이 당시의
역사적 상황이 그러한 단계에 있지 않았다는 점을 다시 한번 상기할 필요
가 있다.
  밝은 현실의 세계는 단순히 근대를 말한다기보다는 전근대와 근대를
모두 포함한 객관화된 집단의 세계이다. 과거에는 혈연과 지연이라는
자연적 집단이 그리고 근대 이후에는 시장이라는 새로운 경제적 장치가
이러한 집단과 객관적 세계를 만들어낸다. 시적 화자는 그러한 사회적
집단에서 벗어나 순수한 개인적 주체를 찾고자 한다. 그것은 바로 근대적
예술의 세계라 할 수 있다. 학문이나 사회제도와 같은 명명백백한 현실
세계의 가치들과는 다른 자기만의 내밀한 공간 그리고 현실적 가치들이
끊임없이 그것을 위협하는 바로 그것, 그것은 근대적 예술과 그 예술이
만들어낸 지극히 주관화된 공간이다. 사회제도나 사회적 이념과는 독립

---

3) 『백조』 1호, 11쪽.

된 자율적인 예술의 세계라는 근대적 예술의 지향을 통해, 이 시의 시인은, 근대를 부정하거나 근대적 실천으로부터 도피하는 것이 아니라, 자기 나름의 근대적 지향을 이루어 나가고 있었다고 할 수 있다. 즉 이 시에서의 어둠의 내밀한 공간은 예술적 자율성으로 요약되는 미적 근대성의 표현이고 그것을 통해서 세상에 발언을 하고 근대를 만들어 가고자 하는 바로 미적 계몽주의라 할 수 있다.

이러한 지향은 이상화의 대표작이며 『백조』를 대표하는 작품이기도 한 「나의 침실로」에서도 확인해 볼 수 있다.

「마돈나」지금은밤도 모든목거지에 다니노라疲困하야돌아가려는도다.
아, 너도, 먼동이트기전으로 水蜜桃의네가슴에, 이슬이맷도록달려오느라.

「마돈나」오렴으나. 네집에서눈으로遺傳하던진주는, 다두고몸만오느라.
쌜리가자, 우리는밝음이오면, 어댄지도모르게숨는두별이어라.

「마돈나」구석지고도어둔마음의거리에서, 나는두려워썰며 기다리노라.
아, 어느듯첫닭이울고 -- 뭇개가짖도다, 나의아씨여, 너도듣느냐.

「마돈나」지난밤이새도록, 내손수닥가둔침실로가자, 침실로!
낡은달은쌔지려는데, 내귀가듯는발자욱--오, 너의것이냐?

「마돈나」짧은심지를더우잡고, 눈물도없이하소연하는내마음의燭불을봐라.
양털같은바람결에도질식이되어, 얄푸른연긔로써지려는도다.

「마돈나」오느라가자, 압산그름애가, 독갑이처럼, 발도없이이곳갓가이오도다.

아, 행여나, 누가볼는지 -- 가슴이쮜누나, 나의아씨여, 너를부른다.

「마돈나」날이새련다, 빨리오렴으나, 사원의쇠북이, 우리를비웃기전에
네손이내목을안어라, 우리도이밤과가티, 오랜나라로가고말자.

「마돈나」뉘우침과두려움의외나무다리건너잇는내침실열이도업느니!
아, 바람이불도다, 그와가티가볍게오렴으나, 나의아씨여, 네가오느냐?

「마돈나」 가엽서라, 나는미치고말앗는가, 업는소리를내귀가들음은--,
내몸에미판피--가슴의샘이, 말라버린 듯, 마음과목이타려는도다.

「마돈나」언젠들안갈수잇으랴, 갈테면, 우리가가자, 쓰을려가지말고
너는내말을밋는마리아」-- 내침실이부활의동굴임을네야알년만……

「마돈나」밤이주는꿈, 우리가얽는꿈, 사람이안고궁구는목숨의꿈이다르
지안흐니,
　아, 어린애가슴처럼세월모르는나의침실로가자, 아름답고오랜거긔로

「마돈나」별들의웃음도흐러지려하고,　어둔밤물결도자자지려는도다,
아, 안개가살아지기전으로, 네가와야지, 나의아씨여, 너를부른다.

—이상화,「나의침실로」[4] 전문

　이제까지 이 시에 대한 해석은 '마돈나'와 '침실'의 의미 해명을 중심으로 진행되어 왔다. 누구를 어디로 초대하는 형식으로 되어 있어 '누구'와 '어디'를 해명하는 것은 이 시의 전체 의미를 이해하는 데 중요할 수 있다.

　'마돈나'를 두고는 '조국' 또는 '조국의 해방'이라고 말하는 다소 자의

---

4 『백조』3, 13쪽.

적인 해석도 있었고,5) 동경에서 사귀던 유보화라는 실제 인물과의 연관성을 밝혀보려는 시도도 있었다.6) 그러나 실제 인물과의 연관성을 밝힌다 하더라도 시의 전체 맥락에서 이해될 수 있는 '마돈나'의 의미가 해명되어지는 것은 아니다. 이 시에서 '마돈나'는 그가 그려 오던 이상화된 뮤즈거나 구체적으로 사랑하던 여인이건 간에, 그가 지향하려는 꿈의 세계로 더불어 함께 갈, 그리고 그에 의해서만 가게 될, 그런 존재라는 얼마간 모호한 해석 이상은 할 수 없을 것 같다. 이러한 의미의 모호성은 이상화 자신이 '마돈나'라는 시어를 선택함으로써 처음부터 의도했던 것으로 생각된다. '마돈나'라는 외래어가 주는 분위기는 '나의 아씨'라는 말이 주는, 사랑하는 실제 인물을 지칭하는 듯한 구체성도, '마리아'라는 말이 주는 종교적 분위기와도 다르면서 동시에 이 둘을 다 포함한다.

침실의 경우 비교적 의미가 명확하게 드러난다. '--가장 아름답고 오랜 것은 오즉 꿈속에만잇서라 - 내말' 이라는 부제에서 보여지듯이 우선은, 부정되어야 할 현실에 대한 반세계의 상으로 설정된 꿈이라 할 수 있다. 그 꿈은 시상의 전개에 따라 의미 내용이 변화되어 간다.

1연에서 꿈의 세계는 경상도 방언으로 잔치마당을 뜻하는 '목거지'로 나타난다. 그러나 이러한 해석에는 얼마간의 설명이 필요하다. 사실 이 시 1연에 대한 해석으로는 목거지에 다다른 밤으로 형상화된 첫 행은 단순히 밤이 깊어감을 의인법으로 표현한 것이며, 그래서 곧 밤이 피곤하여 돌아가려는 것처럼 우리도 피곤하니 휴식하러 가자로 이해한 김용직의 견해7)가 별다른 이의 없이 정설로 받아들여져 왔다. 그러나 이렇게

---

5) 송명희 「<나의 寢室로>의 상징구조와 수사적 기법」, 『이상화의 서정시와 그 아름 다움』(새문사, 1981.2), 68쪽.

6) 김학동, 「이상화론」, 『한국근대시인연구』(일조각, 1974), 177쪽.

7) 김용직, 『한국문학의 비평적 성찰』(민음사, 1974), 139쪽.

이해할 경우 밤이 모든 목거지에 다닌다는 말의 의미는 불분명할 뿐 아니라 밤이 돌아간다는 표현은 곧 새벽이 온다는 뜻인데 밤이 돌아가는 것처럼 우리도 돌아가자로 해석하면 새벽이 꿈속으로의 지향을 끊임없이 가로막는 장애로 표현되는 이 시의 전체적인 맥락과 이런 해석은 어울리지 않는다. 지금은 모든 목거지에 다니고 있는 밤이 돌아가 곧 새벽이 되려 하는데 우리도 새벽이 오기 전 밤이 갖는 그러한 목거지로 빨리 가자로 해석되어야 한다. 이렇게 해석하고 보면 1연에서 시인이 지향하고자 하는 꿈의 세계는 현실도피의 의미를 가진 휴식과 고요의 세계가 아니라, 변화와 새로움의 기대로 차고 또한 그것들을 확인시켜 주는 모임의 장소인 잔치마당이다.

그런데 '목거지'는 왜 밤에만 가능한 것인가? 그가 지향하려는 바 꿈의 세계의 실체도, 꿈의 세계로의 이행의 가능성도 새벽과 밝음으로 표현되는 현실의 힘 앞에는 지극히 불확실하고 미약한 것이기 때문이다.

이 시의 전반부에서는 시인이 가야 할 꿈의 세계의 상징인 침실은 '침실'이 주는 느낌과 더불어 '네 손이 내목을 안어라'의 표현에서 볼 수 있는 애욕과 관능인 쾌락의 장소이다. 다시 시의 후반에 오면 침실의 의미는 '뉘우침과 두려움의 외나무 다리 건너 있는'이 보여 주는 비상한 결단을 요구하는 '부활의 동굴'이 된다. 미적인 쾌락과 개인의 부활을 꿈꾸는 것, 그것은 바로 앞서 설명한 개인의 주체적 공간으로서의 근대적 예술의 세계라 할 수 있다.

그런데 여기서 한가지 생각해보아야 할 점이 있다. 그것은, 시인이 어둠과 꿈으로 표현된 예술의 세계를 지향하면서도 시인의 눈은 끊임없이 현실에 쏠려있다는 점이다. 이 시의 표현상의 특징으로도 이 점은 다시 확인된다. 지향하려는 꿈의 세계의 모습은 '세월 모르는 나의 침실', '아름답고 오랜거긔' 등의 다소 막연한 추상적 표현으로 제시되지만, 시인을 끝까지 위협하는 현실의 모습은 '앞산 그름애가, 독갑이처럼, 발도 업시이곳갓가이오도다', '사원의 쇠북이, 우리를비웃기전에', '별들의 웃음도 흐러지러하고'의 구절들에서처럼 생생하면서도 구체적인 심상으로 표현되어 있다.

이렇게 이 시에서 끝까지 강조되어 표현되는 것은 현실의 모습이다. 시인이 지향하려는 바, 기쁨과 희망으로 찬 '목거지'라는 예술의 세계로의 이행은 현실의 완강함에 끊임없이 위협을 받는다. 시인은 그가 꿈꾸는 예술의 세계로 도피하여 거기에서 안주를 구하지 못하고 시인은 마지막까지 절망적인 현실과 그 현실이 주는 불안한 긴장감에서 벗어나지 못한다. 이는 예술을 통해 현실로부터 도피하려는 유미주의적 태도와는 다르다. 현실과의 팽팽한 긴장 속에서 예술의 자족적 길을 찾아나가려는 근대적 예술의 길, 바로 미적 근대성을 향해 나가는 도정이라 할 수 있다.

3. 개인의 욕망과 슬픔

예술의 자율성 또는 미적 근대성이란 개념으로 요약되는 근대적 예술은 학문과 도덕으로부터 분리된 자기의 영역을 확보하게 된다. 때문에 근대 예술을 추동하는 힘은 이제 이념이나 역사적 당위 또는 사회적 책무 같은 객관적이고 집단적인 가치가 아니라 개별적이고 주관적인 욕망에서부터 기인하게 된다. 그런데 욕망은 항상 채워질 수 없는 것이다. 채울 수 없는 욕망의 빈 구멍과 그로부터 기인하는 삶의 좌절감 거기에서 바로 슬픔이라는 정조가 생겨난다. 1920년대 시에서 슬픔이 중요한 모티브가 되고 눈물이 가장 흔한 시적 이미지로 등장하는 것도 이와 무관하지 않다.

홍사용의 유명한 시 「나는 왕이로소이다」를 살펴보자.

> 나는 왕이로소이다 나는 왕이로소이다 어머니의 가장어여쁜아들
> 나는 왕이로소이다 가장 가난한 농군의아들로서…
> 그러나 시왕전에서도 쫓기어난 눈물의왕이로소이다.
>
> 「맨처음으로 내가 너에게 준건이 무엇이냐」 이러케 어머니께서
> 무르시면은
> 「맨처음으로 어머니께 바든 것은 사랑이엇지오마는 그것은 눈물
> 이더이다」 하겠나이다 다른것도만치오마는…
> 「맨처음으로 네가 나에게 한말이 무엇이냐」 이러케어머니께서
> 무르시면은
> 「맨처음으로 어머니께 들인말슴은 「젓주셔요」하는그소리엇지오
> 마는 그것은 「으아!」하는 울음이엇나이다」 하겠나이다 다른말슴도
> 만치오마는…
>
> ·········· 중략 ··········
>
> 나는 왕이로소이다 어머니의 외아들나는 이러케왕이로소이다.
> 그러나그러나 눈물의왕! 이세상어느곳에든지 설음잇는짱은 모다
> 왕의나라로소이다.
>
> — 홍사용, 「나는 왕이로소이다」[8] 부분

이 시는 흔히 감상적 낭만주의의 대표작으로 평가되는 작품이다. 『백
조』의 '병적 감상', '감읍벽'을 가장 잘 보여주는 작품으로 예시되곤 하는
시이기도 하다. 현실의 근거를 상실한 과장된 슬픔을 미화하여 절망과
좌절에 스스로 함몰되는 시적 경향을 보여준다는 것이 이 작품과 백조파

---

8) 『백조』 3호, 127-131쪽.

의 시에 대한 일반적인 평가라고 할 수 있다. '1920년대 지식인층 청년들
이 부딪친 현실은 암울한 식민지의 억압이었고 그런 가운데 그들은 현실
의 문제에 적극적으로 싸우는 길을 택하기보다 이룰 수 없는 이상과 현실
을 괴로워하면서 절망감을 노래하는 데 치중하였다. 당시의 감상적 낭만
주의는 바로 그 산물이며, 이 시 역시 이로부터 생겨난 비애의 노래이다.'
9)라는 설명이 바로 이런 일반적인 평가의 대표적인 예라 할 수 있다.

물론 이런 설명이 전혀 틀린 것은 아니다. 하지만 위의 설명은 당시의
식민지적 현실에 적극적으로 대항해야 했으나 그러하지 못한 당시 시인
들의 나약함에 대한 도덕적인 평가에 근거하고 있다. 그러나 중요한 것은
이런 도덕적 요구나 평가라기보다는, 시대적 역사적 사명에도 불구하고
그들이 적극적 실천보다는 좌절과 비애를 선택했다는 사실이고 이러한
사실에 근거하여 왜 그들이 그런 선택을 할 수밖에 없었는지에 대한 보다
근본적인 질문을 하는 것이다.

그것은 그들이 개인이기 때문이다. 이 시에서 자신을 '왕'이라고 말하
는 것은 바로 주체로서의 개인에 대한 자각이다. 그러한 한 개인으로서
세상을 바라볼 때 세상은 감당하기 힘든 버거운 것임에 틀림없다. 그래서
'설음의땅'이고 거기에 사는 자신은 '눈물의왕'이다. 신화나 이념 좀더
근대에 들어서는 훨씬 보편적 객관성을 가진 학문과 과학 등은 사실 집단
의 논리이다. 그리고 인간은 그것들을 통해 세상에 대한 전망과 희망을
가지게 된다. 하지만 이런 것으로부터 독립하여 한 개인으로서의 예술가
라는 개념을 인식하게 되는 데서 근대적 예술 즉 미적 근대성이 만들어진
다 할 수 있다.

이렇게 볼 때 1920년대 시들에서 슬픔과 비애를 강조하고 눈물의 이미

---

9) 김흥규, 『한국현대시를 찾아서』(한샘, 1994), 97쪽.

지를 자주 사용하는 것은 어찌보면 개인에 대한 자각과 그것에 대응하는 정서적 반응이라 할 수 있다. 그리고 이러한 정서를 시적으로 표현해내고자 노력하는 것 자체가 당시 시인들에게 근대적 예술로 나아가고자 하는 실천이었다고 하겠다. 결국 1920년대 『백조』를 중심으로 한 낭만주의 시운동은 절망을 미화하여 현실을 도피했다는 종래의 평가와는 달리 예술적인 방식으로 당시의 현실에 대응하고자 했던 근대적 계몽의 기획의 일환이었다 할 수 있다.

다음 시를 한 편 더 보도록 하자.

비오는밤
짜러안즌 하날이
꿈꾸듯어두어라.

나무엽 마다에서
저즌 속살그림이
쯔니지 안흘째일너라

마음의 막다른
날 쒸집에선
넌지모르나 짜닭도업서라

눈물 홀리는 笛소래만
갓업는 마음으로
고요히 방울지우다

저-편에 느러섯는
白楊나무숲의 살찐거름애는
이저버린 記憶이 쩌돔과갓치

沈鬱 - 朦朧한
「칸빠스」우헤셔 흐늑이다

아! 야릇도하여라
야밤의고요함은
내가슴에도 깃드리다

벙어리입설로
써도는 沈默은
追憶의 녹긴窓을
죽일숨쉬며 엿보아라

아 자추도업시
나를 쩌안는
이밤의 홋집이 설어워라.

비오는밤
싸러안즌 靈魂이
즉은듯 고요도하여라.

내생각의
거믜줄슷마다에셔도
저근속살거림은
줄곳쉬지안허라.

— 이상화, 「單調」 전문10)

이 시는 풍경을 묘사한 서경시이다. 그러나 묘사된 자연 풍경은 과거

---

10) 『백조』 창간호, 70-72쪽.

강호시가의 자연에서처럼 이상적인 질서의 세계도 아니고 목가적인 시들에서처럼 화해로운 세계도 아니다. 시인의 눈에 외계의 모습은 '까라안즌 하날', '저즌 나무엽', '눈물 흘리는 笛소래', '흐느끼는 白楊 나무숲' 등의 심상을 통해 슬픔 자체로 묘사된다. 그리고 거기에서 느껴지는 것은 '서러움'이라는 애상적 정조이다. 그것은 우울한 현실의 단조로운 계속성과 거기로부터 벗어날 수 없다는 시인 자신의 무력감의 표현이기도 하다.

그런데 이런 우울한 정조와 슬픔의 이미지는 상당히 근대적이라 할 수 있다. 앞서도 설명했듯이 그것은 현실에 마주하는 주체로서의 한 개인이 가질 수 있는 정서이기 때문이다. 자아의 자각을 통해 인식된 개인의 삶은 주체의 진정한 의미를 획득하게 되지만 그만큼 현실로부터 소외감을 감당해야하는 힘겨운 것이기 되는 것이기도 하다. 거기로부터 근대의 우울과 권태와 슬픔이 생겨난다. 흔히 이 시에 대해 절망 자체를 미화하고 과장한 감상주의라고 폄하하는 것은 이 시가 가진 이러한 감성적 진정성을 보지 못한 것이라 할 수 있다.

4. 맺음말

『백조』를 중심으로 한 1920년대 초 낭만주의 경향에 대해, 서구의 문학사적 흐름을 그대로 적용하여 근대적 계몽에 대한 반작용이라고 설명하거나 아니면 식민지적 상황하에서 근대적 계몽의 실천의 불가능성에 기초한 절망이거나 현실도피라는 두 가지의 설명 방식이 있어왔다.

그러나 1920년대 낭만주의 문학은 '계몽의 반동'이나 '계몽의 좌절'이기보다는 근대적 예술의 지향하는 것을 통한 미적 계몽의 실천이라는 것이 본고의 주장이다. 1920년대 낭만주의 시인들에 있어서 근대는 이념이나 도덕이나 학문 같은 객관적인 현실 논리에서 벗어나 자유로운 주체로서의 개인의 세계를 찾아가는 예술 행위를 통해 이룩되는 것으로 인식되었다. 이들에게 예술은 절대적 자유가 실현될 수 있는 유토피아적인 공간으로 생각되었다. 그러나 이러한 자유로운 개인의 해방은 동시에 자아의 고립을 수반하게 된다. 이것이 바로 근대 예술의 운명이기도 하다.

이러한 현실로부터의 소외감은 어둠의 이미지와 슬픔의 정조로 표현된다.

1920년대 초 낭만주의 시인들은 사회 현실에서 벗어나 순수한 개인적 주체를 찾고자 한다. 그것은 바로 근대적 예술의 세계라 할 수 있는데 이는 학문이나 사회제도와 같은 현실 세계의 가치들과는 다른 자기만의 내밀한 공간이다. 때문에 그것은 현실을 지배하는 밝고 환한 광명의 세계가 아니라 이러한 세계의 위협으로부터 숨어들어서 찾아가야 하는 어둠의 공간이다.

또한 1920년대 시들에서 자주 나타나는 슬픔의 정조와 눈물의 이미지는 개인의 자각에 대응하는 정서적 반응이라 할 수 있다. 그리고 이러한 정서를 시적으로 표현해내고자 노력하는 것 자체가 당시 시인들에게는 근대적 예술로 나아가고자 하는 실천의 한 방식이었다고 하겠다.

* 참고문헌은 각주로 대신함.

A study on Romanticism of 1920's Poetry

Hwang, Jeong-san*

There had been 2 ways about the explanation of the Korean Romantic poetry of the tendency in the beginning of the 1920- centeral with '백조', one is to explain it the reaction of the modern enlightenment according to the western flow of the history of the literature and the other is the escape from the reality and an eager wish based upon the impossibility of the mondern enlightenment under a colonial situation.

But the romantic literature of the 1920 is the practice of the aesthetic enlightenment through the intention of the modern art, rather than 'the reaction of the enlightenment' or ' the frustration of the enlightenment'

The romantic poet of the 1920 recognized the modern could be accomplished by the artistic doing searching for individual's world as the freed self get out of the objective of the reality , such as the ideology, ethics and learning.

* Korea Nazarene University

To them, the art is thought to be as the Utopian space in which it can be attained the freedom. But this kind of self individual's freedom is also to be accompanied by the isolation of themselves. This is just the destiny of the modern art.

The isolation of this reality is expressed by dark image and sad sentiment.

The poet of the beginning of the 1920's try to seek the naive self identity freed from the social reality. It's referred to as the modern artistic world, and it's confidential space differed from the real world like learning and social system.

So it's not the bright world dominant the real world, but the dark hiding space escaped from the menace of that world.

And the frequency of the sad sentiment and the tear image in the 1920's poetry is the sentimental reaction over the individuals' consciousness.

The eager effort to express this kind of sentiment into poetry is itself one way of the practice toward the modern art.

주제어

낭만주의, 계몽주의, 현실도피, 퇴폐, 근대성, 예술의 자율성, 미적 근대성, 낭만, 현실, 개인, 보편성, 개별성

백석 시, 자기 응시로서의 관찰과 자아 탐색의 도정

최정례*

1. 서론

1936년 시집 『사슴』을 펴내고 주로 30년대 후반에 의욕적인 작품활동을 했던 백석에 대한 당대의 논의는 시집 독후감 형식으로 시작되었다. 김기림, 오장환에 의해 시작된 『사슴』에 대한 상반된 평가는 비록 단편적이기는 하지만 오늘날까지도 중요한 논점으로 대립되고 있는 핵심적 특징을 언급하고 있다.

백석과 함께 조선일보에 근무하던 김기림은 "『사슴』은 그 외관의 철저한 향토 취미에도 불구하고 주착없는 일련의 향토주의와는 명료하게 구별되는 모더니티를 품고 있다[1] "고 하여 백석의 시 세계에서 일찍이 '모더니티'를 감지해 내었다. 시적 자아의 태도가 "철석의 냉담에 필적하는 정신을 가지고 대상과 마주선다[2] "는 즉, 대상과 객관적 거리를 유지

---

* 고려대

1) 김기림, 「<사슴>을 안고」 ≪조선일보≫, 1936.1.29.

2) 김기림, 같은 글.

하고 있다는 점이 그런 평가를 가능하게 한 듯 하다. 그러나 그것이 '주착 없는 일련의 향토주의와는 명료하게 구별되는' 것이라 하여 그 향토성의 의의를 파악하는 데서는 '모더니티[3]'의 개념과 성질에 대해 경직된 태도를 보임으로써 백석시의 본질 파악에는 혼선을 빚는 결과를 낳았다. 한편 1930년대 백석과 동시대를 살았고 동년배 시인으로서 당시 문단의 한편에서 무시할 수 없는 역할을 담당하고 있었던 오장환은 백석의 시를 다음과 같이 비판하고 있다.

> 나보기의 백석은 시인이 아니라 시를 장난하는(즉 향락)하는 한 모던 청년에 그쳐버린다...<중략>....그는... 추억과 회상을 얕은 감각과 환상을 노래하였다....<중략> .....그는 시에서 소년기를 회상한다 아무런 센티도 나타내이지는 않고 동화의 세계로 배회한다. 그러면 그는 만족이다 그의 작품은 그 이상의 무엇을 우리에게 주지 않는다 . 그는 앞날을 이야기한 적이 없다. 자기의 감정이나 의견을 이야기하지 않는다....<중략> .....지방색이니 무어니 하는 미명하에 현대 난잡한 기계 문명에 마비된 청년들은 그 변태적인 성격으로 이상한 사투리와 뻣뻣한 어휘에도 쾌감과 흥미를 느끼게 된다. 하나 이것은 결국 그들의 지성의 결함을 증명함이다. 크게 주의(主義)가 될 수 없는 것을 주의라는 보호색을 붙이어 가지고 일부러 그것을 무리하게 강조하려고 하는 데에 더욱 모순이 있다......<중략>.....백석 씨의 회상시는 갖은 사투리와 옛이야기, 연중행사의 묵은 기억 등을 그것도 질서도 없이 그저 곳간에 볏섬 쌓듯이 그저 구겨넣은 데에 지나지 않는 것이다[4]

---

3) 김기림은 "詩의 모더니티"라는 글에서 과거의 시와 새로운 시의 특징을 다음과 같이 구분해 놓고 있다.
過去의 시: 獨斷的, 形而上學的, 局部的, 瞬間的, 感情의 偏重, 唯心的, 自己中心的
새로운 시: 批判的, 即物的, 全體的, 經過的, 情意와 知性의 綜合, 唯物的, 構成的, 客觀的
『김기림전집 2』, 심설당, 1988, p.84.

오장환은 백석의 시가 지난날의 추억과 회상에 젖어 있고, 아무런 '센티'도 나타지 않고 자기의 감정이나 의견을 이야기하지 않는다는 등의 표면적 특징들을 열거하고 있다. 그러나 그 특징이 지니는 의미의 맥락을 살피려 하지 않고, 당대의 문학이 '主義'라는 경직된 잣대에 의해 보호되거나 배제되고 있다는 점에서 불만을 표시하고 있으며, 백석을 시를 장난하는 한 '모던' 청년으로 보고 있다. 이는 시를 현실 변화의 직접적인 무기로만 보는 오장환의 문학관을 그대로 드러낸 것으로서, 이러한 그의 지적 속에서 그가 짐작하고 있는 '모던'의 속성과 그가 '아무런 의견이나 감정을 나타내지 않는다'고 한 백석 시의 특질은 김기림이 지적한 '모더니티'가 갖는 속성과 함께 이 논의의 전개 과정에서 규명해야 할 중심 과제가 될 것이다.

이들의 단편적이나 상반된 의견의 이면에는 '모더니티'라는 광범위한 개념에 대한 혼돈된 혹은 경직된 이해가 내재되어 있는 것으로 판단된다. 이들로부터 시작된 백석시의 근대성[5]과 관련한 그 밖의 논의들도 백석의 시가

---

4) 오장환, 「백석론」, 『풍림』 통권 5호, 1937, p.19.

5) 근대성(modernity)과 이에 관련되는 사항들은 본고의 논의 과정을 고려할 때 중요한 개념이 될 수 있으므로 우선 개략적인 규정을 해두기로 한다.
　　근대성이란 좁게는 이제까지 서구 근대의 삶과 사회를 지배하여 왔던 규준으로서 인식론을 말하지만 넓게는 그것이 낳았던 전반적인 문화현상과 가치 체계까지를 함축한다. 따라서 그것의 내용은 중세적 질서가 무너지면서 인류가 겪어온 역사적 경험 전반과 관련된 것으로 볼 수 있다. 이 용어는 역사적 시대구분의 개념이나 모종의 철학적 원리를 가리키기도 하고 근대 사회의 제도적 특징이나 문학예술의 새로운 경험 내용에 국한해서 쓰기도 한다. 이 용어의 뉘앙스는 논자에 따라 사뭇 다르며 이로부터 '근대성/현대성'이란 우리말 표현의 차이도 나온다.
　　그 말의 어원은 라틴어의 부사형 modo에서 기원한 것으로 <최근>, <지금>, <당대>의 뜻을 지닌다. 이 모던은 전통과의 단절을 주장한다는 이유로 인해 19세기 까지는 결코 우호적인 대접을 받지 못했으나, 19세기를 거쳐 20세기에 들어오면서 <개선>, <만족>, <효율> 등과 거의 같은 의미를 띠게 된다. 한편 <모더니즘>과

근대적 성향의 측면보다는 소재적 측면에서 토속성에 천착하고 있다고 보고
백석을 반근대적 특성의 시인으로 규정하거나[6] 기법에서만 모더니스트로
파악하고 있다[7]는 점을 들 수 있다. 이런 논의들의 한계점은, '방언'이나
'토속성'을 과거의 것으로만 결부시키려는 데서 기인한 것으로 그것이 가진

<모더니스트>는 1890-1940년대 예술과 문학에서의 실험적인 경향을 가리키는데
전문적으로 사용되었으며, 이로부터 모던이란 용어는 사뭇 논쟁적인 담론사를 갖
는다. 역사 단위를 동질성의 시간과 공간으로 끊어내는 개념인 그것은 르네상스,
계몽주의, <혁명의 시대>인 19세기, 그리고 20세기에 걸치는 긴 역사를 아우른다.
모던이란 용어는 획기적인 시대 의식을 되풀이해서 표현하는 것으로서 유럽에서
새로운 시대 의식이 형성될 때마다 자기 이해의 개념으로 되풀이 해서 나타났다.
칼리니스쿠는 두가지 모더니티를 말하고 있는데, 서구 문명의 한 단계로서 과학과
기술의 진보, 산업혁명 그리고 자본주의에 의해 야기된 광범위한 사회 경제적 변
화의 산물인 모더니티와 미적개념으로서의 모더니티다.

첫번째 모더니티, 즉 부르주아 모더니티는 근대적 관념의 역사에서 초기 시기에
두드러진 전통을 계승하는데 , 진보의 원리, 과학과 기술의 유용한 활용 가능성에
대한 신뢰, 시간에 대한 관심, 추상적 인본주의 틀 안에서 정의된, 성공의 숭배를
지향하는 자유의 이상 등의 특성을 지니고 있다. 이와는 대조적으로 후자 즉 반
부르주아적 모더니티는 중산층의 가치 척도를 혐오했으며 폭동, 무정부주의, 묵시
론에서 귀족적인 자기 유폐에 이르는 극도의 다변화된 수단을 통해 자신의 역겨
움을 표현하여 부르주아 모더니티에 대한 철저한 거부로 일관했다. 전자가 이성
에 대한 신뢰와 합리적 사고를 기초로 직선적인 시간관에 바탕을 한 진보적 신념
을 표출했다면 후자는 이성에 대한 회의와 반합리적 사고를 기초로 직선적인 시
간관을 거부하고 소멸적인 부정적 열정의 태도를 보였다고 할 수 있다.
M.칼리니스쿠,『모더니티의 다섯 얼굴』,이영욱 외 역, 시각과 언어, 1993, P.53-54.
참조.

6) 김명인,「백석시고」,『우보 전병두박사 화갑 기념논문집』, 1983. 고형진 편『백석』, 새
   미, p.90.에서 재인용.

7) 최두석은 백석이 도시문명이나 근대인으로서의 내면세계에 대한 관심은 전혀 찾아
   볼 수 없다는 점에서 백석은 세계관으로서보다는 창작방법으로서의 모더니즘의 세
   례를 받았다고 평가하였다.「백석의 시세계와 창작 방법」,『우리 시대의 문학 6집』,
   문학과지성사, 1987.

당대 현실과의 관계나 미래지향성을 간과하고 있다는 데 있다. 즉 소재와 시정신을 혼동하고 있는 것이다. 백석시에 있어서 과거에의 몰입이나 전통적 풍속에 대한 경도, 기억현상들은 단순히 근대적인 것과 배타적인 것으로 간주할 수 없는 복잡한 과정을 내재하고 있으며, 과거와 전통은 그것의 재현에 목적이 있었던 것이 아니라 기억과 인식의 방편으로 과거와 전통적 풍속이 동원된 것임을 주목하여야 한다. 이러한 논의는 이미 졸고8) 「백석시 연구」에서 밝힌 바 있어, 덧붙여 이 글에서는 백석의 초기시에서 두드러졌던 시작 방법인 관찰, 묘사의 기법에 주목하여 자신의 감정을 가능한 배제하려는 의도 하에 세심한 관찰과 냉정한 시선의 묘사 기법이 강한 자기 응시의 결과에서 비롯한 것임을 살피고자 한다. 또한 「北方에서」, 「국수」를 비롯한 백석의 후기 시에서는 근원 지향적 성향, 과거 시간에 대한 탐색, 과거 현재 미래를 응축시켜 심리적 시간의 동시성을 추구하며, 거기서 자아 탐색의 도정을 드러내 보이는 점 등에 주목하여, 이러한 특징들이 함의하고 있는 것 또한 근대적 성격의 한 표지임을 밝히고자 한다. 1930년 당시 근대성 수용 과정은 대체로 전통 부정의 방식으로 추구되었으나 이 와중에서 백석이 추구한 형식은 오히려 전통과 방언이었으며 이 선택의 의미 또한 당대를 결핍감 속에서 살아야 했던 백석이 '나는 무엇인가'라는 질문과 함께 또 다른 방법으로 제기한 그만의 형식 창조였음을 덧붙이고자 한다.

2. 본론

2-1. 관찰, 응시하는 자아

인간이 주체와 객체를 구분하고, 객체를 관찰하는 주체를 인식하며,

---

8) 졸고,「백석시 연구」-근원에 대한 질문으로서의 근대성. 고려대석사학위논문. 2001.

그 주체를 다시 객관적으로 바라보고자 하는 시선을 가지게 된 것은 근대 이후의 일이다. 즉 주체조차 객관적으로 바라보려는 눈은 곧 '합리성' '근대성'과 관련한 인식 이후의 특징이며, 이는 다시 세계를 객관적으로 대하려는 태도로써의 '관찰'이라는 과학적 탐구의 방법을 낳았다. 관찰은 세상을 탐구하는 합리적 수단이 되었으며, 미학적 근대성에 접근하고자 하는 현대시의 한 표현 방법이 되었다. 이 경우 주체는 유동적인 감각과 중첩된 욕망에 의해 끊임없이 흔들리기 때문에, 객관적이고자 하는 주체로서 객체를 포획한다해도 객체가 포획되는 순간 그것은 주관적 객체가 되고, 결국 하나의 객체에 순수하게 접근한다는 것은 불가능하게 된다. 그러나 순수 객관을 향한 이 불가능한 노력이 객체와 주체의 관계를 새롭게 드러내고 세계 안에 자아가 서 있는 위치를 더욱 분명히 드러내는 것도 사실이다. 이 때 시는 바깥 세상과의 관계 속에서 자아를 근본적으로 재인식하는 하나의 형식이 된다.

　백석의 초기 시 중 인상적 효과를 보이는 몇몇 작품은 지극히 객관적이고자 하는 관찰자의 눈으로 대상을 그리는 묘사의 기법을 쓰고 있다. 그 중에서 특히 시 「曠原」과 「멧새소리」는 자신의 감정이나 의견이 직접적으로 드러나지 않은 채, 세계 안에 있는 화자의 위치나 심정이 독자에게 오히려 절실하게 전달되도록 하는 기법을 쓰고 있다. 시 「曠原」은 1936년 시집 『사슴』에 실린 것으로서 비교적 초기에 쓰여진 다른 시들과 마찬가지로 이미지가 주도적 전달 요소를 이루고 있다.

흙꽃 니는 이른 봄의 무연한 벌을
輕便鐵道가 노새의 맘을 먹고 지나간다

멀리 바다가 뵈이는

假停車場도 없는 벌판에서
차는 머물고
젊은 새악시 둘이 나린다

—「曠原」, 시집『사슴』, 1936.

　이 시에서 직접적으로 화자의 주관적 감정이나 의견은 드러나지 않는 다. 화자의 의견이나 감정 대신 '노새의 맘'이라는 또 다른 객체인 대상에 기대어 輕便鐵道가 지나가는 정황을 표현하고 있다. '노새의 맘'이 어떤 마음인지는 독자가 그 감정을 상상하고 짐작해 보는 수밖에 없다. 그러나 그 감정은 직정적 언어로 표현되는 '쓸쓸하다' '적막하다' '서늘하다' 등 등의 감정 그 너머에 있다. 감정은 유동적이고 이성과는 달리 명백히 해명 작용을 하지는 않지만 시에 깊이를 더해주는 요소가 된다. 이 시가 보이는 간결함과 생생함 속에서 드러나는 인상적 풍경은 독자로 하여금 이 글을 쓴, 이 시 속의 풍경을 바라보고 있는 주체의 모습과 감정을 다시 상상하게 한다. 이 시의 화자, 즉 이 풍경을 객관적으로 그리고자 하는 주체의 감정과 의견은 이 시에 표현되어 있지 않지만 역설적으로 주체가 대상을 바라보고 전달하고자 하는 감정 이상의 것을 이 시는 전달 하게 되는 것이다. 화자는 객체인 이 풍경 앞에서 순간의 결핍감을 느끼 며 객관적이고자 하는 주체로서, 그러나 주관적일 수 밖에 없는 자신이 창조한 이 풍경 속에서 동시에 자신의 실재를 느낀다. 자신의 감정을 드러내는 직설적 말이 억제되었기에 오히려 내재된 주체의 감정을 증폭 시켜주는 이 효과는 백석이 의도한 것인지 아닌지는 모른다. 그러나 백석 이 직관적으로 파악하여 체득한 이러한 시작 방법은 주체와 객체를 인식 하게 된 후 즉 주체인 자아를 응시할 수 있는 시선을 획득한 이후의 것으 로 생각된다.

처마 끝에 명태를 말린다
명태는 꽁꽁 얼었다
명태는 길다랗고 파리한 물고긴데
꼬리에 길다란 고드름이 달렸다
해는 저물고 날은 다 가고 볕은 서러웁게 차갑다
나도 길다랗고 파리한 명태다
문턱은 꽁꽁 얼어서
가슴에 길다란 고드름이 달렸다

　　　　　—「멧새 소리」,『백석시전집』, 이동순편, 1987.

「멧새 소리」 역시 냉정하고 객관적인 묘사의 방법을 쓰고 있다 . 화자의 감정이 직설적으로 드러난 곳은 제 5행의 '서러웁게'에서 뿐이고 제 6행의 '나도 길다랗게 파리한 명태다' 에서는 직설적 감정 토로는 아니지만 화자의 심정은 절제된 채 그러나 전폭적으로 드러나고 있다. 이런 간접적인 감정의 노출은 이 시의 분위기를 차갑고 간결한 인상 안에 자신의 감정을 지극한 그것으로 담아두는 구실을 하고 있다. 더구나 제목 이외에 시의 본문에서 한번도 드러나지 않는 멧새소리는 차가운 겨울날을 배경으로 하여 그 소리의 잔상 효과를 최대로 발휘하고 있다. 그 울림은 날카롭고 차고 명징하다. 감정의 직접적 노출을 가능한 억제하는 이 시적 방법은 김소월이나 한용운 등 백석의 선배 시인이나 동시대 다른 시인들과는 뚜렷하게 차별적인 것이다. 자신의 감정을 직접 드러내지 않는 것은 감정이 희박하거나 감정의 깊이가 없어서이기보다는 그것의 또 다른 깊이를 확보하려는 노력이다. 이미 아는 것과 이미 본 것을 다시 새롭게 보려는 노력은 사물을 새로 창조하려는 의도에서 비롯한다. 온전히 응시하고 관찰하고자 하는 자의 시선은 자발적으로 고립되고 닫혀진 영역을 선택한 후에 확보된다. 관찰하는 행위는 세상의 중심으로부터

벗어나 그것과의 일정한 거리를 확보해야만 가능해지기 때문이다. 관찰
자의 육체적 주관성은 눈에 보는 대로 사물을 존재하게 한다. 시각을
통하여 객체는 관찰자의 육체적 요소와 외부 세계의 여러 요소들과 함께
나뉘어 질 수 없는 복합체가 된다. 춥고 고독한 화자의 시선은 객체인
명태와 고드름과 멧새 소리를 얼어붙게 하고 그 풍경은 다시 주체의 심정
을 대변한다. 객체는 다시 대상을 응시하는 자의 심정을 대변하는 거울이
되고, 대상을 관찰하는 시선은 곧 자신을 응시하는 시선으로 연장된다.
객체인 대상을 정밀히 관찰하고 묘사할수록 그 정밀한 시선은 관찰하는
자의 정신의 깊이를 반영하게 되는 것이다.

기억 또한 관찰과 유사한 역할을 한다. 기억을 통하여 사람들은 자아를
인지하게 되고 과거에 수행했던 그 역할을 기억하고 현재의 자아를 과거
에 비추어 과거에 우리는 무엇이었으며 앞으로 무엇이 되고자 하는지에
연관시킨다.

2-2. 서사 속에서의 기억과 자아

눈이 많이 와서
산엣새가 벌로 날여 멕이고[9]

---

9) 이동순은 이를 "메이다. '고정되지 않고 움직이다'의 평북방언으로 '쏘다니다'의
뜻." 이라 풀이하고 있으나, 이는 평북방언 '메우다'를 오기하여 해석한 것으로 추
측된다. 그렇다고 하더라도 '메우다'는 '움직이다' '고정되지 않다'로 '젖니가 메우
다' '애들이 자꾸 건드리어서 말뚝이 메우다'의 용례로 쓰이고 있어 '새들이 쏘다니
다'.로 풀이하기에는 무리가 있고, 또한 메우다-메이다-멕이다 의 변화가 필연적이
지 않다. 따라서 평북방언사전의 '메기다'의 변화 형태로 본다면 '메기다'는 '두편
이 노래를 주고 받을 때 한편이 먼저 부르다'의 뜻으로 보고 '새들이 서로 부르고'
의 뜻으로 풀이됨.

눈구덩이에 토끼가 더러 빠지기도하면
마을에는 그무슨 반가운것이 오는가보다
한가한 애동들은 여둡도록 꿩사냥을 하고
가난한 엄매는 밤중에 김치가재미로 가고
마을은 구수한 즐거움에 사서 은근하니 홍성 홍성 들뜨게 하며
이것은 오는것이다
이것은 어늬 양지귀 혹은 능달쪽 외따른 산넙 은댕이 예데가리밭
에서
하로밤 뽀오햔 흰김속에 접시귀 소기름불이 뿌우현 부엌에
산멍에[10]같은 분틀을 타고 오는것이다
이것은 아득한 녯날 한가하고 즐겁든 세월로 부터
실같은 봄비속을 타는듯한 녀름 볓속을 지나서 들쿠레한 구시
월 갈바람속을 지나서
대대로 나며 죽으며 죽으며 나며 하는 이 마을 사람들의 으젓한
마음을 지나서 텁텁한 꿈을 지나서
집웅에 마당에 우물든덩에 함박눈이 푹푹 싸히는 여늬 하로밤
아배앞에 그어린 아들앞에 아배앞에는 왕사발에 아들앞에는
새끼사발에 그득히 살이워 오는것이다
이것은 그 곰의 잔등에 업혀서 길여났다[11]는 먼 녯적 큰마니가
또 그 집등색이[12]에 서서 자채기를 하면 산넘엣 마을까지 들렸다는
먼 녯적 큰 아바지가 오는것같이 오는 것이다

아, 이 반가운것은 무엇인가
이 히수무레하고 부드럽고 수수하고 슴슴한것은 무엇인가

---

10) 산몽아, 이무기의 평안도 말.

11) 길어나다. 자라나다. 어리던 것이 자라서 크게 되다. 예)컬마니손에 길어나다. 평북
　　방언사전 참조.

12) '짚등석. 짚이나 칡덩굴로 짜서 만든 자리'라고 이동순은 풀이하고 있으나, '등새기'
　　가 산등의 평안도 방언이라는 점을 생각하여 여기서는 집등성이 즉 집의 등마루가
　　되는 부분 또는 집근처 등성이로 풀이하는 편이 문맥 상 어울릴 듯하다.

겨울밤 쩡 하니 닉은 동티미국을 좋아하고 얼얼한 댕추가루를 좋
아하고 싱싱한 산꿩의 고기를 좋아하고
그리고 담배내음새 탄수내음새 또 수육을 삶는 육수국 내음새
자욱한 더북한 삿방 쩔쩔 끓는 아르굴을 좋아하는 이것은 무엇인가
이 조용한 마을과 이마을의 으젓한 사람들과 살틀하니 친한것은
무엇인가
이 그지없이 枯淡하고 素朴한 것은 무엇인가

—「국수」, 『文章』 제2권 제4호

백석의 시 「국수」는 1941년 4월 <<문장>> 26호에 발표된 것으로서
시집 『사슴』에 실린 묘사적 기법의 초기시들과는 달리 서사적 진술의
방법으로 전개된다. 시 「국수」에서는 그동안 백석의 시 속에서 중요한
요소로 작용하던 과거의 시간이 형상화하여 구체적으로 드러나며, 또한
당시 근대인으로서의 자아 탐색, 즉 '나는 누구인가?'라는 질문이 시적으
로 온전히 녹아 있는 시라고 할 수 있다.

이 시의 제재인 국수는 제목 이외에는 시에 한번도 나타나지 않는 단어
다. 국수라는 단어가 문장의 주체로 드러나지 않고 대신 '이것'이라는
대명사로 다섯 번 반복되고 그 정체를 묻는 '무엇인가'라는 자문이 여섯
번 반복된다. 마치 스무고개 수수께끼의 답을 찾아가는 과정처럼, 그 정
체가 대명사에 의해 가려진 채 변주될 뿐, 그 실체를 쉽게 내보이지 않는
형식을 취하고 있다. 그럼으로써 마치 구체적 사물이 아니고 신비로운
그 무엇이 강림하는 것처럼 '실 같은 봄비 속을' '타는 듯한 여름 볕
속을 지나서' '구시월 갈바람 속을' 지나서 온다고 했다. 물론 표면적으로
는 국수가 만들어지는 모습을 의인화한 것이다. 그러나 백석이 이런 형식
을 취한 데에는 또 다른 이유가 있다고 생각된다. 우리로 대변되는 시적
화자의 마음 깊은 곳에 보이지 않게 흐르는 것, 그것은 오랫동안 흘러왔

으나, 그 형태를 붙잡을 수 없는 것, 즉 시간 또는 역사라고도 할 수 있고, 당시 뿌리까지 흔들리던 전통적 주체적 정신의 모습일 수도 있다. 그런 정신현상들이 구상화된다면 바로 이런 모습을 취하지 않았을까. 겉으로는 뭉게뭉게 김이 나는 국수의 틀에서 끊이지 않고 뽑아져 나오는 국수의 형태를 취한 것이지만 내면적으로는 그 긴 시간 속을 타고 내려오는 우리 정신 속에 자리하고 있다고 생각되는 어떤 것을 표현하려는 의도로 보인다.

국수가 가난한 농촌마을에 찾아오기까지의 추운 조국 산천의 경로와 허기진 식욕을 서사화하면서 '나는 누구인가' '우리는 무엇인가'라는 질문을 시적 형태로 제기하는 것이다. 단순히 우리가 즐겨 먹는 국수를 지칭하기 위한 것이었다면 '이것은 무엇인가'라는 질문을 그렇게 여러 번 반복할 필요는 없었을 것이다. 더구나 이 시 11행에서는 "하로밤 뽀오한 흰김 속에"라고 하여 옛날 애기 속에 산신령이 등장하던 분위기와 같은, 즉 초월적인 어떤 존재가 나타날 때의 모습으로 표현하고 있다. 이것은 반가운 것이고 '홍성홍성 들뜨게 하는' 것이고 '산멍에 같은 분틀을 타고 온다'고 했다. '산멍에'란 '산몽아'의 평안도 말로 이무기라는 뜻이다. 역시 초월적 신비성을 지닌 존재로 국수를 비유한 것도 이런 점에서 그냥 지나칠 수 없는 부분이다. 또한 '대대로 나며 죽으며 죽으며 나며 하는 이 마을 사람들의 으젓한 마음을 지나서 텁텁한 꿈을 지나서' 온다고 했으니 그것은 바로 백석이 찾고자 했고 '과거 지향적'이라고 할 정도로 우리의 근원에 가서 닿고자 했던 생각 '지금 여기는 무엇이며' '나는 누구인가'에 대한 의문과 멀지 않은 것이라 할 수 있다.

백석이 살던 1930년대는 일제 식민 통치 하의 우리 생활이 날로 俗惡해지고 일제를 통해 간접적으로 유입된 서구 문물의 영향으로 우리가 그동안 변함없는 가치로 추구하고 지켜오던 전통이 깨어지며 그 전통적인

것들에 회의를 갖기 시작하던 시기였다. 옛것들 즉 긴 시간을 간직하고
있던 사물들이 갖고 있던 것을 놓치면서, 그 순간에 오히려 백석에게는
사라져 가는 또는 이미 잃어버린 시간이 보이기 시작한 것으로 생각된다.
근대정신의 발로라 할 수 있는 '나는 누구인가'라는 이 질문은 자신의
정체성에 대한 자각에서 온 것이며, 그의 시가 무르익었던 1941년에 발표
한 「국수」는 이 자문에 대한 시적 대답이 되는 시라고 할 수 있겠다.
그러나 무엇보다도 이 시 「국수」의 뛰어난 기법 즉 긴 시간을 국수 속에
물질화시킴으로써 형상화하기 힘든 시간의 실체를 자연스럽게 드러낸
것은 백석의 혁신적 창작기법이라고 할 수 있다. 이러한 기법은 「국수」
이외에도 시 「모닥불」에서도 드러나 있다 .

　　　새끼오리13)도 헌신짝도 소똥도 갓신창14)도 개니빠디15)도 너울16)
쪽도 짚검
　　　불도 가락닢도 머리카락도 헌겁조각도 막대꼬치도 기와장도 닭의
짖도 개털억도 타는 모닥불

　　　재당17)도 초시18)도 門長늙은이도 더부살이아이도 새사위도 갖사

---

13) 새끼줄의 끄트머리 부분. 실 +오라기, 새끼+오라기 등의 접미사가 변형된 것으로
　　보인다.
14) 부서진 갓에서 나온 말총으로 된 질긴 끈의 한 종류, 갓진창. 이동순 풀이 참조.
15) 평북지방에서 쓰는 '이'를 일컫는 비어. 개 +니빠디, 개이빨. 평북방언사전참조.
16) 면사포의 잘못된 말(평북방언사전), 이동순 풀이에는 널빤지쪽으로 되어 있으나,
　　'너울-널'의 변화는 무리가 있다. 여기서는 앞에 소똥과 갓신창 즉 비천한 것과 그
　　상대되는 것의 한쪼가리를 말하고자 한 것이었다면 개이빨과 면사포 너울의 한쪼
　　가리는 대구되면서 시인의 의도를 짐작할 수 있는 소재이다.
17) 이동순 풀이로는 재종(再從).육촌으로 되어있으나, 재당숙(칠촌아저씨) 재당질(칠촌
　　조카)을 한꺼번에 재당이라고 하는 예는 사전에서 찾아볼 수 없었다. 재당은 '서당
　　의 주인', 또는 '향촌의 최고 어른'으로 풀이하는 것이 내용상 타당할듯하다.

둔도

나그네도 주인도 할아버지도 손자도 붓장사도 땜쟁이도 큰개도
강아지도 모두 모닥불을 쪼인다

모닥불은 어려서 우리 할아버지가 어미아비 없는 서러운 아이로
불상하니도 몽둥발이[19]가 된 슳븐력사가 있다

―「모닥불」,『사슴』,1936.

시「국수」속에 긴 시간과 역사가 녹아들어 국수의 모습으로 구현되는 것처럼 모닥불에도 긴 시간의 '몽둥발이가 된' 즉 '몸뚱이만 남은 역사가 있다'고 했다. 1연에서는 세상의 모든 하찮은 것 즉 '새끼오리' '헌신짝'에서부터, 한 때 고귀한 신분의 상징이었지만 시간이 흐르고 낡아져서 버리게 된 '갓신창'과 '너울쪽'에 이르기까지 하찮은 것이나 귀했던 것의 일부를 태우는 어떤 통합의 장소로서 모닥불을 제시하고 있다면, 2연에서는 그 모닥불을 쬐며 거기에 자신의 정서를 바치고 있는 존재들을 나열하고 있다. 이들은 門長늙은이-더부살이 아이, 나그네-주인, 할아버지-손자, 붓장사-땜쟁이 등의 예들처럼 (여기서 '재당'-'초시'도 내용상 '재'-'초'의 의미소가 무의식적으로 대조되는 가운데 한 쌍으로 묶여진 것으로 추정된다.) 내용상 유사하거나 대조되는 것들을 각각의 쌍으로 묶어 신분의 고하, 맡은 일의 귀천, 혹은 노소를 불문하고 누구나 모닥불 앞에서는 즉 역사라는 시간 앞에서는 그 영향으로부터 무관할 수 없으며 또한

---

http:limaho.hihome.com.참조.

18) 첫번째 과거시험에만 합격한 사람, 한문을 좀 아는 유식한 사람을 일컫는 말.

19) 몽둥발이, 몽동발이. 딸려 붙었던 것이 다 떨어지고 몸뚱이만 남은 물건.조선말대사전 참조. 여기서 주목할 것은 모닥불의 평안도 방언이 '몽당불'로 '몽동발이'와 비슷한 음상을 가지고 있다는 점이다.

평등하다는 것을 말하고자 하는 것이다. 여기서 특기할 만한 것은 모닥불의 평안도 방언이 '몽당불'인데 몸뚱이만 남은 역사 또한 '몽둥발이'에 연결시켜 '몽당불은 몽둥발이가 되었다'고 말하게 됨으로써, 평안도 방언에 대한 깊은 관심과 뛰어난 언어 감각으로 시의 주제를 그 언어 형태상의 유사함을 통해 함축하고 있다는 점이다. 나라가 망할 때 이제까지 처지가 달랐던 모든 사람들이 그 '몽둥발이'가 된 슬픈 역사 앞에서 동일한 운명을 맞는다. 그러나 그 운명과 함께 의지해야 할 것도 그 '몽둥발이'가 된 역사의 잔재를 태워 얻어내는 '몽당불'의 초라한 온기이다. 힘차게 흘러갈 때는 보이지 않았으나 멸망한 나라와 함께 이 모닥불의 형상을 둘러싸고 나타나는 이 시간과 역사 속에서, 그 역사를 배경으로 그려지는 화자의 자아는 그래서 더욱 비극적이다.

2-3. 근대인으로서의 자각

　　　아득한 넷날에 나는 떠났다
　　　夫餘를 肅愼을 勃海를 女眞을 遼를 金을,
　　　興安嶺을 陰山을 아무우르를 숭가리를.
　　　범과 사슴과 너구리를 배반하고
　　　송어와 메기와 개구리를 속이고 나는 떠났다.

　　　나는 그때
　　　자작나무와 익갈나무의 슬퍼하든것을 기억한다
　　　갈대와 장풍의 붙드든말도 잊지않었다
　　　오로촌[20]이 멧돌[21]을 잡어 나를 잔치해 보내든것도

---

20) 흥안령 북부에 사는 북퉁구스계의 한 종족.

쏠론이 십리길을 딸어나와 울든것도 잊지않었다.

나는 그때
아모 익이지못할 슬픔도 시름도 없이
다만 게을리 먼 앞대22)로 떠나나왔다
그리하여 따사한 해 ㅅ귀에서 하이얀 옷을 입고 매끄러운 밥을먹
고 단 샘을 마시고 낮잠을 잤다
밤에는 먼 개소리에 놀라나고
아츰에는 지나가는 사람마다에게 절을 하면서도
나는 나의 부끄러움을 알지 못했다.

그동안 돌비는 깨어지고 많은 은금보화는 땅에 묻히고 가마귀도
긴 족보를 이루었는데
이리하야 또 한 아득한 새 넷날이 비롯하는때
이제는 참으로 익이지못할 슬픔과 시름에 쫓겨
나는 나의 넷 한울로 땅으로 -나의 胎盤으로 돌아왔으나

이미 해는 늙고 달은 파리하고 바람은 미치고 보래구름만 혼자
넋 없이 떠도는데

아,나의 조상은 형제는 일가친척은 정다운 이웃은 그리운 것은
사랑하는 것은 우럴으는것은 나의 자랑은 나의 힘은 없다 바람과
물과 세월과 같이 지나가고 없다.

— 「北方에서」, 『文章』 제2권제6호 6,7월合號

---

21) 멧돝의 잘못된 표기, 멧돼지. 멧돝(평북방언)

22) 본도(平北) 내지 평안도를 벗어난 남쪽지방 . 즉 황해도 강원도에서부터 제주도 까
  지에 이르는 각지. 예) 그 사람 경기도인지 충청도인지 몰라도 하여간 앞대 사람이
  야. 평북방언사전 참조.

「北方에서」는 백석이 영생여고보의 교원을 그만두고 다시 서울에서 『여성』지의 편집에 관여하다가 만주 신경으로 옮겨간 뒤 1940년 7월 문장 18호에 발표한 시로 잃어버렸던 나를 되찾으려는 일련의 노력과 당시 우리 자신이 놓여진 실존으로부터 그 본질을 회복하고자 하는 의도가 담겨 있다.

이 시 2연 2행은 '자작나무와 익갈나무의 슬퍼하든 것을 기억[23]한다'라고 하여 표면적으로 '기억' 다시 말하면 '상기(anamnesis)에 의존하는 형식을 취하고 있다. 시인은 역사책에서나 본 부족 국가의 이름들을 열거하며 마치 화자가 그 시대를 살았던 기억을 회상한다는 식으로 상상의 서사를 전개하고 있다. 생존 기간이 백년이 못 미치는 개인으로서 수백 수천 년 이전의 일을 기억하는 것처럼 말하려는 의도는 마치 푸르스트[24]의 경우처럼, 잃어버린 시간을 찾아내어 거대한 기억을 회복하고자 함이다. 그것도 한 개인의 기억에서 그치는 것이 아니라 국권을 상실한 처지에 놓인 한 집단 한 민족의 잃어버린 시간을 찾고자 하는 것이다.

---

23) 리처드 쿤은 기억의 종류를 세 가지로 나눈다. 사적 양식인 회상(recollection)과 공공의 기억 형식인 재인식 (recognition), 그리고 신화적 형식인 상기(anamnesis)가 그것이다. 회상은 비공유성을 특징으로 하는 개인의 특수한 경험으로 주체의 개성, 자아의 정체성과 관련한다. 재인식은 타인과 공유하는 삶에 대한 기억을 반복적으로 인식할 때 발생한다. 선행하는 사건과 현재의 사건과의 유사성이 재인식을 촉발시킨다고 본다. 신화적 세계와 먼 조상의 삶까지도 추적하는 데 관여하는 기억 작용을 상기라고 명명하는데 이것은 플라톤이 이데아를 알기 위해 사용한 말이기도 하며 시간을 초월해서 생각을 떠올리는 기억의 힘 즉 초시간성으로 정의되는 기억작용으로 시 「북방에서」의 기억은 여기에 해당한다. R.Kuhn, Literature and Philosophy, Routledge & Kegan Paul, 1971. pp.187-191. 참조.

24) 번역문이기는 하지만 <죠이스와 愛蘭文學>에서 제임스 조이스와 함께 「마-르쎌 · 푸루스트」라는 이름을 언급하고 있음을 볼 때 백석이 이에 어떤 영향을 받았을 가능성도 배제할 수는 없다.

이 기억 탐색의 도정에, 아득한 부족 국가의 이름들인 '夫餘 ,肅愼, 勃海, 女眞, 遼, 金' 등이 그 이정표로 박혀 있다.

기억은 시인에게 근본의 것을 단번에 찾게 해줄 수 있는 것은 아니지 만, 기원에서 분리된 존재에게 구원의 길을 더듬게 하는 한 통로가 될 수 있다. 시인은 생명이 비롯되었던 근원의 세계 -백석은 그곳을 '녯 한 울', '땅', '胎盤'이라는 시어를 쓰고 있다 -가 모든 생명이 하다못해 메기, 개구리, 갈대, 장풍까지도 한마음으로 믿고 살던 화합의 세계였음을 암시 한다 . 오로촌25)이, 즉 남퉁구스계의 부족과 쏠론의 부족들이 잔치해 보 내주고 십리길을 따라 나와 울었던 것도 그들 모두가 근원에서는 하나로 정붙이고 살던 화합의 세계에 속했었기 때문이었다. 그곳을 '따사한 햇귀에 하이얀 옷을 입고 매끄러운 밥을 먹고 단샘을 마시고 낮잠을 잔' 소박한 낙원으로 그리고 있다.

> 시인-화자는 '아모 이기지 못할 슬픔도 시름도 없이' 그 세계를
> 배반하고 떠나 왔다고 말하는데, 시름도 슬픔도 없다고 한 이유는
> 자신의 존재가 무엇이며 자신이 누구인지를 아직 自覺하기 이전의
> 상태에서 그 이별이 이루어졌기 때문이다. 하나로 화합된 상태에서
> 떨어져 나온다는 것의 비극적 결과를 아직 알지 못하고, 즉 이별이
> 곧 배반이 된다는 것을 짐작도 하지 못하고 내딛은 발걸음이기에
> 거기에는 슬픔도 시름도 몰랐을 것이라는 뜻일 수 있다. 그러나 그
> 후 '돌비는 깨어지고 많은 은금보화는 땅에 묻히고' 돌아갈 길이
> 끊겼다. 즉 오랜 시간이 흐르고 화자의 현재와 그 근원 사이에 단절
> 이 일어났다. 이 점에서 '아득한 새 녯날'이란 단절 그 이후, 현재와
> 연결 가능한, 즉 현재가 비롯된 시초로서의 새 날이라고 할 수 있다.

---

25) 고형진은 오로촌을 '온마을'이라고 해석하고 있으나, 이동순은 '남퉁구스계의 한
종족'으로 풀이하고 있다. 필자는 '쏠론'이 '남퉁구스족의 일파'라는 점과 시의 정
황으로 이동순의 해설을 따른다.

　백석 시에서 과거에의 기억이나 회상은 근원을 향한 자기 찾기의 방법이다. 그래서 그의 시에서는 시간 표현이 이중적 의미를 갖기도 한다. 이 시 「北方에서」에서도 ‘앞 대’는 평안도 방언으로 ‘평북이남지방’을 의미하는 말이지만, 과거의 근원으로부터 ‘앞 세대’라고 하는 미래를 향한 방향을 동시에 지시하고 있다. 백석시의 특징으로 ‘過去 指向的’이라는 말은 이런 점에서 적합하지 않은 말이다. 정확히 말하자면 그것은 ‘根源 指向的’, 또는 ‘本質 歸依的’ 性向이다. 최초의 배반에는 근원과 미래를 연결시킬 수 있으리라는 기대를 포함하고 있었지만 이제 그 연결의 길은 끊겼다. 그래서 백석의 ‘過去 指向’은 단순히 과거로 돌아가자는 게 아니라, 근원과 미래를 연결시키는 맥락를 찾자는 것이다. 따라서 그것은 기억의 시간을 통한 ‘根源 回復’이며 ‘本質 歸依的 性向’이다 .

　마지막 두 연에서 백석은 “이미 해는 늙고 달은 파리하고 바람은 미치고 보래구름만 혼자 넋없이 떠도는데 //아, 나의 조상은 형제는 일가친척은 정다운 이웃은 그리운 것은 사랑하는 것은 우러르는 것은 나의 자랑은 나의 힘은 없다 바람과 불과 세월과 같이 지나가고 없다”고 한다. 이 말은 현재 자기 자신이 처해 있는 풍경을, 모든 것이 소멸하고 난 뒤 아무것도 없는 無로 인식한다는 것인데 이것은 지나간 과거를 아무 것도 없는 無로 인식하는 것과는 다른 차원의 것이다. 그리운 것도 사랑하는 것도 나의 자랑도 힘도 없는 이 無는 아무것도 없는 無가 아니라 자기를 발견한 배경으로서의 無다. 그런 의미에서 무서운 현재의 無이며, 우리 근대 문학사에서 보기 드문 개념의 無이기도 한 것이다. 오늘 자기 눈에 비친 현실에서 아무것도 기대할 만한 것을 발견하지 못한 자의 無는 단순한 悲哀의 無가 아니며 感傷의 無가 아니다. 열강의 각축장에서 잠 깨어 일어나는 순간에 근대를 체험한 시인이 내가 누구인가를 알아가고자 하던 시대는 말조차 자유롭게 표현할 수 없는 피폐한 상황26)이었다. 이

無는 현실에 맞대면한 식민지 '인텔리겐치아'시인의 자각이며, 자신도
모르게 스스로를 속이고 품게 되는 미래에 거는 헛된 욕망과 약속으로부
터의 해방을 의미하는 無이다. 이러한 발견과 자각 속에는 '우리는 무엇
이며 어디서 왔으며 나는 누구인가' 라는 질문과 함께 당대를 힘겹게
버티고 살아야 했던 근대인으로서의 자아 탐색의 과정이 여실하게 드러
나 있다. 이 점은 그 동안 백석 시를 주로 이미지즘의 측면에서 고찰하고
그 형식적 특질만이 모더니즘의 입장에 속한다고 논의되어 온 지금까지
의 백석 연구에 덧붙여야할 사항이라고 생각된다.

3. 결 론

지금까지 시집 『사슴』에 실린 초기 시에서는 묘사적 기법이 두드러진
시들을, 후기시에서는 서사적 기법이 두드러진 시들을 중심으로 살펴보
았다. 묘사적 기법이 두드러진 초기시에서는 대상을 관찰하는 행위와
함께 강한 자기 응시가 내재되어 있음을 엿볼 수 있었고, 서사적 기법이
지배적인 비교적 후기에 창작된 「국수」 「北方에서」 등의 시에서는 과거
에의 기억과 시대적 상황에 따른 결핍감 속에서 근원에 대한 탐색, 혹은
자기 존재에 대한 질문이 내재하고 있음을 살펴보았다. 이러한 자기 응시
나 자기 존재에 대한 질문은 백석 시의 특성,즉 '토속성' ''방언' 등의
표면적인 특질과도 긴밀하게 결합되어 있는데, 이러한 특성들이 안고

---

26) 1934년 8월 10일자 조선일보에서 백석이 번역한 글 <죠이쓰와 愛蘭文學>을 살펴
보면 중간 중간에 (略)이라는 표시를 발견할 수 있다. 이를 앞 뒤 문맥으로 유추해
보면 '獨立'이라는 말이 생략된 것으로 추측된다. 연재된 이 글에서 3회분에서만도
(略)이라는 표시는 12회나 나타난다. 예를 들면 "…… (略)的 批評家, ..……愛蘭(略)
의 部分的 成功 ,.……愛蘭農民의 (略) " 등이다.

있는 심층적 의미 파악을 위해서는 '토속성' '방언'을 과거의 것으로만
결부시키려는 관점에서 벗어나 그것들이 근대성과 길항 관계에 있는 것
으로 파악되어야 한다. 또한 이러한 관찰을 통한 자기 응시나 자기 존재
에 대한 질문은 1930년대 한국의 주도적 모더니스트들이라고 평가되는,
구인회를 중심으로 활동했던, 특히 김기림, 정지용 등이 추구했던 이미지
즘 계열의 시들과는 차별적인 요소를 드러내는 것이라 생각된다. 오히려
서구에서 모더니즘의 개념이 정초될 당시의 정황과 정신, 예를 들면 산업
혁명 이후 자기 존재에 대한 질문과 회의와 함께 전위적이며 보헤미안적
인 성향을 가지고 보편성을 버리고, 언어를 왜곡 사용하려는 생각이나,
'과거의 경험을 소유하여 진정한 현대는 전통의 계승과 함께 혁신의 장소
로 확증된다'는 벤야민의 시간의식[27]과도 그 기저에 있어서는 유사함을
지니는 것이다. 본고의 논의 결과는 백석시의 근대성에 대한 부분적인
검토에서 비롯된 것이라는 한계를 지닌다. 그러나 본고가 주목한 근대성
에 대한 원론적 재검토는 1930년대 한국시의 모더니즘적 특질들을 재검
토하면서 체계화해야 할 앞으로의 과제가 될 것이다.

---

27) 발터 벤야민, 위르겐하버마스/서도식 역, p.379.참조

참고문헌

백 석,『사슴』, 선광인쇄주식회사 , 1936.
이동순 편,『백석시전집』, 창작과 비평사,1987.
김재용 편,『백석전집』, 실천문학사, 2001.
김재용 편,『오장환전집』, 실천문학사. 2002.
김이협 편,『평북방언사전』, 한국정신문화연구원, 1981.
고형진 편,『백석』, 새미,1999.
『조선말대사전』, 평양사회과학출판사,1992.

Abstract

A Study on Baekseok's Poetry

Choi, Jeong-Rye*

In this report, we brought focus into poems with notably depictive techniques in the earlier works of Baek-suk, which were published in his collection 「사슴」, and poems with descriptive techniques in his later works. We could find observating and self-gazing eye in his earlier works. Yet in his later works like 「국수」 or 「北方에서」, there are memories of the past, searching the origin of the poet himself, or questions to the self-existence immanent in poems. Self-gazing or questions to the self-existence are also deeply related to dialect or folkish natures which are external aspects of his works. In order to understand deep meanings of these features, we should avoid past aspects which takes dialect or folkish natures as merely past ones, and they should be regarded as competing with modernity. Self-gazing through observation or questions to the self-existence are also thought to be deeply related to the spirit of the beginning of modernity when the early

* Korea University

concepts of modernism was established in europe. Though the conclusion of this report is restricted to only partial study of modernities in poems of Baek-suk, yet the basic reviews of its modernities which this study noticed, would be a future subject as a part of studies of modernities in 1930's Korean poetry.

주제어

관찰, 묘사, 자기응시, 자기 존재에 대한 질문, 토속성, 방언, 근대성

자유연애의 이상과 식민지 근대의 현실
—김동인의 「약한 자의 슬픔」 연구

김지영*

1. 머리말

자유연애라는 개념은 식민지 시기 한국 소설이 처음으로 서구적이고 현대적인 형식으로 바뀌는 시기에 중요한 이념으로 작용하였다. 식민지 초기, 자유연애의 개념은 개인이 전통적 관습과 도덕의 규제에서 벗어나 자신의 일을 스스로 결정하는 주체가 되어야 한다는 근대적 자각을 이끌어 내는 중요한 동력의 하나였다. 그러나 처음 주창될 당시 자유연애는 그것이 당대 젊은이들 사이에서 폭발적인 지지와 관심을 얻고 대대적으로 유행하였지만, 오늘날 우리들이 생각하고 있는 것과 같은 통일된 의미를 지니는 개념이 아니었다. "자유연애"는 개화기 이래 유입된 서구 문물의 영향 아래 성립된 새롭고 낯선 성격의 남녀 관계를 지칭하는 어휘였으며, 그것이 주목받고 논의되는 과정 속에서 다양한 의미의 분화와 분열을 거쳐야 했다. "자유연애"는 기존의 결혼이나 가족 관계에 포섭되지 않는

---

* 고려대

새로운 남녀 관계를 건설하는 힘으로써, 전통적 남녀관과 가족제도를 분열시키고 성, 사랑, 결혼의 문제에 대한 새로운 자각과 관심을 불러일으켰다.

새로운 형식의 결혼과 사랑이 하나의 유행으로 대중 속에 급격히 알려지게 되었던 것은 1910년대부터이지만, "연애"라는 어휘가 본격적으로 쓰이기 시작한 것은 1920년대에 이르러서이다.[1] 1920년대는 또한 한국 문학이 본격적으로 근대적인 감성과 형식을 갖추어나가던 시기이기도 했다. 자유연애 사상의 유행과 문학의 현대화는 시간적으로 동시적일 뿐만 아니라, 내적으로 긴밀한 연관성을 지닌다. 한국 문학의 근대화는, 개화 사상에 입각하여 신교육을 수혜한 젊은 지식인들이, 일본을 통해 유입된 서구적 문학 형식을 모델로 하여, 한국적 정서와 경험을 새로운 문학 형식 속에 담아내고자 하는 노력을 통해 이루어졌다. 이 젊은 지식인들에게, 새로운 서구 문물의 충격과 인간 본연의 감정의 문제를 결합한 자유연애의 관념은, 문학의 근대화에 좋은 소재가 되었고, 문학은 또한 역으로 자유연애의 대대적 유행에 결정적 영향을 끼쳤다.[2]

---

1) "1910년대 중반까지 '연애'는 물론 '사랑'이라는 단어도 그리 두드러지지 않았다. 신소설 중 상당수가 결혼을 둘러싼 갈등을 소재로 했고, 『장한몽』(1913)이나 『눈물』(1913)은 '사랑', '연애'라는 단어를 중요하게 사용하기도 했으나, 이는 아직 삽화적인 예에 지나지 않았다. … 1919년 이후 한국은 교육열을 바탕으로 새로운 지형을 만들어냈으니, '연애'란 이때 등장한 상품 중의 하나이다. 권보드래. 「연애의 형성과 독서」, 『역사문제연구』 7호, 2001.12.

2) 이러한 사실은 개화기의 계몽 담론 속에 나타난 엄격한 소설 부정의 논리에서 잘 드러난다. 일례로 이해조의 『자유종』에서는 "춘향전은 음탕 교과서, 심청전은 처량 교과서, 홍길동전은 허황 교과서"로 묘사된 바 있다. 일본에서의 사정도 이와 크게 다르지 않았던 듯하다. 가라타니 고진은, 서유럽에서 발생한 관념인 연애는 기독교 내부에서 생긴 <병>인데, 일본에서는 "교회를 대신해서 <문학>에 영향을 받은 사람들이 연애의 현실적 공간을 형성해 갔다"고 적고 있다. 가라타니 고진, 박유하

　한국 최초의 근대적 형식을 지닌 소설이라 불리우는 이광수의『무정』
(1917)이 자유연애의 구호를 외치는 선두 주자 역할을 했다는 것은 잘
알려진 사실이다. 그러나『무정』에서 사랑과 연애는 새롭게 발견된 감각
과 감정의 문제로서 자신의 자리를 찾지 못하고 선각자의 불투명한 계몽
적 자각 속에 용해되는 하나의 명분에 그치고 만다. "개아의 성찰이 충분
히 이루어지지 못한 상태에서 외적 사회 조건의 급박성 때문에 앞으로
제대로 내면화되어야 할 새로운 사랑의 윤리가 단축해서 내면화"3) 되어
버린 것이다. 자유연애를 그 본질적 의미에서 본격적으로 탐구한 것은,
본격적인 근대 문학 출발의 신호탄이자 최초의 근대적 형식의 문학 동인
지였던『창조』의 작품들에 이르러서이다. 본고에서는『창조』1,2호에
발표된 김동인의「약한 자의 슬픔」(1919)을 중점적으로 다루고자 한다.
「약한 자의 슬픔」은 자유연애의 문제를 사회적 명분이 아니라 인간 본능
과 감정의 발현이란 관점과 결합하여 탐구한 최초의 소설로 판단된다.
연애는 다른 가치에 종속되지 않은 그 자체로서 탐구될 때, 다시 감정으
로서의 사랑, 성본능으로서의 sexuality, 사랑의 제도적 형식인 결혼의 문
제가 결합한 하나의 문화적 현상으로 나타난다.「약한 자의 슬픔」은 그
와 같은 성, 사랑, 결혼이 신교육을 받고 서구적 근대를 지향하는 당대인
의 삶 속에 어떤 방식으로 삼투하고 있는지를 잘 보여주는 작품이다.
이 글은,「약한 자의 슬픔」을 면밀하게 분석함으로써, 연애 개념이 이해
되고 구현되는 과정에서 빚어진 당대적 질곡의 한 전형적 양상을 살펴볼
것이다. 그것은 전통적 유교 사상이 여전히 지배적 윤리로 군림하는 세계
에, 새롭게 유입된 서구적 사상이 내면적 각성의 과정을 거치지 않고

　역,『일본 근대 문학의 기원』, 민음사, 1997, P.112.

　3) 김우창, "*The Extravagance of Romantic Love*", Korea Journal, Winter 1999, pp.61-89.

당위적 가치로 지향되었던 식민지 사회 모순의 한 반영이다.

2. 새로운 사랑의 형식, 연애

성리학적 윤리에 기반을 둔 조선 사회에서 결혼은 사랑과는 별개의 문제였다. 결혼의 목적은 무엇보다도 혈통과 신분을 재생산하는 것이었다. 가족과 국가를 지탱하는 근본 요소로서 결혼은 엄숙한 유교 윤리의 지해 하에 있었다. '남녀칠세부동석'이라는 엄격한 내외법의 규제 아래 남녀의 접촉은 불순한 것으로 간주되었고, 개인의 감정이나 의지는 원칙적으로 결혼을 결정하는 고려의 대상에서 제외되었다. 감정으로서의 사랑과 본능적 욕망으로서의 섹슈얼리티는 공식적 영역에서 배제되어 있었으며, 추방된 성과 사랑은 그러나 축첩과 풍류로서의 기방연애 등의 비공식 영역을 구성하고 그리로 흘러들었다.[4] 이광수가 "나는 朝鮮人이로소이다. 사랑이란 말은 듯고, 맛은 못본 朝鮮人이로소이다. 朝鮮에 엇지 男女가 업사오릿가마는 朝鮮男女는 아직 사랑으로 만나본 일이 업나이다."(「어린 벗에게」, 『청춘』 9호, p.105.) 라고 단언할 수 있었던 것, 그리고 그러한 주장이 선풍적인 인기[5]를 끌 수 있었던 것은 이러한 사정

---

4) 이상 조선 시대 혼인과 가족 관계에 대해서는 다음의 자료들을 참조하였다. 서영채, 『한국 근대 소설에 나타난 사랑의 양상과 의미에 대한 연구』, 서울대학교 박사 논문, 2002. 이광규, 『한국 가족의 사적 연구』, 일지사, 1977.

5) 춘원의 인기는 "당시 청년들은 1년에 한두 번씩 발행되는 <청춘>을 얼마나 기다렸으며 거기 실은 춘원의 소설을 얼마나 애독하였을까. 조선 사면에 이혼 문제가 일어났다. …… <청춘>에 춘원의 역설(力說)이 실리지 않은 호는 그 팔리는 부수가 적었다."라는 김동인의 기록에서도 잘 나타난다. 김동인, 조선근대소설고, 1988, pp.19-20.

에 말미암는다.

이광수의 주장은 그러나 자유 "연애"이기보다는 자유 "결혼"론에 가까웠다. "이광수에게 문제가 되는 것은 그때까지 분리된 것으로 존재했던 사랑과 결혼을 결합시키는 것이었으며 그것이 그가 원하는 새로운 코드로서의 사랑이었다."[6] 이광수에게 있어 결혼은 사랑의 귀결점이었으며, 따라서 자유 연애의 관념은 자유 결혼과 분리되지 않았다. 『무정』의 주인공 이형식은 은인인 박진사의 딸 서영채를 선택할 것인가 개화론자 김장로의 딸이자 신여성인 김선형을 선택할 것인가를 갈등한다. 이 선택을 결정짓는 요인은 자연스럽게 우러난 사랑의 감정이라기보다는 신문물을 배우고 익혀 조선의 개화에 참여하겠다는 계몽의 의지이다. 그럼에도 불구하고 이 선택은 자유연애의 실천으로 간주되는데, 그 이유는 이 선택이 형식 자신의 의지에 의한 것이기 때문이다. "형식과 선형의 혼약은 만난 지 사흘 만에, '피차의 정신은 아직 한 번도 조금도 마주 접하여 본 적이 없는'(『무정』, 동양서원, 1918, 406면) 상황에서 맺어졌고, 그럼에도 형식은 혼약 직후부터 선형을 '자기의 사랑하는 자'(같은 책, 414면)로 규정"[7]해 버린다. 사랑은 결혼의 결정과 동시에 결정되고 그것을 결정한 주체에게 아무런 갈등 없이 자연스럽게 내면화된다. 「무정」에 이르기까지, 자유연애의 관념은 이와 같이 개인의 사적 감정보다는 공적인 명분의 영역에서 이해되며 표현되고 있었다. 그러나 「약한 자의 슬픔」에서 다루는 연애는 더 이상 이와 같은 공적 명분과 관여하지 않는다. 자유연애는 더 이상 자유 결혼과 자동적으로 연결되지 않고, 성과 사랑의 문제로서 개인의 심리 속에서 탐구되고 표현된다.

---

6) 서영채, 위의 논문, pp.3-4.

7) 권보드래, 「열정의 공공성과 개인성」, 『한국학보』 99집. 2000. 여름. p.111.

오늘날은 그 의미가 더욱 바뀌고 있지만, 일반적으로 한국 사회에서 "연애"라는 단어가 의미하는 바는 둘 이상의 남녀가 사랑의 감정을 느끼고 일정 기간 그 감정을 바탕으로 하여 특정한 관계를 유지하는 일이다.[8] 연애에는 둘 이상의 주체와 사랑하는 감정, 그리고 시간성이 수반된다. 그러나 「약한 자의 슬픔」에서 나타나는 "연애"는 사랑하는 두 사람 사이에서 이루어지는 관계를 지칭하기보다는 사랑하는 감정 그 자체를 지칭하는 말로 쓰인다.

> 엘니자벳트가 每日 通學할 때에 N통 썩거진 길에서 H義塾 制帽를 쓴 엇던 靑年과 맛나게 되엿다. 맛나기 시작한 지 닷새에 좀 情답게 생각되고, 열흘에 그를 맛나지 못하면 섭섭하게 생각되고, 二十日에 戀愛라 하는 거슬 自覺하고, 一朔만에 그 靑年의 일흠을 探知하엿다. '그도 나를 생각하겠지' 하는 생각과 '웬걸, 내게는 主意도 안 하더라' 하는 생각이 그 後부터는 恒常 그의 마음 속에서 爭鬪하고 이섯다. 戀愛를 하는 사람은 아모도 그러커니와 엘니자벳트도 戀愛-짝사랑(便戀)이던-를 안 후브터는 벗들과 함끠슬이 째는 아모치도 안치만 혼차 이슬째는 厭世의 생각과 喜悅의 생각이 함끠 마음 發하여 空然히 心臟을 쮜놀리며…(『창조』 1호, p.54. 이하 띄어쓰기와 강조는 인용자)

위 인용문에서 "연애"는 전적으로 엘니자벳트의 내면 속에서 일어난 주관적 감정이 일으킨 사건이다. 상대와 감정을 두고 이루어지는 어떠한 상호작용도 없는 상태에서 엘니자벳트는 자신이 "연애"하고 있음을 깨닫는다. 따라서 여기에서 쓰인 "연애"는 사랑하는 "관계"보다는 사랑하는 "감정" 자체를 지칭하는 단어에 가깝다. 정확한 검토가 더 이루어져야

---

8) 사전에서 "연애"는 "(부부가 아닌 남녀가 상대방과) 서로 이성으로서 사랑하는 관계를 이루는 것"으로 풀이되어 있다. 『국어대사전』, 금성출판사.

하겠지만, 이 때의 "연애"는 영어 "love"의 일본 번역어 "戀愛"를 따른 듯하다. 일본에서는 1800년대 중반부터 동사 "to love"의 번역어로 "愛, 好, 愛惜, 戀愛" 등이 쓰였는데, 1890(명치23년)년 巖本善治가 『女學雜誌』에 번역어 "戀愛"를 "깊은 영혼으로부터 사랑하는 일"이라고 설명한 이후로 "戀愛"는 특히 남녀간의 정신적인 사랑을 뜻하는 단어가 되었다고 한다. 이 "연애"는 육욕적이며 '불결한 연상이 넘치는' 일본 재래어 "戀"과 구분되는 것으로서, 예전의 일본에서는 존재하지 않았던 개념이라 전한다.9) 이광수, 김동인을 비롯하여 근대 문학의 형성을 주도했던 대부분의 문인들이 일본 유학을 거쳐 서구 문물을 흡수했으며, 특히 그들이 일본에서 배우고 탐독했던 많은 일역 서구 문학 작품들이 한국의 신문학 형성에 지대한 영향을 미쳤다는 사실을 미루어 볼 때,10) "연애"라는 어휘의 활용과 유포에는 이 같은 일본 번역어의 영향이 적지 않았을 것임이 분명하다. 특히 김동인은 후에 "구상은 일본말로 하니 문제가 안 되지만 쓰기를 조선글로 쓰자니……"(김동인 전집 5, p.19)라 회고하며 작품 구상이 일본어로 이루어졌음을 서술한 바 있어, 이러한 추측의 타당성 가능성을 높여준다.

전대의 문학 작품이나 1910년대의 작품, 평론 등에서 자주 사용되던 "사랑" 대신에 굳이 이 장면에서 작가가 "연애"라는 단어를 사용한 것은

---

9) 柳父章, 「戀愛」, 『飜譯語成立事情』, 岩波書店, 東京, 2001, pp.89-105. 참조. 같은 사실이 가라타니 고진에 의해서도 지적된 바 있다. "고대 일본인에게 연정(戀)은 있었으나 연애는 없었다." 가라타니 고진, 앞의 책, P.111. 柳父章은 한편, 일부에서 "연애"가 "戀"의 개념과 혼합되어 쓰여 청춘남녀의 넋을 잃게 만드는 불순한 것으로 탄핵되기도 했음을 밝히고 있다.

10) 이러한 사실은 「마음이 여튼 자여」등의 1920년대 초기 소설 작품들 속에서 종종 드러나고 있으며, 권보드래의 「연애의 형성과 독서」(권보드래, 앞의 논문)에서 구체적으로 연구된 바 있다.

그만큼 엘니자벳트가 느끼는 새로운 감정에 독자적인 의미를 부여하고
자 했기 때문일 것이다. 작가는 탁월한 미모와 재능을 지닌 근대 교육의
수혜자 강 엘니자벳트의 내면 속에서 이전의 작품에서는 볼 수 없었던
새로운 감수성을 발견하고 표현해 내고자 했다.[11] 그러나 전통적인 결혼
제도와 풍습에 의해 코드화된 감수성과 지식의 틀 안에서 근대적 연애의
감정이 하나의 실체로서 이해된다는 것은 지난한 일일 수밖에 없었다.
후에 살피겠지만, 엘니자벳트는 자신이 이환과 K남작에게 느끼는 감정
을 "사랑스러움"과 "가까움", "정다움" 등 친밀성을 표현하는 다른 재래
의 용어들과 비교해 보면서 자신이 지닌 감정의 정체를 확인해 보려 하는
데, 이러한 장면은 당대인들에게 연애가 아직도 얼마나 생경한 감정이요
형식이었는지를 확인해 준다.

　실제로 근대적 "연애"는 결혼이나 성적 결합을 필요조건으로 전제하지
않기 때문에, 결혼이나 물리적인 성 결합을 초월하면서도 남녀 간에만
가능한 어떤 끌림이 있다는 생각을 수용할 수 있어야만 이해 가능했으며,
이는 남녀 관계에 대한 전통적인 감각으로는 포섭할 수 없는 부분이었다.
근대적 "연애"는 또한 어느 정도 여성의 정신 세계에 대한 이해와 긍정이
있을 때라야만 가능한 것이기도 했다. 여성이 단순히 성적인 대상이요
가사와 노동을 담당하는 타자에 지나지 않는다면 성을 초월한 끌림이란
설명하기 어려워지기 때문이다. 작가가 주인공을 여성으로 설정하고 그
녀의 심리를 집요하게 파헤쳐 내는 데 주력한 것도 이러한 사실과 무관하
지 않을 것이다.

　그러나 한편 이 "연애"는 재래적 감각의 결혼이나 성적 결합에서 탈코

---

11) 김동인이 이 작품을 들어 '아직까지 세계상에 이슨 모든 투 니야기(작품)-리알리즘,
　로-만티씨즘, 씸볼니즘, 들의 니야기-와는 묘사법과 작법에 다른 점이 있는(『창조』
　1호 p.81) 작품이라 자랑한 것은 주지의 사실이다.

드화 되는 동시에, 새로운 형식의 결혼과 가정에 대한 소망 안으로 재코드화 되고 있었다. 엘니자벳트는 이환을 상기할 때마다 "결혼! 행복!"(창조 1, p.56), 혹은 "이환, 결혼, 신혼여행, 노후의 안락"(창조 1, p.58)으로 이어지는 몰아적이며 행복한 상상 속으로 빠져든다. 사랑에 대한 기대는 다가 올 행복한 미래에 대한 온갖 꿈과 희망을 함축하고 있다. 이 같은 희망은 사랑하는 사람과의 결혼과 윤택하고 안락한 미래를 결합한 행복에 대한 일련의 이미지에서 출발하고 있다. 그것은 성, 사랑, 결혼이 부부라는 하나의 관계 속에 행복하게 결합해 있는 서구적이며 근대적인 가정에 대한 이미지이다. 자유로운 애정과 자유로운 선택에 의한 결혼을 통해 부부라는 하나의 관계 속으로 성과 사랑과 결혼을 통일하는 것은 19세기 유럽의 부르주아지들에 의해 급속도로 확산된 낭만적 사랑의 이상이었다.[12] "연애"는 성, 사랑, 결혼이 각기 별개의 영역으로 분리되어 있던 전근대 사회의 불합리성을 극복하고 사랑을 화해로운 해방의 공간으로 이끌어 주리라 기대되었던 낭만적 소망의 대상이었으며, 서구적이고 근대적인 삶의 공간으로 이입하는 일차적이며 직접적인 매개로 기능했다.

신문물의 세례를 받은 당대의 젊은이들에게 서구적이고 낭만적인 사랑인 "연애"는 그것이 낯선 이상이자 그 내포가 무엇인지 불분명한 것이었음에도 불구하고 열렬한 소망의 대상이었다. 이 소설의 주인공 엘니자벳트가 느끼는 "연애" 역시 이해를 초월하는 동경의 산물이다. 그녀는 통학 길에 우연히 마주치는 같은 또래의 한 남학생을 특별히 주목하고 그를 좋아하게 되면서 "연애"를 자각한다. 여기에서 이환이 엘니자벳트와 같이 신교육을 받고 있는 청년 학생이라는 사실은 대단히 중요한 의미를 갖는데, 그것은 근대적 교육 기관인 학교와 등하교의 시공간이 당시

---

12) 앤소니 기든스, 배은경·황정미 역, 『현대 사회의 성, 사랑, 에로티시즘-친밀성의 구조 변동』, 새물결, 1996, p.60.

중요한 연애의 장소였기 때문이다.[13] '학교-신문-기차가 형성하는 교환과 소통의 네트워크 체제'를 새로운 삶의 조건으로 향유하고 있었으며, 이미 전대부터 자유 결혼과 연애의 달콤한 외침을 접했던 청년 학생들에게, 학생이라는 근대적 신분은 '계급적 경제적 차이를 넘어선 사랑을 가능하게 해 주는' 조건이었다.[14] 때문에 같은 "학생"이라는 사실은 다른 모든 차이를 뛰어넘어 가장 우선적으로 공감을 기대할 수 있는 조건으로 기능했던 것으로 보인다. 엘니자벳트에게는 이환이 자주 "마주치는" "학생"이라는 사실만으로도 충분했던 것이다.

이제 엘니자벳트는 연모의 대상자 이환과 아무런 직접적인 상호작용을 하지 않고도 "연애"를 "아는" 인물이 된다. "연애"로 말미암아 그녀는 "염세"와 "희열"이라는 극단적 감정 사이를 방황한다. 엘니자벳트가 "연애"를 자각하면서 느끼는 "염세"와 "희열"은 기실, 인물의 성격과 상황과의 상호작용 속에서 빚어진 것이라기보다는 일반적이고 보편적인 짝사랑의 모델을 그대로 모방한 데 더 가깝다. 그럼에도 불구하고 이환에 대한 엘니자벳트의 감정 즉 "연애"는 아무런 이유도 조건도 없이 발생한 순수하게 자기 준거적인 감정이라는 점에서 일단은 전대에 비해 자유연애의 본질에 훨씬 더 밀착하게 다가가 있다. 이 감정은 「무정」의 주인공 이형식의 감정과 같이 결혼을 위한 도덕적 명분이나 계몽의 의지에 귀속되지 않는, 독립적인 감정이며 그래서 "자유"롭다. 그러나 이 "연애"는 아직도 모호하고 불분명한 동경의 대상 이상의 무엇이 되지는 못한 상태이다.

---

13) 최혜실, 『신여성들은 무엇을 꿈꾸었는가』, 김동식, 「낭만적 사랑의 의미론」, 『문학과 사회』, pp.130-166. 참조.

14) 폐쇄된 조선 사회가 문호를 개방하면서 가장 먼저 유입된 서구 문물이 교육 공간으로서의 신식 학교와 언론 매체로서의 신문, 그리고 철도였다. 김동식, 위의 논문, pp.142-143 참조.

3.전근대적 애정 윤리와 근대적 애정 윤리

「약한 자의 슬픔」은 성과 사랑, 제도로서의 결혼에 대한 새로운 인식이 1919년의 현실 위에서 서로 부딪히고 갈등하는 과정에서 발생하는 혼란의 드라마이다. 성, 사랑, 제도로서의 결혼이 한 사회의 이념과 질서 속에서 구조화된 형태를 그 사회의 애정 윤리라고 한다면, 「약한 자의 슬픔」에서 나타나는 성, 사랑, 결혼의 갈등과 교차 속에는 전근대적 애정의 윤리와 근대적 애정 윤리가 모순적으로 결합해 있다.

엘니자벳트는 이환을 사랑하지만, 자신이 가정교사로 일하는 집에서 그녀의 고용자이며 조선의 선각자로 자임하는 K 남작과 불륜의 관계를 맺게 된다. 이 때 엘니자벳트와 K남작의 관계는 실로 문제적인데, 그것은 엘니자벳트가 남작에게 일종의 "겁탈"을 당했음에도 불구하고 남작에게 애정을 느끼고 불륜의 관계를 지속하기 때문이다. 남작에게 겁탈 당한 바로 다음날 아침 엘니자벳트는 "自己가 男爵에 대하여서도 愛情을 가지게 된 거슬 깨"(창조 1호, p.59)닫는다. 겁탈한 사람에게 느끼는 이 불합리한 애정은 임신으로 인해 남작에게 버림받고, 집에서 쫓겨나며, 그를 고소하여 공판이 열리는 자리에 이르기까지 소설 전반에 걸쳐 지속적으로 나타난다. 이 불합리한 감정은 엘니자벳트가 자신의 혼란한 감정을 스스로 정리해 보려 애쓰는 심리적 과정 속에서 그 본질을 드러낸다. 다음은, 새로운 형식의 사랑, 곧 근대적 연애를 지향하는 여성의 내면에 전근대적 사랑의 관습이 얼마나 뿌리 깊게 박혀 있는지를 드러내 주는 부분이다.

아까 우름으로 얼마 속이 싀원하여지고 원기까지 좀 회복한 엘니자벳트는 男爵과 利煥 두 사람을 비교하기 시작하엿다. 그는, 마음속에 두 사람을 그린 후에 어나 편이 自己의게 더 갓갑고 더 사랑스러운고 생각하여 보앗다. 사랑스럽기는 移煥이가 더 사랑스럽지만,

갓갑기는 아모래도 男爵이 더 갓가운 것가치 생각된다. / 이와가튼
결단은 그의 구하는 바를 채우지를 못하엿다. 그는, 사랑스러운 편
이 더 갓갑고 갓가운 편이 더 사랑스럽기를 원하엿다. 그러치만 사
랑과 갓가움은 평행으로 나가서 아모 데까지 가도 합하지를 아낫다.
(…) 여긔 실패한 엘니자벳트는 다시 다른 생각으로 그거슬 보충하
리라 생각하엿다. 사랑스러운 편이 자기게 더 정다울가 갓가운 편이
더 정다울가, 그는 생각하여 보앗다. (…) 自己의게는 '사랑스러움'
과 '갓가움'이 온젼히 分立하여 잇는 것을 안 엘니자벳트는, 어느
편이 자기게 더 정다울지를 알지 못하게 되엿다―둘이 同程度로
정답다 하는 것은, 엘니자벳트 자기가 생각하여 보아도 잇지 못할
일이다.―男爵과 利煥 새에는 엇던 차이가 이섯다. (창조 1호,
pp.62-63)

　엘니자벳트는 자신이 이환과 남작에게 느끼는 감정의 실체를 규명하
고자 자신이 그들에게 느끼는 감정을 "사랑스러움", "가까움", "정다움"
으로 나누어 비교해 본다. "사랑스러움", "가까움", "정다움"은 모두 친밀
성의 정도를 표현하는 용어로 감정과 관련된 개념들이다. "사랑스러움"
이 대상을 만나는 순간 발생하는 즉자적이며 정신적인 감정을 표상하는
어휘라면, "가까움"은 물리적으로 친밀성을 표상하는 단어이다. "정다
움"의 어근을 이루는 한자어 "情"은 타고난 본성을 나타내는 "性"과는
구분되는 것으로 상대적으로 후천적으로 습득, 발휘되는 감성적 성향을
나타내며15), 이렇게 볼 때 시간성을 내포한 어휘가 된다. 따라서 "정다

---

15) 性情은 동양에서 예로부터 철학적으로 깊이 논의되고 있는 부분이나, 가장 일반적
　　이고 기본적인 의미를 차용하였다. 『표준국어대사전 下』(국립국어연구원, 두산동
　　아, 1999, p.5416)에는 '情'이 '사랑이나 친근함을 느끼는 마음'으로 풀이되어 있다.
　　그러나 '정'은 또한 전통적으로 '남녀간의 애정, 본능적인 정욕, 성욕'의 뜻으로도
　　쓰였다. (『敎學大漢韓辭典』,교학사, 1998, p.1135. 참조.)

움”은 일정 시간을 두고 알아 온 사람에게서 느껴지는 따뜻한 마음이며 호감을 뜻하는 어휘라 할 수 있다. “사랑스러움”과 “가까움”이 각각 감정으로서의 사랑과 육체로서의 성에 관계된다면, “정다움”은 시간성을 두고 “지속되는 관계”(대표적 예가 ‘결혼’)와 연관되어 있다. 엘니자벳트는 이환과의 낭만적이고 근대적인 사랑을 꿈꾸고 있으므로, 사랑스러움과 가까움과 정다움 곧 사랑과 성과 지속적이며 따뜻한 관계는 모두 이환의 쪽으로 귀결되어야 한다. 그러나 엘니자벳트는 이미 자신과 육체적 관계를 맺은 남작이 아무래도 더 “가깝다”는 느낌을 버릴 수 없으며, 때문에 어느 쪽이 더 “정다운”지도 알 수가 없다. 이처럼 인물의 내면에서 파편적으로 흩어지는 감정의 혼란은, 비록 그것이 근대적 삶과 사랑에 대한 유의미한 자성의 과정이 되지는 못했지만, 그 내부에 육체로서의 성과 감정(혹은 정신)으로서의 사랑의 분리에 대한 성찰의 단초를 암암리에 드러낸다는 점에서 의미가 있다.

여기서 또 한 가지 주목되는 것은 “둘이 똥 정도로 정답다”는 것은 있을 수 없는 일로 부정되어 고려의 대상에서 아예 제외된다는 사실이다. 두 사람을 동시에 정답게 여길 수 없다는 것, 곧 남녀 관계를 1:1의 관계로 생각하는 일은 일부일처제의 소산이다. 결혼으로 충족되지 않은 사랑의 감정과 성적 욕망을 축첩과 기방 연애의 형식 안에서 해소했던 전근대 사회에서 남녀 관계는 1:1의 관계가 아니라 1:多의 관계였다. 그러나 신교육을 받고 낭만적 사랑을 꿈꾸는 소녀 엘니자벳트에게 사랑은 이미 1:1의 관계가 되어야 하는 것으로 정해져 있다. 그런데 이 같은 믿음과 반대로 엘니자벳트의 사랑은 둘로 나뉜다. 그녀는 이환에게도 남작에게도 동시에 친밀성을 느끼고 있다. 자신을 유린한 K남작을 미워하거나 저주하지 못하는 엘니자벳트의 내면에는 부와 권력을 지닌 남성을 제2 제 3의 여인으로서 사랑하는 축첩의 윤리, 곧 전근대적 사랑의 윤리가 숨어 있기 때문이다. 이 전근대적 윤리야말로 자신을 유린한 남자에게 애정을 느끼고, 자신의 의지와는 별개로 이루어진 육체적 관계를 감정적 "가까움"에 그대로 연결시킬 수 있었던 동기이다. 부자이고 권력자인 남작과의 육체적 관계가 곧 그에 대한 감정적 애정으로 직결되어 버린 것이다. 엘니자벳트가 남작 부인에게 미안함을 느낄 뿐, 여타의 갈등 없이 부인과 좋은 관계를 유지할 수 있었던 것도 이 때문이다. 기실 남작 부인에 대한 엘니자벳트의 태도는 단순한 정감 이상이다. 남작에 의해 시골로 쫓겨날 때도 엘니자벳트는 서울에 남은 유일한 그리움과 의지의 대상으로 이환과 남작 부인을 생각한다.[16] 그러는 한편 그녀는 남작 부인이 죽으면 자신이 정실이 되어 "社交界의 꽃"(『창조』1호, p.73)이 될 것을 꿈꾸기도 하는데, 이 같은 모순된 생각이 갈등 없이 공존할 수 있었던 것 역시 축첩의 윤리로 이해할 수 있다.

이러한 엘니자벳트의 모순성은 엘니자벳트가 임신한 채 남작에게 버림받고 쫓겨난 후, 남작과의 일을 재판에 회부한 부분에서 다시 한 번 확인된다. 근대적 재판의 공간, 곧 일체의 갈등이 근대적 법률에 의해 심판 받게 되는 이 공간은, 근대 정신의 기초를 이루는 합리와 이성의 권위를 상징한다. 재판의 제기는, 근대의 합리성이 성과 사랑이라는 개인적인 영역에도 합리적이고 이성적인 질서를 찾아 줄 것이라는 당대 서구화 추구자들의 기대를 반영한다. 근대에 대한 기대와 믿음은 이처럼 맹신에 가까울 만큼 강렬한 것이었다.

그런데 엘니자벳트가 법률을 통해 요구하는 것은 아이러닉하게도 전근대적 보상이다.

---

16) '쑨만 아니라 서울에는 自己 사랑 利煥이가 잇고 自己의게 곳업시 同情하는 男爵婦
 人이 잇지 아느냐' 『창조』2호, p.87.

이튿날 엘니자벳트는 男爵을 거러서, 절조유린에 대한 賠償, 밋 위자료로서 五千원, 庶生兒 승인, 신문上 샤죄광고 揭載請求 소송을 경성地方法院에 니르켯다. (……) 이번 이와 가치 큰 재판을 니르킨 것이 엘니자벳트의 쓰슨 아니이다. 법률을 아는 사람이 '그리하여야 됴타'는 고로 엘니자벳트는 웃슥하여서 그리할 쑨이다. 그의게는 庶生兒 승인으로 넉넉하엿다.(p.92)

그녀가 바라는 것은 오직 서생아 승인뿐이다. 1:多의 부부관계가 가능했던 축첩제도의 산물인 "서생아" 개념은, 1:1의 부부관계로 유지되는 근대 사회에서는 적합하지 않는 개념이다. 더구나 부부관계의 굳건한 결속을 기초로 한 근대적 가족 구성을 촉구하던 계몽의 담론 안에서, 혼외의 관계나 사생아의 출산은, 가족은 물론 사회와 국가 전체를 불안하게 하는 것으로 엄격하게 지탄받았다. 이러한 사회에서 서생아 승인을 호소하는 것은, 근대적 윤리에 의한 심판이 아니라 전근대적 윤리 즉, 축첩의 윤리에 의한 심판을 호소하는 결과가 된다. 전근대적 요구를 근대적 법률에 부탁하는 모순은, 개화기 지식인의 불완전한 근대 관념을 반증해 준다. 당대의 많은 근대의 추종자들에게 있어 서구적 근대화는 논리 이전의 선험적 차원의 표준이었다. 그토록 열렬하고 적극적이었던 개화의 논리는 사실상 아는 사람이 그리해야 좋다고 하면 "으쓱하고" 넘어가는 수준이었던 것이다. 이러한 수준의 이해를 바탕으로 제기한 재판은 엘니자벳트의 뜻과 "무관"하게 "큰 사건"이 되고 만다. 그녀가 재판정에 나서기도 전에 질려버리는 것은 당연한 일이다. 재판정에서 피고석의 남작을 보고 어처구니없게도 미안하고 죄송스런 생각에 휩싸이는 엘니자벳트의 불합리성은 근대화의 불합리성에 다름 아니다.

재판은 근대에 대한 엘니자벳트의 믿음이 몰이해와 허구적 동경에서 빚어진 한낱 환상에 지나지 않는다는 사실을 확인해 준다. 엘니자벳트는 아무 것도 얻지 못하고 오히려 정신 이상자로 몰리게 된다. 이 같은 파국은, 내면적 각성과 요구에 의해서가 아니라 외적 요청에 의해 가속화된 근대화의 결과이자, 그러한 근대를 믿고 동경했던 신여성의 운명과도 같은 것이었는지도 모른다. 신교육과 신문물의 세례를 받은 당대의 신여성들은 자유연애와 근대적인 생활을 지향하고 다양한 방식으로 그것을 실험했으나, 조혼의 풍습으로 인해 상대가 되어야 할 많은 남성들이 이미 결혼해 있는 상태에서 이들이 추구했던 자유연애는 불륜이나 파국으로 치닫는 경우가 많았다고 한다. 때문에, 1920년대 신여성들은 수많은 스캔들의 주인공이 되었으며, 기생 혹은 매춘부와 같은 불순한 부류로 가혹하게 매도되기도 했다.17) 재판정에서 보이는 엘니자벳트의 가혹한 패배는 신여성에 대한 이 같은 편견과 그들의 굴절된 현실을 단적으로 예증한 경우라고 할 것이다.

근대적 사랑을 소망하는 인물의 내면에 숨은 전근대적 사랑의 윤리는 너무나 무의식 깊이 내면화되어 있는 것이어서, 실제로 엘니자벳트는 스스로의 감정과 행위 속에 숨어 있는 모순을 전혀 인식하지 못하며 작가 또한 그러한 모순을 설명해 줄 수 있는 아무런 암시나 장치를 보여주지 않는다. 그렇기 때문에 되풀이되는 엘니자벳트의 모순적 감정의 표출은 작품이 내적 일관성을 결하고 있는 것처럼 보이게 만드는 원인이 되기도 한다.

전근대적 윤리는 뿌리 깊게 내면화되어 있으면서도 한편으로는, 계몽에 의해 비판받고 훼손되어 그 권위를 거의 상실한 것이기도 했다. "살아 있을 때는, 자기를 압박하는 것으로 유일의 오락을 삼"(p.55)던 존재였으며, 딸인 엘니자벳트에게 있어 "빨리 죽기를 기다리"(p.55)던 대상 이상이

---

17) 최혜실, 앞의 책, 참조.

되지 못했던 그녀의 부모는 훼손된 전통의 상징에 다름 아니다. 근대가 상징하는 새로운 삶에 대한 기대와 낭만적 사랑에 대한 소망은, 이처럼 전통에 대한 철저한 비판과 불신의 결과였다. 전통에 대한 불신, 내면적 개혁보다는 외적 요구에 의해 이루어진 겉개화, 뿌리 깊게 배어 있는 전근대적 윤리는, 새로운 사랑의 형식인 "연애"가 당대인의 삶 속에 체현되는 과정에서 빚어진 온갖 파행과 좌절의 원인이다.

3. 정신적 사랑과 육체적 사랑, 그리고 주체

사랑은 가장 사적이며 주관적인 감정이다. 때때로 사랑은 죽음도 불사할 만큼의 강렬도를 지니며, 주체의 의지와 무관하게 작동하거나 주체의 의지를 뛰어넘는 불확실성을 띤다. 사랑의 강렬도와 불확실성은 사랑이 그 저변에 합리와 이성을 초월하여 작동하는 Sexuality의 파토스와 연결되어 있다는 사실과 무관하지 않다. 인간 본성으로서의 사랑이 문학적 탐구의 대상이 될 때, Sexuality의 문제가 부각되는 것은 자연스런 일이다. 조선 후기의 한국 문학은 종종 대담하고 노골적인 성애의 표현을 보여준다.[18] 조선 후기의 문학에 나타난 여성의 욕망, 섹슈얼리티는 지배 담론의 맹점을 찌르고 그것에 균열을 일으킬 만큼 짙고 강하게 묘사되었다고 한다.[19] 그러나 개화기에 이르러 계몽의 이념은, 여성 해방과 가족

---

18) 조선 후기, Sexuality가 체제와 지배 세력에 대한 주요한 저항의 기호로서 자주 문학적 표현의 대상이 되었다는 사실은 다음의 연구들에서 잘 드러난다. 고미숙, 「전근대와 탈근대의 횡단을 위한 시론-섹슈얼리티를 중심으로」, 『비평기계』, pp.199-215. pp.364-366, 이형대, 「사설시조와 성적 욕망의 지층들」, 『민족문학사연구』 17, 2000, pp.173-197, 박노준, 「사설시조와 에로티시즘」, 『조선후기 시가의 현실인식』, 고려대 민족문화연구원, 1998.

제도 개혁을 "국가"를 위한 "국민"의 생산 차원에서만 강조함으로써, 일체의 성 담론을 억압한다. 여성은 애국심으로 무장하고 올바른 국민을 재생산해야 한다는 차원에서만 신지식을 습득해야 했으며, 부부 중심의 가족 결속을 중시함으로써 정결성이 오히려 강조되고, 일체의 성적 표현은 거부되고 억압되었다.[20] 「약한 자의 슬픔」은, 계몽의 이념에서 탈피하여 사랑을 구체적인 탐구의 대상으로 삼음으로써, 다시 Sexuality를 문학적 표현의 영역 위로 이끌어낸다.

이 작품의 주인공인 19세 소녀이며 학생인 강 엘니자벳트는, "그리스 조각을 연상시키는 뺨과 목의 윤곽"(창조 1호, p.56)을 지닌 아름다운 용모의 소유자이다. 남작이 최초로 그녀의 방에 침입한 날 밤 엘니자벳트는 "전 나체가 되어"(p.58) 드러누워 있다. 그녀가 나체로 자리에 누운 이유가 소설 안에 설명되어 있지 않아서 작품의 내적 필연성을 떨어뜨리기는 하지만, 어쨌거나 이 아름다운 육체의 시각적 현현은 그 자체로서 이미 회화적이며 근대적인 미의식을 반영한다. "나체로 누움"은 자기 자신의 육체성과 sexuality에 대한 자각의 표현이다. 엘니자벳트의 이러한 sexuality의 표현은 근대적이고 낭만적인 사랑에 대한 동경 속에 은밀히 숨어 있던 성애적 전율과 무관하지 않다.

나체로 누워 있던 엘니자벳트는 남작의 방문을 받게 되며,[21] 이 날의

---

19) 고미숙, 『한국의 근대성, 그 기원을 찾아서-민족 · 섹슈얼리티 · 병리학』, 책세상, 2001, p.91.

20) 개화기의 계몽 담론은, 여성이 애국심으로 무장하고 올바른 국민을 재생산해야 한다는 차원에서 신지식을 습득해야 한다고 주장하였다. 또한 부부 중심의 가족 결속을 중시함으로써 정결성이 오히려 강조되었다. 고미숙, 『한국의 근대성, 그 기원을 찾아서-민족 · 섹슈얼리티 · 병리학』, 책세상, 2001, pp.79-126. 참조.

21) 엘니자벳트와 남작의 첫 관계가 강간인가 아닌가에 대해서는 이론의 여지가 있다. 남작의 암묵적 요구에 대해서 엘니자벳트가 대응한 저항의 말은 다음과 같다 ; "부

일을 계기로 남작과 불륜의 관계를 지속한다. 이렇게 되는 과정에서 축첩의 윤리가 작용한 것은 물론이지만, 보다 주목할 것은 이 관계가 지속된 데에는 엘니자벳트 자신의 성적 욕망이 주요하게 작용했다는 점이다. 엘니자벳트는 남작에게 단순히 순종하는 것만이 아니라 적극적으로 남작을 욕망하기도 했다.

> 大槪는 엘리자벳트가 豫期한 날 男爵이 왔다. 男爵이 오리라 생각한 날은 엘리자벳트는 熱心으로 男爵을 긔다렷다. 그러치만 그 방은 男爵婦人의 房과 그리 멀지 아는 고로 男爵이 와도 그리 말은 사괴이지 못하엿다. 엘니자벳트는 그거스로 男爵이 와 이슬 동안은 너머 갑갑하여 빨니 도라가기를 기다렷다. 치만 一旦 男爵이 도라가고 보면 엘니자벳트는, 男爵이 좀더 잇지 아는 거슬 원망하고 無限한 寂寞을 깨다렷다. 萬若 엘니자벳트가 예긔한 날 男爵이 오지를 아느면 그는, 엇지할 줄 모르게 속이 타고 嫉妬를 하엿다.(『창조』 1호, pp. 60-61)

여성의 성적 욕망과 불륜의 공간에 대한 이 같은 묘사는 성과 사랑에 대한 유교적이고 금욕적인 재래의 규율과 도덕 감각 및 여성의 성에 대한 일체의 기존 관념을 뛰어넘어 문학적 표현의 영역을 넓히고자 한 작가의 실험 정신이 여주인공을 통해 발휘된 결과이다. 이러한 묘사는 주인공의 가장 은밀한 내부를 집요하게 들춰내고 파헤치고자 한[22] 작가의 노력의

인이 아르시면?", "부인이 계시면서두?", "왜 그리 보세요?", "싫어요". 매우 소극적이지만 어쨌거나 엘니자벳트는 남작을 거부했고 그녀의 거부는 무시되었다. 그러나 한편 그녀는 표면적으로는 거부하면서도 내심 '허락하면 엇것냐? 그래도…'라 반추하며 심각하게 동요하고 있었으며, 이 동요는 그녀의 내부에 숨어 있는 성적 욕망과 위반의 욕구를 드러낸다.

22) 실제로 작가는 첫 겁탈의 장면에서 남작의 태도는 최소한으로만 묘사하고 엘니자

결과이며, 그 바탕에는 "인간 내부에 존재하는 자연을 바람직한 삶의 원천으로 간주하면서 그것을 탐험하고 정련하고 표현하는 활동을 통해 스스로를 표출"[23]하고자 한 독특한 예술관이 내재해 있다. 엘니자벳트의 이같이 능동적인 성적 욕망으로 인해 "연애"라는 새로운 사랑의 형식에서 촉발된 사랑의 본질에 대한 탐구는, 이제 정신적인 사랑의 측면에서 나아가 육체적인 사랑의 측면으로 진행된다. 엘니자벳트와 남작이 밀회하는 공간은 제도적 장치와 윤리의 규제가 의식되는 동시에 파괴되는 "위반과 도발"[24]의 공간이다. 즉 여성의 능동적인 성적 욕망에 대한 이같은 묘사는, 삶의 질서로서의 위엄을 상실한 전통적 도덕의 원리에 대한 위반인 동시에, 해체된 전통적 도덕 위에서 본능적 인간으로서의 개인을 들추어내고 전시하는 도발인 것이다.

그런데 이와 같은 엘니자벳트의 성적 욕망은 결코 긍정적으로 기능할

벳트의 내면에 초점을 맞추어 그녀의 심리를 세심하게 그려내고 있다.

23) 김동인과 그와 동세대를 구성하는 「창조」의 문인들에게 "예술은 한 개인으로 하여금 자신에게 존재하는 '내적 생명'의 활동을 체험하고 표현하게 해주고, 그리하여 그 자신을 무한하고 전일적(全一的)인 생명 속으로 확대시키는 비결이었다." 이들에게 예술은 "참 자기, 참 사랑, 참 인생, 참 생활"을 이해하는 첩경이었다. 이 같은 예술관과 미의식은 낭만주의와 심미주의라는 19세기 유럽 미학과, 서양 문예사조의 영향 아래 일본 작가들 사이에 함양된 미의식을 투영한 것으로, 특히 「창조」의 모델이었던 일본의 白樺(시라카바)파에 강력한 영향을 받아 형성되었다고 한다. 김동인이 일체의 외적 환경보다는 인물의 내면에서 우러나는 자아의 표출을 포착하고자 했던 것은 이러한 사정에 말미암는다. 이상 김동인의 예술관에 관해서는 황종연의 「낭만적 주체성의 소설」(문학사와 비평 학회 편, 『김동인 문학의 재인식』, 새미, 2001, p.81) 참조.

24) 바타이유는 견고하게 구분되는 삶의 극단적 영역들 즉, 완전한 인간성과 동물적 충동, 이성과 욕망, 절제와 방탕이 무의미해지는 영역이 에로티즘이라고 설명하면서 위반과 도발을 에로티즘의 특징으로 강조한다. 조르쥬 바타이유, 조한경 역, 『에로티즘』, 민음사, 1995, pp.38-41. pp.68-75. 참조.

수는 없는데, 이는 그녀의 욕망이 남작에 대한 사랑에서 시작된 것이 아니라 이환에 대한 낭만적 사랑의 왜곡된 반작용에 기초하였으며[25], 축첩의 윤리에서 비롯된 모호한 애정의 형태로 진행 발전되기 때문이다. 남작에 대한 엘니자벳트의 성적 욕망과 전근대적 애정은, 임신을 계기로 결혼이라는 제도의 문제와 만나게 되는데, 이 때 엘니자벳트는 출산을 거부하고 남작은 책임을 거부함으로써, 두 사람의 욕망이 스스로를 조절하고 책임질 수 없는 불순한 열정이었음이 명확해진다. "조선의 선각자로 자임"하면서도 "남존여비의 생각은 아직껏 확실히 지켜"온 남작의 위선은 엘니자벳트를 집에서 쫓아내고 정신병자로 몰아가는 데에 이른다.

작가는 이 왜곡되고 불순한 성적 욕망의 발현에서 비롯된 일련의 가혹한 경험을 통해 엘니자벳트를 착란의 상태로 몰아넣는다. 남작의 배반과 이환에 대한 낭만적 사랑의 좌절, 법정에서의 가혹한 참패는 견디기 어려운 정신적 고통을 주고 이로 말미암아 엘리자벳트는 아이를 유산하게 된다. 연속되는 일련의 정신적 고통은 유산을 폭발점으로 엘니자벳트를 일시적 착란의 상태에 밀어 넣는다. 이 착란의 순간 엘니자벳트의 머리 속에 맴돌게 되는 것이 "표본 생활 20년"이라는 자조적 어구와 "약한 자"로서의 자신이다.

> 표본 生活 二十 年!" 그 다음 瞬間 그의게는 별한 생각이 머리에 쩌올낫다. '약한 자의 슬픔!' '天下에 둘 없는 名글이루다.' 그는 생각하엿다. 그는 의문뎨를 두고 論文 비슷이, 小說 비슷이 하나

---

25) "전 나체가 되어" 자리에 누웠던 엘니자벳트의 육체성에 대한 자각과 Sexuality의 표현은, 이환에 대한 낭만적 사랑의 감정과 연애에 대한 소망에서 촉발된 것으로 이해할 수 있다.

지어 보고 시픈 생각이 낫다. 그는 생각하여 보앗다.—자기의 서름은 약한 자의 슬픔에 다름업섯다. 약한 자긔는 누리의게 지고 社會의게 지고 ‘삶’의게 져서, 劣敗子의 지위에 니르지 아낫느냐? (……) 自己의 아직까지 한 일 가운데서 하나라도 自己게서 나온거시 어듸잇느냐? 反動 안 닙고 한 일이 어듸 잇느냐? (……) “二十世紀 사람이 다 그러타!” 그는 힘잇게 중얼거렷다. “엇더턴…… 응! 그러타! 문뎨는 ‘二十世紀 사람’이라고 치고, 첫줄은 ‘약한 者의 슬픔’으로 시작하여 마즈막 줄을 ‘現代 사람의 다—의 약함’으로 씃내자.(『창조』2호, pp.17-18)

자아와 환경간의 갈등에서 벌어진 극한적 고통은, 자아와 세계 사이에 놓인 심연을 발견하는 계기가 된다. 광기의 상태에서 엘니자벳트는 지금까지 자신의 모든 행동이 외적 자극에 대한 반작용에 지나지 않았다는 사실을 반추하게 됨으로써, 자기 내부에 스며 있는 타성을 발견한다. 이는 곧 자신의 삶이 자기 자신의 진실된 욕망과 개성의 발현이 아니라 환경의 반영에 지나지 않는다는 사실에 대한 자각이다.26) 이렇게 볼 때, 약한 자는 자기 삶의 주체가 되지 못한 개인을 가리킨다고 할 수 있다. 자기 삶의 주체가 되지 못한 자아의 발견은 “표본 생활 20년”이라는 짧은 어구로 집약되어 하나의 강박처럼 엘니자벳트의 머리 속에서 반복 된다. “표본 생활 20년”은 엘니자벳트가 자기 자신을 되돌아보고 사변적으로 파악한 결과라 할 수 있는데, 스스로를 객체로 설정하고 성찰하는 이 같은 자세는 인식 주체가 자신과의 관계를 구조화해 나가는 중요한 과정의 하나이다.27) 표본이란, 고유한 존재로서의 특수성을 지니지 못하고

---

26) 이러한 엘리자벳트의 반작용론은 비주체로서의 자아에 대한 각성을 암시하고 있으나, 역으로 세계 내 존재로서 외부와 의사소통적 상호 관계에 있을 수밖에 없는 인간의 운명적 조건에 대한 이해의 결핍을 드러내기도 한다.

27) 위르겐 하버마스, 이진우 역,『현대성의 철학적 구조』, 문예출판사, 1994, p.39 참조.

동류와의 동질적 보편성만으로 규정되는 개체로서, 외적인 것과의 관계 속에서만 의미를 갖는 존재이다. 결국 자신의 삶을 "표본의 생활"로 이해한다는 것은, "反動 안 넙고 한 일이 어듸 잇느냐?"에서 드러나는 것과 같이, 고유한 개성을 지닌 주체가 되지 못한 자신에 대한 반성으로 귀결된다. 근대적 삶과 사랑을 꿈꾸는 가운데 경험한 일련의 시련은, 주인공으로 하여금 이와 같이 스스로를 하나의 주체로 정립하고 자기 관계를 구조화해 나가는 계기로 나타나고 있다.

엘니자벳트의 이러한 각성은, 새로운 사회를 지향하는 지식인으로서 개인적 경험을 유의미화하고, 그것을 다시 보편의 지평으로 확장하려는 의지를 보여주지만, 그러나 "현대 사람 다—의 약함"이라는 그녀의 결론은 다분히 비약적이어서, 논리적 정합성을 갖추지는 못하고 있다. 이어서 작가는 엘니자벳트의 약함을 현대인 일반의 성격으로 규정하는 것과 동시에, 이 약함을 이길 수 있는 강함을 "사랑"에서 찾을 수 있음을 역설한다.

> 나는 참 약햇다. 일 하나이라도 내가 하고 시퍼서 한 거시 어듸 잇는가—世上 사람이 이러타 하니 나도 이러타, 이 일을 하면 남들은 나를 엇지 볼가 이런 걱정으로 두룩거리면서 지나스니 엇지 이 지경에 니르지 아나스리오! 하고시픈 일은 自由로 해라. 힘써서 끗짜지! 거긔서 우리는 사랑을 발견하고 진리를 발견하리라. "그러치만 강한자가 되려며는?……" 그는 생각하여 보앗다. "내가 너희의게 새 계명을 주노니 사랑하라!"(그는 깃븜으로 눈에 빗츨내엿다) 그러타! 강함을 배는 胎는 사랑! 강함을 낫—는 者는 사랑! 사랑은 강함을 나흐고, 강함은 모—든 아름다움을 낫—는다. 여긔 강하여지고시픈 者는—아름다움을 보고 시픈 者는—삶의 眞理를 알고 시픈 者는—人生을 맛보고시픈 者는 다— 참사랑을 아러안다. (『창조』 2호, p.21)

작가는, 약한 자로서의 한계를 극복하고 강한 자가 되기 위해 "세상 사람들이 이러타 하니 나도 이러타"라는 식의 타성을 벗어버리고 자유로운 개인이 될 것을 역설한다. 약한 자의 상대 개념인 "강한 자"가 인식과 실천의 주체가 되는 개인을 의미함이 다시 확인되는 부분이다. 전통적인 기성 질서에 대한 순종에의 거부와 개인적 자유에 대한 강조는 주체로서의 개인의 설립을 강조하는 계몽의 사상과 다시 만나게 된다. 김동인은 여기서 더 나아가, 기독교적 색체가 짙게 배어 있는 "참사랑"론을 펼치기 시작하는데, 그의 문학의 주요한 원리로 잘 알려져 있는 그의 "참사랑론"은 여기서 주체적 삶과 진리, 그리고 미를 생성하는 모체로 서술되고 있다. 이 사랑은 매우 포괄적인 의미를 지닌 것으로 그 의미의 영역이 자연과 우주의 원리, 세계를 포용할 수 있는 주체의 능력 등에 두루 걸치고 있다. 자유연애에 대한 기대와 소망에서 촉발된 남녀 간의 사랑의 문제는 이제 삶의 원리로서의 사랑의 문제로 그 의미가 확대된 것이다. 이처럼 그 의미가 확장되어 버린 사랑은, 인물의 경험과 갈등을 유의미하게 수용해내는 과정을 거치지 못하고, 새롭게 정립되어야 할 주체의 성격을 모호하고 추상적인 형태로 떨어뜨리는 결과를 낳는다. 인물의 내면과 행동 안에 상호 침투하고 교차되었던 근대적 애정의 윤리와 전근대적 애정 윤리, 육체적 사랑과 정신적 사랑 등은, 올바른 사랑을 탐구하고 실현하기 위한 치열한 갈등의 과정으로 나타나지 못하고, 초월적 가치 속에 용해되어 버린다. 이 초월적이고 추상적인 사랑론은 작품 속에서 내적 필연성을 갖추는 것으로 드러나지도 못했다.[28] 엘니자벳트는 진정

---

28) 기독교적 색채를 짙게 내비치는 이 초월적 사랑에의 귀의에는 특히 톨스토이의 영향이 강하게 작용한 것으로 보인다. 귀족과의 성적 일탈, 재판, 초월적 사랑에의 귀의로 이어지는 일련의 구조는 이 작품에 톨스토이의 "부활"의 구조와 상당 부분 유사하다. 김동인이 "부활"에 의해 최초로 문학에 접했고, 톨스토이를 최고의 작가로 평가했던 것은 잘 알려진 사실이다. 이에 관해서는 김윤식, 『김동인 연구』, 민음사,

한 주체로서 스스로를 정립하고 올바른 사랑의 길로 매진해 나갈 것을 결심하지만, 이 같은 결심의 근거로 나타나는 것은 "약한 자로서의 나를 깨달았으니 이제 나는 강한 자이다"라는 단순한 소크라테스적 아이러니일 뿐이다.

그러나 성적 욕망의 왜곡된 표현과 일탈로부터 발생한 주인공의 극한적 시련은, 개인이 자유로운 사랑을 추구하고 구현해 내는 데 있어 자기와의 관계를 올바르게 정립하는 일이 얼마나 중요한 것인지를 암시해 준다. 주체성의 확립이 요구되고 강조되는 것은 이 때문이다.

엘니자벳트의 여정은, 신학문의 영향을 입은 한 여인이 "자유연애의 문제를 중심으로 내면적인 인격에 대한 시험을 받는"29) 일련의 드라마이다. 그녀가 보여준 전근대적 애정 윤리와 근대적 애정 윤리의 착종과 모순, 육체적 사랑과 정신적 사랑의 혼란은, 바람직한 성과 사랑의 실현은 "깊은 의미에 있어서의 윤리적인 선택을 허락하고 일관성 있는 인격의 형성을 가능하게 해 주는"30) 문화적 제도적 환경 위에서라야 가능하다는 사실을 깨닫게 해 준다.

그러나 엘니자벳트의 이야기는 진정한 해방을 가능하게 하고 또 지속시킬 수 있는 새로운 규범과 윤리를 탐구하는 데로까지 나아가지는 못했다. 이는 작가 김동인이 인물의 심리에 초점을 맞추어 개인의 내적 본능으로서의 성과 사랑을 탐구한 반면, 그것이 실현되는 객관적 현실을 그려내는 데는 소홀했기 때문이다. 자유연애의 문제를 둘러싸고 인간의 본능과 주체로서의 개인에 대한 근본적인 질문을 던지고 있으면서도 올바른

2000, 참조.

29) 김우창은 이러한 성격을 『무정』의 특징으로 서술한 바 있다. 김우창, 「한국 현대 소설의 형성」, 『궁핍한 시대의 시인 ; 김우창 전집 1』, 민음사, 1977, p.96.

30) 김우창, 위의 논문, p.99.

주체의 건립을 오직 개인의 의지 안에서만 찾으려 한 것은, 김동인의
작가 의식이 지닌 한계라고 하겠다.

4. 맺음말

자유 결혼과 자유 연애의 열풍은 근대 서양의 낭만적 사랑을 모델로
하여 한국인의 정서 구조와 가족 구조를 새롭게 확정하고 조직하려는
정치적 문화적 과정의 일부였다. 1910년대 말까지도 자유 연애에 관한
생각은 계몽의 이념과 너무나 강하게 결합해 있었던 까닭에, 배우자 선택
의 자유라는 그 일부의 의미만이 강조되고 있었다. 자유연애가 내포한
성, 사랑, 결혼이라는 다층적 측면 가운데 오직 결혼의 부분만이 강조되
었던 것이다. 김동인과 『창조』 동인의 작품에 이르러 자유 연애는 육체
적 본능으로서의 성과 감정으로서의 사랑의 문제로서 문학적으로 표현
되기 시작하였다. 김동인은 주인공의 내면 심리를 치밀하게 추적함으로
써 인간 내부에 있는 자연의 하나로서 성과 사랑을 탐구하고자 했다.
동인이 그렇게 할 수 있었던 것은, 김동인과 동세대 문인들이, 계몽의
이념에 경도되어 있던 전대 문학의 이념성에서 벗어나, 개인 내부의 생
또는 생명에 천착하여 새로운 "참문학"을 건립하고자 했기 때문이다.
이러한 경향은 19세기 유럽의 예술론인 낭만주의와 심미주의 그리고 시
라카바 파의 영향을 받은 젊은 문인들의 결합으로 이루어진 동인지 『창
조』의 특징이기도 했다.
「약한 자의 슬픔」은, 낭만적 사랑을 꿈꾸는 한 신여성의 삶의 질곡을
묘사해 가는 가운데, "자유연애"가 지니는 의미의 불확실성과 그것이
당대의 현실 위에서 지니는 문제성을 투영해 내고 있다. 강 엘니자벳트가

낭만적 사랑과 근대적 삶을 꿈꾸는 가운데 노출하는 허위, 분열, 전도는 곧 자유연애 그 자체의 허위, 분열, 전도에 다름 아니다. 그 속에는 전통적 애정의 윤리와 근대적 애정의 윤리, 그리고 육체적 사랑과 정신적 사랑이 갈등하고 교차하며 서로를 전복시키는 과정이 숨어 있다. 김동인은 철저히 개인의 내부로만 파고들었기 때문에, 사랑의 문제를 충분히 정치와 사회 일반의 문제와 관련지어 살피지는 못했다. 그러나 그는 인물의 내부 속에 용해되어 있는 낭만적 사랑에 대한 동경의 추상성과 전근대적 윤리의 잔재를 보여 주었다. 이는 당대인들에게 이해와 경험의 수준을 넘어 선험적 표준으로 작용했던 근대의 허구성과 식민성을 여실히 증명해 준다.

사랑의 문제는 진리에 대한 욕망과 관련될 때 인간의 본래적인 실제를 되찾게 해주는 어떤 것이 될 수 있다. 인간 내부의 자연을 형성하는 사랑과 성은 무시할 수 없는 인간의 현실일 뿐 아니라, 세계의 본질에 닿아 있는 어떤 힘이기 때문이다.[31] 이런 점에서 자유연애로 촉발된 인간과 인간이 만들어 내는 관계에 대한 탐구는 그것이 바람직하게 이루어질 때, 모방적 근대화와 계몽의 피상성을 극복할 수 있는 건강한 힘으로 발전할 가능성을 지니고 있었다. 그러나 자유연애론은 그 1920년대의 전성기를 거쳐 1930년대에 이르면 부부 중심의 결혼제도를 위협하는 하나의 적대적 관계를 형성하게 된다. 자유연애론의 내적 모순과 역사 사회와의 상호 작용에 대한 보다 면밀한 연구가 이루어져야 할 것이다.

* 參考文獻은 脚註로 대신함.

---

31) 푸코가 기술한 플라톤의 사랑론을 참조함. 미셸 푸코, 신은경 외 역, 『성의 역사』 2, 나남, 1990. pp.260-262.

Abstract

The Ideal of Free Love and Colonial Modernity in Korea

Kim, Ji-Yeong*

The acclamation for free marriage and free love was an important constituent of the process of attempting to construct the institutional emotion and family structure newly modeling the modern western romantic love. Until the late 1910s, the idea of free marriage and free love was too strongly tied with the ideology of enlightenment, thus only part of the meaning, the freedom to choose a marital partner, was stressed. Moreover, marriage was strongly tied up with the will to devote toward the nation, so choosing a marital partner was on the will to be a good people for the nation rather than on natural feeling of love. Free love started to be described in its genuine meaning from the works of Kim Tongin and his colleagues of the literary magazine "Creation", though the meaning of it was still unstable and on the way of changing.

"The Sorrow of the Weak" showed the inauthenticity of the concept of

* Korea University

free love by describing a woman's inner inconsistence and the ordeals that happened in her life while she aspired to romantic love. Kim, the author, showed the leftovers of pre-modern ethic inside a woman of the time who was seeking modern life and revealed the abstractness of her admiration for romantic love. We can find the contradiction between pre-modern and modern love ethics and the conflict between physical and spiritual love in the protagonist's interior. The falsehood, disorganization, and inversion of love revealed by Elizabeth while she was chasing after romantic love and modern life were not different from the falsehood, disorganization, and inversion of the idea of free love of the period itself. This reflects one of the colonial characteristics of Korean modernization that was considered as the most urgent and transcendental aim by many Korean enlighteners of the day.

주제어
자유연애, 주체, 성, 계몽, 식민지 근대성, 이광수, 김동인

일반

근대를 살아가는 지식인의 내면세계*
—최명익 소설을 중심으로

박진영**

1. 머리말

　최명익은 이상, 박태원과 함께 1930년대 모더니즘 소설을 대표하는 작가로 인식되어 왔다. 이에 따라 최명익 소설의 연구 또한 모더니즘의 미학적 범주 내지 당대의 근대적 현실과 관련된 측면을 중심으로 진행되어 왔다. 전자는 그의 작품에 빈번히 나타나는 '승차 체험'에 주목하여 그 의미를 살펴보거나 인물의 심리상태, 동물 이미지 등을 살펴본 경우에 해당한다. 후자는 외부 현실과 자아의 관계에 주목하여 작가의 세계인식을 살펴보려는 의도를 포함한다.

　후자의 문제에 초점을 맞추었을 때, 최명익 소설에 대한 논의는 대략 다음과 같이 두 갈래로 나뉜다. 먼저 채호석은 「비 오는 길」의 병일을

---

* 이 논문은 2002년도 BK21 고려대학교 한국학 교육 연구단 연구지원비에 의하여 연구되었음.
** 고려대

통해 "병일의 세계인식은 자신의 외부에 존재하는 객관적인 존재로서의 현실에 대한 거부이며 세계에 대한 주관적 인식에 지나지 않는다"[1]고 말한다. 이는 최명익 소설이 결국 구체적인 현실을 외면했다는 부정적인 평가로 이어질 소지를 갖는다.[2] 반면 이재선은 최명익 소설이 시대적인 삶의 황폐한 의미를 답답하고 우울한 삶의 절망을 통해 간접적으로 형상화하고 있다고 보았다.[3]

이처럼 상반된 관점은 일차적으로 허무와 우울, 무기력하고 행동하지 않은 최명익 소설 인물의 의식세계와 관련을 갖고 나타난 것이다. 그런데 이러한 특징은 근대성의 문제와 관련하여 생각해 볼 때 보다 적절한 의미를 얻을 수 있다고 판단된다. 최명익 소설에서 작품 표면에 드러나는 지식인의 심리상태의 특징은 근대성의 맥락을 고려할 때 보다 전체적인 관점에서 이해되는 경우가 많기 때문이다. 1930년대는 식민지 파시즘이 더욱 강화되고 자본주의의 현실이 궁핍화된 개인을 압박하던 시대였다. 맑시즘의 이념적 좌표를 상실한 지식인들은 서둘러 전향을 하였고, 근대의 옷을 입은 도시화는 생활의 환경을 급격하게 변화시키고 있었다. 특히 자본주의의 논리는 소외와 물신화를 낳으면서 개인의 삶을 가장 강력하게 규정하는 현실 원리로 군림하게 된다. 인텔리는 1930년대의 근대적 현실에서 욕망의 좌절을 맛볼 수밖에 없게 되고,[4] 욕망을 분출할 타자를

---

1) 채호석, 「리얼리즘에의 도정: 최명익론」, 『한국문학의 리얼리즘과 모더니즘』, 민음사, 1989, 202면.
2) 이에 대해 이계열은 최명익 소설에서 '보여지는 자아'의 모습에만 주목한다면 주인공에 대한 부정적인 태도, 즉 현실도피에서 벗어날 수 없다고 하며 이런 점에서 분열된 두 자아간의 거리와 그 갈등의 국면에 보다 천착할 필요성을 제기한다.(이계열, 『한국 현대소설의 자아의식 연구』, 국학자료원, 2001, 27면)
3) 이재선, 「의식과잉자의 세계」, 『한국현대소설사』, 홍성사, 1979.
4) 김기림은 「'인텔리'의 將來-그 危機와 分化科程에 관한 小研究」라는 글에서 당대의

찾지 못한 이러한 상태는 자기분열의 고통으로 내면화되건 혹은 부정적인 현실의 조망으로 표출되건 1930년대의 여러 작가들을 통해 다양한 방식으로 소환되었다. 이 글은 최명익의 「비 오는 길」(1936년), 「무성격자」(1937년), 「심문」(1939년) 세 작품을 대상으로 하여5) 근대를 살아가는 지식인의 내면세계를 살펴보고자 한다.

2. 근대적 양가성의 지표들

최명익 소설에 나타난 근대적 생활의 지표들은 다양하다. 평양을 배경으로 한 도시화뿐 아니라 현대인의 생활에 큰 영향을 미치는 신문 매체, 자유로운 공간이동을 가능하게 해 주는 철도 체험 등이 그 대표적인 예이다. 이들은 최명익 소설에서 1930년대적 근대성의 물질적인 조건을 반영하는 것 이상의 의미를 갖는다. 1930년대를 살았던 김기림은 '현대'에 있어 '저널리즘', 신문의 중요성을 다음과 같이 강조한 바 있다.

시대적 분위기와 함께 이러한 문제를 언급한 바 있다.(김기림, 『김기림 전집 6』, 심설당, 1988)

5) 최명익은 1936년 「비 오는 길」을 『조광』에 발표함으로써 작품활동을 시작한다. 1928년 동인지 『백치』를 만들어 「희련(戱戀)시대」, 「처의 화장」을 발표하고, 1931년에는 「이광수 씨의 작가적 태도를 논함」이라는 평문을 발표한 바 있지만, 최명익의 본격적인 작품활동은 「비 오는 길」을 통해 이루어진다. 데뷔작인 「비 오는 길」은 최명익의 작가적 특징의 원형질이 드러나 있는 작품으로, 공장사서로 일하는 '병일'이 사진사의 죽음을 접하고 독서에 매진하려는 결심을 하는 것으로 작품이 끝난다. 「무성격자」(1937년)는 최명익 소설에 흔히 나타나는, 무기력과 절망에 빠져 있는 지식인 '정일'이 '문주'와 아버지의 죽음을 지켜보는 스토리로 구성되어 있다. 「심문」(1939년) 역시 "화가라는 무직업자"인 '명일'이 하얼빈 여행에서 '여옥'과 재회하지만 여옥이 자살하고 마는 유사한 내용을 취한다. 「심문」은 최명익의 대표작으로 당대 지식인의 전향문제를 심미적인 방식으로 다룬 작품으로 인식되어 왔다.

신문은 민중의 모든 층에 침식하고 있다. 그것이 현대인의 생활 위에 던지는 波紋은 실로 압도적인 것이다. 신문의 힘은 실로 폭풍과 같은 형세로 현대인의 정신적 생활과 육체적 생활을 동요시키고야 만다. 신문을 떠나서 생활하는 그 하루는 곧 그가 현대라고 하는 시간적 이동의 수준에서 그만치 落後되는 것을 의미하는 것이다. 우리는 이것을 통하여서만 급격한 '스피드'와 말초신경과 색채와 '일류미네이션'과 '마네킹'과 '스트리트걸'과 '모보'의 넓은 '팬츠'와 '모거'의 肉感的 다리와 '재즈'와 '레뷰'와 이것이 교착하는 濁流라기에는 너무나 선명한 현대생활의 분위기에 참여할 수 있다.[6]

김기림은 저널리즘을 현대에 팽배한 하나의 滿潮로 보고 현대의 저널리즘의 가장 완전한 구현을 '현대의 신문'에서 발견한다고 말한다. 그는 신문을 '현대'와 분리 불가능한 중요한 매체로 인식하면서, 민중에게까지 첨단의 유행과 "현대세계의 분위기"를 전파할 수 있는 그것의 역할에 주목하였다. 「비 오는 길」의 '병일'은 독서 취미를 갖고 있는 인물인데, 그는 같은 활자 매체라 하더라도 신문에 대해서는 책과는 매우 다른 반응을 보인다.

그럴 때마다 곁에서 담배를 피우며 신문을 뒤적이고 있는 주인을 바라볼 때 신문 외에는 활자와 인연이 없이 살아갈 수 있는 그들의 생활이 부럽도록 경쾌한 것 같았다.[7]

신문의 활자만으로 만족된 생활을 하는 주인은 병일에게 있어 사실 부러움의 대상이 아니라 경멸의 대상이 된다. 「비 오는 길」에서 공장

---

6) 김기림, 「'저널리즘'의 悲哀와 喜悅」, 앞의 책, 93면.
7) 최명익 외, 『심문 외』, 동아출판사, 1996, 29면. 앞으로 최명익 작품의 인용은 이 책의 페이지수만 표기하기로 함.

주인이 돈만 알고 타인을 믿지 못하는 부정적 인물로 그려지고 있음을 고려할 때, 인용문은 서술의 표면적 의미와는 달리 병일의 우월감을 이면적으로 강조하는 역할을 한다.[8] 동시에 그것은 일상성을 작동시키는 신문에 대한 경멸의 의미를 포함하고 있다. 그것의 경쾌함은 사실 비루함이었던 것이다. 병일이 신문을 부정하는 지점은 그의 니체·도스토예프스키 독서 체험과 비교해 볼 때 그 의미가 드러난다. 외부세계의 물질성은 병일에게 있어 정신적인 사색보다 하위에 속하는 것이다. 그런데 신문 매체는 근대의 시간성과 관련해서도 일정한 시사점을 제공한다. 근대의 시간 관념이 선분적이고 선조적인 방식으로 구획된 것임을 염두에 둘 때, 신문은 근대의 일상성[9]을 보장하는 지표가 될 수 있다. 노동의 재생산을 위한 하루의 단위는 반복되는 일상의 단위를 외적으로 보장하는 틀이 될 수 있기 때문이다. 최명익은 신문에 대한 병일의 태도를 통해 근대적 생활 토대의 부정적 의미를 간접적으로 환기한다 하겠다.

그런데 이밖에 신문은 비합리적인 전근대적 사고와 근대적인 사고방식이 충돌하는 지점을 보여주기도 한다. 병일은 신문을 무시하지만 신문을 통해 사진사의 무지를 희화화한다. 사진사 이칠성은 석 자 가량 되는 구렁이를 "석 자밖에 안 된다고 한" 기사에 분개한다. 이칠성이 보기에, 성을 지키는 오래된 문지기 구렁이를 "석 자밖에 안 된다고 한" 것은 "얼빠진 수작"이다. 객관적인 사실에 기반한 신문기사가 인정되지 못하

---

8) 최명익 소설에서 독서 모티브는 흔히 속악한 외부현실에 대하여 지식인의 정신적인 우월감을 표현하는 기제로 작용한다. 이 점에 대해서는 4장에서 상술될 것이다.

9) 일상은 비참함과 동시에 일상의 위대성, 즉 지속성을 갖는다. 비루하고 별 볼일 없는 일상의 삶은 지루한 임무들과 때로는 모욕적인 일들로 채워지기도 하지만, 땅 위에 뿌리를 박고 영원히 지속되는 삶의 근거가 되기도 한다.(앙리 르페브르, 『현대세계의 일상성』, 박정자 역, 세계일보사, 1992, 71면 참조)

는 현실은 합리적인 이성과는 거리가 먼 것이다. 병일은 이처럼 사진사를 관찰함으로써 전근대적인 사고유형을 반성하는 자리에 위치한다. 그런데 이칠성은 병일과의 술자리에서 다음과 같은 부탁을 한다.

> "참말 나 긴상한테 긴히 부탁할 말이 있는데."
> 하고 사진사는 병일이를 마주 보는 것이었다. 사진사의 말과 시선에 부딪친 병일이는 한 장 벌꺽 뒤치어 새 그림을 대한 듯한 기름기 있는 큰 얼굴에 빙그레 흘린 웃음을 바라보았다.
> "긴상, 여기 신문사 양반 아는 이 있소?"
> …(중략)…
> 웃고 난 사진사는 말마다 '신문사 양반'이라고 불러 가며 여기 유력한 신문 지국의 '지정 사진관'이라는 간판을 얻기만 하면 수입도 상당하거니와 사진관으로서는 큰 명예가 된다고 기다랗게 설명을 하였다.(35면)

인용문은 이칠성이 갑작스럽게 죽기 직전 병일과 마지막으로 나눈 대화 부분이다. 이칠성은 신문사 지정 사진관의 간판을 얻고자 하는 간절한 바램을 가지고 있다. 그러나 그의 바램은 이루어지지 않는다. 이칠성은 신문사의 권력에 편입하려 했으나 죽고 말고, 병일은 신문 보는 공장주인을 경멸했으나 이칠성의 사망 소식을 신문에서 확인한다. "오래간만에 비 갠 아침에 병일이는 사무실 책상 앞에서 신문을 보고", "평양에 장질부사가 유행하여 사망자 다수라는 커다란 제목이 붙은 기사를 읽어 내려가다가 부립 피병원에 수용되었다가 죽었다는 씨명 중에 이칠성이라는 세 글자를" 본다. 이 장면에서 발생하는 아이러니와 소외는 결국 신문이라는 근대문물의 이중성을 확인시켜 준다. 즉, 매혹하고 소외시키는 근대성의 양가적 특징이 그것이다. 매혹과 동경이 한편에 있는 것이라면, 혐오와 거부가 다른 한편에 존재한다. 병일은 평소 신문 매체를 애써 무시했지만 그로부터 자유로운 생활을 할 수 없었고, 이칠성은 신문의 권력에 편입되고 싶었지만 막상 신문 기사의 사망자 명단에 그 이름이 실리고 만다. 최명익은 이처럼 거부하지만 매혹될 수밖에 없고, 매혹되지만 거부 당하는 근대적인 현실의 논리를 「비 오는 길」의 신문 매체를 통해 보여 주고 있다.

　이밖에 「무성격자」와 「심문」에는 승차 체험10)이 공통적으로 나타난 다. 최명익 소설에서 신문이 근대의 일상적인 시간성을 구획하는 것이라 면, 열차는 그 자체로 근대의 새로운 경험을 가능하게 하는 공간이 된다. 이 때 열차는 근대의 상징일 뿐 아니라 자의식이 펼쳐지는 공간의 역할을 한다. 열차는 주지하다시피 산업문명의 상징인 동시에 새로운 속도의 상징이다.11) 그것은 전에 없던 속도감을 선사해 주는 근대의 문물이며, 더 나아가 진보의 논리를 암시하는 메타포로 이용되기도 한다. 「심문」은 명일이 하얼빈으로 가는 특급열차 안에서 차창 밖 풍경을 감상하는 장면 으로부터 시작된다.12)

---

10) 최혜실은 최명익 소설에 나타나는 '승차' 체험을 소설의 내적 형식과 관련하여 논 의하였다. 즉, 승차체험은 의식의 흐름의 가장 적합한 환경이자 그것과 동일구조를 이루는 것으로서, 근대에 이르러 교통기관이 발달하면서 승객은 지극히 수동적인 상태에서 급격한 공간이동을 완상할 수 있게 되고 이에 따라 '방심 상태'에서 인간 의 회상체계가 활발히 움직일 수 있다는 것이다.(최혜실, 『한국모더니즘소설연구』, 민지사, 1992, 178-198면 참조)

　장수익 역시 최혜실의 논의를 이어받아 승차가 과거의 기억을 무관심 내지 방심 상태에서 떠올리게 하는 기능이 있음을 전제하고 이를 통해 근대적 지식인의 내 면이 성공적으로 포착될 수 있었다고 말한다.(장수익, 「최명익론: 승차 모티프를 중심으로」, 『한국 근대 소설사의 탐색』, 월인, 1999)

11) 열차는 시간과 정확성의 상징이 되며, 실제로 시간에 대한 감각이나 생각을 바꾸는 데 중요한 역할을 하기도 한다.(이진경, 『근대적 시·공간의 탄생』, 푸른숲, 2002, 63면)

12) 「무성격자」에서도 집으로 가는 급행열차 안에서 정일이 회상과 상념에 잠기는 장

  1) 시속 오십 몇 킬로라는 특급 차창 밖에는, 다리 쉼을 할 만한 정거장도 역시 흘러갈 뿐이었다. …(중략)… 창연하다기에는 너무 실없고 그렇다고 그리 유쾌하달 것도 없는 이런 망상을 무엇이라 명목을 지을 수 없어, 혹시 스피드가 간질여주는 스릴이라는 것인가고 생각하면 그럴듯도 한 것이다.
  결코 이 열차의 성능을 못 믿는 것은 아니지만 이렇게 무도(?)하게 돌진 맹진하는 차 안에 앉았거니 하면 일종의 모험이라는 착각을 느낄 수 있고, 그것이 착각인 바에야 안심하고 그런 스릴을 향락할 수 있는 것이다. 이렇듯 거진 십 분의 안전율이 보장하는 모험이라 스릴을 향락하는 일종의 관능 유희다.(72-73면)
  2) 그런 무서운 숙명이 나를 기다리는지도 모를 하얼빈이라고 생각하면 그곳으로 이렇게 달아나는 이 열차는 그런 숙명과 같이 음모한 괴물일는지도 모른다고 나는 좀 취한 머릿속에 또 한 가지 이런 스릴을 느끼었다.(82면)

  명일은 한편으로 "스피드가 간질여주는 스릴"을 향락하면서도, 다른 한편으로 "특급의 속력을 '무모(無謀)'로 느"낀다. (1)에서 속도감은 일종의 "모험"으로, (2)에서 열차는 "무서운 숙명"과도 같은 "음모한 괴물"로 설정되어 있다. 속도는 그 자체로 "일종의 관능 유희"와도 같은 매혹과 경이감을 선사한다. 그것은 얼핏 보기에 일상으로부터의 해방을 가능하게 해 주는 듯 하다. 그러나 보다 심층적인 차원에서 볼 때 속도는 일상으로부터의 해방을 뜻하는 게 아니라 오히려 근대적 일상성이 지닌 대표적인 속성으로 제시될 수 있다.[13] 장수익은 "명일이 기차의 무서운 속도감에서 감지했던 '무서운 음모와 숙명'이란 어떤 심리를 가진 사람이건 근대적 일상성이라는 숙명 속에 몰아넣으려는 음모"라고 말한다.[14] 근대

면이 유사하게 제시된다.

13) 장수익, 앞의 글, 246면.

의 대중교통을 대표하는 철도는 새로운 속도감으로 근대인을 매혹시키고 이동성을 보장하여 그를 자유롭게 해 주지만, 명일에게 있어 그것은 열차의 표면적인 속성에 지나지 않는다. 명일은 취중에 열차를 '괴물'로 인식하며 그 부정성을 드러내는 것이다. 그리고 차창 밖 풍경에까지 전이되어 나타나는 명일의 우울과 허무 역시 이러한 맥락과 무관하지 않다. 명일은 깨끗한 플랫폼과 빛나는 궤도를 "다 흐트러진 폐허"로, 차체를 "폐물"로, 열차를 탄 사람들을 "조난자"로 느낀다. 명일의 우울한 내면은 일차적으로 직업과 주소도 없이 방황하는 자신의 생활로부터 기인한 것이지만, 정돈되어 빛나는 플랫폼·궤도·차체를 폐허와 폐물의 이미지로 점묘하는 것은 삶의 방식을 새롭게 재편하는 근대적 문물의 부정적 측면을 암시적으로 표현한 것이라 하겠다.

3. '속물적인 생활인'을 바라보는 시선

근대의 양가성은 자본주의의 논리에 대해서도 동일한 작용을 한다. 근대적인 삶의 양식과 모순없이 일치하는 지향을 가지고 있다면 그는 매혹당하기만 하는 자이다. 최명익 소설에 나타나는 근대인의 표상 중 가장 많이 중첩되는 것은 속물의 얼굴이다. 「비 오는 길」의 이칠성과 공장주인, 「무성격자」의 만수노인과 용팔이 등이 그 예이다. 이들은 각각의 작품에서 다양한 인물로 현현되지만, 최명익의 작품세계 전체에 있어 결국은 동일한 특징을 지니는 하나의 자아라 할 수 있다.

「비 오는 길」의 이칠성은 "셋집이나 아니구 자그마하게나마 자기 집에

---

14) 같은 글, 253면.

다 장사면 장사를 벌이고 앉아서 먹구 남는 것을 착착 모아 가는 살림이
세상에 상재미"라고 생각하며, 공장주인은 현금을 세거나 금고의 자물쇠
를 잠그는 소리로 표상될 수 있는 인물이다. 「무성격자」의 만수노인은
"오직 돈을 위하여 분망한 일생을 살아온 사람"이며, 매부인 용팔이 역시
"말하자면 돈의 가치를 모르는 사람이라는 점만으로도 역력히 정일이를
경멸할 자신이" 있다. 「심문」의 이군 역시 이들과 동궤에 속한다. 십
년 전 만주로 가 실업가로 성공한 그는 명일에게 "천생 소비자인 자네라,
하얼빈의 소비면부터 안내하세"라며 "이름난 카바레, 레스토랑, 댄스홀",
"에로 그로"를 구경시켜 준다.

이들은 소시민적인 속물을 표상한다. 병일·정일·명일로 대표되는
최명익 소설의 지식인 주인공들은 자본주의의 논리를 이미 체화한 이들
을 바라보는 관찰자의 입장에 있다. 작가의 시선은 이들을 조소하고 경멸
하는 특징을 갖는다. 병일이가 이칠성을 "청개구리의 뱃가죽 같은 놈"이
라고 하여 사진사에 대한 경멸감을 표현하거나, 정일이 만수노인을 "본
디 무식하고 인색하고 탐세인 수전노"라고 묘사하는 것이 그 예이다.
그러나 이들을 바라보는 작가의 시선은 이처럼 단순하지가 않다. 그들의
속물성15)을 경멸하고 거부함으로써 자신의 우월감을 표현하는 한편, 최
명익 소설에는 이들을 바라보는 또 다른 시선이 존재한다.

---

15) 속물근성은 근대 부르주아 계급의 탄생과 더불어 이해될 수 있다. 그것은 중산층의
위선의 전형적인 형태로서, 자신의 우둔한 가식들, 답답한 산문성, 물질적인 것에
대한 강박적인 집착을 감추기 위해 허구적이며 전적으로 부적절하게 지적 가치들
을 찬양하는 속성 등이 속물적인 정신상태에 해당한다. 속물은 서구 역사에 있어
주로 그의 계급적 배경에 의해 규정되었으며, 그의 모든 지적 태도는 실제적인 이
해와 사교적인 관심에 대한 가장으로 간주되었다. 소심하고 자기 만족적이며 속 좁
은 속물성이 그것이다.(M. 칼리니스쿠,『모더니티의 다섯 얼굴』, 이영욱 외 옮김, 시
각과 언어, 1996, 55-56면)

그는 천장을 쳐다보며 이 년 내로 매일 걸어 다니는 자기의 변화없
는 생활의 코스인 '오늘 밤 비 오는' 길에서 보고 들은 생활면을
다시 한번 바라보았다.

그것은 새로운 것도 아니었다. 물론 진기한 것도 아니었다. 오히려
그 같은 것을 머릿속에 담아 두고서 생각하는 자기가 이상하리만큼
평범하고 속된 것이었다. 그러나 그같이 음산하게 벌어져 있는 현실
은 산문적이면서도, 그 산문적 현실 속에는 일관하여 흐르고 있는
어떤 힘찬 리듬이 보이는 듯하였다. 그리고 그 리듬은 엄숙한 비관
의 힘으로 변하여 병일이의 가슴을 답답하게 누르는 듯하였다.
<u>'내게는 청개구리의 뱃가죽만한 탄력도 없고, 의액이 풀잎 같은
청기도 날카로움도 없지 않은가?'</u>
이러한 반성이 머릿속에 가득 찬 병일이는 용이히 올 것 같지
않은 잠을 청하려고 눈을 감았다.(27-28면)

병일은 이칠성의 속물성을 거부하면서도 자신에게는 "청개구리의 뱃
가죽만한 탄력"이 없음을 반성한다. 여기서 "청개구리의 뱃가죽만한 탄
력"은 나름의 행복관념을 가지고서 "희망과 목표"있는 삶을 살아가는
강한 생활인의 면모를 뜻한다. 그것은 병일에게 있어 거부의 대상이자
부러움의 대상이다.[16] 이는 "피부 면에게까지 노출된 듯한 병일이의 신
경"에 비해, "문어의 흡반같이 억센 생활의 기능"을 가진 신경으로 묘사
된다. 이와 같이 속물의 인간유형을 비판하고 또 자신을 반성하는 병일의
태도는 「무성격자」에서도 거의 동일한 형태로 나타난다.

---

16) 테오필 고티에는 보들레르와 마찬가지로 근대문명을 구제할 수 없는 추함으로 보
고 즉각 거부해 버리는 것이 그것에 대한 피상적인 찬양과 똑같이 속물적인 태도일
수 있다고 경고한 바 있다. 근대문명에 대한 피상적인 찬양이나 이를 즉각 거부해
버리는 것이 결국 동일한 태도에서 나온 것이라는 지적이다. 전자가 전형적인 '속
물'의 유형이라면, 후자는 순수하게 지적 유형의 인물로서의 '현학자(pedant)'나 자
기세계에만 갇혀 있는 인물 유형이라 할 수 있다.(같은 책, 53-58면 참조)

「무성격자」의 정일 역시 축재만을 위한 삶을 살았던 아버지를 경멸하는 입장에 있었다. 정일은 그런 아버지가 죽음을 앞두고 "죽고 싶지 않다고 부르짖는" 말을 들을 때마다 얼굴을 찌푸리고 불쾌감을 느낄 뿐 아니라 "사람은 이다지도 동물적인가? 하고 고함을 지르고 싶은 발작적 충동을 느"꼈던 것이다. 그러나 정일은 다음과 같은 변화를 보여준다.

> 1) 사실 이렇게 되어서까지도 죽기가 싫은가 하고 아버지를 눈 찌푸리고 바라보는 자기는 죽음의 공포를 해탈한 무슨 수양이 있는 것이 아니라 단지 애써 살려는 의지력이 없는 것뿐이다. …(중략)… 그래서 정일이는 어떤 위대한 의지력을 우러러보는 듯한 마음으로 아버지의 고통을 바라보고 있는 자기를 발견하는 때가 있었다.(68-69면)
>
> 2) 이 몸이 아직 살려고 하고 아직도 살아 있는 것은 육체적인 생의 본능욕 이상의 의지력이 있는 탓이 아닌가? 자기가 만든 세상에 대한 애착을 버리지 않으려는 끝없는 의지력이 이 파멸된 육체의 생명을 이같이 끌어 나가는 것이 아닐까? 이렇게 정일이는 아버지의 황홀한 눈과 죽고 싶지 않다고 부르짖는 말에 솟아오르는 자기의 감격과 눈물을 해석하였던 것이다.(70면)

정일이는 이처럼 아버지의 강한 의지력을 존중하게 되며 자신에게는 살려는 의지력이 없음을 반성한다. "자기가 만든 세상에 대한" 아버지의 "애착"이 자신에게는 결여되어 있음을 새롭게 인식하는 것이다. 무기력한 생활을 하는 정일에 비해, 만수노인은 죽음 앞에서 강인한 삶의 의지를 불태운다. 만수노인의 '물'에의 집착이 이를 뒷받침한다. 여기서 만수노인의 속물성은 부정되지만 그의 생활적인 의지력은 정일로 하여금 자신을 되돌아보게 하는 역할을 한다. 자기 생활에 대한 애착과 자기 의지의 실현은 근대적인 가치를 추구하는 속물들에게서 보여지는 또 다른 면모인 셈이다.

　최명익 소설에서 근대적인 생활방식과 자본주의의 논리를 따르는 인물은 흔히 속물적인 생활인으로 나타나는 경우가 많다. 그리고 최명익 소설의 지식인 주인공들은 이들을 바라보고 그 중간적인 위치에서 자신을 반성한다. 실제 병일·정일·명일은 근대적인 것에 대한 피상적인 찬양과 즉각적인 거부 둘 다를 부정하는 자리에 있다. 이들은 속물적인 생활인이 갖는 이중적인 면모 사이에서 끊임없이 망설이고 주저하며 갈등한다. 근대성에 대한 피상적인 찬양은 쉽게 부정의 대상이 될 수 있지만, 근대성에 대한 즉각적인 거부 역시 지양되어야 할 대상이다. 왜냐하면 속물근성이 표상하는 모더니티[17]에 대한 이해 없이는 근대인의 자기 인식이 불가능하기 때문이다. '자신에 반대하는 전통'의 미적 모더니티는 '부르주아의 모더니티'에 대한 이해 없이는 자기 인식이 불가능하다. 이성, 진보, 과학, 자본주의는 이러한 자기인식을 가능하게 하는 조건이다. 이러한 개념을 거부할 때 그것은 단순히 자신의 구호적인 의미를 추구하는 것이게 된다. 최명익 소설은 지식인 인물과 속물적인 생활인의 관계에서 발생하는 이중적인 심리 동인을 담고 있다. 최명익 소설의 지식인 인물은 근대성 고유의 이러한 측면을 인식하고 있는 지평을 보여준다.

---

17) 모더니티 개념은 두 가지로 구분해서 사용될 수 있다. 즉 '부르주아의 모더니티' 개념, '동시대적 모더니티'와 반부르주아적 태도, 미적 개념으로서의 모더니티이다. 전자는 19C 전반의 한 시점에서 서구문명사의 한 단계에 속하는 모더니티로 과학과 기술의 진보, 산업혁명, 자본주의에 의해 야기된 광범위한 사회 경제적 변화의 산물을 의미한다. 그것은 이성과 진보의 모더니티이며 부르주아의 모더니티이다. 이러한 19C의 역사적 관점에서 발생한 사회적 모더니티에 비해 후자는 '자신에 반대하는 전통'으로서의 미적 모더니티를 뜻한다. 후자는 속물적인 모더니티에 맞서는 개념으로서 부정하는 정신의 모더니티라 할 수 있다.(같은 책, 53면 참조)

4. 독서 모티프와 죽음 충동

최명익 소설에는 독서 모티프가 빈번히 나타난다. 「비 오는 길」의 병일과 「무성격자」의 정일은 독서취향을 가지고 있는 인물이다. 그런데 이들의 독서취향은 단순한 취미가 아니라 자기 생활의 지향점이 되거나 자신의 존재를 구성하는 중요한 목표가 된다. 병일은 독서를 통해 "어떻게 살아야 후회 없는 일생을 살 수 있는가" 내지 "사람이란 무엇인가?"라는 질문에 대한 답을 찾고자 하며, 이칠성의 죽음을 접하고는 "지금부터는 더욱 독서에 강행군을 하리라고 계획"한다. 그에게 있어 독서는 "말하자면 모두 자기네 일에 분망한 세상에서 나도 내 생활을 위하여 몰두하는 시간을 가져 보겠다는" 의지의 표현이다.

> 1) "갑갑하니까 그저 책이나 보지요."(31면)
>
> 2) 그렇다고 '돈을 아껴서 책까지 안 산다면 내 생활은 무엇이 됩니까? 지금 나에게는 도서관에 갈 시간도 없지 않소? 그러면 그렇게 책은 읽어서 무엇 하느냐고 묻겠지만 나 역시 무슨 목적이 있어서 보는 것은 아닙니다, …(중략)…
>
> "그럼 나도 책 사는 돈으로 저금이나 할까? 책 대신에 매달 조금씩 늘어 가는 저금통장을 들여다보는 것으로 낙을 삼구……."
>
> "아무렴, 그것이 재미지―적소성대라지."
>
> 이렇게 하는 사진사의 말을 가로채어서,
>
> "하하, 시간을 거꾸루 보아서 십 년 후의 천 원을 미리 기뻐하며, 하하."
>
> 하고 웃고 난 병일이는 아까부터 놓여 있는 술잔을 꿀꺽 마시고 사진사의 말을 막으려는 듯이 곧 술을 따라 건네었다.(32면)

병일의 독서 취향에 대해 문흥술은 병일로 하여금 독서의 영역에 침잠하게 만드는 원인이 근대적인 삶이 지니는 부정적인 측면에 있다고 보았다.[18] 즉, 인간을 사물화하고 비인간화하는 근대성에 절망하여 병일이 독서에 매달린다는 것이다. 김민정 역시 '독서'로 드러나는 무언의 행위는 세속화된 욕망의 추구에 대한 부정의 의미이며 현실의 논리에 대한 부정성과 그 극복의 의지를 담고 있는 것으로 보았다.[19] 진정석은 단순한 교양습득의 차원을 넘어 삶의 형식으로까지 고양된 병일의 독서행위가 행동과의 실제적인 관련성이 제거되어 있다는 한계에도 불구하고 개념적 인식과 내적 성찰을 통해 근대적 삶의 진정한 의미를 추구하려는 작가의식의 한 방향성을 제시한 것이라 평가한다.[20] 이에 비해 신수정은 독서에 침잠하는 원인이 그러하다 하더라도 병일의 세계는 구체적인 현실에 등을 돌린 관념의 세계, 자신만의 고립된 세계로 유폐되어 버리는 결과를 가져올 수 있다고 그 위험성을 지적하였다.[21] 이러한 견해들은 대체로 타당하다 여겨지는데, 요약하자면 「비 오는 길」에 나타난 병일의 독서체험은 외부세계의 세속적인 부정성에 대항하는 형태로 채택된 것이라 할 수 있다.

독서의 세계를 선망하는 인물은 「무성격자」에도 나타난다. 정일은 현재 문주를 중심으로 한 퇴폐적인 생활을 하면서도 술에 취해서 서점에 들른다. 학생생활의 습관으로부터 서점을 찾는다 하더라도 정일은 서가

---

18) 문흥술, 「추상에의 경향과 절대주의 미학: 최명익론」, 『모더니즘 문학과 욕망의 언어』, 동인, 1999, 257면.

19) 김민정, 「1930년대 후반기 모더니즘 소설연구」, 서울대 석사, 1994, 60면.

20) 진정석, 「최명익 소설에 나타난 근대성의 경험양상」, 『민족문학사연구』 8호, 소명출판, 1995, 187면.

21) 신수정, 「역사에 대한 소명의식과 예술가의 자세」, 『심문 외』, 동아출판사, 1996, 598-599면.

앞에서 유일하게 자기 존재의 고양을 느낀다. 특히 무기력과 절망의 분위기가 작품 전반을 관통하고 있다고 할 때, "문화탑"의 서가를 의미하는 "땀과 피의 입체인 피라미드나 만리장성"의 은유는 매우 예외적인 것이라 할 수 있다. 그것은 '위대한 장관'과도 같아서 정일로 하여금 "숭엄감과 기쁨을 느끼"게 하는 대상이다. 지금은 "연구의 체계와 독서의 플랜을 흐트러 버린 지 오"래 되었지만 과거의 정일은 "이 문화탑에 한 돌을 쌓아 보겠다는 야심을 가"지고 있었다. 「비 오는 길」의 병일이 독서력을 잃고서 이칠성을 찾아가 한담을 즐겼던 것처럼, 정일 역시 "차차 서재에서 매력을 잃게 되"면서부터 방황을 시작하였던 것이다. 전날의 야심이 사라지고 "부지중 한숨을 쉬게 되는" 정일의 "생활면"에 문주가 나타났고, 이후 그는 티룸으로, 바카페로 전전하다가 알콜 중독자가 된 것으로 설명된다. 즉, 정일의 무기력과 방황은 독서와 연구로 대표되는 자기 생활의 중심을 잃게 되어 나타난 것임을 알 수 있다.

이처럼 독서와 사색은 최명익 소설에 있어 매우 중요한 역할을 한다. 그것은 지식인 인물의 삶의 지향점으로서 궁핍하고 무기력한 현재의 생활 가운데 자신의 정신적인 우월감을 확인시켜준다. 더 나아가, 독서와 사색이 관념적인 세계에 몰입하는 폐쇄적인 성격을 띤다 할지라도 최명익 소설에서 그것은 중요한 의미를 갖는다. 미적 근대성이 사회적 근대성과 경제적 근대성을 반성하는 자리에 있는 것이라면, 최명익 소설에 빈번히 나타나는 독서 모티프는 사회·경제적 측면의 속물적인 근대성에 저항하는 자리에 위치한다.

그런데 이외에도 최명익 소설에는 그림을 그리거나 문학을 하거나 무용을 하는 등 예술과 관련을 갖는 인물들이 많이 등장한다. 이들이 추구하는 예술 세계는 독서 모티프의 또 다른 변형이라 할 수 있다. 「심문」의 명일은 미술 학교를 나온 화가이고, 「무성격자」의 문주와 「심문」의 여옥 또한 과거 예술을 지향하는 인물이었다. 특히 문주와 여옥은 거의 일치하는 과거 내력을 갖는다. 문주는 동경에서 무용예술로 진로를 바꾸었고, 여옥은 동학유학시대의 문학소녀로 설정되어 있다. 문주는 이후 티룸의 마담이 되고 여옥 역시 다방 마담, 카바레 댄서로 전락한다. 예술을 통한 자기세계를 가지고 있었던 이들은 마담으로 전락하는 공통된 운명을 갖는다. 이처럼 문주와 여옥은 현실에 좌절하여 자기의 이상을 실현하지 못하게 된 후, 자본주의의 소비 면을 담당하는 계층이 되어 궁핍한 삶을 살아가는 것이다.

결국 최명익 소설에서 독서 모티프는 예술 추구와 연결되고 그것은 더 나아가 죽음 충동과 밀접한 관련을 맺는다. 이 셋은 내적인 동인과 기제에 있어 하나로 묶일 수 있는 것이다. 실제 최명익 소설에는 죽음 충동 역시 빈번하게 나타난다. 「비 오는 길」의 이칠성은 장질부사에 걸려 갑자기 죽고, 「무성격자」의 만수 노인은 위암에 걸려 죽으며 문주는 결핵으로 죽는다. 「심문」의 여옥은 자살하며 현혁은 아편중독자로서 죽음에 근접해 있는 인물이다. 이밖에 「무성격자」의 정일은 알콜 중독자로 살아 있으나 죽은 자의 삶 같은 무기력한 생활을 하고 있다. 이러한 자기 파괴와 죽음 충동의 원인은 무엇인가. 우리는 「심문」의 현혁과 여옥의 죽음을 통해 다음과 같은 것들을 추측해볼 수 있다.

현혁은 과거에 유명한 혁명가였지만 지금은 아편중독자가 되어버린 인물이다. "한때 좌익 이론의 헤게모니를 잡았던 유명한 현혁"은 "그때 지식계급으로는 모르는 이가 없을 만치 유명"했었고 "조선은 물론 일본의 동지간에도 주목되던 이론 분자"였었다. 그런 그가 감옥생활을 한 후 아편중독자로 전락해 지금은 여옥이 댄서 일로 벌어다주는 돈으로 아편을 피우는 처지에 있다. 그는 마약을 구하기 위해 여옥을 돈으로 팔아 넘기는 파렴치한 면모를 보여주기도 한다. 이러한 현의 변모는 현실

에 절망한 전향자의 자기파괴이기도 하고 시대의 흐름과 관련해 몰락할
수밖에 없는 좌익 이론분자의 현실을 보여주는 것일 수도 있다. 그러나
현혁의 몰락에는 다음과 같은 근본적인 이유가 숨어 있다.

> 신병이나 빈곤은 그리 쉽게 마음대로 안 되는 것이지만, 자포자기
> 를 하고 않는 것은 각자 그 사람에게 달렸다고 생각합니다. <u>나와
> 못지않은 역경에서도 칠전팔기란 말 그대로 자기의 운명을 개척해
> 나가는 친구도 많았습니다.</u> 백팔십도의 재주넘기를 해서라도 새 길
> 을 찾은 옛 동지도 있습니다. 이 말은 결코 야유가 아닙니다.
> 　그런데 나만은 자포자기를 하였습니다. …(중략)…
> 　말하자면 아무런 시대나 환경이라도, 사람을 타락시킬 힘은 없다
> 고 봅니다. 그 반대로 타락하는 사람은 어떤 시대나 환경에서든지
> 저 스스로 타락하고야 말, 성격적 결함이 있는 것입니다.
> 　그래서 나는 내 환경을 저주하거나 주제넘게 시대를 원망할 이유
> 도 용기도 없습니다. 오직 내 약한, 자포자기하게 된 내 성격을 저주
> 하는 것뿐입니다.(95-96면)

현혁은 자신이 아편중독자로 전락하게 된 것은 시대나 환경 탓이 아니
라 "오직 내 약한 자포자기하게 된 내 성격"에 있다고 말한다. 현혁은
자신의 타락이 스스로의 성격적 결함에서 기인한다고 반복적으로 강조
하고 있다. 그러나 이러한 언술은 심층적 의미 차원에 있어 밑줄 친 부분
에 의해 그 뜻이 배반된다. 그것은 현혁과 같은 처지에서도 "백팔십도의
재주넘기를 해서라도 새 길을 찾은 옛 동지가 있"기 때문에 그러하다.
과거 신봉하였던 좌익 이론의 신념을 버리고 "백팔십도의 재주넘기"를
한다면 현실의 원리를 수용한 생활자가 될 수 있을 지도 모른다. 그렇게
해서 새로운 운명을 개척해 나간 전향자들도 존재하는 것이다. 그러나
현혁은 이러한 현실에의 타협을 스스로 거부한다. 결국 인용문에서 "나

만은 자포자기를 하였"다는 것은 나만은 현실에의 타협을 거부하였다는,
나만은 자신의 신념을 내면에서 버리지 않았다는 것을 의미한다.[22] 표면
적인 언술의 의미가 이처럼 역전되는 지점을 고려할 때, 현혁이 반복적으
로 자포자기와 타락의 원인을 자신의 개인적인 결함에 돌리는 것은 결국
신념을 고수하는 자기 입장을 강조하는 것이 된다. 현혁은 환경의 부정
성, 시대의 부정성으로 인해 "지난 꿈"을 버리지 않는 데 대한 대가로
자신을 파괴하는 고통을 겪는 것이다. 최명익 소설에 나타나는 자기파괴
는 이러한 결과로 보인다.

문학을 꿈꾸고 현혁을 사랑했던 여옥 역시 이러한 심리적인 동인으로
부터 멀리 떨어져 있지 않다. 여옥은 죽음으로써 자신을 파괴하는 현혁의
또 다른 얼굴인 것이다. 죽은 여옥의 얼굴은 "한 점의 티나 가는 한 줄기
주름살도 없는" "영롱한 인당"을 가지고 있다. 그것은 완전무결의 절대
성을 표상하는 이미지이다. 그리고 그것은 "아름다운 심문(心紋)"으로
완성된다. "밤과 낮으로 다른 두 여옥이"로 분열되어 있었던, 그리하여
"언제나 나의 의식을 분열시키고야 말던, 그 역시 분열된 의식으로 갈피
를 잡을 수 없"었던 여옥이는 자기 분열 끝에 죽음을 선택한 것이다.
여옥은 결국 자기분열을 죽음으로 완성한다. 그리고 "아름다운 심문(心
紋)이 비치어 보이는" "그 영롱한 인당"은 고통스런 분열을 겪었던 욕망
이 사라진 자리, 욕망이 무화된 절대적인 자리라 할 수 있다.

최명익 소설에 나타나는 죽음 충동은 이처럼 외부세계의 부정성을 극
단적인 방식으로 강조해주는 역할을 한다. 자신의 순수한 열정을 지켜나

---

22) 문홍술도 이러한 관점에서 아편을 통해 현혁이 계속 과거의 꿈, 맑시즘을 간직하는
   것으로 보았다. 즉, 현혁이 아편중독자로 전락하지 않는 방법은 맑시즘이라는 지식
   을 포기하고 시정인이 되는 것인데, 현혁은 그것을 거부하고 그 지식을 계속 유지
   함으로써 고립된다는 것이다.(문홍술, 앞의 글, 275-277면 참조)

갈 수 없게 되었을 때, "백팔십도의 재주넘기를 해서" "새 길"을 찾거나 "갱생"하여 생활인이 된다는 것은 최명익 소설에서 현실과의 타협하여 '속물'이 된다는 것을 의미한다. 자기파괴와 죽음은 이를 거부하는 결연한 의지의 표현이며 현실에 대한 부정성의 극치를 표상하는 것이다.

5. 맺음말

이 글은 최명익의 「비 오는 길」, 「무성격자」, 「심문」을 대상으로 하여 1930년대를 살아가는 지식인의 내면세계의 특징을 살펴보았다.

최명익 소설의 주인공들은 주로 근대적인 문물과 문명에 대하여 일정한 거리감을 갖고 그것의 부정적인 측면을 바라보는 입장에 있었다. 이들은 속물화된 타자의 부정성을 인식하지만 반면에 근대적인 가치를 내면화한 생활인의 의지적인 모습을 부러워하기도 한다. 이러한 경멸과 부러움, 거부와 매혹의 양가적 태도는 근대성 자체에 내재하는 특징의 발현인 동시에 근대성을 반성하는 자리에서 생성되는 것이라 할 수 있다. 그리고 독서 모티프와 예술의 추구는 현실세계의 부정성에 대항하여 자기 존재의 근거를 지키려는 욕망을 반영한다. 때로 그것은 자신의 순수성을 훼손하는 극단적인 상황에서 죽음충동으로 발현되기도 함을 확인하였다.

이처럼 이 글이 대상으로 한 「비 오는 길」, 「무성격자」, 「심문」에는 근대를 살아가는 지식인의 욕망 문제가 일정한 양상으로 나타남을 알 수 있다. 그런데 그것은 대체로 1930년대 후반 최명익 소설에 해당하는 내용들이다. 과작에 속하는 작가이고 작품의 대부분이 1936년부터 1939년 사이에 쓰여졌음을 감안한다면 작품세계의 이러한 특징들이 최명익 소설의 본령에 속한다고 말할 수 있을 것이다. 그러나 이후 최명익의 작품세계는 커다란 변화를 보인다. 그것은 1941년에 발표된 「장삼이사」에서부터 감지되는 것인데, 북한에서 그가 역사소설 「서산대사」를 쓰기까지의 변화를 살펴보는 것은 남은 과제에 속한다.

참고문헌

강상희, 『한국 모더니즘 소설론』, 문예출판사, 1999.

강진호, 『한국근대문학 작가연구』, 깊은샘, 1996.

강현구, 「최명익 소설연구」, 고려대 석사, 1985.

김기림, 『김기림 전집 6』, 심설당, 1988.

김민정, 「1930년대 후반기 모더니즘 소설연구」, 서울대 석사, 1994.

김양수, 「말기 지식인의 자의식을 묘파」, 『월간문학』, 1998. 6.

김윤식, 「최명익론: 평양중심화 사상과 모더니즘」, 『한국현대 현실주의 소설연구』, 문학과지성사,   1990.

김한식, 「30년대 후반 소설에서 질병의 상징성 연구」, 『현대소설과 일상성』, 월인, 2002.

문흥술, 「추상에의 경향과 절대주의 미학: 최명익론」, 『모더니즘 문학과 욕망의 언어』, 동인, 1999.

신수정, 「역사에 대한 소명의식과 예술가의 자세」, 『심문 외』, 동아출판사, 1996.

유영윤, 「최명익론」, 『목원어문학』 9집, 1990.

이계열, 『한국 현대소설의 자아의식 연구』, 국학자료원, 2001.

이동하, 「최명익론」 『문학사상』, 1988. 11.

이재선, 「의식과잉자의 세계」, 『한국현대소설사』, 홍성사, 1979.

이진경, 『근대적 시·공간의 탄생』, 푸른숲, 2002.

장수익, 「최명익론: 승차 모티프를 중심으로」, 『한국 근대 소설사의 탐색』, 월인, 1999.

전영태, 「최명익론: 자의식의 갈등과 그 해결의 양상」, 『선청어문』 10, 1979. 11.

조남현, 「어둠의 시대와 삶의 빛」, 『우리 소설의 판과 틀』, 서울대 출판부, 1991.

진정석, 「최명익 소설에 나타난 근대성의 경험양상」, 『민족문학사연구』 8호, 소명출판, 1995.

채호석, 「리얼리즘에의 도정: 최명익론」, 『한국문학의 리얼리즘과 모더니즘』, 민음사, 1989.

최혜실, 『한국모더니즘소설연구』, 민지사, 1992.

M. 칼리니스쿠, 『모더니티의 다섯 얼굴』, 이영욱 외 옮김, 시각과 언어, 1996.

앙리 르페브르, 『현대세계의 일상성』, 박정자 역, 세계일보사, 1992.

Abstract

A Study on Choi, Myeongik's Novel

Park, Jin-Yeong*

This paper tries to analyse the mental state of intelligentsia in Choi Myung-Ik's novels. In his novels, this purpose comes into question when a psychological description is well made under the condition of modernity of the late 1930's.

The newspaper and the train have a function of an index of modernity. Characters in the novels of Choi Myung-Ik's maintain a dubious attitude toward this condition of a modern life and the capitalist reality. That is, it represents the feeling of an adoration and a rejection simultaneously. And this ambiguity can be applicable to snobbery.

And the reading and a 'death' image are the ultimate and solitary method to satisfy man's desire in the desperate reality and the artistic negation's extreme method. They function as a kind of positive force of negation against the inexorable logic. In this way, we can understand the intelligentsia's

* Korea University

disability in his novels.

주제어
근대적 양가성, 일상성, 지식인, 속물적인 생활인, 중독자, 신문, 승차 모티프, 독서 모티프, 반성적인 성찰

남북한 어문 규범과 그 통일 방안

인쇄일 초판 1쇄   2003년 07월 15일
        3쇄   2018년 07월 10일
발행일 초판 1쇄   2003년 07월 20일
        3쇄   2018년 07월 17일

지은이 우리어문학회
발행인 정 찬 용
발행처 국학자료원
등록일 1987.12.21, 제17-270호

서울시 강동구 암사동 463-25 2층
Tel : 442-4623~4 Fax : p442-4625
www.kookhak.co.kr
E- mail : kookhak2001@hanmail.net
ISBN 978-89-541-0064-9 *93710
가 격 21,000원

*저자와의 협의 하에 인지는 생략합니다.